Jürgen Howaldt · Heike Jacobsen (Hrsg.)

Soziale Innovation

D1732101

Dortmunder Beiträge zur Sozialforschung

Die Herausgeber/innen:
Ellen Hilf
Prof. Dr. Jürgen Howaldt
Prof. Dr. Gerhard Naegele
Prof. Dr. Monika Reichert

Vor dem Hintergrund sich verschärfender sozialer Risiken und demografischer Herausforderungen sowie einer beschleunigten Veränderungsdynamik in Wirtschaft, Gesellschaft und Kultur wächst ganz offensichtlich das Bewusstsein eines nur eingeschränkten Problemlösungspotenzials etablierter Steuerungs- und Problemlösungsroutinen.

Je weiter Gesellschaft, Wirtschaft, Kultur, die natürliche Umwelt, die Arbeits- und Lebenswelt von technischen Innovationen durchdrungen und in hohem Tempo umgestaltet werden, umso mehr gewinnen soziale Innovationen an Bedeutung und öffentlicher Aufmerksamkeit. Mit dem verstärkten Fokus auf soziale Innovationen tritt aber die mit den Sozialwissenschaften verbundene Reflexions- und Gestaltungskompetenz stärker in den Vordergrund.

Zu einer der aktuell wie künftig zentralen gesellschaftlichen Gestaltungsaufgaben gehört der demografische Wandel. Seine Auswirkungen sind vielschichtig. Neben der Bevölkerungsstruktur betreffen die Veränderungen den Arbeitsmarkt, die kommunale Infrastruktur, die Gesundheitsversorgung und das soziale Zusammenleben in der Gesellschaft.

Die Dortmunder Beiträge zur Sozialforschung versammeln wissenschaftliche Publikationen, die sich mit den damit verbundenen Fragen auseinandersetzen. Die Herausgeber/innen repräsentieren mit der Sozialforschungsstelle Dortmund und der Dortmunder sozialen Gerontologie an der Technischen Universität Dortmund zwei traditionsreiche Einrichtungen und Standorte sozialwissenschaftlicher Forschung in Deutschland. Sie bilden zugleich einen wichtigen Bestandteil der an der TU Dortmund vertretenen Sozialwissenschaften.

Jürgen Howaldt
Heike Jacobsen (Hrsg.)

Soziale Innovation

Auf dem Weg zu einem
postindustriellen
Innovationsparadigma

VS VERLAG

Bibliografische Information der Deutschen Nationalbibliothek
Die Deutsche Nationalbibliothek verzeichnet diese Publikation in der
Deutschen Nationalbibliografie; detaillierte bibliografische Daten sind im Internet über
<http://dnb.d-nb.de> abrufbar.

1. Auflage 2010

Alle Rechte vorbehalten
© VS Verlag für Sozialwissenschaften | Springer Fachmedien Wiesbaden GmbH 2010

Lektorat: Dorothee Koch / Sabine Schöller

VS Verlag für Sozialwissenschaften ist eine Marke von Springer Fachmedien.
Springer Fachmedien ist Teil der Fachverlagsgruppe Springer Science+Business Media.
www.vs-verlag.de

Umschlaggestaltung: KünkelLopka Medienentwicklung, Heidelberg
Druck und buchbinderische Verarbeitung: STRAUSS GMBH, Mörlenbach
Gedruckt auf säurefreiem und chlorfrei gebleichtem Papier
Printed in Germany

ISBN 978-3-531-16824-1

Inhaltsverzeichnis

Teil 5:
Soziale Innovation in der Management- und
Organisationsforschung

Soziale Innovation – Zur Einführung in den Band

Jürgen Howaldt und Heike Jacobsen

Innovation ist zu einem Schlüsselbegriff der gegenwärtigen wissenschaftlichen und politischen Diskussion geworden. Im Mittelpunkt der Aufmerksamkeit stehen dabei technologische Innovationen als zentrale Impulsgeber der ökonomischen Dynamik. Die sozialwissenschaftliche Innovationsforschung konzentriert sich aus unterschiedlicher Perspektive und mit unterschiedlichen Schwerpunktsetzungen auf die Relevanz des Sozialen im Innovationsprozess. Im Zentrum stehen die sozialen Voraussetzungen und Einflussfaktoren für (vor allem technische) Innovation, das Wechselverhältnis von technischer und sozialer Innovation, von Innovation und sozialem Wandel, der institutionelle Kontext und die Interaktion der am Innovationsprozess Beteiligten, die Organisation von Innovation, das Problem der Plan- und Steuerbarkeit sowie der Folgenunsicherheit. Mit ihren Erkenntnissen hat sie einen wesentlichen Beitrag geleistet, ein erweitertes und komplexes Innovationsverständnis zu etablieren.

Dennoch wird Innovation auch in den Sozialwissenschaften nach wie vor asymmetrisch gedacht. Der Fokus richtet sich primär auf technologische Innovationen (Rammert 1997: 3). Soziale Innovationen werden hingegen vorwiegend in ihrem funktionalen Verhältnis zu diesen bzw. als ‚kompensatorisches Gegenstück‘ verstanden (Braun-Thürmann 2005: 25).

Vieles deutet darauf hin, dass es im Zuge der Herausbildung der Wissens- und Dienstleistungsgesellschaft zu einem Bedeutungswachstum sozialer Innovation kommt (vgl. Howaldt/ Kopp/ Schwarz 2008). So werden in vielen Ländern politische Initiativen und Programme etabliert, um soziale Innovationen zu fördern. Was bedeutet aber ‚soziale Innovation‘ in diesen Kontexten? In welchem Sinne wird in der sozialwissenschaftlichen Innovationsforschung von sozialer Innovation gesprochen? In welchem Sinne wird dieser Begriff in der Politik verwandt? Was unterscheidet soziale Innovationen von anderen Formen der Innovation und inwiefern ist eine solche Unterscheidung unter analytischen und praktischen Gesichtspunkten von Bedeutung?

Die bisherige sozialwissenschaftliche Diskussion hat auf diese Fragen keine schlüssigen Antworten erarbeitet. Als vor zwanzig Jahren Wolfgang Zapf (1989) einen Teil seiner Arbeiten über soziale Innovation in einem Artikel in der Sozialen Welt zur Diskussion stellte, schien damit ein wichtiger Anstoß zur Diskussion gegeben. Zwar wird der Artikel häufig zitiert, es fand aber keine wirklich hinreichende Auseinandersetzung mit den zentralen Thesen von Zapf statt, und es wurden keine systematischen Folgerungen für die damit verbundenen Aufgaben der Sozialwissenschaften gezogen. Das, so meinen wir, ist umso bedauerlicher, als über Innovation derzeit so viel geschrieben wird, „dass derjenige, der sich abermals an diesem Thema versucht, nur in Ausnahmefällen als innovativ gelten kann" (Braun-Thürmann 2005: 5).

Den zitierten Anstoß von Zapf wieder aufgreifend, wurde in einem Forschungskolloquium an der Sozialforschungsstelle Dortmund, ZWE der TU-Dortmund, die sich unter den Bedingungen der Wissens- und Dienstleistungsgesellschaft abzeichnende Bedeutungszunahme sozialer Innovationen für die Konturierung eines soziologisch aufgeklärten, postindustriellen Innovationsparadigmas und für eine Neubestimmung der Rolle der Sozialwissenschaften im Innovationsprozess aus verschiedenen Perspektiven diskutiert.

Der hier vorgelegte Band macht die Vorträge und Diskussionen dieses Forschungskolloquiums – ergänzt durch eine Reihe weiterer Beiträge – zugänglich. Er knüpft an die Auseinandersetzung mit sozialen Innovationen in innovationsstheoretischen, technik- und wissenschaftssoziologischen Diskussionen, in der Dienstleistungs-, Nachhaltigkeits-, der Management- und Organisationsforschung an und vereint theoretische Standortbestimmungen, forschungsleitende Konzepte und empirische Befunde.

Aufbau

Der *erste Teil des Bandes ist dem gegenwärtigen Forschungsstand und den Herausforderungen sozialwissenschaftlicher Innovationsforschung* gewidmet. *Werner Rammert* eröffnet die Diskussion aus der Perspektive der Techniksoziologie mit der These, dass die zu konstatierende Engführung der Innovationsdiskussion auf technische und ökonomische Innovationen der vorhandenen Vielfalt von Innovationen nicht gerecht werde. Er geht davon aus, dass eine Analyse der vielfältigen Innovationen der Gesellschaft nicht mehr mit dem engen Begriff der ökonomischen Innovation auskomme. Zur Erweiterung des Innovationsbegriffes sei es erforderlich, Innovation von anderen Formen gesellschaftlichen Wandels abzusetzen. Auch müsse der Begriff hinreichend abstrakt gehalten werden, um der Vielfalt der Erscheinungen gerecht zu werden. Zudem sollten für die jeweiligen Referenzbereiche – wie etwa Wissenschaft, Kunst und Politik – vergleichbare Mechanismen und Kriterien der Durchsetzung und Verbreitung von Neuem herausgearbeitet werden, wie sie für ökonomisch induzierte Innovationen vorliegen. Nachdem er im ersten Teil seines Beitrages die ökonomische und technische Engführung des Innovationsbegriffs einer Kritik unterzieht, werden im

zweiten Teil vor dem Hintergrund handlungs- und evolutionstheoretischer Ansätze zunächst die relevanten *Relationen* in der zeitlichen, sachlichen und sozialen Dimension bestimmt, die eine Innovation kennzeichnen. Der dritte Teil beschäftigt sich mit den *Referenzen* zum Thema. Dabei geht Rammert von der
Überlegung aus, dass für die jeweiligen Referenzbereiche etwa der Kunst, Politik
oder Wissenschaft vergleichbare Mechanismen und Kriterien der Durchsetzung
und Verbreitung von Innovationen angegeben werden müssen. Abschließend
skizziert Rammert erste Überlegungen zu einem Forschungsprogramm für eine
erweiterte sozialwissenschaftlich ausgerichtete vergleichende Innovationsforschung.

Holger Braun-Thürmann und René John hinterfragen die geläufige Dichotomie von technischer und sozialer Innovation und konstatieren, dass jede Innovation sozial sei, weil sie auf gesellschaftliche Strukturveränderungen zurückge-
he. Innovation sei nur insoweit interessant für die Soziologie, als sie als soziale
Tatsache zu verstehen ist. Auch technologische Innovationen seien in diesem
Sinne soziale Phänomene. Sie entwickeln einen evolutionstheoretischen Ansatz,
der Innovation im Zuge einer Abfolge von Variation, Selektion und Restabilisierung verortet.

Eine andere Ebene der Herausforderungen für die sozialwissenschaftliche
Innovationsforschung bringt *Hartmut Hirsch-Kreinsen* ein. Er setzt sich kritisch
mit der einseitigen Ausrichtung der staatlichen Forschungs- und Innovationspolitik auf Spitzentechnologien und mit den zugrundeliegenden Modellen der ökonomischen Wachstumstheorie auseinander. Auch Hirsch-Kreinsen verweist auf
die Vielfalt und Breite von Innovationen, wie sie in der sozialwissenschaftlichen
Innovationsforschung untersucht werden. Dabei lenkt er den Blick auf die heterogene Wissensbasis von Innovationen und hebt die – häufig unterschätzte –
Bedeutung praktischen Wissens bei der Entwicklung von Innovationen in vielen
Industriezweigen und Unternehmen hervor. Vor dem Hintergrund seiner kritischen Überlegungen fordert Hirsch-Kreinsen eine Abkehr der staatlichen Innovationspolitik von der ‚High-Tech-Obsession' und eine stärkere Berücksichtigung
der Spezifik von Innovationsprozessen in nicht-forschungsintensiven Sektoren.

Der *zweite Teil des Bandes legt den Fokus auf die Spezifika sozialer Innovationen.* Den Auftakt bildet der Beitrag von *Jürgen Howaldt* und *Michael
Schwarz,* der sich mit theoretischen Konzepten, empirischen Forschungsfeldern
und beobachtbaren Trends im Bereich sozialer Innovationen beschäftigt. Teilweise erheblich veränderte und verschärfte Problemlagen im Zusammenhang mit
einer drastisch beschleunigten Veränderungsdynamik in Wirtschaft, Gesellschaft, Kultur und natürlicher Umwelt verstärken offensichtlich das Bewusstsein
eines nur eingeschränkten Problemlösungspotenzials technologischer Innovationen sowie etablierter Steuerungs- und Problemlösungsroutinen. Vor diesem

Hintergrund arbeitet der Beitrag in der Perspektive auf zentrale Bestimmungsmerkmale einer in der empirischen Forschung wie in der Praxis anwendbaren
Definition zunächst heraus, welches die Spezifika sozialer Innovationen gegenüber anderen Formen der Innovation, vor allem den technischen, sind. Anschließend wird näher auf den Stand der einschlägigen Forschung im deutschsprachigen Raum sowie auf einige bislang kaum systematisch aufeinander bezogene
Ansätze in der internationalen Diskussion eingegangen, die soziale Innovationen
als einen eigenständigen und zunehmend bedeutsamen Innovationstypus thematisieren und untersuchen. Der Beitrag endet mit einem Ausblick auf sich daraus
ergebende Forschungsaufgaben und -perspektiven sowie auf konzeptionelle
Konsequenzen für eine Neubestimmung der Rolle der Sozialwissenschaften im
Innovationsgeschehen.

Ausgangspunkt des Beitrages von *Jens Aderhold* sind die Asymmetrien in
der gesellschaftlichen Beobachtung und Bewertung von Innovationen. Dabei
wird die These zugrunde gelegt, dass in der auf Innovation zugeschnittenen gesellschaftlichen Selbstbeschreibung verkürzte Perspektiven von Technikzentrierung, Ökonomisierung und Instrumentalisierung auszumachen sind. Konstatiert
wird zugleich, dass die Soziologie dem wenig entgegenzuhalten habe. Selbst die
soziologische Innovationsforschung arbeite an der semantischen und strukturellen Dominanz technischer und ökonomischer Innovation mit und habe sich mit
einer ‚Statistenrolle' angefreundet. Um diesem Mangel entgegenzutreten, sei es
notwendig, einen sozialwissenschaftlichen Innovationsbegriff zu entwickeln, der
Innovation als Strukturveränderung mit nachhaltig verändernder Wirkung für die
Gesellschaft und ihre Organisationen fasse. Erst in diesem Rahmen eines erweiterten Innovationsbegriffes könne der Begriff der Sozialen Innovation fruchtbar
gemacht werden.

Birgit Blättel-Mink geht in ihrem Beitrag der Frage nach, welche Rolle die
Kultur in Innovationsprozessen spielt. Dabei wird Kultur unter Rückgriff auf
kultursoziologische Ansätze als eine mentale ‚Programmierung' betrachtet, die
handlungsanleitend wirke und interaktiv vermittelt werde. Im Innovationsprozess
spielten kulturelle Momente auf unterschiedlichen Ebenen bspw. im Sinne der
Organisationskultur oder der Professionskultur eine wichtige Rolle. Die radikalen Innovationen im Bereich der Informations- und Kommunikationstechnologien wie Open Innovation oder Crowdsourcing haben – so die zentrale These des
Beitrags – große soziale Innovationen hervorgebracht, die die Erklärungskraft
zentraler Konzepte der Innovationsforschung in Frage stellen. Auch die vorherrschenden Netzwerkkonzepte seien neu zu durchdenken. Zugleich verliere die
kulturelle Überformung von Innovativität zumindest teilweise an Bedeutung
bzw. werde schwerer greifbar.

Der Beitrag von *Bastian Pelka* und *Christoph Kaletka* beschäftigt sich vor dem Hintergrund der medientheoretischen Debatte mit dem Web 2.0 im Spannungsfeld zwischen technologischer und sozialer Innovation. Vor dem Hintergrund dreier konkreter Beispiele – Wikis, Communities und Blogs – beschreiben die Autoren das Web 2.0 als einen spezifischen Nutzungskontext des Internet, welcher auf der technischen Innovation des Mediums aufbaut, diese jedoch durch eine soziale Nutzungsdimension erweitert. Web 2.0 lässt sich als die Gesamtheit der interaktiven und kollaborativen Angebote definieren, die sich durch leicht erlernbare und intuitive Bedienbarkeit auszeichnen und Nutzern ohne nennenswerte technologische Hürden die Erstellung, Wartung und Veröffentlichung von ‚user generated content' ermöglichen. Durch die Loslösung der Diskussion von ihrer technischen Schlagseite eröffnen die Autoren den Blick auf neue Forschungsfragen im Zuge der zukünftigen alltäglichen Durchdringung von Bildung, Erwerbsarbeit, Freizeitverhalten, kultureller und politischer Partizipation sowie weiteren Lebensbereichen mit Web 2.0 – und damit zugleich auf ein spannendes Zukunftsfeld sozialer Innovation.

Der *dritte Teil behandelt den Zusammenhang von sozialer Innovation und Nachhaltigkeit*. Der Beitrag von *Michael Schwarz, Martin Birke* und *Emanuel Beerheide* fragt nach der Bedeutung sozialer Innovationen für eine nachhaltige Entwicklung. Ausgehend von der aktuellen Umbruchssituation gehen die Autoren von einer Themenerweiterung aus, die einhergeht mit einer Renaissance von bislang gegenüber technischen Innovationen eher nur am Rande behandelten sozialen Innovationen. Sie zeichnen diesen Prozess der Aufmerksamkeitsverschiebung nach und beschreiben die Rückwirkungen dieser Refokussierung auf die Herausbildung eines nicht emphatischen Verständnisses von Nachhaltigkeitsinnovationen. Abschließend fragen sie in anwendungsorientierter Perspektive, wie die Richtung der Innovationstätigkeit praktisch zu beeinflussen ist und welche analytischen wie gestaltungsbezogenen Konsequenzen sich daraus ergeben. Dabei komme es darauf an, die nachhaltiges Wirtschaften auch zukünftig kennzeichnenden gesellschaftlichen und unternehmerischen Such- und Lernprozesse wissenschaftlich zu inspirieren. Das Ziel sei eine Organisationstheorie, deren Praxisrelevanz u. a. in konstruktiv-kritischer Reflexion der Versprechen immer neuer Management- und Beratungsansätze liege.

Klaus Fichter berichtet aus den Ergebnissen einer empirischen Untersuchung der Innovationsstrategien von Unternehmen und fragt danach, welche Strategien Nachhaltigkeitsinnovationen begünstigen. In allen identifizierten sechs Strategietypen seien in jeder Phase nachhaltigkeitsorientierte Entscheidungen möglich. Am aussichtsreichsten seien jedoch solche Strategien, die von Beginn an auf Nachhaltigkeitsinnovationen zielten. Den ‚Königsweg' nachhaltiger Innovation – so Fichter – beschritten solche UnternehmerInnen, die Nachhaltigkeit auf allen Ebenen des Unternehmens und in allen Phasen des Prozesses normativ vorgeben.

Hellmuth Lange legt den Fokus auf Innovationen im politischen Prozess als Bedingung substantieller Nachhaltigkeitsforschritte. Ausgangspunkt bildet dabei das Spannungsverhältnis zwischen ,messen und verhandeln'. Allerdings sieht der Autor hier einen Innovationsbedarf, der sich sowohl auf den vorhandenen Instrumentenkasten als auch auf die verteilungspolitischen Herausforderungen bezieht. Dabei geht Lange davon aus, dass wissenschaftlich-technische Innovationen (etwa im Bereich der erneuerbaren Energien) zu ihrer erfolgreichen Umsetzung notwendigerweise auch eine Reihe von nicht weniger bedeutsamen nicht-technischen, nämlich politischen Innovationen benötigen. Als zentrale politische Herausforderung wird die Notwendigkeit gesehen, den Wandel zu mehr Nachhaltigkeit präventiv und möglichst planvoll zu gestalten. Gerade die verteilungs-politische Dimension des gewünschten Wandels stellt sich dabei als Kernproblem dar. Ohne intensive öffentliche Kommunikations-, Konsultations- und Aushandlungsprozesse und ohne eine klare und andauernde politische Priorisierung und Legitimierung des erforderlichen Wandels durch die Akteure des politisch-administrativen Systems und die wichtigsten gesellschaftlichen Interessengruppen – so die zentrale These – ist der Wandel zu nachhaltigeren Mustern der Produktion und des Konsums unmöglich.

Der vierte Teil widmet sich der Bedeutung sozialer Innovation für die Entwicklung von Dienstleistungsangeboten. Er greift damit die nahe liegende Idee auf, dass Dienstleistungsinnovationen per se soziale Innovationen seien, weil sie zwar technische Elemente enthalten können, ihr Kern jedoch in Veränderungen im (sozialen) Prozess der Dienstleistungserstellung liege. Die Beiträge zeigen, dass diese Annahme nicht so selbstverständlich ist, wie sie auf den ersten Blick scheint. Ob eine Innovation sich in einem neuen Sachgut oder in einer neuen Dienstleistung manifestiert, begründet keine differentiellen Unterscheidungen im Prozess der Durchsetzung einer Innovation. Veränderungen im Handeln der Beteiligten, in den Organisationsformen und Institutionen sind vielmehr in beiden Fällen eine vielfach notwendige Bedingung des Innovationserfolgs. Trotzdem, so zeigen diese Beiträge, treten in Analysen von Dienstleistungsinnovationen diese sozialen Innovationen weitaus prominenter hervor als in der bisher noch sehr weitgehend auf die Hervorbringung neuer Sachgüter fokussierten techniksoziologischen und betriebswirtschaftlichen Innovationsforschung.

Heike Jacobsen und *Milena Jostmeier* greifen die wirtschaftswissenschaftliche Diskussion zur Innovation von Dienstleistungen auf. Dienstleistungsinnovation wird dort zunehmend mit Blick auf die NutzerInnen konzipiert. Diese sollen nicht nur angesprochen und von neuen Angeboten überzeugt werden, sondern sie sollen sich z. T. sehr weitgehend selbst aktiv in den Prozess der Dienstleistungserstellung einbringen. Die NutzerInnen müssten also ihr Handeln ändern. Aktuell, so die Autorinnen, nähmen die Anforderungen an die Bereitschaft zur Verhaltensänderung und zur Aktivierung eigener Potentiale auf Seiten der NutzerInnen deutlich zu. Es greife jedoch zu kurz, dies mit den bisher in der Soziologie genutzten Begriffen von sozialer Innovation zu fassen. Es komme nicht auf die Unterscheidung technischer und sozialer Innovation und nicht auf die Bewertung von gesellschaftlich als mehr oder weniger wünschenswert betrachteten Neuerungen an. Notwendig sei vielmehr, die Perspektive der NutzerInnen explizit zu berücksichtigen und ihr Handeln als Beitrag zur Innovation von Dienstleistungen zu verstehen.

Vier der folgenden fünf Beiträge zu sozialer Innovation von Dienstleistungen entwickeln ihre Thesen anhand gesundheitsbezogener und sozialer Dienstleistungen. *Bernd Bienzeisler, Walter Ganz* und *Michaela Klemisch* wählen ein Problemfeld des Gesundheitswesens zur Illustration ihres Konzepts ‚Kooperative Dienstleistungssysteme'. Am Beispiel des Umgangs mit der seltenen Krankheit Amyothrope Lateralsklerose (ALS) fächern sie die Dimensionen eines kooperativen Dienstleistungssystems auf; sie unterscheiden zwischen Prozessen, Technologien, Interaktionen und Arbeit. Diese Dimensionen seien je einzeln und in ihrem Zusammenwirken zu berücksichtigen, wenn man technologische und soziale Innovation in komplexen Dienstleistungen untersuchen wolle.

Kerstin Köhler und *Monika Goldmann* plädieren für die Integration sozialer und gesundheitsbezogener Dienstleistungen in die sozialwissenschaftliche Innovationsforschung. Diese Dienstleistungen seien von erheblicher gesellschaftlicher Bedeutung, nicht nur wegen ihres Beschäftigungspotentials, sondern auch deswegen, weil sie das Alltagsleben und das Wohlergehen der Einzelnen gerade in einer zunehmend älter werdenden Gesellschaft entscheidend prägen. Hier, so die Autorinnen, gäbe es erheblichen Bedarf und großen Spielraum für soziale Innovationen und sehr viele offene Fragen, denen sich die Innovationsforschung widmen sollte. Köhler und Goldmann illustrieren dies anhand aktueller Modellprojekte zur Durchsetzung integrierter Versorgungsangebote für Ältere und Pflegebedürftige.

Auch *Barbara Klein* identifiziert Forschungsbedarf zur Durchsetzung neuer Dienstleistungen im Gesundheitswesen. Ihr empirischer Gegenstand sind jedoch technologische Innovationen zur Unterstützung der Betreuung, Pflege und Behandlung im häuslichen Umfeld. Sie sieht hier ein erhebliches Umsetzungsdefizit. Sie informiert über neueste IuK-basierte Technologien, die in Telemonitoring, Telecare, Edutainment und Robotherapy nutzbringend eingesetzt werden könnten, wenn die entsprechenden organisatorischen, institutionellen und personellen Voraussetzungen geschaffen würden.

Für *Rolf Heinze* und *Gerd Naegele* erfordert die zunehmende Bedeutung des Dienstleistungssektors und der sozialen Dienste die Erweiterung des Innovationsbegriffs um die Neukonfiguration sozialer Arrangements. In dem von Ihnen verwendeten Innovationsbegriff werden soziale, organisatorische und institutionelle *Neuerungen* explizit integriert und der Blick auf heterogene Akteure, Interdisziplinarität und Reflexivität gerichtet. Dabei gehen die Autoren davon aus, dass soziale Innovationen nicht nur im Feld der Lösung sozialer Probleme, sondern aus gesamtgesellschaftlicher Perspektive weiter an Bedeutung gewinnen werden. Ein entscheidender Erfolgsfaktor für das Gelingen sozialer Innovationen ist dabei das Entstehen von Innovationsnetzwerken. Darüber hinaus werden, so die Autoren, soziale Innovationen sich dann durchsetzen, wenn es gelingt, in *gesellschaftlich* nützlichen Bereichen neue Wachstumsfelder für Wirtschaft und (nicht prekäre) Beschäftigung zu schaffen.

Im anschließenden Beitrag beschäftigt sich *Edelgard Kutzner* vor dem Hintergrund eines Wettbewerbes der Landesregierung NRW zur Entwicklung neuer Dienstleistungsangebote im Ruhrgebiet mit den Spezifika von Dienstleistungsinnovationen. Ihre Perspektive ist die der Organisatorin dieses Wettbewerbs. Dies ermöglicht ihr, Innovation nicht vom Ergebnis her, sondern bereits im Prozess ihres Entstehens zu betrachten und zu reflektieren, welche Gestaltungsmöglichkeiten SozialwissenschaftlerInnen in Innovationsprozessen haben könnten. Die im Rahmen dieses wirtschaftspolitisch ausgerichteten Wettbewerbs entwickelten Dienstleistungsideen zeigen exemplarisch, dass Dienstleistungsinnovationen ausgesprochen komplexe Prozesse sind, die technische, organisatorische, personelle Veränderungen auf Seiten der AnbieterInnen, aber auch Änderungen des Handelns der potentiellen NutzerInnen voraussetzen.

Der abschließende *fünfte Teil beschäftigt sich mit Innovationen im Bereich der Management- und Organisationsforschung. Hans-Werner Franz* zeichnet in seinem Beitrag die Einführung von Systemen zur Verbesserung der Managementqualität als erfolgreiche soziale Innovation nach. Dabei verhielten sich die Verbesserung der Qualität des Managements und Qualitätsmanagement – so die These – zueinander wie die Einführung von Gruppenarbeit und die Rationalisierung nach den Taylorschen Prinzipien von Arbeitszerlegung und Arbeitsteilung. Beide ständen in einem engen Zusammenhang zueinander, obwohl sie zwei ursprünglich sehr unterschiedlichen Denkwelten zuzurechnen seien. Beide seien selbst originäre soziale Innovationen. Zugleich basierten sie auf Erkenntnissen über das Funktionieren von Organisationen ebenso wie auf einer Vielzahl sozialwissenschaftlicher Methoden und Instrumente, die dabei zur Anwendung kommen und zur Herausbildung einer eigenständigen neuen Praxis von Management beigetragen haben.

Jürgen Howaldt und *Emanuel Beerheide* beschäftigen sich in ihrem Beitrag mit aktuellen Konzepten des Innovationsmanagements. Die Autoren vertreten die These, dass diese Entwicklungen als Ausdruck eines Paradigmenwechsels des Innovationssystems zu betrachten sind, in dem neue Wirtschaftszweige und Branchen zunehmend das Bild von Wirtschaft und Gesellschaft bestimmen und die Modi von Produktion und Innovation verändern. In diesem Transformationsprozess spielen insbesondere Konzepte der ,Open Innovation' eine wichtige Rolle. Allerdings müssen diese Konzepte als Teil umfassender Veränderungsprozesse interpretiert werden. So öffnet insbesondere die Diskussion um das ,Enterprise 2.0' den Blick auf die sozialen Dimensionen dieses Wandels und ihre grundlegende Bedeutung für die Gestaltung und das Management von Organisationen. Diese Veränderungsprozesse lassen sich nicht durch oberflächliche Anpassungen bewältigen, sondern erfordern eine tiefe Durchdringung der Wertschöpfungs- und Innovationsprozesse bis hin zu den Ebenen der Arbeitsorganisation, Kommunikations- und Kooperationsstrukturen, Unternehmenskultur und -führung, Kompetenzanforderungen.

Helmut Martens nimmt eine geläufige soziale Institution – die Beteiligung von Beschäftigten an der Gestaltung ihrer Arbeitsbedingungen, wie sie in Deutschland insbesondere in Form von Betriebräten organisiert ist – in den Blick. Beteiligung, so seine These, sei eine erfolgreiche soziale Innovation, die gegen viele Widerstände durchgesetzt worden sei. Unter den gegenwärtig beobachtbaren strukturellen Veränderungen von Arbeit komme es mehr denn je darauf an, Beteiligungspotentiale der Beschäftigten weiterzuentwickeln und zu aktivieren.

Die hier vorgelegten Beiträge umreißen den Stand der Diskussion zum Thema ,Soziale Innovation' in der sozialwissenschaftlichen Innovationsforschung in Deutschland. Den Autorinnen und Autoren dieses Bandes danken wir für ihre fruchtbaren Beiträge und die anregende Diskussion. Wir danken Dmitri Domanski, Ariana Kellmer, Barbara Schmidt und Britta Tusk für die professionelle und geduldige Bearbeitung der Druckfassung dieses Bandes.

Wir möchten an dieser Stelle keine umfassende Einschätzung des Standes der Diskussion geben. Dies bleibt der weiteren Debatte vorbehalten. Die hier versammelten Beiträge regen zu weiteren Fragen an und lassen erkennen, dass dieses Themengebiet aller Voraussicht nach ein wichtiges Feld zukünftiger sozialwissenschaftlicher Forschung darstellen wird.

Dortmund, im Februar 2010

Jürgen Howaldt und Heike Jacobsen

Literatur

Braun-Thürmann, Holger (2005). Innovation. Bielefeld: transcript Verlag.
Howaldt, Jürgen/ Kopp, Ralf/ Schwarz, Michael (2008). Innovationen (forschend) gestalten – Zur neuen Rolle der Sozialwissenschaften. WSI-Mitteilungen 2/2008, 63-69.
Rammert, Werner (1997). Innovation im Netz. Neue Zeiten für technische Innovationen: heterogen verteilt und interaktiv vernetzt. Soziale Welt, 48 (4), 397–416.
Zapf, Wolfgang (1989). Über soziale Innovationen. Soziale Welt, 40 (1-2), 170-183.

Teil 1
Zum Stand und zu den Herausforderungen sozialwissenschaftlicher Innovationsforschung

Die Innovationen der Gesellschaft

Werner Rammert

1. Von der Ökonomie der Innovation zur gesellschaftlichen Vielfalt der Innovationen[1]

Wenn von Innovation die Rede ist, dann sind in der Regel ökonomische Innovationen gemeint. Von Schumpeter bis zu aktuellen Definitionen geht es um die Einführung und Verbreitung von neuen und verbesserten Produkten, Prozessen, Systemen und Geräten zur kommerziellen Nutzung in der Ökonomie (z. B. Freeman 1974: 22; OECD 1997: 133). Aber gibt es in der Gesellschaft nicht auch viele Innovationen von nicht-ökonomischer Art, die z. B. Wissenschaft und Bildung, Politik und Alltagsleben, Kunst und Kultur folgenreich verändern?

Wenn Innovationen aufgelistet und Preise dafür ausgeschrieben werden, dann fällt eine große Vorliebe für technische Innovationen auf. Im Vordergrund stehen die Erfindung neuer Produkte, die Verbesserung technischer Verfahren oder die Kombination bekannter Elemente zu neuen Technologien. Aber schon bei Schumpeter (1961: 91) lesen wir von Innovationen nicht-technischer Art, von Marktinnovationen, wenn es um das Erschließen neuer Absatz- und Bezugsmärkte geht, und von rechtlichen oder institutionellen Innovationen, die sich auf die Unternehmensverfassung oder die Trustbildung beziehen.

Gewiss mag es gute Gründe für diese beiden Engführungen auf die technische und auf die ökonomische Innovation geben, z. B. dass neue Techniken anschaulicher und leichter abgrenzbar zu sein scheinen als institutionelle Neuerungen oder die Referenz auf ökonomischen Erfolg klarer kalkulierbar zu sein scheint als auf künstlerischen Durchbruch oder soziale Verbreitung. Aber letztlich werden beide Begriffe der Vielfalt der Innovationen in der Gesellschaft und der Verschiedenheit der jeweiligen Referenzsysteme nicht gerecht. Es bedarf also eines Innovationsbegriffs, der nicht nur auf die neue Relationierung techni-

1 Der Text verdankt viele Anregungen den Diskussionen mit den Kollegen Hubert Knoblauch, Michael Hutter und Arnold Windeler, mit denen ich gemeinsam einen Antrag für ein DFG-Graduiertenkolleg „Innovationsgesellschaft heute – Zur reflexiven Herstellung des Neuen" geschrieben habe. Gelesen und kommentiert wurde eine erste Fassung von Andrea Maurer, Martin Meister und Cornelius Schubert. Allen sei gedankt. Für die vorliegende Fassung übernehme ich allein die Verantwortung.

scher Elemente fixiert ist und der neben der Referenz auf die Ökonomie auch andere Referenzen der Gesellschaft einschließt.

Es gab und gibt immer wieder Versuche zu einer solchen Ausweitung des Innovationsbegriffs. Aus der Sicht der Sozial- und Kulturwissenschaften erscheinen die technische Innovation und die ökonomische Innovation als zwei, wenn auch prägnante Sonderfälle gesellschaftlicher Innovation. Einerseits versuchen ihre Vertreter soziale und kulturelle Innovationen in Abgrenzung zu den technisch-ökonomischen oder in Wechselwirkung mit den technischen Erfindungen und materiellen Technologien ins Blickfeld zu rücken (vgl. Ogburn 1933; 1969; Zapf 1989). Andererseits suchen sie nach alternativen Referenzen, nach denen die Eigenart künstlerischer, politischer oder rechtlicher Innovationen beurteilt werden kann. Ihre Bestimmungen der Innovation, bei denen es meist um die Modifikation von Ideen, Praktiken oder Gegenständen zur Herstellung einer neuen Kombination geht, die von den jeweiligen übernehmenden Instanzen als neu wahrgenommen und als verbesserte Problemlösung gegenüber dem Vorherigen erlebt wird, bleiben bisher noch ein bisschen vage (Ogburn 1969: 57; Rogers 2003: 5 f., 12; Zapf 1989: 74; Braun-Thürmann 2005: 28 f.). Sie weisen aber den richtigen Weg zu einem abstrakten relationalen Begriff der gesellschaftlichen Innovation, der dann für die verschiedenen Referenzkontexte in der Gesellschaft respezifiziert werden kann (siehe auch die hoch abstrakten Versuche von Luhmann zwischen Irritation und evolutionärer Errungenschaft (1997: 792 f.; Baecker 2009: 63; Aderhold 2005: 25 f. und John 2005: 61)). Ein sozialwissenschaftlicher Innovationsbegriff müsste analytisch trennen zwischen den Relationen, die den sachlichen Charakter einer Innovation als Kreation, Erfindung oder Variation mehr oder weniger technischer Art ausmachen, und den Referenzen, die sie letztlich durch künstliche Selektion, Diffusion und Institutionalisierung zu einer Innovation in einem gesellschaftlichen Feld konkretisieren.

Nicht nur akademische Neugier, auch die gesellschaftliche Nachfrage verlangt nach einem umfassenderen Innovationskonzept (vgl. u. a. Bullinger 2006; Howaldt/ Kopp/ Schwarz 2008: 63). Gegenwärtig verändern sich die gesellschaftlichen Bedingungen für den Innovationsprozess. Treiber einer ubiquitären Innovation sind vor allem die Globalisierung des wirtschaftlichen Wettbewerbs, die Pluralisierung der an den verteilten Innovationsprozessen beteiligten Instanzen und die massive Steigerung des Varianten-Pools durch neue generische Techniken.

Durch die Globalisierung wächst der Druck auf den ökonomischen Bereich, sich im Qualitäts- und Innovationswettbewerb gegenüber den Konkurrenten, jetzt auch in den Schwellenländern, durch eine Beschleunigung des Innovationsprozesses und durch einen Vorsprung bei radikalen Innovationen zu behaupten. Die klassischen Bereiche wissenschaftlicher und wirtschaftlicher Innovation werden daher einem radikalen institutionellen Umbau unterworfen, der Forschung zunehmend an ökonomischer Innovation und Produktion und Dienstleistung an wissenschaftlich basierter Innovation orientiert.

Die Pluralisierung der beteiligten Akteure und Instanzen und damit auch die Beteiligung der anderen gesellschaftlichen Bereiche an den heterogen verteilten Innovationsprozessen werden sichtbar. Dabei geraten diese anderen gesellschaftlichen Bereiche selbst unter Anpassungs- und Veränderungsdruck. Auf der einen Seite wird nach Innovationen des Bildungswesens, des Arbeitsmarktes und der Sozialpolitik gerufen, gleichsam um durch institutionelle Innovationen ein hinderliches Hinterherhinken dieser Bereiche zu unterbinden; auf der anderen Seite regiert die Nachfrage nach Innovationen von Politik und Planung, um die Abstimmungs- und Koordinationsprozesse billiger und unbürokratischer zu regeln. Der Innovationsprozess selbst sorgt für eine Vervielfältigung der beteiligten Instanzen, die nicht mehr nur auf die klassischen Bereiche Wissenschaft und Wirtschaft begrenzt bleiben. Und er wird selbst zum Gegenstand von politischen Steuerungsinnovationen, um die verschiedenen institutionellen Referenzen koordinieren zu können, durch übergreifende Monitoring- und Evaluationssysteme für das nationale Innovationssystem, durch public-private partnerships oder durch heterogene Innovationsnetzwerke zwischen wirtschaftlichen, wissenschaftlichen und politischen Akteuren (vgl. u. a. Nowotny/ Scott/ Gibbons 2004; Schimank 2006; Rammert 2006).

Durch die generischen Techniken, wie die Computer- und Internettechniken, die sich überall einsetzen lassen, wächst das Potential für Innovationen jeglicher Art, da jede Kombination bewährter Vorgehensweisen mit diesem technischen Element diese schon in einen aussichtsreichen Innovationskandidaten verwandelt. Man denke nur an die vielen Verbindungen mit ‚electronic' und ‚intelligent', wie e-mail, e-government, e-marketing, e-learning oder i-pod, i-phone, natürlich in Verbindung mit den neuen Regeln und Nutzungspraktiken. Man könnte an den Beginn eines sechsten Kondratieffschen Zyklus, einer auf diesen Technologien basierenden langen Welle der technisch-ökonomischen Erneuerung denken, wie sie von Schumpeter und Kondratieff als Modell langfristiger Wirtschaftsentwicklung vorgestellt und später immer wieder empirisch mit dem Hinweis auf das zyklische Auftreten von Innovationsschwärmen plausibel gemacht worden ist (Kondratieff 1926; Mensch 1975; Freeman 1986).

Wenn gegenwärtig in der Gesellschaft Ideen, Praktiken, Prozesse und Produkte nicht nur kurzfristig wie in der Mode und in den Massenmedien, sondern auf allen Gebieten neben Wissenschaft und Wirtschaft nach Maßgabe ihrer nachhaltigen und folgenreichen Neuartigkeit thematisiert, produziert und evaluiert werden, wenn sich ihre relevanten Akteure in ihrem Innovationshandeln auf den verschiedenen Feldern zunehmend reflexiv auf die verteilten und vernetzten

Prozesse der Innovation einstellen und wenn das nationale Arrangement der Institutionen unter dem Druck der Globalisierung Schritt für Schritt vom Wohlfahrts- auf ein Innovationsregime umgestellt wird, dann könnten diese Veränderungen auf einen relevanten gesellschaftlichen Wandel hinweisen: ihre institutionelle Selbsterneuerung und ihre Selbstthematisierung als ‚Innovationsgesellschaft'.

Eine Analyse dieser vielfältigen Innovationen der Gesellschaft käme nicht mehr mit dem engen Begriff der ökonomischen Innovation aus. Sie benötigte vielmehr einen Begriff der Innovation, der einerseits abstrakt genug ist, um die Einheit dieses gesellschaftlichen Phänomens von anderen Phänomenen technischen und sozialen Wandels abgrenzen zu können, und andererseits offen für Spezifikationen ist, die eine Differenzierung von empirischen Typen zulassen. Der Beitrag beginnt mit einer Kritik der ökonomischen und technischen Engführungen des Innovationsbegriffs. Es werden die Missverständnisse aufgeklärt, die aus falschen Entgegensetzungen von ökonomisch und sozial sowie technisch und sozial erwachsen. Zur Lösung werden eine deutliche analytische Trennung von Relation und Referenz und eine zweistufige Vorgehensweise von Abstraktion und Spezifikation bei der Bestimmung eines umfassenden Innovationsbegriffs vorgeschlagen (2.). Der nächste Teil befasst sich mit der ersten Stufe: Es werden vor dem Hintergrund handlungs- und evolutionstheoretischer Ansätze zunächst die relevanten *Relationen* in der zeitlichen, sachlichen und sozialen Dimension bestimmt, die eine Innovation kennzeichnen. Danach wird für die soziale Dimension zwischen einer semantischen Ebene der Innovationsdiskurse, einer pragmatischen Ebene innovativen Handelns und einer grammatischen Ebene der Regelregime unterschieden, um Scheininnovationen und unbemerkte Innovationen im Schatten der Aufmerksamkeit erfassen und von gelungenen Innovationen, die relevante Regelveränderungen mit sich bringen, abgrenzen zu können (3.). Die zweite Stufe der Spezifikation macht die *Referenzen* zum Thema. Wenn Innovationen nicht nur auf den wirtschaftlichen Erfolg referieren, sondern auch andere Referenzen für erfolgreiche Performanz einbezogen werden sollen, dann müssen für die jeweiligen Referenzbereiche etwa der Kunst, Politik oder Wissenschaft vergleichbare Mechanismen und Kriterien der Durchsetzung und Verbreitung angegeben werden (4.). Mit dem Fazit werden gleichzeitig Überlegungen zu einem Forschungsprogramm skizziert, das komplementär zur ökonomisch orientierten Innovationsforschung eine breiter sozialwissenschaftlich ausgerichtete und vergleichende Innovationsforschung einleitet, die auch zur Diagnose des gegenwärtigen gesellschaftlichen Wandels beitragen kann (5.).

2. Von den Tücken und Lücken verschiedener Innovationsbegriffe zu einem zweistufigen Innovationskonzept

Fragt man nach den relevanten Innovationen der letzten 100 Jahre oder liest man Listen mit wichtigen Innovationen, da wird in der Regel mit einer Reihe von technischen Erfindungen geantwortet. Da trifft man fast nur neue Techniken und damit zusammenhängende Innovationen. Die Broschüre „Deutsche Stars. 50 Innovationen, die jeder kennen sollte", die von der Initiative „Partner für Innovation" im Namen der Bundesregierung zusammen mit Partnern aus Industrie und Wissenschaft vor einigen Jahren herausgegeben wurde, benennt vom „Airbag" über die „Jeans", die „Magnetschwebetechnik", die „MP3-Technik", das „Telefon" und den „Teebeutel" bis hin zur „Zündkerze" 40 technische Erfindungen. Die restlichen 10 verteilen sich auf 5 wissenschaftliche Errungenschaften, wie „Bakteriologie", „Kernspaltung" oder „Relativitätstheorie", auf 3 kulturelle Neuerungen, nämlich die „Currywurst", der „Goldbär" und das „Mensch-Ärgere-Dich-Nicht", die da wohl witzigerweise in die Liste eingestreut wurden, und – ‚last and least' – mit der „Reformation" eine kulturelle und mit der „Sozialen Gesetzgebung" eine soziale Innovation (Initiative „Partner für Innovation" o. J.).

Liegt das an der besseren Sichtbarkeit materieller Neuerungen gegenüber immateriellen Verbesserungen? Der ‚technische Fortschritt' kann in den Vitrinen der Museen als aufsteigende Reihen aus vielen harten Artefakten besichtigt, ja sogar angefasst werden. Da haben es die kulturellen und sozialen Errungenschaften viel schwerer: Sie sind häufig nur in Schriftstücken festgehalten, wie bei Sozialreformen oder geistigen Reformationen, oder sie sind in sozialen Gebilden verkörpert, wie beim Kindergarten oder Aktienunternehmen, deren Deutung als soziale Neuerung einen höheren Aufwand an Vermittlung und Vorwissen verlangt.

Ergibt sich die Schieflage aus der größeren gesellschaftlichen Aufmerksamkeit für technische und wissenschaftliche als für soziale und kulturelle Neuerungen? Grundsätzlich zunächst einmal nicht; denn im Alltag finden die vielen kleinen kulturellen und sozialen Neuerungen, wie die wechselnden Lebensstile oder die mit dem ‚Social Web' wachsenden Gemeinschaftsformen, großes Interesse. Es scheint die Relevanz für die Wirtschaft zu sein, die den technischen Neuerungen das eindeutige Übergewicht bei der öffentlichen und offiziellen Hochschätzung sichert. Erfinder-Unternehmer und Unternehmen sind daher auch die am häufigsten genannten Urheber. Luther und Bismarck bilden als ‚Erfinder' die Ausnahmen.

Oder liegt das Problem in der verkürzten Bestimmung des Technischen, die da immer noch von einem einzelnen Artefakt, nicht von komplexeren technischen Systemen ausgeht, und zusätzlich noch in der falschen Einengung von

Technik auf physische Artefakte, wobei die Zeichentechniken und auch die Organisationstechniken und das Zusammenspiel in sozio-technischen Konstellationen außer Acht gelassen werden? Liest man beim „Bier" genauer nach, ging es nicht um die Erfindung des alkoholischen Getränks, sondern um ‚Rezeptur' und ‚Reinhaltungsgesetz', die der „Erfinder" Herzog Wilhelm der IV. von Bayern 1516 als „erste (…) gültige Lebensmittelvorschrift der Welt" (Initiative o. J.: 14) durchgesetzt hat. Es handelt sich also um eine rechtliche und damit eine besondere soziale Innovation.

Beim „Telefon" wird Philipp Reis als Erfinder der ersten Sprachübertragung genannt. Das betrifft jedoch nur die Invention eines Geräts zur Sprachübertragung, das noch nicht einmal als Patent angemeldet wurde. Die von der Invention zu unterscheidende Innovation fand bekanntlich in den USA statt. Sie bestand in der Kombination mehrerer Neuerungen. Das Telefonieren benötigt nicht nur Sprech- und Empfangsgeräte, sondern auch Übertragungsleitungen und Vermittlungsstationen. Graham Bell hat ein „technisches System" entwickelt, das aus vielen Elementen bestand (vgl. Hughes 1987). Gleichzeitig erfand er auch eine flexible aus Mensch und Technik bestehende Schnittstelle, welche über Stecker, Tafeln und ‚Telephone Girls' die Vermittlungsdienste leistete; auf diese Konfiguration greift das heutige ‚Call Center' noch zurück. Weiterhin bedurfte es zweier ökonomischer Vertriebsinnovationen, nämlich der kostenlosen Verteilung von Telefonbüchern und der Vermietung der häuslichen Telefongeräte, um die Telefonkommunikation zu einer erfolgreichen Innovation zu machen (Rammert 1993: 230 ff.).

Bis hierhin können wir schon festhalten: Erstens gibt es nicht nur technische Innovationen, sondern viele andere, die wir erst einmal als kulturelle, ökonomische, wissenschaftliche oder soziale Innovationen bezeichnet haben. Zweitens fällt auf, dass weder die technischen noch die sozialen Neuerungen allein auftauchen, sondern jeweils Neuerungen auf anderen Feldern mehr oder weniger stark voraussetzen oder mit bedingen, etwa nach dem Motto: Keine Reformation ohne den Buchdruck (vgl. Eisenstein 1983) und keine neuen Geschäftsmodelle und Gemeinschaftsformen ohne das Internet (vgl. Thiedecke 2003).

An dieser Schieflage zwischen technischen und sozialen Innovationen sind die Sozialwissenschaften allerdings auch selbst nicht ganz unbeteiligt. Zum einen haben sie größtenteils dem technischen Wandel als außergesellschaftlicher Größe nur geringste theoretische Beachtung geschenkt, zum anderen haben sie sich bis auf wenige Ausnahmen geweigert, nach dem Muster der technischen Innovation relevante gesellschaftliche Veränderungen als soziale Innovationen herauszustellen und aufzulisten. Eine solche Ausnahme stellen die Arbeiten des frühen amerikanischen Soziologen William F. Ogburn dar. Er zählt „Erfindungen" im Sinne von gesellschaftlichen Neuerungen aller Art zu einem der vier entscheidenden Faktoren in seiner Theorie gesellschaftlichen Wandels und betont ausdrücklich, dass er sie „nicht auf technische Erfindungen beschränkt" (Ogburn 1969: 56) wissen möchte. Er bezieht „soziale Erfindungen" wie den „Völkerbund" mit ein, aber auch Neuerungen auf anderen Kulturgebieten, wie das „religiöse Ritual" oder das „Alphabet" und ebenso „wissenschaftliche Entdeckungen". In einer Liste sozialer Innovationen aus dem Jahre 1933 führt er 50 Beispiele an, vom „Waffenstillstandstag" über „Wohnwagencampingplätze", „Gehaltsbonus", „Ladenketten", „Kindergärten" und „Personalausweis" bis hin zum „allgemeinen Wahlrecht" (Ogburn 1933: 162). Er zählt selbst zu den „sozialen Erfindern", da er mit seinen „Trend Reports" und „Folgeanalysen von Erfindungen" für die amerikanische Regierung die Institution des „Technology Assessment" entwickelt hat (vgl. Dierkes 1993).

Was bei Ogburns Aufzählung sozialer Erfindungen noch wie Kraut und Rüben erscheint – mal wird ein Gesetz („Mindestlohn", „Patent"), mal eine Institution („Basketball", „Jugendgericht"), mal eine Organisation („Ku-Klux-Clan", „GmbH", „Rotary Club") und mal eine Praktik, ein Prinzip oder eine Maßnahme genannt („Rückrufaktion", „Quote", „Boykott") – , das wird von Wolfgang Zapf (1989) und später von Katrin Gillwald (2000) systematischer geordnet. Zunächst wird mit Bezug auf Harvey Brooks (1982) zwischen „rein technischen", „soziotechnischen" und „sozialen" Innovationen unterschieden, wobei die letzteren noch einmal nach den Typen „Marktinnovationen", „Managementinnovationen", „politischen Innovationen" und „institutionellen Innovationen" unterteilt werden (Zapf 1989: 177). An den beiden Beispielen „Probleme des Massenverkehrs" („Cars") und „Probleme der persönlichen Gesundheitsdienste" („Care") demonstriert Zapf deutlich, wie vorrangig technische Innovationen, etwa die von Eisenbahn-, Auto- und Flugverkehr, immer auch mit politischen Innovationen, z. B. der Regulierung oder Deregulierung, und mit Managementinnovationen, z. B. der Verkehrsflusssteuerung, zusammenspielen und wie sie sich als Probleme und innovative Problemlösungen wechselseitig bedingen. Insgesamt zählt er sieben Typen von sozialen Innovationen auf:

- „Organisationsveränderungen innerhalb von Unternehmen",
- „Neue Dienstleistungen" (beide auch schon in Schumpeters Liste aufgeführt),
- „Sozialtechnologien" (die Kombination von Ausrüstung und Dienstleistung gehört zu den oben angesprochenen sozio-technischen Innovationen),
- „Selbsterzeugte soziale Erfindungen (…) durch Beteiligung der Betroffenen",
- „Politische Innovationen",
- „Neue Muster der Bedürfnisbefriedigung" und

▪ „Neue Lebensstile" (Zapf 1989: 175 f).

Mit dieser Ausweitung der Innovationen auf nicht-technische Innovationen und auf die gesamten Felder gesellschaftlicher Entwicklung lässt sich auch die Engführung auf Schumpeters Kriterium ökonomischen oder kommerziellen Erfolgs nicht mehr aufrechterhalten und rechtfertigen: Kriterien der besseren Befriedigung von Bedürfnissen, der besseren Lösung von Problemen oder der erfolgreichen Verbreitung solcher Lösungen weiten das Bezugsfeld aus. Neben die „ökonomische" Nutzendimension und Rationalität treten bei Katrin Gillwald noch die „politische", „soziale", „kulturelle" und „ökologische" Rationalität, die für die Bestimmung sozialer Innovationen als „gesellschaftliche Errungenschaften" in Frage kommen (Gillwald 2000: 14 f., 23).

Damit sind die ersten Schritte zum Abbau der ökonomischen und technischen Schieflage bei der Konzeptualisierung des Innovationsphänomens gemacht. Halten wir fest: Mit Blick auf die Unterscheidung ‚technisch' und ‚sozial' gilt es, die technischen Innovationen nicht nur auf die ‚Hardware' von Maschinen und Leitungen zu beschränken, sondern auch die ‚Software" von Kalkülen und Programmen und die ‚Orgware' von Koordination und Steuerungsmechanismen einzubeziehen. Da es keine technischen Neuerungen ohne veränderte Umgangsweisen und institutionelle Einbettungen gibt und da es kaum eine soziale Neuerung ohne technische Voraussetzungen, ohne technische Begleitbedingungen und ohne Herausforderungen für die technische Entwicklung gibt – man denke an die Internet-Basiertheit, die Nutzung und Veränderung technischer Infrastruktursysteme oder an dienst- und personen-orientierte Assistenztechniken –, gilt es zusätzlich, neben der Treiberfunktion der jeweiligen Elemente, auch ihre Anteile und ihre wechselseitigen Zusammenhänge genauer zu studieren. So könnte sich eine sogenannte ‚technische' Innovation bei näherem Hinsehen als eine ‚soziale' Innovation oder als ein gemischtes Bündel von Innovationen verschiedener Art erweisen.

Mit Blick auf die ökonomische Referenz gilt es, die verschiedenen Arten der Innovation nicht nur auf den wirtschaftlichen Erfolg hin gleich wieder eng zu führen, sondern weitere Referenzen ins Spiel zu bringen, sie systematisch zu begründen und ihre jeweiligen Erfolgskriterien differenziert zu entwickeln. Dabei kann von der Erfolgsgeschichte ökonomischer Innovationsforschung für eine breiter und vergleichend angelegte sozialwissenschaftliche Innovationsforschung vieles gelernt werden. Dazu werden die beiden Aspekte der Innovation, die ich als das Relationsproblem und das Referenzproblem bezeichne, zunächst einmal getrennt voneinander behandelt. Im nächsten Teil geht es also zunächst darum, den Begriff der Innovation auf einer höheren Abstraktionsstufe so zu bestimmen, dass er mit seinen wesentlichen Merkmalen und Dimensionen das Besondere der Neuerung als gesellschaftliches Phänomen erfasst.

3. Von der kreativen Variation zur reflexiven Innovation: Die Relationen auf der semantischen, pragmatischen und institutionellen Ebene

Welche sind die wichtigsten Merkmale des Phänomens, das wir gewohnt sind, als Innovation zu bezeichnen? Wie kann man es begrifflich so bestimmen, dass es in seiner Besonderheit von anderen Phänomenen sozialen Wandels abgegrenzt werden kann? Dazu werden zunächst die konstitutiven Relationen unter höchst abstrakten Gesichtspunkten daraufhin befragt, inwieweit sich damit sowohl Neuerungen als auch Innovationen von anderen gesellschaftlichen Phänomenen abgrenzen lassen. Dabei wird einem analytischen Schema gefolgt, das von Kant in systematischer Absicht entwickelt und von Luhmann (1970: 118) immer wieder erfolgreich für soziologische Theoriebildungszwecke angewandt worden ist: Die Unterscheidung von Relationen in zeitlicher, sachlicher und sozialer Dimension. Anschließend wird die soziale Dimension noch nach drei Ebenen aufgeschlüsselt, in denen gesellschaftliche Entwicklungen jeweils als Prozesse auf der semantischen Ebene als Deutungen und Diskurse, auf der pragmatischen Ebene als Praktiken und Handlungen und auf der grammatischen Ebene als Institutionen und Regime analytisch erfasst werden können.

3.1 Die zeitliche Dimension: Die Relation zwischen Alt und Neu

Am sinnfälligsten steht die Innovation für das zeitlich Neue: Etwas wird als neu gegenüber dem Vergangenen gesehen oder erfahren. Damit steht sie im Zusammenhang mit anderen sozialen Phänomenen des Wandels, die alle durch die Differenz von alt und neu wesentlich konstituiert werden.

Am deutlichsten kann diese Neuigkeitsorientierung bei den Nachrichten und Kommunikationsmedien beobachtet werden. Die Zeitung erinnert noch mit ihrem Namen daran, dass es die Zeit ist, die das Neue im Unterschied zum bekannten Alten schafft. Die Neuigkeit von gestern ist keine Nachricht mehr für heute. Der Tagesrhythmus der Zeitung hat sich auf den Stundenrhythmus der Radionachrichten und auf den Minutenstrom des Nachrichtenfernsehens und der ständig fließenden Nachrichtenüberschriften in den neuen Medien verkürzt.

Die Mode ist ein weiteres Phänomen, das durch die geregelte zeitliche Differenz des Saisonwechsels geschaffen wird. Das aktuelle modische Outfit ist im folgenden Jahr altmodisch. Neue Nachrichten und neue Moden fallen zwar übli-

cherweise nicht unter die Innovationen der Gesellschaft, die zu den Gegenständen der Innovationsforschung zählen; sie teilen jedoch mit den gängigen technischen und wirtschaftlichen Innovationen sowohl die Konstitution über zeitliche
Differenz als auch die hohen Anteile an kreativem, suchendem und gestaltendem
Handeln. Man spricht von Modekreationen und Nachrichtenrecherche. Sie grenzen sich von den anderen Neuerungen durch besonders kleine Zeitabschnitte der
Veränderung in der Zeit ab. Die Zyklen der technischen Innovationen rangieren
jedenfalls oberhalb des Minuten-, Stunden- oder Tagesrhythmus der Nachrichten
und des Jahresrhythmus der Moden; sie liegen gewöhnlich im Mittelfeld mehr-
jähriger Zyklen von Produktwechsel und Verfahrensneuerungen.

Am oberen Ende der Zeiträume liegen die Neuerungen der Gesellschaft, die
als technische oder auch politische Revolutionen bezeichnet werden. Die Umwälzung einer ganzen Industrie oder einer Gesellschaftsformation und politischen Verfassung finden in Zeitdifferenzen statt, die hundert oder mehrere hundert Jahre gewachsene Formen und tradierte Felder der Produktion, des Wirtschaftens, des Bauens oder der politischen Praxis radikal in zehn, zwanzig oder
dreißig Jahren verändern und zu neuen gesellschaftlichen Institutionen und technischen Errungenschaften führen. Auch diese eher langfristigen Neuerungen der
Gesellschaft teilen den Bezug auf die Differenz eines Vorher und Nachher, einer
alten Zeit und einer neuen Zeit sowie eine starke Orientierung auf Zukunft; sie
werden jedoch wegen ihres aggregierten Charakters und ihrer Makrodimension
üblicherweise nicht mehr als Innovationen angesehen, obwohl sie sich in der
Regel auf einige grundlegende technische Basisinnovationen, auf deren Häufung
zu Innovationsschwärmen und auch auf die Kopplung mit institutionellen Neuerungen zurückführen lassen. Die industrielle Revolution, das fordistische Zeitalter, die kulturelle Renaissance, der moderne Städtebau oder die soziale Marktwirtschaft wären solche Neuerungen der Gesellschaft, die nur zum Teil unter
dem Aspekt der Innovation thematisiert werden.

Wir können festhalten: Die Relation zwischen vorher und nachher schafft
Differenzen in der zeitlichen Dimension. In der Neuzeit beginnt ein markanter
Einschnitt in der Selbstthematisierung der Gesellschaft in dieser Hinsicht. Die
Neuzeit erfand sich als Wiederentdeckung des Alten, aber unter neuen Vorzeichen, nämlich im Hinblick auf die Zukunft. Mit der Neuzeit wird erst die Differenz von Neu und Alt hergestellt; erst nach der so bestimmten Zeitenwende sieht
das Bisherige alt aus. Erst mit der Umorientierung von der Vergangenheit und
dem Hergebrachten hin zur Zukunft und dem Hervorbringen kann das Erkunden
des Neuen, das Gestalten neuer Kombinationen und das Stiften neuen Sinns – als
den drei anthropologischen Wegen einer die Gegebenheiten transzendierenden
Kreativität (Popitz 2000: 93 ff.) – in den Gesellschaften Fuß fassen und Schritt
aufnehmen – von der „theoretischen Neugierde" bis hin zu den institutionalisier-

ten Erkenntnisfortschritten in der modernen Wissenschaft (Blumenberg 1966; Ben-David 1971; Krohn/ Rammert 1985), von der technischen Projektemacherei bis hin zum beschleunigten Rhythmus technologischer Progression (Rammert 2000; Rosa 2005) und von religiösen Reformationen zu ständigen Wechseln kultureller und künstlerischer Umdeutungen und Erfindung neuer Praktiken (Sloterdijk 2009). Wie hier schon sichtbar wird, reicht natürlich die rein zeitliche Differenz für die Bestimmung des Neuen nicht aus; es fehlt der Bezug auf die sachliche Dimension. Was ist der Gegenstand, an dem sich das Neue zeigt?

3.2 Die sachliche Dimension: Die Relation zwischen gleichartig und neuartig

Das ‚Etwas', das in der Zeitdifferenz oben angesprochen war, steht jetzt im Vordergrund: Bleibt etwas gleich in der Zeit, dann ist zunächst nichts Unterschiedliches da, das als sachlich Neues gesehen werden könnte. Wie kommt dann die neue Sache in die Welt? Darauf gibt es im Wesentlichen zwei radikal gegensätzliche Antworten: Die eine Richtung setzt auf das Erschaffen aus dem Nichts oder kreatives Hervorbringen aus noch nicht Dagewesenem – ich nenne sie die Schöpfungstheorie der Innovation (‚creatio ex nihilo') – und die andere auf das Variieren von bekannten Elementen und das Rekombinieren zu neuen Arten und Gestalten – was am besten als Evolutionstheorie der Innovation bezeichnet werden kann.

In der Schöpfungstheorie wird etwas ganz neu geschaffen, was es vorher noch nicht gab, etwa Licht, Erde, Wasser, Pflanzen und Tiere. Analog dazu – so dachte man bis in das 19. Jahrhundert – kommen neue Ideen, neuartige Dinge und andere Praktiken durch schöpferische Akte auf die Welt, von genialen Denkern erdacht, von kühnen Erfindern gemacht und von neugierigen Künstlern erschaffen. Auch heute schwingt im Kult um die Kreativität noch die Sicht mit, dass fantasievolle Kreationen, funktionale Designs und effektivere Konstellationen von schöpferischen Modemachern, genialen Ingenieuren und heroischen Menschen hervorgebracht werden. Ein Schuss Schöpfungstheorie schadet neueren Innovationstheorien nicht, da sie auch das individuell Besondere, das Überraschende und das Wunderbare kreativen Handelns einbeziehen muss.

Nüchterner geht es in der Evolutionstheorie zu, die selbst eine radikale Neuerung des Denkens über die Entstehung der Natur und des Menschen darstellt. Das Entstehen einer neuen Art ist gar nicht als eine einmalige und großartige Schöpfungsleistung und auch nicht als ‚intelligentes Design' eines allwissenden Schöpfers anzusehen; sie fußt vielmehr auf kleinen Besonderheiten und zufälligen Fehlkopien, die sich erst bei einer gewandelten Umwelt durch natürliche Auslese als die jeweils ‚fittest' der vielen Varianten durchsetzt. Der Mechanismus der Variation bildet die sachliche Grundlage für das Entstehen des Neuen. Er zeigt sich in kleinen Varianten von Bekanntem und in neuartigen Kombinationen von Elementen, die man bereits kennt. Beide Prozesse finden sich schon in Soziologie der Erfindung von S. Colum Gilfillan (1963), der sie am Beispiel der Handelsschifffahrt vom Floss bis zum Turbinenfrachter demonstriert: Der „evolutionary character" der technischen Entwicklung ist „a complex of most diverse elements" und „a new combination from the ‚prior art'" (Gilfillan 1963: 5 f.). Bei Joseph Schumpeter (1911) hatte es schon 1911 geheißen, eine Innovation sei eine „neue Kombination", die jenseits kontinuierlicher Schritte der Verbesserung diskontinuierlich als ein neuartiges Phänomen und als Entwicklung „emergiert" (Schumpeter 2000: 51).

Somit können wir vorerst festhalten: Variationen von Etwas, so klein, so ungewollt und so unauffällig sie auch sein mögen, sind die unabdingbare Voraussetzung für die Genese des Neuen. Gegenüber den vielen kleinen Abweichungen und Besonderheiten ist es allerdings erst die Selektion und die folgenreiche Stabilisierung des Neuen, die es zu einer neuen Art macht, die also das Neuartige vom Gleichartigen unterscheidet. Mindestens ab diesem Punkt müssen wir jetzt genau zwischen den bloßen *Neuerungen*, wie immer sie auch durch Variation oder kreatives Handeln hervorgebracht werden, auf der einen Seite und den *Innovationen* als den durchgesetzten Neuerungen mit Folgen für die restlichen Varianten auf der anderen Seite begrifflich unterscheiden. Bei der biologischen Evolution entscheidet die jeweilige natürliche Umwelt über die Auswahl und dauerhafte Reproduktion einer neuen Art; bei der gesellschaftlichen Evolution haben wir es mit einer künstlichen Selektion und Institutionalisierung neuartiger Konstellationen als Innovation zu tun. Sinnstiftung und Selektion nach Interessen und Werten sind also bei der Bestimmung von gesellschaftlichen Innovationen erforderlich. Die nächste Relation finden wir daher in der sozialen Dimension.

3.3 Die soziale Dimension: Die Relation zwischen Normal und Abweichend

Das Neue ist zunächst eine unmarkierte Stelle; gegenüber dem Üblichen, dem Gewohnten, dem Vorhandenen, dem Selbstverständlichen, eben dem insgesamt Normalen, setzt es sich in irgendeiner Hinsicht ab. Das Neue ist eine Abweichung vom Normalen. Es ist eine listenreiche Verschiebung gegenüber der Routine. Es bezeichnet das Andersartige gegenüber dem Bestand. Es wird als Fremdartiges erlebt im Verhältnis zum Vertrauten. In jedem dieser Begriffe schwingen Bewertungen mit: Sie sollen nicht neutralisiert werden, sondern in ihrer Vielfalt analytisch durchdrungen und als Spektrum aufgeklärt werden, um der Ambivalenz des Neuen gerecht zu werden.

Kriminell und kreativ können als zwei Seiten ein und desselben Typs von sozialem Verhalten gelten. Nimmt man Robert K. Mertons (1968: 194) bekannte Typologie individueller Verhaltensweisen der Anpassung an kulturelle Ziele und institutionelle Mittel, so wird dort ‚innovatives' Verhalten von ‚konformem' dadurch unterschieden, dass es bei der Verwendung der Mittel abweicht, um die allgemein anerkannten Ziele wie Reichtum und Erfolg zu erreichen. Dieses als „soziale Devianz" bezeichnete Verhalten wurde zur Grundlage einer Soziologie abweichenden Verhaltens, die sich besonders mit der Kriminalität beschäftigte. Der auch kreative Charakter kriminellen Handelns wurde erst später von einer am Pragmatismus und Interaktionismus orientierten Kriminalsoziologie (Haferkamp 1972) entdeckt, welche den Grundtypus innovativen Handelns als Abweichen von der Normalität in verschiedenen Milieus untersuchte und die jeweilige gesellschaftliche Bewertung („labelling") als kreativ oder kriminell für die positive oder negative Sanktionierung verantwortlich machen konnte. Die in Mertons Innovationsbegriff angelegte Offenheit und Ambivalenz zeigt sich auch, wenn „Hacker" heute weitgehend als kreativ und „Cracker" als kriminell bezeichnet werden oder wenn man nur schwer entscheiden kann, wann es sich um erstaunliche wirtschaftsrechtliche Findigkeiten und wann um wirtschaftskriminelle Gaunereien großen Stils handelt.

Während das Normale auf Routinen und unreflektierten Wiederholungen beruht, bricht das Neue aus Überdruss, Störungen oder Problemverschiebungen hervor. Die Rebellion der Jugend wird so zu einer Quelle neuer Lebensstile und alternativer Lebens- und Arbeitsformen; sie wendet sich gegen die Traditionen der Erwachsenen und die aus der ewigen Wiederkehr des Gleichen erwachsende Langeweile. Technische und andere Störfälle können Anlass für erneutes Nachdenken, für Improvisationen und für die Suche nach ganz neuen Wegen sein. Die List der technischen Vernunft liegt häufig nur darin, die normalen Trampelpfade der Problemlösung zu verlassen und mit „verrückter" Perspektive zu schauen sowie über „verschobene" Wege („Umwege") das Ziel zu erreichen (vgl. Latour 1998). Die Ambivalenz des Neuen gegenüber dem Normalen zeigt sich hier häufig in der Nähe zwischen fantastisch und verrückt oder zwischen genial und geistig verwirrt.

Gegenüber dem Ungewohnten und dem Andersartigen kommt noch ein weiteres Element hinzu: die Fremdartigkeit des vom Normalen abweichenden Neuen. Die Ambivalenz zeigt sich hier zugleich in der Angst vor dem Unbekannten wie auch in der Neugier auf unbekannte Ufer und ungewohnte Utensilien. Das Neue muss sich gegenüber dem Vertrauten und Bewährten erst noch als friedlich, integrierbar und verlässlich bewähren. Es muss den Status des „wertvollen Anderen" erreichen (Groys 1992: 42). Triviale Verbesserungen sind leicht zu assimilieren; Innovationen sind hingegen, wie das Joseph Schumpeter (1946: 134) so trefflich auf einen ambivalenten Begriff gebracht hat, „schöpferische Zerstörungen". Sie müssen sich gegen den Widerstand von Gewohnheiten, Sichtweisen und investierten Interessen durchsetzen und müssen von „Entrepreneuren" durchgesetzt werden. Das revolutionäre Element der Innovation droht mit der Zerstörung ganzer Berufs- und Industriezweige und mit der radikalen Umwälzung der verschiedenen institutionellen Strukturen der Gesellschaft. Von daher sind die vielen Versuche in der Geschichte der Gesellschaft zu verstehen, das Fremde zurückzuweisen oder zu assimilieren, das zerstörerische Potential in Zunft- und Klosterordnungen einzuhegen oder in speziell ausdifferenzierten Institutionen der Wirtschaft, Wissenschaft und Kunst zu pflegen.

Ziehen wir ein Zwischenfazit: Das Neue als das in der Gesellschaft zunächst Anormale wird zu einer Innovation, wenn es von immer mehr sozialen Akteuren oder einer relevanten sozialen Gruppe als neue Normalität mit anderen Regeln angeboten, bekämpft oder anerkannt wird, die sich zeitlich als zukunftsweisend und richtungsverändernd, sachlich als folgenreich andersartig und überlegen und sozial als bessere Problemlösung oder als Fortschritt in einer bestimmten Hinsicht erweist und so als wertvoll erfahren werden kann.

3.4 Die Grammatik der Innovation: Wie Ideen und Praktiken der Neuerung in Innovationen übersetzt werden

Um diesen Prozess der Übersetzung von Neuerungen in Innovationen genauer untersuchen zu können, soll zwischen drei Ebenen analytisch unterschieden werden, auf denen sich die angesprochenen Differenzen in empirischen Formen ausdrücken: der semantischen Ebene der Sinnstiftung und der Diskurse, der pragmatischen Ebene des Operierens und Handelns und der grammatischen Ebene der institutionellen Regeln und Regimebildung.

Auf der *semantischen Ebene* geht es darum, dass etwas, eine Idee, eine Praktik oder ein Objekt als etwas Neues und Besseres wahrgenommen, wertgeschätzt und weiterkommuniziert werden muss, um als Innovation zu gelten. Innovationen werden auf diese Weise markiert und kommunikativ konstruiert (vgl. Knoblauch 1995). In neueren soziologischen Definitionen der Innovation wird daher in der Regel darauf hingewiesen, z. B. „an innovation is an idea, practice, or object that is perceived as new by an individual or another unit of adoption" (Rogers 2003: 12). Oder: „Als Innovationen werden materielle oder symbolische Artefakte bezeichnet, welche Beobachterinnen und Beobachter als neuartig wahrnehmen und als Verbesserung gegenüber dem Bestehenden erleben."

(Braun-Thürmann 2005: 6) Sie grenzen sich damit von älteren modernisierungstheoretischen und auch von ökonomischen Definitionen ab, die schlicht von
objektiv messbaren Neuerungen oder von unumstrittenen Problemlösungen ausgehen (zur Kritik an Zapf siehe Holtgrewe 2005: 16).

Etwas als zeitlich neu und sachlich anders wahrzunehmen reicht für das
Markieren und Kommunizieren nicht aus: Es fehlen die beiden kritischen Operationen der Evaluation und der kommunikativen Reproduktion. In der sozialen
Dimension entscheidet sich, ob das wahrgenommene Neuartige als Besserung
oder als Bedrohung erlebt wird. Das von der normalen Erwartung abweichende
Neue findet erst Eingang in die gesellschaftliche Kommunikation, nachdem
Neues als solches seit dem 17. Jahrhundert positiv geschätzt und nicht mehr
negativ als „rücksichtslose Neugierde" gegeißelt wurde (vgl. Blumenberg: 1966:
103 ff., 187; Luhmann 1997: 471 f.). Sobald die gleichen Neuerungen, die vorher
noch durch Androhen der Verdammnis, der Verbannung oder des Verbrennens
aus der gesellschaftlichen Kommunikation herausgehalten wurden, dann als
Errungenschaften und Verbesserungen gepriesen wurden, beginnt der Fort-
schrittsgedanke der Innovation in der Semantik der Gesellschaft seinen Sieges-
lauf.

Für die gegenwärtige Phase der gesellschaftlichen Entwicklung kann keine
Rede mehr von der Unterschätzung des Neuen sein. Eher das Gegenteil ist der
Fall: Jede noch so marginale Variation wird schon als Innovation gefeiert, jede
noch so normale Verbesserung wird als Innovation angepriesen, und vor lauter
innovativem Wortgeklingel sind die wirklich nachhaltigen Innovationen kaum
noch zu erkennen. Reichhaltig fließen die Ressourcen für Neuerungen, die Innovationen versprechen, jedoch knapp ist die Aufmerksamkeit für die Differenz
zwischen rhetorischer Etikettierung und praktischer Realisierung. Die Diskurse
um Kreativität und Innovativität haben längst die engeren Kreise von Wirtschaft,
Wissenschaft und Kunst überschritten und haben alle Bereiche der Gesellschaft
unter einen steigenden Innovationsdruck gesetzt. Jede bewährte Praxis oder institutionelle Regel hat sich neuerdings mit Blick auf ihren Beitrag zur Innovation
zu legitimieren, und alle Management- und Steuerungsmaßnahmen haben sich
mit Blick auf den Innovationsdiskurs zu rechtfertigen. Zumindest in semanti-
scher Hinsicht ist heute Innovation ubiquitär geworden (vgl. u. a. Wengenroth
2007; Braun-Thürmann 2005; Blättl-Mink 2006; Bröckling 2004, 2007).

Die *pragmatische Ebene* innovativen Handelns wird daher umso wichtiger:
Erst der Rückbezug auf die innovativen Akte, die ja nicht nur aus Sprechakten
bestehen, liefern die notwendige zweite Beobachtungsebene, um Unterschiede
zwischen echten und Scheininnovationen als wissenschaftliches Problem und
nicht nur als Problem der besseren Rhetorik bearbeiten zu können. Das Wahrnehmen und Markieren auf der semantischen Ebene muss gleichsam auf der

operativen Ebene kreativen Handelns und innovativer Performanz eine soziale und materiale Fundierung finden. Innovationen können auch an veränderten Praktiken der Körper und an neuartigen Kombinationen technischer Objekte beobachtet werden. So können auch Archäologen und Bildwissenschaftler ebenso wie Designer und Technikwissenschaftler in Geschichte und Gegenwart Variationen der Kombination von Elementen und ihre Reproduktion durch Imitations- und Diffusionshandeln entdecken, die erst im Nachhinein auf der semantischen Ebene als Innovationen der Produktions- und Kommunikationsweise oder des Mal-, Bau- oder Lebensstils bezeichnet werden oder bis in die Gegenwart als stille oder anonyme Neukombinationen in Nischen existieren und als ‚Innovationen im Schatten' noch gar nicht gesichtet worden sind.

Mit kreativem Handeln seien die Praktiken benannt, die auf der operativen Ebene als Abweichungen von der Routine und der Normalität alltäglichen und rationalen Handelns beobachtet werden können. Versuchen wir, die bei Hans Joas genannten fünf Metaphern der Kreativität (Joas 1992: 107 ff.) dahingehend zu übersetzen, gelangen wir zu folgenden Praktiken. Das können alternative Formen expressiven Handelns (1) sein, wie wir es in der Kreativität der Künste, der Mode und des Lebensstils in Ateliers, Salons, Clubs und Studios beobachten können. Das können andere Weisen des Produzierens (2) inklusive des Verteilens und Konsumierens von Gütern und Dienstleistungen sein, wie sie in Forschungslabors, Ingenieurabteilungen, Designbüros und kritischen Verbraucherinitiativen ersonnen und erprobt werden. Das können auch Revolutionen (3) des wissenschaftlichen Denkstils, des politischen Handelns oder des alltäglichen Lebens sein, wie sie als Paradigmenwechsel in Forschungskollektiven, als politischer Ordnungswechsel in sozialen Bewegungen oder als fundamentaler Wert- und Verhaltenswandel in kulturellen Milieus entstehen können. Das können Kräfte des Lebens (4) sein, wie sie sich in neuen Formen der Willensäußerung, überschießender Vitalität, unbewusster Phantasie, irrationalen Zerstörungsakten oder evolutionär wirksam werdenden Fehlverhaltensweisen zeigen können. Schließlich können es auch die Praktiken der Intelligenz (5) sein, die sich als generalisiertes Muster konkret Probleme lösenden Handelns und „experimenteller Interaktivität" (vgl. Dewey 1998; Rammert 1999) vom „wilden Denken" über das tüftelnde Basteln (Levy-Strauss 1968) bis hin zum experimentellen Labor überall in der Gesellschaft jetzt ausbreiten, von der Laborschule bis zum Test-Markt, von der Ehe auf Probe bis hin zur Simulationsstudie, vom beratenden ‚Think Tank' bis hin zur Vervielfältigung der Perspektiven durch politische Partizipation.

Kreative Abweichungen, Regelverletzungen und Überschüsse sind zwar notwendige Elemente für die Entstehung von Innovationen, reichen aber nicht hin. Erst die Auswahl, Wiederholung und Verbreitung dieser abweichenden

Varianten machen aus wilden Ideen, ungewöhnlichen Praktiken und neuartigen Objekten eine Innovation der Gesellschaft. Auf der pragmatischen Ebene ist also neben der Variation durch kreatives Handeln auch die erfolgreiche Selektion durch nachahmendes, aneignendes und dauerhaft reproduzierendes Handeln zu untersuchen. Auch dabei reicht nicht die Behauptung und Befragung der Akzeptanz; sie muss sich vielmehr in den entsprechenden Performanzen des Umstellens und Lernens festmachen lassen. Wir sprechen dann von „reflexiver Innovation" (Rammert 1997) in zweierlei Hinsicht: erstens, wenn bei den verschiedenen Prozessen der kreativen Variation und der sozial- und sachbezogenen Selektion die Bedingungen des Innovationshandelns im Rahmen der jeweils voraus- oder nachlaufenden Prozesse mitbedacht werden, und zweitens, wenn die für die Herstellung und für die Verbreitung des Neuen notwendigen Orientierungen der anderen Beteiligten und die Mechanismen anderer Bereiche nebeneinander bewusst einbezogen werden.

So wie sich bei der kreativen Variation mit Mode, Innovation und Revolution drei verschiedene Grade der Innovativität unterscheiden lassen, so können auch bei der reproduktiven Selektion und Diffusion graduelle Unterschiede ausgemacht werden. In der Innovations- und Diffusionsforschung kennt man die passive Anpassung („accomodation"), beispielsweise wenn viele einer neuen Mode folgen oder einem technischen Trend nacheifern, die aktive Umschaffung („adaptation"), wenn einige Pioniergruppen z. B. in der frühen Computerbewegung bei der Anwendung neue Nutzungsformen fanden, und die Neuschöpfung („adjustment"), wenn z. B. dabei ganz unerwartete neue Produkte wie die grafische Oberfläche oder die Manipulation per Maus erfunden wurden. Grad und Ausmaß der reflexiven Innovation ändern sich jeweils.

Schließlich wird auch noch die *grammatische Ebene* der Innovation benötigt. So wenig heute in der Linguistik von einer angeborenen universalen Grammatik ausgegangen werden kann, so wenig können wir mit einer generellen Logik innovativen Handelns rechnen. Grammatiken werden eher als „Generalisierung von Regeln" des produktiven und reproduktiven Sprachgebrauchs gesehen, wobei mit „Figuren" neuartige Muster *ohne* Sinnverschiebung und mit „Tropen" *mit* Sinnverschiebung entstehen. Ob die seltenen und überraschenden Abweichungen von den Regeln als Fehler ausscheiden oder als neue gelungene „Figur" in die Regeln des Sprachspiels aufgenommen werden, hängt davon ab, ob sie hinreichend normnah sind, wiederholt und verstanden werden (Buna 2005: 38, 45 f.). Analog folgen Satzmuster und Semantik des innovativen Handelns, wenn sie denn in einem Bereich sich zu solchen „rekurrenten Strukturen" verfestigen und in die jeweiligen institutionellen Kontexte eingebettet sind, dann den institutionellen „rules of the game" (North 1990; Djelic/ Quack 2003). Das ist ein ähnlich offenes Regelsystem, das mit den vergangenen Praktiken selbst mit aufgebaut worden ist und mit den gegenwärtigen Praktiken reproduziert und verstärkt wird.

Für Innovationshandlungen und Innovationsdiskurse lassen sich mit diesem Konzept spezifische Innovationsregime abgrenzen, die sich durch die Art der Einbettung in einen Teilbereich der Gesellschaft und durch die Struktur des institutionellen Arrangements für verschiedene Phasen der gesellschaftlichen Entwicklung unterscheiden lassen. Damit lassen sich auch falsche Generalisierungen kritisieren, wie die Übertragung des ökonomischen Innovationsregimes auf die Wissenschaften oder auf die Künste. Es lassen sich damit auch Konflikte zwischen verschiedenen Innovationsregimes erklären, wie das Konfliktdilemma zwischen betrieblichen und akademischen Innovationskulturen in der Industrieforschung (Rammert 1988) oder die Kontroverse zwischen eigentums-basierten, gewinn-orientierten Innovationskulturen der Privatwirtschaft und allemende-basierten, gemeinschafts-orientierten Innovationskulturen der Open-Source-Bewegung (Holtgrewe 2005). Außerdem lassen sich über das Konzept der Innovationsregime nach dem Muster der „varieties of capitalism" (Hall/ Soskice 2001) Wandlungen und Abfolgen nationaler Innovationskulturen und übernationaler Innovationsregimes theoretisch angeleitet empirisch untersuchen (vgl. Wengenroth 2001; Rammert 2006; Barben 2007).

Was verdient festgehalten zu werden, das dabei hilft, den begrifflichen Rahmen und das analytische Konzept einer sozialwissenschaftlichen Innovationsforschung zu entwickeln? Innovationen basieren zunächst auf Variationen: In der zeitlichen Dimension verschieben sie die Grenze zwischen dem, was als vergangen und altmodisch und dem, was als zukünftig und modern gilt. Sachlich beziehen sie sich auf neue Arten von Ideen, Praktiken, Prozessen und Objekten sowie deren Konstellationen. Sie entstehen sowohl durch von Gewohnheiten und Routinen abweichende und regelbrechende Handlungen *schöpferischer* Art als auch durch unbewusste Abweichungen, Fehlkopien und zufällige Mutationen und Emergenzen *evolutionärer* Art. In der sozialen Dimension wird die Differenz von Normalem und abweichendem Anderen bearbeitet. Die Umwertung des Neuen von ängstlicher Abwehr zu hemmungsloser Neugier, die Umstellung von der Zerstörung des Neuen auf die „schöpferische Zerstörung" durch das Neue und die Versuche, die Paradoxien der Innovation in institutionelle Formen einzuhegen und einzupflegen, künden von den ständigen Kämpfen um die Deutung und Durchsetzung dessen, welches Neuartige als Verbesserung gilt.

Die Bestimmungen des zeitlich Neuen und des sachlich Neuartigen reichen für einen sozialwissenschaftlichen Begriff der Innovation nicht aus; als Abweichungen von der Normalität müssen sie einen Sinn machen, indem sie als Fortschritt, Erleichterung oder Verbesserung bewertet, nach Maßgabe der jeweiligen Kriterien ausgewählt und in ihren Feldern institutionalisiert werden. Innovationen sind daher immer ein Fall für reflexives und strategisches Handeln, mit dem Regeln oder Pfadentwicklungen gebrochen werden, um Neues zu schaffen und mit Macht und Netzwerken durchzusetzen (Garud/ Carnoe 2001; Windeler 2003). Bei radikalen Innovationen gilt der ganz besondere Fall, dass mit ihnen gleichzeitig auch neue Werte und Maßstäbe der Bewertung eingeführt werden, wie etwa bei einem kognitiven Gestaltwandel, einem künstlerischen Stilbruch oder einem wissenschaftlichen Paradigmenwechsel.

Inwieweit sich Innovationskandidaten als eine Innovation der Gesellschaft durchsetzen, muss also als sozialer Prozess untersucht werden. Dieser Innovationsprozess findet auf den drei analytisch unterscheidbaren Ebenen der Semantik, Pragmatik und Grammatik statt. Diese Differenzierung erlaubt es, die Diskurse der Innovation, die Praktiken kreativen und innovativen Handelns und die Regeln der Innovationsregime jeweils für sich zu untersuchen, sie aber auch in ihrem Zusammenhang zu verstehen. Tausend Etikettierungen von Dingen als innovativ ergeben demnach noch keine Innovation, sondern signalisieren zunächst nur einen modischen Wandel des Diskurses. Lassen sich auch Wandlungen der Praktiken und institutionellen Regeln beobachten, können sie als Indiz für eine neue Selbstthematisierung der Gesellschaft als Innovationsgesellschaft gewertet werden. Eine saisonale Modeschöpfung macht demnach auch noch keine Modeinnovation; aber wenn sie die Bekleidungssitten grundlegend und für längere Zeiten z. B. durch Uniformen die Klassendistinktion oder durch androgyne Hosenanzüge die Geschlechterunterschiede verändert, dann kann sie als soziale Innovation gelten. Innovationskandidaten werden erst dann sichtbar und Gegenstand ökonomischen oder politischen Handelns, wenn sie nach den Regeln des herrschenden Innovationsregimes beobachtet werden; was vor 50 Jahren als Tüftelei von Freaks in den Garagen Kaliforniens abgewertet wurde, bildete den pragmatischen Kern der Computerinnovation der folgenden Jahrzehnte, und was vor nicht ganz 30 Jahren als alternative Ökobastelei belächelt wurde, gilt heute als Grundlage nachhaltiger Innovation.

Innovationen können vorläufig als diejenigen Variationen von Ideen, Praktiken, Prozessen, Objekten und Konstellationen begriffen werden, die durch kreative Umdeutung und Umgestaltung geschaffen oder durch zufällige Abweichung und Rekombination hervorgebracht worden sind, die als Verbesserung in einer akzeptierten Hinsicht erfahren und gerechtfertigt werden und die durch Imitation und Diffusion einen Bereich der Gesellschaft mit nachhaltiger Wirkung verändern. Sind bisher die abstrakten Relationen geklärt worden, die eine Innovation im Kern ausmachen, so stehen nun die konkreten Referenzen an, auf die hin die Innovationen der Gesellschaft spezifiziert werden.

4. Die Vielfalt der Referenzen: Die wirtschaftliche, die politische, die soziale und die künstlerische Innovation zum Beispiel

Die Begriffe der Innovation tanzen munter und bunt durcheinander. Es werden ‚technische Innovationen' den ‚sozialen Innovationen' gegenübergestellt, oder ‚ökonomisch-technologische' den ‚gesellschaftlichen', wobei doch technische ebenso wie nicht-technische Innovationen, z. B. institutionelle Neuerungen, soziale Innovationen sein können und wobei ökonomische doch auf jeden Fall eine unter vielen Formen der gesellschaftlichen Innovation darstellen. Und wenn von ‚künstlerischer Innovation' und der Kunst als Innovation gesprochen wird, dann sind das doch zwei unterschiedliche Auffassungen des Innovationsproblems. Mein Beitrag zu einer Klärung der Begriffe besteht zunächst darin, analytisch klar zwischen den Relationen, die eine Innovation im Kern ausmachen, und den Referenzen, auf die hin eine Innovation jeweils ausgewählt wird und sich verfestigt, deutlich zu trennen.

So kann gezeigt werden, dass wenn ‚technische' und ‚soziale' Innovationen kontrastiert werden, begrifflich nicht ganz korrekt unterschieden wird. Mit der analytischen Trennung von Relation und Referenz lässt sich das reparieren. ‚Technisch' bezieht sich dann auf eine wichtige Dimension der relationalen Innovationsbestimmung: Es werden damit mal „materielle Technologien" und „materielle Artefakte" (Zapf 1989: 174; Braun-Thürmann 2005: 6) und mal technische Formen und Einsätze von Maßnahmen gemeint. Auf jeden Fall sind sie nicht das Gegenteil von „sozial", sondern von „nicht-technisch" (Rammert 2008: 229 f.). Technisch oder technisiert im Hinblick auf Innovationen bezieht sich auf die Art der konstituierenden Relationen und ist keine eigenständige Referenz. Im Gegenteil, technische Rationalität und technische Effizienz sind immer auf externe Referenzen, wie ökonomischer, ökologischer, politischer oder ästhetischer Art, angewiesen (vgl. Krohn/ Rammert 1985).

‚Sozial' bezieht sich demnach auf eine Referenz, nämlich nach welchen „dominierenden Zieldimensionen" (Zapf 1989: 175), „gesellschaftlichen Rationalitäten" und „Nutzungsdimensionen" (Gillwald 2000: 14 f.) die Performanz einer Innovation bemessen und die reproduktive Auswahl gerechtfertigt wird. Dabei gibt es wiederum zwei Bedeutungen für ‚sozial' als Referenz: Zum einen kann die so bezeichnete Innovation als ‚sozial' neben ökonomisch, ökologisch, politisch und kulturell stehen, womit dann die *spezielle* soziale Sphäre und die Werte sozialen Fortschritts, wie sozialer Gleichheit, Gerechtigkeit und Integration, gemeint sind. Zum anderen kann sozial mit ‚gesellschaftlich' übersetzt werden, womit dann der *Oberbegriff* für alle ausdifferenzierten Rationalitäten gemeint ist. Auf beide Bedeutungen spielt der Titel „Die Innovationen der Gesellschaft" an.

Aus dieser Differenzperspektive der Referenzen erscheint die ökonomische Innovation als nur eine, wenn auch wichtige spezifische Form. Sie kann jedoch grundsätzlich durch weitere Formen ergänzt werden. Um also die Bandbreite der Innovationen, wie sie auch in den gegenwärtigen Diskursen angesprochen wird, auf den Begriff zu bringen, müssen andere Typen der Innovation nach weiteren Referenzen bestimmt werden, auf die hin sie ausgewählt werden und sich durchsetzen. Dazu sind die jeweiligen *Kodes der Performanz* und die *Kriterien der Durchsetzung* genauer zu bestimmen.

4.1 Wirtschaftliche Innovationen: Gewinnversprechen und Markterfolg

Innovationen werden in der Regel – was häufig gar nicht mehr explizit gemacht wird – mit Referenz auf die institutionelle Sphäre wirtschaftlichen Handelns bestimmt. Von der Sache her können die Neuerungen Rekombinationen technischer, organisatorischer oder institutioneller Art, also auch ‚soziale Innovationen' sein, aber erst durch die Referenz auf die ökonomische Sphäre und ihre Kriterien werden sie zu Innovationen. Deshalb sollten sie auch präziser als ‚wirtschaftliche Innovationen' charakterisiert werden. Schon Schumpeter setzte „Innovation" von der „Invention" als erstem Vorkommen einer Idee für ein neues Produkt oder einen neuen Prozess dadurch ab, dass eine „praktische Umsetzung" in der „ökonomischen Sphäre" und unbedingt eine „erste kommerzielle Transaktion" notwendig hinzukommen müssten (Freeman 1974: 22). Im neueren Oxford Handbuch der Innovation heißt es dazu schlicht: „The function of innovation is to introduce novelty (variety) into the economic sphere." (Fagerberg 2005: 20)
   Die Leistung von Schumpeter und der nachfolgenden Innovationsökonomie liegt darin, die Innovationen als Veränderungen mit relevanten Folgen für das Wirtschaften zum Gegenstand erhoben zu haben; sie taten dies gegenüber den sich immer wieder neu einspielenden Gleichgewichtskonstellationen von Märkten, dem Preiswettbewerb und den vielen technischen Verbesserungen und Erfindungen (Rosenberg 2000: 10, 16). Nach dieser Theorie der wirtschaftlichen Entwicklung kommt es nicht darauf an, den nächst größeren Rechner zu entwickeln oder die Verkaufsberatung zu verbessern, sondern einen anderen Typ von Computer zu denken und praktisch umzusetzen sowie eine neuartige Form des Vertriebs über Selbstbau- und Hobbygruppen auszuprobieren. Dadurch werden die Gewinnmöglichkeiten neu aufgeteilt, so dass ‚New Comer' und ‚Start-up'-Firmen gegenüber den etablierten Großunternehmen eine neue Chance erhalten. Nach einigen Jahren der „Fermentationsphase" (Tushman/ Rosenkopf 1992) entscheidet dann der Markterfolg über die Festigung der Invention und der institutionellen Neuerungen zu einer wirtschaftlichen Innovation.

4.2 Die politische Innovation: Machtzuwachs und Kontrollgewinn

Diese klare Operationalisierbarkeit des ökonomischen Erfolgs und der fortge-
schrittene Stand der ökonomischen Innovationsforschung üben eine große An-
ziehungskraft auf die Erforschung anderer Innovationen der Gesellschaft als
wirtschaftliche Innovationen aus. Man kann natürlich ,soziale' oder ,sozialpoliti-
sche' Innovationen – von der Wehrpflicht bis zum Freiwilligen Sozialen Jahr
oder von der Bismarckschen Sozialgesetzgebung bis hin zur Agenda 2010 – auch
daraufhin untersuchen, inwieweit sie sich aus ökonomischen Gründen durchsetzen und verbreiten, z. B. wie viel an Kosten sie einsparen, inwieweit sie zur
betrieblichen Produktivitätssteigerung in Altenheimen und Krankenhäusern beitragen oder welchen Beitrag sie zur Steigerung des gesamtwirtschaftlichen Brut-
tosozialprodukts leisten. Damit würde aber gerade nicht das Spezifische ,politi-
scher Innovationen' erfasst. Man bewegte sich – was natürlich eine legitime und
fruchtbare Forschungsperspektive ist – weiterhin im Rahmen der wirtschaftlichen Innovation.

Für politische Innovationen gälte es, einen eigenen Referenzrahmen zu arti-
kulieren. Bei Schumpeter (1946) gibt es in Bezug auf politische Entrepreneure
den Hinweis auf Stimmengewinne. Dabei wären dann nicht einzelne Gesetze
oder Reformvorhaben schon mitgemeint, die Stimmen bringen, sondern es müssten zumindest größere politische Anstrengungen außerhalb der Routine sein, die
„institutionelle oder gesamtgesellschaftliche Wirkungen haben und in einem
bestimmten Sinne ,dauerhaft' sind" (Polsby 1984: 8), wie das Friedenkorps der
Vereinten Nationen oder der Atomsperrvertrag. Die Anwendung neuer sozialpo-
litischer Ideen, das Verkünden einer geistig-politischen Wende oder das Setzen
neuer Themen auf die politische Agenda reichen noch nicht aus, sind nur *notwendige* Bedingung für eine politische Innovation; neben dieser Variation bedarf
es der Referenz auf einen Politikwechsel, der zu Veränderungen der politischen
Ordnung führt, der über die Grenzen der üblichen politischen Routinen neue
Institutionen hervorbringt, zu einem nachhaltigen Wandel der politischen Landschaft führt und der dann auch nachgeahmt wird, z. B. der Bologna-Prozess im
Hochschulbereich (vgl. Krücken 2005).

Eine andere Art von politischer Innovation könnte sich auf die Art, wie Politik effektiv gemacht wird, beziehen. Die Techniken des Regierens und die
Techniken der Steuerung von Politikfeldern sind selbst natürlich auch Gegenstand von Neuerungen, die einen eigenen Gegenstandsbereich für Politik-
Innovationen abgeben. Die Einrichtung einer Tauschbörse für Emissionsrechte
statt ausschließliche Steuerung durch gesetzliche Reglementierung auf dem Gebiet des internationalen Klimaschutzes wäre ein Beispiel dafür (vgl. Voss 2007).
Das Kriterium wäre nicht die Einsparung von Kosten, sondern die Erhöhung der

Effektivität der politischen Koordination und der politischen Kontrolle über einen Politikbereich. Die Verbreitung dieser Innovation in anderen Ländern und die Übertragung auf andere Bereiche sprächen für seine nachhaltige Wirkung auf die politische Landschaft.

4.3 Soziale Innovationen: soziale Teilhabe und Mobilisierungskraft

Soziale Innovationen im engeren Sinn lassen sich von den politischen dadurch abgrenzen, dass sie zunächst außerhalb der Sphäre des Politischen entstehen. Sie können später auch Gegenstand der politischen oder rechtlichen Regelung werden, müssen es aber nicht. Das gilt auch in Beziehung zur wirtschaftlichen Sphäre, wenn z. B. ein Lebensstilwandel zu einer anderen Form des Wirtschaftens oder Verkaufens führt. Um die Vielfalt der sozialen Innovationen unter einen Referenzrahmen zu bringen, hat Wolfgang Zapf einen hoch abstrakten Begriff von Innovation gewählt, der auf neue Wege der Problemlösung hin orientiert. „Soziale Innovationen sind neue Wege, Ziele zu erreichen, insbesondere neue Organisationsformen, neue Regulierungen, neue Lebensstile, die die Richtung des sozialen Wandels verändern, Probleme besser lösen als frühere Praktiken, und die es deshalb wert sind, nachgeahmt und institutionalisiert zu werden." (Zapf 1989: 177)

Die Probleme und die Bestimmung, was in dieser engeren sozialen Hinsicht „besser" bedeutet, müssen noch etwas stärker spezifiziert werden. Soziale Innovationen müssen auf das Zusammenleben in Gemeinschaften und der Gesellschaft bezogen werden und meinen neue Formen von Teilhabe und sozialer Integration, von Interessenausgleich und sozialer Gerechtigkeit und von Individualität sowie Solidarität. Immer noch recht allgemein, aber spezifischer lassen sie sich unter den beiden Richtungen zusammenfassen, inwieweit die neuen Formen maßgeblich Vorbildfunktion übernehmen und inwieweit sie massenhaft zu mobilisieren in der Lage sind. Die Naturreformbewegung veränderte z. B. das Verhältnis zur eigenen Natur und zur äußeren Natur, führte zu maßgeblichen Folgen für Ernährung, Gesundheit und Freizeitverhalten und bewegte zur Gründung von Reformhäusern, zu homöopathischer Medizin und zu Wandervereinen und Jugendherbergen.

4.4 Künstlerische Innovation: Sichtwechsel und Sammlung

Künstlerische Innovationen können ebenso wenig daran gemessen werden, ob sie sich auf dem Kunstmarkt erfolgreich verbreiten und kommerziell größere Summen einspielen. Sicherlich lassen sie sich und werden auch zunehmend zum Gegenstand einer ökonomischen Innovationsperspektive gemacht. Wenn z. B. nach der Wirkung der künstlerischen Lebensform auf die innovative Performanz von Stadtquartieren, nach der Wechselwirkung zwischen einer „kreativen Klasse" und innovativen Unternehmen und Industrien gefragt wird (vgl. Florida 2002) und wenn künstlerische Innovativität am Auktionspreis, am inszenierten Museumsmassenbesuch und am erfolgreichen Marketing des Namens oder Stils gemessen wird, dann ist das eine legitime kunstökonomische Frage (vgl. Hutter/ Knebel/ Pietzner/ Schäfer 2007; Hutter 2008). Die Frage nach der besonderen Referenz für künstlerische Innovationen bleibt aber ausgeblendet.

Neuerungen in den Künsten können sich auf höchst unterschiedliche Weise zeigen: Motiv oder Material werden variiert, Arbeitsmethode und Präsentationsform werden neu erfunden, neue Instrumente und Techniken erschüttern alte Stile und schaffen neue Sichten und sinnliche Eindrücke. Die Musik-, Bau- und Kunstgeschichte ist voll von derartigen Erfindungen, sei es das ‚temperierte' Klavier, das Bauen mit Stahlbeton oder das Malen ohne Modell und Gegenstand. Zur ‚künstlerischen Innovation' wird die klaviertechnische Erfindung erst in Verbindung mit der von Bach entwickelten okzidental-harmonischen Musikform, die sie von vorherigen und anderen Musikrichtungen abgrenzt und die sich in der westlichen Musikwelt verbreitet (Weber 1920: 2). Das Bauen mit Beton wird erst in Verbindung mit funktionalem Design und anderen industriellen Materialien zur Innovation der Baushauskunst, wenn sie von vielen Meistern geteilt, in einer Schule gelehrt wird und sich über ihre Bauwerke und Siedlungen in aller Welt ausgebreitet hat. Das Malen ohne Gegenstand wird erst zu einer künstlerischen Innovation, wenn die verschiedenen Weisen der Abstraktion und Konzentration nur auf die Farbe, die Form, die Linie oder das Material als neue Gattung der abstrakten Malerei gemeinsam ausgestellt, so in der Kunstkritik rezipiert und dann weltweit von Galeristen verbreitet und von Museen gesammelt werden (vgl. Groys 1992).

Wenn dann die Bilder, Stücke und Werke hohe Preise erzielen und sich kommerzielle Erfolge einstellen, besagt das unmittelbar nichts über ihren Wert als künstlerische Innovation. Vielmehr kann das als Zeichen für neue Formen ökonomischer Vermarktung gesehen werden, und zwar von Innovationen, die nach ökonomischen Referenzen erfolgreich sind, z. B. wenn anerkannte Kunstwerke als Kapitalanlage verwendet werden oder wenn sie als demonstrativer Teil eines distinktiven VIP-Lebensstils unter die Leute und in die Medien gebracht werden. Der Bezug auf die Referenzen erlaubt es, diese Marketinginnovationen von den künstlerischen Innovationen sauber zu unterscheiden.

5. Einheit und Differenz der Innovation: Fazit und Ideen zu einem Forschungsprogramm

aus Teil 1.1
Innovationen der Gesellsch.

Die Liste der Referenzen für Innovationen ließe sich weiter fortsetzen, etwa mit wissenschaftlichen oder religiösen Innovationen; aber mit ihr sollte ja nur skizziert werden, wie wichtig eine differentielle Betrachtung von Innovationen für die Untersuchung der Innovationen in der Gesellschaft sein kann. Gehen wir noch einmal den bisherigen Überlegungen zu den Innovationen der Gesellschaft von Anfang an nach, lassen sich folgende Schritte und Entscheidungen für ein begriffliches Konzept festhalten:

Entgegen dem üblichen Sprachgebrauch sind Innovationen nicht überwiegend rein technische Innovationen, was man schon seit Schumpeters Aufzählung von Innovationstypen wissen konnte. Allerdings lieferte er uns keine feinere Typologie, die er bei seiner ökonomischen Engführung des Begriffs auch nicht benötigte. Für eine breitere Innovationsforschung ergibt sich die Aufgabe, erstens genauer zwischen den Elementen, wie Objekten, Praktiken oder Ideen zu unterscheiden, deren Einführung oder Rekombination eine Neuerung ausmacht, zweitens ihren kritischen Anteil an der Veränderung zu bestimmen und drittens die Art ihrer Beziehung als mehr oder weniger technisiert zu klassifizieren. Damit käme eine überprüfbare begriffliche Ordnung in die unkontrollierte Rede von Sozialtechniken, soziotechnischen Neuerungen oder sozialen Innovationen.

Wirtschaftliche Innovationen stellen nur eine, wenn auch höchst wichtige und am besten begrifflich bearbeitete Innovation der Gesellschaft dar. Es sind nicht die Elemente und ihre veränderten Relationen nur in der Wirtschaft selbst, sondern jeglicher technischer, rechtlicher, institutioneller oder kultureller Art, sofern ihre Referenz auf die kommerzielle Verbreitung gerichtet ist, welche sie zu einer wirtschaftlichen Innovation macht. Da es neben dem wirtschaftlichen Erfolg noch viele andere Referenzen für erfolgreiche Verbreitung in der Gesellschaft gibt, setzt die Unterscheidung der Innovationen der Gesellschaft an den jeweiligen institutionalisierten Referenzen für innovatives Handeln an.

Daraus wurde der systematische Vorschlag erarbeitet, in einem zweistufigen Innovationskonzept zwischen Relation und Referenz zu unterscheiden. *Neuerungen* sollen alle Variationen heißen, die sich *zeitlich* von vorherigen Varianten absetzen und so auch auf der semantischen Ebene als neu definiert werden, die sich *sachlich* als Modifikation eines oder mehrerer Elemente oder ihrer Kombination als andere und vorher unbekannte fremde Art entwickeln oder hergestellt werden, und die *sozial* als relevante Abweichung von der Normalität nach Konflikten zwischen interessierten Gruppierungen als Verbesserung akzeptiert und als neue Normalität in die institutionellen Regeln eingebaut werden oder sie sogar transformieren. Modifikationen der Elemente und Relationen sind notwendig, machen aber noch keine Innovation.

Kann das zeitlich und sachlich Neuartige noch als hoch abstrakter Relationsbegriff für die Einheit aller Neuerungen gelesen werden, so beginnt mit der sozialen Dimension schon der Prozess der Selektion, etwa durch konträre Bewertung als kreativ oder kriminell, durch strategische Konflikte zwischen erneuernden und bewahrenden Kräften und durch langfristige Durchsetzung in der Gesellschaft. Bei diesem Prozess der gesellschaftlichen Selektion der Neuerungsvariante kommen unweigerlich die Referenzen ins Spiel. Sie diskriminieren zwischen den vergessenen, in Nischen noch existierenden und den erfolgreich sich verbreitenden Varianten. Dabei spielen dann die Kodes der Performanz und die Kriterien der Durchsetzung der jeweiligen institutionellen Bereiche und Teilsysteme der Gesellschaft die entscheidende Rolle. Erst diese Referenzen schaffen im zweistufigen Innovationskonzept die Differenzen der Innovation der Gesellschaft.

Mit diesem *relational-referentiellen Innovationskonzept* wird die Forschungsperspektive gegenüber einem engeren innovationsökonomischen Forschungsprogramm geöffnet. Die ökonomischen Referenzen verlieren ihre monopolartige Stellung, da weitere gesellschaftliche Referenzen neben sie treten und Untersuchungen über Innovationen der Kunst, der Religion, der Wissenschaft, der Politik und vielen anderen Felder nach eigenen Performanzkriterien möglich werden. Zusätzlich wird auch die Anwendung des ökonomischen Innovationskonzepts auf andere Felder, z. B. der Kunst oder der Wissenschaft, mit seinen Folgen und Verschiebungen des Erfolgs, zu einem Gegenstand der Forschung. Es kann zudem in einem groß und langfristig angelegten Vergleich untersucht werden, inwieweit diese Felder sich in ihren kreativen Praktiken und innovativen Regeln verändern und unter dem Einfluss der Innovationen auf den anderen Feldern neu ausrichten. Die Unterscheidung von Neuerung und Innovation, von Innovationshandeln auf der semantischen, pragmatischen und grammatischen Ebene erlaubt eine empirisch orientierte Einordnung und Überprüfung von Innovationen, in welchem Grad sie zu strukturellen und nachhaltigen Änderungen führen, inwieweit sie nur *semantische Neuerung* betreiben oder ihnen auch *pragmatische Änderungsoperationen* zugrunde liegen, und welchen Wirkungsgrad sie auf die *Transformation der Regeln* institutioneller Regime haben.

Letzten Endes könnte mit diesem ausgeweiteten sozialwissenschaftlichen Innovationskonzept auch eine theoretisch und empirisch kontrollierte Gesellschaftsdiagnose versucht werden. In Max Webers großer Rationalisierungs-

These (vgl. Schluchter 1979; Hennis 1987) könnte ein maßgebliches Beispiel hierfür gesehen werden. Max Weber hat unter dem Eindruck der Modernisierung, Bürokratisierung und Versachlichung Ende des 19. Jahrhunderts die Frage nach der Eigentümlichkeit der okzidentalen Rationalität gestellt: Als Einheit der gesellschaftlichen Wandlungsprozesse sah er bekanntlich einen Formwandel der Relationen, den er im idealtypischen Konzept der Zweck-Mittel-Rationalität bestimmt hat und der sich material-empirisch in seinen Differenzen auf den verschiedenen Feldern der Lebensführung, der Religion, der Wirtschaft, des Rechts und der Künste mit ihren jeweiligen Wertreferenzen beobachten ließ (Weber 1920: 1-16). Anfang des 21. Jahrhunderts könnten analog dazu die Besonderheiten eines relational-referentialen Typus der Innovativität herausgearbeitet und seine empirischen Realisationen und Mischungen im Hinblick auf die verschiedenen Referenzen in den einzelnen Feldern erforscht werden. Für einen einzelnen Autor ist diese Aufgabe heute sicherlich zu groß; aber für eine Gruppe von Forschern und eine Vielfalt von sozialwissenschaftlichen Kompetenzen könnte das ein reizvolles und nachhaltiges Forschungsprogramm zur Erkundung der institutionellen Grundlagen einer sich stark unter dem Imperativ von Kreativität und Innovation wähnenden Gesellschaft sein.

Literatur

Aderhold, Jens (2005). Gesellschaftsentwicklung am Tropf technischer Neuerungen? In: J. Aderhold/ R. John (Hrsg.), Innovation. Sozialwissenschaftliche Perspektiven (S. 13-32). Konstanz: UVK.

Baecker, Dirk (2009). Creativity as Artificial Evolution. In: S. A. Jansen/ E. Schröter/ N. Stehr (Hrsg.), Rationalität der Kreativität? Multidisziplinäre Beiträge zur Analyse der Produktion, Organisation und Bildung von Kreativität (S. 61-66). Wiesbaden: VS.

Barben, Daniel (2007). Politische Ökonomie der Biotechnologie. Innovation und gesellschaftlicher Wandel im internationalen Vergleich. Frankfurt a.M.: Campus.

Ben-David, Joseph (1971). The Scientist's Role in Society. Englewood Cliffs: Prentice Hall.

Blättl-Mink, Birgit (2006). Kompendium der Innovationsforschung. Wiesbaden: VS.

Blumenberg, Hans (1966). Der Prozess der theoretischen Neugierde. Frankfurt a.M.: Suhrkamp.

Braun-Thürmann, Holger (2005). Innovation. Bielefeld: transcript.

Bröckling, Ulrich (2004). Kreativität. In: U. Bröckling/ S. Krasmann/ T. Lemke (Hrsg.), Glossar der Gegenwart (S. 139-144). Frankfurt a.M.: Suhrkamp.

Bröckling, Ulrich (2007). Das unternehmerische Selbst. Soziologie einer Subjektivierungsform. Frankfurt a.M.: Suhrkamp.

Brooks, Harvey (1982). Social and Technical Innovation. In: S. B. Lundstedt/ E. W. Colglazier (eds.), Managing Innovation. The Social Dimension of Creativity, Invention,
and Technology (S. 1-30). New York: Pergamon Press.

Bullinger, Hans-Jörg (2006). Verdammt zur Innovation. RKW-Magazin, 57 (1), 12-14.

Buna, Remigius (2005). Grammatik und Rhetorik. Kreative Variation und Stabilisierung
sprachlicher Strukturen. In: S. A. Jensen/ E. Schröter/ N. Stehr (Hrsg.), Rationalität
der Kreativität? (S. 31-60). Wiesbaden: VS.

Dewey, John (1998). Die Suche nach Gewissheit. Frankfurt a.M.: Suhrkamp (zuerst
1929).

Dierkes, Meinolf (1993). Die Technisierung und ihre Folgen. Zur Biographie eines Forschungsfeldes. Berlin: edition sigma.

Djelic, Marie-Laure/ Quack, Sigrid (2003). Globalization and Institutions. Redefining the
Rules of the Economic Game. Cheltenham: Edward Elgar.

Eisenstein, Elisabeth (1983). The Printing Revolution in Early Modern Europe. Cambridge: Cambridge University Press.

Fagerberg, Jan (2005). Innovation. A Guide to the Literature. In: J. Fagerberg/ D. C.
Mowery/ R. R. Nelson (eds.), The Oxford Handbook of Innovation (S. 1-26). Oxford: Oxford University Press.

Florida, Richard (2002). The Rise of the Creative Class. New York: Basic Books.

Freeman, Christopher (1974). The Economics of Industrial Innovation. Harmondsworth:
Penguin.

Freeman, Christopher (1986). Innovation and Long Cycles in Economic Development.
New York: St. Martin's.

Garud, Raghu/ Carnoe, Peter (2001). Path Creation as Process of Mindful Deviation. In:
R. Garud/ P. Carnoe (eds.), Path Dependence and Creation (S. 1-40). Mahwah, NJ:
Erlbaum.

Gilfillan, S. Colum (1963). The Sociology of Invention. An Essay in the Social Causes,
Ways and Effects of Technic Invention. Cambridge, MA: MIT Press (zuerst Chica-
go: Follett 1935).

Gillwald, Katrin (2000). Konzepte sozialer Innovation (Paper der Querschnittsgruppe
Arbeit und Ökologie P00-519). Berlin: Wissenschaftszentrum Berlin für Sozialforschung.

Groys, Boris (1992). Über das Neue. Versuch einer Kulturökonomie. München: Hanser.

Haferkamp, Hans (1972). Kriminalität ist normal. Zur gesellschaftlichen Produktion
abweichenden Verhaltens. Stuttgart: Enke.

Hall, Peter A./ Soskice, David (eds.) (2001). Varieties of Capitalism: The Institutional
Foundations of Comparative Advantage. Oxford: Oxford University Press.

Hennis, Wilhelm (1987). Max Webers Fragestellung. Tübingen: Mohr Siebeck.

Holtgrewe, Ursula (2005). Werkzeuge, Kooperationen und Institutionen erfinden. In: J.
Aderhold/ R. John (Hrsg.), Innovation. Sozialwissenschaftliche Perspektiven (S.
213-226). Konstanz: UVK.

Howaldt, Jürgen/ Kopp, Ralf/ Schwarz, Michael (2008). Innovationen (forschend) gestalten – zur neuen Rolle der Sozialwissenschaften. WSI-Mitteilungen 2/2008, 63-69.

Hughes, Thomas P. (1987). The Evolution of Large Technological Systems. In: W. E. Bijker/ T. P. Hughes/ T. Pinch (eds.), The Social Construction of Technological Systems (S. 51-82). Cambridge, MA: MIT Press.

Hutter, Michael (2008). Creating Artistic from Economic Value: Changing Input Prices and New Art Forms. In: M. Hutter/ D. Throsby (eds.), Beyond Price. Value in Culture, Economics and the Arts (S. 60-72). New York: Cambridge University Press.

Hutter, Michael/ Knebel, Christian/ Pietzner, Gunnar/ Schäfer, Maren (2007). Two Games in Town: A Comparison of Dealer and Auction Prices in Contemporary Visual Arts Markets. Journal of Cultural Economics, 31 (4), 247-261.

Initiative „Partner für Innovation" (o. J.). Deutsche Stars. 50 Innovationen, die jeder kennen sollte. Berlin: fischer Appelt.

Joas, Hans (1992). Die Kreativität des Handelns. Frankfurt a.M.: Suhrkamp.

John, René (2005). Innovationen als irritierende Neuheiten. Evolutionstheoretische Perspektiven. In: J. Aderhold/ R. John (Hrsg.), Innovation. Sozialwissenschaftliche Perspektiven (S. 49-64). Konstanz: UVK.

Knoblauch, Hubert (1995). Kommunikationskultur. Die kommunikative Konstruktion kultureller Kontexte. Berlin: de Gruyter.

Kondratieff, Nicolai D. (1926). Die langen Wellen der Konjunktur. Archiv der Sozialwissenschaften und Sozialpolitik, 56 (3), 573-609.

Krohn, Wolfgang/ Rammert, Werner (1985). Technologieentwicklung: Autonomer Prozess und industrielle Strategie. In: B. Lutz (Hrsg.), Soziologie und gesellschaftliche Entwicklung. 22. Deutscher Soziologentag (S. 411-433). Frankfurt a.M.: Campus.

Krücken, Georg (2005). Innovationen – neo-institutionalistisch betrachtet. In: J. Aderhold/ R. John (Hrsg.), Innovation. Sozialwissenschaftliche Perspektiven (S. 65-78). Konstanz: UVK.

Latour, Bruno (1998). Über technische Vermittlung: Philosophie, Soziologie, Genealogie. In: W. Rammert (Hrsg.), Technik und Sozialtheorie (S. 29-81). Frankfurt a.M.: Campus.

Lévy-Strauss, Claude (1968). Das wilde Denken. Frankfurt a.M.: Suhrkamp.

Luhmann, Niklas (1970). Soziologische Aufklärung. Aufsätze zur Theorie sozialer Systeme. Opladen: Westdeutscher Verlag.

Luhmann, Niklas (1997). Die Gesellschaft der Gesellschaft. Frankfurt a.M.: Suhrkamp.

Mensch, Gerhard (1975). Das technologische Patt. Innovationen überwinden die Depression. Frankfurt a.M.: Fischer.

Merton, Robert K. (1968). Social Theory and Social Structure. New York: The Free Press (2. erweiterte Auflage, zuerst 1957).

North, Douglas (1990). Institutions, Institutional Change, and Economic Performance. Cambridge: Cambride University Press.

Nowotny, Helga/ Scott, Peter/ Gibbons, Michael (2004). Wissenschaft neu denken. Wissen und Öffentlichkeit in einem Zeitalter der Ungewissheit. Frankfurt a.M.: Suhrkamp.

Ogburn, William F. (1933). The Influence of Invention and Discovery. In: H. Hoover (ed.), Recent Social Trends in the United States (S. 122-166). New York: McGraw.

Ogburn, William F. (1969). Kultur und sozialer Wandel. Ausgewählte Schriften. Neuwied: Luchterhand (zuerst 1964).

Organisation for Economic Co-operation and Development OECD (1997). Oslo Manual: Proposed Guidelines for Collecting and Interpreting Technological Innovation Data. Paris.

Polsby, Nelson W. (1984). Political Innovation in America. New Haven: Yale University Press.

Popitz, Heinrich (2000). Wege der Kreativität. Tübingen: Mohr Siebeck (2. erweiterte Auflage, zuerst 1997).

Rammert, Werner (1988). Das Innovationsdilemma. Opladen: Westdeutscher Verlag.

Rammert, Werner (1993). Technik aus soziologischer Perspektive. Opladen: Westdeutscher Verlag.

Rammert, Werner (1997). Auf dem Wege zu einer post-schumpeterianischen Innovationsweise: Institutionelle Differenzierung, reflexive Modernisierung und interaktive Vernetzung im Bereich der Technikentwicklung (S. 45-71). In: D. Bieber (Hrsg.), Technikentwicklung und Industriearbeit. Frankfurt a.M.: Campus.

Rammert, Werner (1999). Weder festes Faktum noch kontingentes Konstrukt: Natur als Produkt experimenteller Interaktivität. Soziale Welt, 50 (3), 281-296.

Rammert, Werner (2000). Ritardando and Accelerando in Reflexive Innovation, or How Networks Synchronise the Tempi of Technological Innovation. Berlin: TUTS – working papers 7-2000.

Rammert, Werner (2006). Two Styles of Knowledge and Knowledge Regimes: Between 'Explicitation' and 'Exploration' under Conditions of Functional Specialization or Fragmental Distribution. In: J. Hage/ M. Meeus (eds.), Innovation, Science, and Institutional Change. A Research Handbook (S. 256-284). Oxford: Oxford University Press.

Rammert, Werner (2008). Die Techniken der Gesellschaft: in Aktion, in Interaktivität und in hybriden Konstellationen. In: K.-S. Rehberg (Hrsg.), Die Natur der Gesellschaft. Verhandlungen des 33. Kongresses der DGS (S. 208-234). Frankfurt a.M.: Campus.

Rogers, Everett M. (2003). Diffusion of Innovations. New York: Free Press (5. Auflage, zuerst 1962).

Rosa, Hartmut (2005). Beschleunigung. Die Veränderung der Zeitstruktur in der Moderne. Frankfurt a.M.: Suhrkamp.

Rosenberg, Nathan (2000). Schumpeter and the Endogeneity of Technology. Milton Park, New York: Routledge.

Schimank, Uwe (2006). Industrieforschung im Spannungsfeld von Wissenschaft, Wirtschaft und Politik. In: U. Schimank: Teilsystemische Autonomie und politische Gesellschaftssteuerung. Beiträge zur akteurzentrierten Differenzierungstheorie 2 (S. 57-70). Wiesbaden: VS.

Schluchter, Wolfgang (1979). Die Entwicklung des okzidentalen Rationalismus. Eine Analyse von Max Webers Gesellschaftsgeschichte. Tübingen: Mohr Siebeck.

Schumpeter, Joseph (1911). The Theory of Economic Development. Cambridge, MA: Harvard University Press (dt. Berlin 1912).

Schumpeter, Joseph (1946). Kapitalismus, Sozialismus und Demokratie. Bern: Francke (zuerst 1942).

Schumpeter, Joseph (1961). Konjunkturzyklen. Eine theoretische, historische und statisti-sche Analyse des kapitalistischen Prozesses. 2 Bände, Göttingen: Vandenhoeck & Ruprecht (zuerst 1939).

Schumpeter, Joseph (2000). Entrepreneurship as Innovation. In: R. Swedberg (ed.), Entrepreneurship. The Social Science View (S. 51-75). Oxford: Oxford University Press.

Sloterdijk, Peter (2009). Du mußt dein Leben ändern. Über Anthropotechnik. Frankfurt a.M.: Suhrkamp.

Thiedecke, Udo (Hrsg.) (2003). Virtuelle Gruppen. Opladen: Westdeutscher Verlag.

Tushman, Michael L./ Rosenkopf, Lori (1992). On the Organizational Determinants of Technological Change: Toward a Sociology of Technological Evolution. Research in Organizational Behavior, 14, 311-347.

Voß, Jan-Peter (2007). Innovation Processes in Governance: The Development of 'Emissions Trading' as a New Policy Instrument. Science and Public Policy, 34 (5), 329-343.

Weber, Max (1920). Gesammelte Aufsätze zur Religionssoziologie. Tübingen: Mohr Siebeck.

Wengenroth, Ulrich (2001). Vom Innovationssystem zur Innovationskultur. Perspektivwechsel in der Innovationsforschung. In: J. Abele/ G. Barkleit/ T. Hänseroth (Hrsg.), Innovationskulturen und Fortschrittserwartungen im geteilten Deutschland (S. 23-32). Wien: Böhlau.

Wengenroth, Ulrich (2007). Einleitung: Innovationsprozesse in Wirtschaft und Gesellschaft. In: H. Hof/ U. Wengenroth (Hrsg.), Innovationsforschung: Ansätze, Methoden, Grenzen und Perspektiven (S. 1-5). Münster: LIT.

Windeler, Arnold (2003). Kreation technologischer Pfade: Ein strukturationstheoretischer Ansatz. Managementforschung, 13, 295-328.

Zapf, Wolfgang (1989). Über soziale Innovationen. Soziale Welt, 40 (1-2), 170-183.

Innovation: Realisierung und Indikator des sozialen Wandels

Holger Braun-Thürmann und René John

1. Einführung

Die hier vorgelegte soziologische Rekonstruktion unternimmt den Versuch, einige Elemente für einen genuin soziologischen Begriff von Innovation zu entwickeln. Zu diesem Zweck betten wir diesen in ein Konzept von gesellschaftlicher Strukturbildung und -wandlung ein. Im Rahmen unserer Argumentation legen wir dar, inwieweit es sich um eine Erkenntnisblockade handelt, wenn an der alltagstheoretischen wie oftmals auch forschungsleitenden Unterscheidung zwischen technologischen und sozialen Innovationen festgehalten wird. Als Alternative möchten wir ein dezidiert soziologisches Verständnis von Innovation entwickeln, um damit Distanz zu gewinnen gegenüber all denjenigen ‚Innovationen', die von den Massenmedien, den Wirtschaftswissenschaften und den Ingenieurgemeinschaften als solche bezeichnet werden. Ein soziologisch grundiertes Verständnis schließt Innovation in Gestalt von Sachtechnik durchaus ein. Im Rückgriff auf Theorien der Technisierung ist es möglich, das was alltagspraktisch, massenmedial, betriebswirtschaftlich etc. als technische Innovation wahrgenommen wird, als soziale[1] zu rekonstruieren und zu beobachten.

Entscheidend für ein soziologisches Verständnis von Innovation ist für uns nicht die Differenz zu einem technologischen, sondern der Nachweis, dass die Transformation der Sozialstruktur *als* und *mit* der Innovation beobachtbar wird. Soziale Strukturen, die andauernd ereignishaft reproduzierten Elementrelationen, lassen sich als unterschiedlichste gesellschaftliche Ordnungsbildungen identifizieren. Sie treten beispielsweise als Familien und Organisationen, als Funktionssysteme und schließlich als Weltgesellschaft in Erscheinung. Dabei bilden die zu Erwartungen geronnenen Sozialstrukturen zu ihrem durch Erfüllung realisierten Selbsterhalt unterschiedliche Medien aus, wie symbolisch generalisierte Kommunikationsmedien, Konversationsregeln, Organisationsroutinen oder Handlungsprogramme. Dabei handelt es sich schon um einen Prozess der Technisie-

---

1 Zwischen ‚gesellschaftlichen' und ‚sozialen' Innovationen unterscheiden wir nicht systematisch, beide Begriffe also im selben Sinne verwendend.

rung, der bewirkt, dass die Strukturen dem aus ihrer Begründ-, Hinterfrag- und Interpretierbarkeit resultierenden Rechtfertigungszwang entzogen werden. Denn die Erfüllung von Erwartungen wäre damit wesentlich unwahrscheinlicher. Die Technisierungen als Form von Konditionierungen und Instrumentalisierungen lassen sich auf ganz unterschiedliche Weise erreichen, durch ‚Einschreiben' in den Körper im Sinne von Gewohnheit, Abrichtung oder Drill, durch Gesetzes- und Regelwerke oder eben auch durch Artefakte, wie Architektur, Maschinen oder Computerprogramme (Rammert 2007). All diese Technisierungsformen weisen eine symbolisch-interpretative und eine materielle Facette auf.

Unser Aufsatz besteht aus drei Abschnitten: Im ersten Teil rekapitulieren wir kurz die wichtigsten Beiträge, die den Begriff der sozialen Innovation prägten, um dabei zwei Kritikpunkte zu markieren und hierfür alternative Argumentationswege anzubieten. Auf Grundlage dieser Kritik schlagen wir einen Terminus von Innovation vor, der mit den Stichwörtern Differentialität, Selektivität und Selbstreferentialität charakterisiert werden kann. Nachdem wir auf diese Weise ein elementares Verständnis von sozialer Innovation als genuin soziologischen Zugang eingeführt haben, wollen wir im dritten Schritt dieses in den Kontext einer gesellschaftstheoretischen Evolutionstheorie einbetten. Als Moment des sozialen Wandels lässt sich die Relevanz der Diskussion um soziale Innovation deutlicher als genuin sozialwissenschaftliche Thematisierung jenseits ingenieurwissenschaftlicher Konstruktionsprobleme und ökonomischer Verwertung erschließen.

2.   Soziale Innovation: Jenseits der Oppositionalität von Technischem und Sozialem

Innovationen, die nicht unter die Rubrik naturwissenschaftlich-technologische Neuerung fallen, führen in der Innovationsforschung ein Schattendasein. Gemessen am Umfang der wissenschaftlichen Reflexion scheinen diese Innovationen im Gegensatz zu technischen schwerer empirisch fassbar zu sein. Anders als Sachtechniken lassen sie sich kaum patentieren, testen und verkaufen. Hinzu kommt, dass die mit technischen Innovationen verknüpften Gewinn- und Wohlstandserwartungen staatlicher Zuwendungsgeber dazu motivieren, der Erforschung von ‚technologischen' Innovationen Priorität einzuräumen. Doch unserer Ansicht nach reichen weder empirische Flüchtigkeit noch die Wissenschaftspolitik aus zu begründen, weshalb als nicht-technisch charakterisierte, sogenannte ‚soziale' Innovationen als Forschungsthema – sieht man von einer kurzen Karriere in den 1980er Jahren ab – nicht reüssierten. Vielmehr könnte ein Mangel in der theoretischen Ausarbeitung des Innovationsbegriffs der Grund für die schwache soziologische Resonanz sein. Als Folge der ökonomisch dominierten Begriffsgeschichte werden Innovationen hauptsächlich einem technischen Fortschritt zugerechnet. An den Rekurs auf technischen Fortschritt schließt sich die Unterscheidung von technischen und sozialen Innovationen an. Als Restkategorie zielen Letztere einerseits auf die Folgen neuer Technik und andererseits auf die unter der ökonomischen Perspektive lange marginalisierten, nichttechnischen Neuerungen in der Gesellschaft. Wir wollen im Folgenden die Unterscheidung zwischen technischen und sozialen Innovationen dekonstruieren (vgl. hierzu auch Braun-Thürmann 2005). Zu diesem Zweck stellen wir die Traditionslinie dar, in der der Begriff der sozialen Innovation geprägt wurde, um daraufhin vorzuführen, in welchem Sinne die Unterscheidung von Sozialem und Technik kollabiert und im weiteren Verlauf der soziologischen Diskussion nicht mehr weitergeführt werden kann.

Die Idee zur Begriffsbildung sozialer Innovation beruft sich unter anderem auf William Ogburns Theorie des sozialen Wandels (Ogburn 1923). Die von ihm noch so genannten ‚sozialen Inventionen' wie die Einführung des Frauenwahlrechts oder die der Arbeitslosenversicherung trugen seiner Meinung nach, sofern sie von der Politik aufgegriffen werden, zur Verbesserung gesellschaftlicher Lebensbedingungen bei und treiben den sozialen Wandel voran. Ogburns Theorie unterscheidet in diesem Zusammenhang zwei komplementäre Kulturen, die den Wandel der Gesellschaft bestimmen: zum einen die materielle Kultur – damit sind all die technologischen Projekte verbunden, welche die gesellschaftliche Umwelt verändern, und zum anderen die nicht-materielle Kultur – damit sind all die Regeln und Praktiken gemeint, die für die Lebensweise und den Umgang mit Technologie charakteristisch sind. Basierend auf dieser Unterscheidung formuliert Ogburn seine später vielzitierte Hypothese des ‚cultural lag': Zwischen der sich schneller entwickelnden materiellen und der vergleichsweise ‚trägen' immateriellen Kultur klafft eine Lücke, weil beide Kulturen aufgrund der unterschiedlichen Entwicklungsgeschwindigkeiten nicht mehr aufeinander abgestimmt sind, was sich seiner Ansicht nach in gesellschaftlichen Problemen niederschlägt. Zur Lösung derselben müssten soziale Innovationen entwickelt werde. Die Kritik makroskopischer Erklärungen gesellschaftlichen Wandels und der Wendung zu Konflikttheorien[2] seit den 1950er Jahren ließen soziale Innovationen dann wiederum aus dem soziologischen Blickfeld verschwinden. Die von Konflikten getriebene Fortschrittsdynamik soziologischer Observanz reduzierte Innovation zu einem Nebenproblem.

---

2 Wobei gerade Ogburns Theorie nicht unumstritten war. Dahrendorf (1974: 273) empfand diese geradewegs als Unglück.

Der Grundgedanke der gesellschaftlichen Innovation tauchte erst wieder in modernisierungstheoretischen Konzeptionen sozialen Wandels auf (Polsby 1984; Smelser 1986; White 1982). Von besonderer Bedeutung erscheint uns hierbei Nelson Polsbys Ansatz (Polsby 1984) zu sein. Dieser zeichnet sich dadurch aus, dass er Innovationen von reformierenden Veränderungen im Zuge institutionalisierter Gesetzgebungsverfahren abgrenzt. Im Vergleich zur Reform, die durchaus in den bewährten Bahnen offizieller Politik mit der formalen Legitimation vollzogen werden kann, verkörpern Innovationen die Anstrengungen eines Kollektivs, durch die Außerkraftsetzung von Routinen einen sozialen Prozess in Gang zu bringen, der eine nachhaltige institutionelle Veränderung der Gesellschaft bewirkt. Angemerkt sei, dass die Nachhaltigkeit ebenso wie die Innovation selbst nur ex post beurteilt werden kann. Beispiele für die angesprochenen Veränderungen sind Institutionen, deren Funktion darin besteht, Konflikte zu zivilisieren, wie der Atomwaffensperrvertrag und solche Institutionen, die explizit zur Lösung von gesellschaftlichen Problemen erfunden wurden, wie zum Beispiel ‚Amnesty International' oder das Quartiersmanagement in den Problembezirken von Großstädten. Dabei aber lassen sich die Ursachen-Wirkung-Ketten in beiden Richtungen fortsetzen. Schon die gesellschaftlichen Probleme sind Erfindungen, mit denen sich Gesellschaft erst einmal wirksam beschreiben muss, bevor Lösungen gefordert werden können und Sinn haben, und beides, Problembeschreibung wie Problemlösung, braucht spezifische Resonanzen in der Gesellschaft.

Als Ende der 1980er Jahre Zapf (1989) der deutschen Soziologie Innovation als ein soziales Phänomen im Zusammenhang mit sozialem Wandel vorstellte, fand das nur wenig Resonanz. Dabei stellte Zapf soziale Innovationen als neue Regelungen und Muster des Handelns vor, die bessere Möglichkeiten zur Lösung gesellschaftlicher Probleme bereitstellten. Die höhere Qualität neuer gegenüber alter Problemlösung galt ihm als Erfolgskriterium solcher Innovationen. Dabei ging Zapf von der Ogburn'schen Wandlungstheorie und einem Glauben an einen geschichtlichen Telos aus. Der Begriff sozialer Innovation sollte dabei ein Gegengewicht zur allein von technologischer Fortschrittsdynamik geprägten Erklärung sozialen Wandels darstellen. In diesem Zusammenhang verkörpert eine gesellschaftliche Innovation jene Neuentwicklungen im Lebens- und politischen Regulierungsstil, die dem sozialen Wandel eine neue Richtung geben, Probleme besser lösen als hergebrachte Stile, und die daher kopiert und institutionalisiert werden (Zapf 1989: 177).

So sehr Zapfs Bemühungen um die Etablierung eines sozial gewendeten Innovationsbegriffs zu schätzen sind, hielt er dabei doch an einem schon damals anachronistisch wirkenden Fortschrittstelos fest, der sich hinter dem Messimpuls der Verbesserung versteckte. Die hier im Innovationsbegriff eingelassene Normativität findet sich so auch bei Ogburn. Darauf wies Gillwald (2000) im Anschluss an Zapfs Arbeit in ihrer Überblickstudie hin (Gillwald 2000). Sie verglich unterschiedliche Begriffsbestimmungen sozialer Innovation, die sie einer abschließenden Begriffssynthese zuführte. Wie Zapf stellt auch Gillwald Innovation in den Zusammenhang gesellschaftlichen Wandels. Dieser erscheint als andauernde Durchsetzung von Neuerungen, die die weitere gesellschaftliche Entwicklung vorantreiben.

Mit diesem Verständnis sozialer Innovation lässt sich auf verschiedenen Maßstabsebenen soziale Ordnungsbildung als Innovation beobachten: Im Mikrobereich der Gesellschaft, denke man zum Beispiel an die Etablierung der nichtehelichen Partnerschaft oder die Wohngemeinschaft als alternative Lebensform zur Kleinfamilie. Im Mesobereich des Sozialen fallen Entwicklungen innerhalb von Organisationen auf, die Koordination und Kooperation der Arbeit verändern. Diese Ebene, die so insbesondere für die Beobachtung von Unternehmen von Interesse ist, ist nicht zufällig auch die bevorzugte Perspektive der Ökonomie. Schließlich geht es im Makrobereich des Sozialen um solche Veränderungen, welche die nationale und supranationale Ordnung berühren. Als historische Beispiele können die Bismarck'sche Gesetzgebung zur Sozialversicherung (1880 – 1890) oder die Einrichtung des Internationalen Strafgerichtshofes in Den Haag gelten.

Unserer Ansicht nach aber behindert die theoretische Konzeptionalisierung des Innovationsbegriffs, wie ihn Zapf und Gillwald vorlegen, weiterführende Überlegungen. Soziale Innovationen werden erstens als kompensatorisches Gegenstück zu technologischen verstanden. Das Konzept der sozialen Innovation bleibt zweitens weitgehend der Materie/ Geist-Dichotomie verhaftet, bei der die materiale Technik dem irgendwie flüchtigen Sozialgeist der Menschen gegenübersteht.

Zum ersten Punkt: Die soziologische Literatur (Gillwald 2000; Zapf 1989) und auch der politische Diskurs (wie etwa Enquete-Kommission des Bundestages: Schutz des Menschen und der Umwelt 1998) sehen die Bedeutung gesellschaftlicher Innovationen als Gegengewichte, die die Nebenfolgen des technologisch-naturwissenschaftlichen Fortschritts kompensieren. Eine soziale Innovation stellt dann eine „Ergänzung zur technischen Innovation" dar, ist deren Gegenstück und Kompensation (Gillwald 2000: 36). Dieses Verständnis lenkt die Aufmerksamkeit ja schon länger auf zwischenmenschliche Ressourcen und institutionelle Neuerungen. Es verdeckt aber dabei die soziologische Einsicht, dass sich mit der technologischen Innovation oftmals simultan eine gesellschaftliche mitvollzieht. Mit der Einführung einer Fertigungstechnologie wie dem klassischen Fließband zum Beispiel wurden auch die Art der Arbeitsteilung, der Arbeitstakt und die Kommunikationsstruktur unter den Mitarbeitenden festgelegt. Mit dem Aufkommen des Radioempfängers als Verbreitungstechnologie von

Nachrichten und Unterhaltungsprogrammen wurde eine Sozialstruktur aus zentralem Sender und einem relativ isolierten Publikum geformt. Mit der Entwicklung von technologischen Artefakten wird zugleich eine gesellschaftliche Ordnung entworfen und spätestens mit der Implementierung und Akzeptanz institutionalisiert. Darüber hinaus ist zu beobachten, wie technische Artefakte und Sozialstruktur in Wechselwirkung stehen. Denkt man an den modernen Wohnungsbau, der mit seinen heute geläufigen Formen der Wohnungsaufteilung maßgeblich die alltägliche Lebensorganisation bestimmt, oder an die ebenso maßgeblichen modernen Stadtplanungsformeln, so ist hier leicht der Zusammenhang der sozialpolitischen und ästhetischen Intentionen, der sozialen Zeitumstände und der ingenieurtechnischen Möglichkeiten zu erkennen.

Zum zweiten Punkt: Bei den technischen Artefakten handelt es sich jedoch nur um ein mögliches Medium neben anderen, das Ursache-Wirkung-Sequenzen darstellen und bei entsprechendem Technisierungsgrad auch ausführen kann (Luhmann 1975). Dabei werden Erlebnisverarbeitung und Kommunikation entscheidend entlastend, wenn zum Beispiel städtische Abwassersysteme funktionieren. Dabei sind die Artefakte insbesondere auf weitere Medien der Technisierung angewiesen, wie bürokratische Organisationen mit ihren in verschriftlichten Regelwerken aufgehobenen Entscheidungsprogrammen darstellen. Aber auch disziplinierbare Körper können als solche Medien betrachtet werden, ohne die militärische Artefakte fast ungefährlich wären. Da Gesellschaft ihre Prozesse und ihr Funktionieren durch Technisierungserrungenschaften, wie die symbolisch generalisierten Kommunikationsmedien, Konditional- und Zweckprogrammierungen und Handlungsschemata konditioniert, ist das Soziale nicht als etwas prinzipiell ‚Un-Technisches' zu begreifen. Doch unterscheiden sich technische von sozialen Systemen, Maschinen von Gesellschaft. Die sich aus der Differenz und offensichtlichen Konvergenz ergebende soziologische Herausforderung besteht vielmehr darin, sichtbar zu machen, wie und in welchem Maß soziale Strukturierungen technisiert sind und welche sich der Technisierung entziehen.

Technisierung des Sozialen läuft also nicht zwangsläufig auf Artefakte hinaus und Technik allein hat nicht unbedingt Folgen für die Strukturen der Kommunikation. Hingegen deutet sich hier schon eine Auflösung der ontologischen Differenz von Technik und Sozialem an. Das Konzept, in dem soziale Innovation als Ergänzung zur technologischen begriffen wird, bleibt einer Materie/ Geist-Dichotomie verhaftet, weil das Technische mit dem Materiellen und das Gesellschaftliche mit dem Geistig-Symbolischen identifiziert werden. Diese Dichotomie ist nicht nur zu hinterfragen, weil damit die Materialität sozialer Innovationen negiert wird, sondern weil Technik in essentialistischer Weise seines sozialen und historischen Zusammenhangs entkleidet wird. Dabei ist es alltagspraktisch durchaus angemessen, Technik als ermöglichende oder im schlechten Fall behindernde Bedingung wahrzunehmen. In der soziologischen Reflexion aber sind die technischen Artefakte im Konzert mit anderen fixierten Strukturen als technisierte Elementrelationen zu begreifen. Klar ist, dass soziale Innovationen auf Dauer materiellen Ausdruck erlangen, und sei es nur in Gestalt der Architektur – man denke z. B. an Kirchengebäude oder das UN-Hauptquartier. Materielle und symbolische Dimensionen sind dabei aufeinander bezogen, wobei das Materielle in keinem Fall als asozialer Aspekt identifiziert werden kann. Und so ist auch das moderne Smartphone mehr als bloß Technik und mehr als bloß Statussymbol. Mit dieser gesellschaftlich bereitgestellten, ermöglichenden Bedingung kann beim Telefonieren unter der Bedingung funktionierender organisierter Infrastruktur auf sehr spezifische Art Interaktion realisiert werden.

3. Innovation: Indikator und Vollzug einer neu wahrgenommenen Differenz

Im vorigen Abschnitt haben wir darauf aufmerksam gemacht, inwieweit sich Innovationen in technisierbaren und schwerlich bzw. nicht-technisierbaren Medien repräsentieren und prozessieren lassen. Dabei wurde bewusst die Frage offen gelassen, welche Formen bzw. Differenzen sich im Falle einer Innovation ,ein- und fortschreiben' lassen. Es ist üblich, Innovationen mit dem Phänomen ,Neuheit' zu identifizieren. Wir gehen später auf die gesellschaftsstrukturellen Bedingungen ein, weshalb in der Gesellschaft eine Präferenz für Neuheit vorherrscht. Dabei weisen wir auch darauf hin, wieso das Neue als notwendige, aber nicht hinreichende Bedingung für die Wahrnehmung von Innovationen gelten kann. Weshalb wir uns an dem belanglos anmutenden Merkmal der ,Neuheit' als Kennzeichnung von Innovation aufhalten, liegt nicht an diesem Merkmal selbst, sondern an dem differentiellen (also weitere Differenzen bildenden) Prozess, der sich bei der Verwendung der Bezeichnung von ,Neuheit' entfaltet.[3] Indem die Kommunikation etwas als ,neu' markiert, wird – zugleich – das ,Alte', bzw. dasjenige, was als ,überkommen' gelten soll, mitbezeichnet. Neuheit kann offensichtlich nur dann in Erscheinung treten, wenn gleichzeitig das ,Alte' mitsymbolisiert wird bzw. etwas als Vergangenes im Kontrast zum Modernen sichtbar gemacht wird. Die Innovation benötigt so immer auch ein Archiv (Groys 1997), um als solche in Erscheinung zu treten, sei dies ein Archiv in Gestalt des kollek-

---

3 Für Reichert (1994) ist Neuheit überhaupt das einzige Kennzeichen, das der empirischen Beobachtung standhält, also tatsächlich Unterscheidungen ermöglicht, im Gegensatz zu den üblichen Unterscheidungen wie inkrementell/ basal, Produkt/ Prozess oder eben auch technisch/ sozial.

tiven Gedächtnisses oder sei es in Gestalt des Strukturaufbaus innerhalb von sozialen Systemen die Bezeichnung.

In diesen Perspektiven ist Innovation nicht nur einfach als etwas Neues zu identifizieren. Als Form bezeichnet Innovation die Differenz zwischen Neuem und Altem. Das Neue kann aber nur in der Reflexion von Tradition durch die Wiedereinführung dieses Unterschiedes in sich selbst als neu erkannt werden. Die Differenz und die Wiedereinführung der Differenz in sich selbst bildet die Identität der Innovation. Evolution bedeutet dann ein Kreuzen dieser Differenz, so dass das, was bis dahin als Neues, als Innovation zu beobachten war, nun nur noch als alt, als Tradition gilt. Das heißt aber auch, dass der Möglichkeitsbereich von weiteren Innovationen nicht willkürlich, sondern strukturdeterminiert ist, um selbst als Strukturdetermination zu fungieren. Auf diese Weise ist Innovation als ein selbst-referentieller Prozess zu verstehen. Darüber hinaus bietet der durch Innovation immer bereitgestellte Möglichkeitsbereich auf der anderen Seite der Unterscheidung Anschluss für Ko- und Folgeevolutionen, die über strukturelle Kopplungen auch in anderen Funktionsbereichen stattfinden können.

Im Vergleich zu früheren Gesellschaftstypen, die Neues als Abweichung von der Norm ignorierten oder sanktionierten, verfügt die Moderne über eine Reihe von Institutionen, deren wesentliches Kennzeichen darin liegt, Neues zu produzieren, etwas als solches wahrzunehmen, zu evaluieren und zu kommunizieren. Hierzu gehört die Entwicklung einer gesellschaftlichen Kommunikationsweise, die das Neue mit der knappen Ressource Aufmerksamkeit belegt und es dadurch selektiv zuungunsten des Bekannten wahrnimmt. Eine solche Kommunikationsweise ist insbesondere von den Massenmedien typisch. Weil diese selektiv Neuigkeiten beobachten, um sich die Aufmerksamkeit des Publikums zu sichern, fokussieren sie reflexhaft Innovationen in ihrer Berichterstattung. Dem Neuen kommt in der massenmedialen Kommunikation jene Wertigkeit zu, die eine traditionelle Gesellschaft dem Alten zubilligte. Kommunikationstheoretisch betrachtet, ist das kollektive Interesse an Innovationen ein Resultat des Wandels gesellschaftlicher Kommunikation, die sich mehr und mehr an den Massenmedien und damit an Neuigkeiten orientiert.

Ferner spielt hier ein über Jahrhunderte angelegter Institutionalisierungs- und Professionalisierungsprozess eine Rolle. Im Rahmen der gesellschaftlichen Differenzierung haben sich Institutionen herausgebildet, die darauf spezialisiert sind, systematisch, betriebsförmig und nach wissenschaftlichen Methoden verfahrend Innovationen hervorzubringen und sie in weitere gesellschaftliche Kreise diffundieren zu lassen. Hierbei spielen die modernen Naturwissenschaften eine entscheidende Rolle. Im Vergleich zu vormodernen Wissenschaften ist das Erkenntnisinteresse moderner Disziplinen darauf gerichtet, neues Wissen zu produzieren und nicht etwa antikes zu tradieren. Naturwissenschaftliches Wissen wird in einem hohen Grade danach bewertet (und dessen Produzenten dementsprechend prämiert), inwieweit in der Forschungsgemeinschaft Bekanntes in Frage gestellt, d. h. falsifiziert und als Alternative eine neue und verbesserte Sicht der Dinge angeboten wird. Eng mit der Ausbildung moderner Naturwissenschaften ist der Bereich der technischen Forschung und Entwicklung entstanden, der den Typus des innovatorischen Handelns, verglichen mit anderen gesellschaftlichen Feldern, am weitesten vervollkommnet hat (Krohn/ Rammert 1993: 69 f.).

Begleitet wird das Aufkommen moderner Wissenskommunikation und -verarbeitung durch Prozesse der Institutionalisierung. Technische Akademien entstehen, dem Zweck gewidmet, Individuen in einer dafür speziell durch Curricula ausgerichteten und mit Gerät und Lehrbüchern ausgestatteten Anstalt so zu sozialisieren, dass auf Innovationen gerichtetes Handeln als selbstverständliche zur eigenen persönlichen Identität gehörige Praktik erfahrbar wird. Eng mit der Institutionalisierung ist der Prozess der Professionalisierung verwoben, im Laufe dessen Facetten innovatorischen Handelns von den Routinearbeiten (z. B. des Handwerkers) abgetrennt und im Beruf des Ingenieurs oder Forschers gebündelt werden. Die Institutionalisierung und Professionalisierung des innovatorischen Handelns bleibt nicht auf die Bereiche der Natur- und Ingenieurwissenschaften beschränkt. In jüngerer Vergangenheit ist zu beobachten, wie sich neben den Universitäten, Forschungsinstituten und Industrielaboratorien Marketingagenturen, Beratungsfirmen und Therapiezentren etablieren, die darauf spezialisiert sind, innovatives Wissen aufzuarbeiten und zu verbreiten.

Im Vergleich zur Vorstellung, bei der Gesellschaft handle es sich um eine Größe, die mal im Zustand der Ruhe verharrt und mal von Veränderungen geprägt ist, geht die gesellschaftstheoretische Diskussion heute davon aus, dass Phasen des Wandels und des ‚Stillstands' nicht mehr ohne weiteres auseinander zu dividieren sind. Vielmehr ist davon auszugehen, dass die zeitinvariante Stabilität der Gesellschaft von ständigen Veränderungsprozessen getragen ist. In Anlehnung an naturwissenschaftliche Theoriekonzepte kann dies als ‚Fließgleichgewicht' oder ‚steady state' bezeichnet werden. Die fortschreitenden Veränderungsprozesse ermöglichen Strukturbildung und -erhalt der Gesellschaft. In Handlung und Kommunikation vollzieht sich Wandel auf elementarer Ebene in Erwartungen und sich performativ ständig neu ergebenden Optionen. Dieser elementare Wandel ist eingebettet in alltägliche Routinen und Regeln, folgt Normen und Hierarchien. Er bezeichnet die sich verändernde und doch identisch bleibende Gesellschaft. Auf reflexiver Ebene werden Veränderungen nicht als Wandel wahrgenommen, sondern als modifizierte Wiederholung des Gleichen, als gesellschaftliche Stabilität. Aufgrund dieser für den Alltagsverstand als Paradox erscheinenden Bedingungsgefüge von Veränderung und Routine erklärt sich die Schwierigkeit, gesellschaftlichen Wandel zu erklären und gleichzeitig das starke soziologische Interesse an diesem Thema. Die Kontingenz gesellschaftlichen Wandels wird sichtbar durch das Neue, das in der gesellschaftlichen Kommunikation mit ganz unterschiedlichen Wörtern belegt wird: Reform, Emanzipation, Fortschritt, Mode, Trend, Umstrukturierung, Novellierung, Institutionalisierung und eben auch Innovation. Hier tritt etwas Noch-Nicht-Dagewesenes und Unerwartetes in die gewohnten Handlungsvollzüge, das zuerst vor allem irritiert. Die Innovativität der Gesellschaft erschließt sich aber erst durch die Einbettung des Begriffs in eine angemessene Wandlungstheorie. Daraus folgt eine über übliche Reflexionen von Innovation hinausweisende Fassung von Innovation.

Das Erlebnis der Zeitlichkeit jeder Handlung deutet darauf hin, dass Gesellschaft sich andauernd verändert. Nichts ist kontinuierlicher in der Gesellschaft als ihre Veränderung. Doch gründet das Erlebnis der Vergänglichkeit gleichzeitig auf der Erfahrung, dass Wesentliches ebenso stabil bleibt. Schon diese Stabilitätserfahrung lässt strukturelle Neuerungen unwahrscheinlich erscheinen. Setzen sich jedoch Neuerungen im Sinne besserer und dann auch andauernd guter Lösungen durch, blockieren diese weitere Veränderungen. Zum einen verschwindet das Problem hinter der Lösung und es fehlt der Impuls zu Veränderungen, zum anderen führt jede Neuerung zur Komplexitätszunahme, die ihrerseits die Möglichkeiten zur spontanen Negation der Reproduktionen minimiert. Der aber trotzdem stattfindende gesellschaftliche Wandel erscheint darum als unvorhersehbare Realisierung des Neuen, als „Wahrscheinlichkeit der Unwahrscheinlichkeit" (Luhmann 1998: 413 ff.).

Dieses als Innovation wahrgenommene unwahrscheinliche Phänomen ist in erster Linie, wie oben dargelegt, an der zeitlichen Unterscheidung zwischen neu und alt beobachtbar. Dabei bezeichnet Innovation selbst die Seite der Neuheit in Unterscheidung zum Alten. Neuheit selbst ist dann nur die immer bloß gegenwärtige Grenze zwischen einer Vergangenheit, in der dieses Phänomen noch keine Neuheit war und einer Zukunft, in der es keine Neuheit mehr sein wird. Als Differenz fällt der Begriff Innovation aber mit Neuheit immer noch zusammen. Jedoch kann Neuheit keine Dauer haben, wohingegen ein Phänomen, welches als Innovation bezeichnet wird, durch einen komplexen Verweisungszusammenhang seine Differenz zum Erwartbaren dauerhafter behaupten soll. Innovation muss sich darum von Neuheit unterscheiden lassen. Aber wie ist das möglich?

4. Innovation als kontinuierter Aspekt sozio-kultureller Evolution

Abgesehen von der problematischen Bestimmung von Innovation, für die sich auch hier nur vorläufige Eingrenzungen finden, weist der Begriff mit aller Deutlichkeit auf den sozialen Wandel der Gesellschaft hin. Die oben beschriebene, moderne Bevorzugung des Neuen ist ein Zeichen für den gewandelten Zeithorizont der Gesellschaft gegenüber allen vorherigen Gesellschaftsformen. Nicht nur sind die Zeithorizonte endlos geöffnet und die Gegenwart zu einer bloßen Differenz geschrumpft, die Gegenwart hat sich darüber hinaus auch multipliziert. Die vielfältige, eigenwillige, andauernde Schaffung von Vergangenheit im augenblicklichen Vernichten von Zukunft ist Motor des bekannten Phänomens der Beschleunigung sozialer Abläufe und des sozialen Wandels. Erst mit der Evolutionstheorie und ihrer Anwendung auf Gesellschaft bietet sich ein Erklärungsschema für eben diese Beschleunigung des Wandels und seinen unvorhersehbaren Kurs, dem kein geschichtliches Telos mehr entsprechen kann. Erst im Schema sozio-kultureller Evolution kann Innovation jenseits von Dichotomien als ein Element sozialen Wandels begriffen und einer haltbaren Beobachtung zugeführt werden.

Die Theorie der Evolution ist längst nicht mehr beschränkt auf die Erklärung des Lebens. In der Biologie fand sie nur ihre erste wirklich erfolgreiche Anwendung. Schon vorher entstanden mit Lamarck und Spencer eigenständige Versionen einer stetigen Wandlungstheorie, die sich deutlich auf Gesellschaft bezogen. Doch ohne Zweifel ist Darwins Version der Evolutionstheorie die Initialzündung für vielfältigste Überlegungen zum Wandel, die von Begriffen wie Anpassung, Mutation oder Selektion bestimmt sind. Jedoch ergeben sich heute hinsichtlich einer allgemeinen Evolutionstheorie auch zu Darwin im Detail Differenzen, die einerseits auf die biologische Engfassung der Theorie zurückzuführen sind, andererseits von Überlegungen ausgehen, die nicht mehr ohne weiteres zu halten sind. So ist z. B. der Begriff der Anpassung dahingehend zu kritisieren, dass auch Organismen an ihre Umwelt immer schon angepasst sein müssen, um sich überhaupt wandeln zu können.[4] Mag das hinsichtlich des sich im Vergleich zu Gesellschaft sehr langsam wandelnde Bios ein Problem sein, welches sich leicht als zeitliches auflösen lässt, stellt sich die Frage für soziale Phänomene gravierender – denn hier nimmt der Mangel an Zeit nur stetig zu. Anpassung kann darum kein Element einer allgemeinen Evolutionstheorie sein, genauso wenig wie die Vorstellung einer ‚natürlichen' Selektion.

---

4 Eine Klärung zum Begriff der Anpassung aus biologischer Sicht findet sich bei Mayr (2005).

Als Parsons (1975: 39 ff.) sich um eine Konzeption sozialen Wandels für sein Theoriegebäude mühte, wählte er ebenfalls Evolution als Erklärungstheorie. Zwar lehnte er lineare Entwicklungsvorstellungen ab, doch hielt er gleichzeitig an einer stufenförmigen Gerichtetheit gesellschaftlichen Wandels fest, dem nach und nach alle Gesellschaften folgen würden. Popularisierte so einerseits die Evolutionstheorie für die Sozialwissenschaften, setzte er sie doch wegen des unterstellten zwanghaften Telos gleichzeitig harscher Kritik aus. Allerdings war Parsons hinsichtlich der Wandlungstheorie eine wichtige Inspiration für Luhmann, der die Theorie sozio-kultureller Evolution entscheidend bereicherte. Für Luhmann (1998) ermöglicht die Evolutionstheorie die Erklärung, wie ‚Unvorstellbares‘, etwas mit geringer Entstehungswahrscheinlichkeit in Seiendes mit hoher Erhaltungswahrscheinlichkeit transformiert wird. Damit trifft Evolutionstheorie genau das Problem der Entstehung des Neuen. Für Luhmann nutzt evolutionärer Wandel immer besondere, aber zufällige, weil in ihrem komplexen Zustandekommen nicht vorhersehbare Konstellationen.

Grundsätzlich lassen sich drei Mechanismen des evolutionären Wandel unterscheiden: Variation, Selektion oder Selegierung und Restabilisierung oder Retension.[5] Mit einer gerafften Darstellung der Beziehung dieser Elemente als Evolution lässt sich der Platz des Innovationsphänomens darin bestimmen. Variation meint allgemein die Aufhebung der Routinen durch alternative Abläufe (Nelson/ Winter 1996). Durch das Auftauchen von Alternativen werden auch die Routinen wieder zu bloßen Möglichkeiten, die eine Auswahl einer Routine erfordern. Anders wäre die Einheit des jeweiligen evoluierenden Zusammenhangs gegenüber der Umwelt nicht aufrecht zu erhalten. In der folgenden Evolutionsphase, der Selegierung, wird diese Auswahl aus allen erreichbaren Möglichkeiten zur weiteren re-routinisierten Verwendung realisiert. Doch diese Auswahl muss sich gegenüber der Umwelt der evoluierenden Einheit bewähren. Sie muss die Identität der Einheit weiterhin wahren, also die Unterscheidung zwischen Umwelt und Einheit oder besser: System ermöglichen. Von hier aus setzen sich dann bei erhöhter Relevanz Impulse zu Folgeevolutionen in der Umwelt oder aber dem System selbst in Gang. Die drei Elemente der Evolution können dabei keinen steuernden Einfluss aufeinander nehmen. Eine Variationsalternative kann nicht über ihre Selegierungsfähigkeit bestimmen, eine selegierte Routine kann von sich aus nichts zur Restabilisierung der Umweltbeziehungen beitragen. Die Zusammenhänge zwischen den Evolutionselementen erscheinen vor dem Hintergrund komplexer Dependenzen als unüberschaubare Kausalitäten, die die Beo-

---

5 Die Theorie sozio-kultureller Evolution wurde vor allem von Luhmann (1998) ausführlich dargestellt, die Überlegungen zur Integration von Innovation in diesem Schema finden sich zuerst bei John (2005a).

bachtungskapazitäten immer übersteigen und deshalb nur als Zufall wahrgenommen werden können.

Da Innovation das Paradox der Neuheit fortführt, kann es nicht ohne Weiteres beobachtet werden. Es muss darum entfaltet werden, indem es an andere Differenzierungen angeschlossen wird. Hier bieten sich nun die drei Evolutionselemente an, anhand welcher Innovation entfaltet und beobachtbar gemacht werden kann. Variation, Selegierung und Restabilisierung zielen immer auf die Frage der Fortführung von Strukturen.

Bei der *Variation* treten alternative Möglichkeiten zu den bestehenden Routinen der Strukturreproduktion hinzu. Jedoch ist es eher unwahrscheinlich, dass sich zu einem bewährten Ablauf Alternativen einstellen, können diese doch anders als die Routine keinen Nachweis für ihre Eignung erbringen. Alternativen drängen sich immer dann auf, wenn die gleichartigen, beharrlichen Irritationen aus der Umwelt wahrgenommen werden. Noch ist nicht darüber entschieden, ob diese als bloße Abweichung wieder ins Umweltrauschen verdrängt oder als relevante Information weiter bearbeitet werden. Wird der Irritation aber intern Informationswert beigemessen und haben diese damit Relevanz, lassen sich daraufhin Alternativen für bestimmte Routinen formulieren, die als Variation entgegen der Tendenz zur Redundanz sichtbar werden. Auf diese Weise erst lösen sich partiell die Kopplungen der Strukturelemente auf, womit die operativen Routinen aus ihrer fraglosen Selbstverständlichkeit ausgelöst und mittels der Alternativen zur Disposition gestellt werden. Die auf diese Art informativen Alternativen können an der Stelle der Variation als Innovation auf operativer Ebene gelten. Die sich infolge von informativen Irritationen variierende Reproduktion kann als Krise wahrgenommen werden, aber auch einfach als Reformstau oder Mode. In jedem Fall kann die durch Variationen veränderte Situation nur anhand von Gedächtnis bemerkt werden. Operative Variationen erscheinen letztlich als mögliche, aber nicht erwartete Operationen der Reproduktion. Jedoch haben diese, wie auch die ehemalige operative Routine, keine Option auf Annahme durch Selektion.

Als bloße Möglichkeiten können die operativen Varianten nur temporär begrenzt existieren, bedrohen sie doch die Integrität und Identität des evoluierenden Systems. Es gilt erneut eine Routine zu etablieren. Alle Varianten operativer Möglichkeiten drängen darum zur *Selegierung*, bei der nur eine als zukünftige Routine, also als Normalerwartung und damit als Strukturelement ausgewählt wird. Welche Möglichkeit zur Struktur wird, hängt dabei von den Anschlussmöglichkeiten an die weiteren Strukturelemente ab. Derart orientiert sich Selegierung an der möglichen Zukunft neuer Routinen. Aber auch hier erscheint die Annahme abweichender Operationen unwahrscheinlich angesichts des strukturellen Konsistenzzwanges und der Ungewissheit über ihre Zukunftsfähigkeit als

Routinen. Gründe für die gleichwohl erfolgende Annahme ergeben sich nach Luhmann heute durch den Gebrauch symbolisch generalisierter Medien, wie Geld, Macht, Wahrheit oder Recht. Diese ermöglichen die Auflösung und Neukombination von Formen, indem Elemente ge- und entkoppelt werden mittels weiterer Elemente wie Preise, Gewalt, Theorien oder Gesetze. Solche Re-Arrangements von Elementkopplungen erfolgen ebenfalls mit der Orientierung auf die Zukunft weiterer Operationen. Mittels der Medien kann von den konkreten Entstehungsbedingungen der Variationen abgesehen und die positive Selegierung, die Annahme einer operativen Variante als zukünftige Routine über diese Medien realisiert werden. Sie erhöhen damit die Wahrscheinlichkeit der Annahme abweichender Elemente, die zu veränderten Erwartungen, d. h. zu einer veränderten Struktur führen. Das so etablierte Strukturelement, selbst wenn es sich nicht vom alten unterscheidet, weil sich dieses bewährt hat, ist auf struktureller Ebene in der hier zugrundegelegten Evolutionsperspektive wiederum als Innovation zu bezeichnen. Das steht indes der alltäglichen Erfahrung der Überraschung durch Neuheit entgegen. Jedoch ist diese Überraschung ohnehin meistens durch die prinzipiell beschränkten Möglichkeiten der Welterkenntnis provoziert. Aus der Perspektive der Evolution lösen sich die temporären Unterscheidungen mit Suspendierung der Routinen jedoch auf. Erst mittels Gedächtnis kann die Unterscheidung von Alt und Neu wieder eingeführt werden – und dann kann man sich allerdings wundern, dass manches beim Alten geblieben ist. Aber genau darin sind die Chancen einer alternativen soziologischen Innovationsbeschreibung schon auszumachen.

Mit der Etablierung eines Strukturelementes ist Evolution aber noch nicht abgeschlossen. Die Rekonfiguration hat Auswirkungen auf das Umweltverhältnis, selbst wenn die alten Elemente bestätigt wurden. Dann muss mindestens das wiederum festgestellt werden. Die Sicherung der Selegierung eines Strukturelements bedarf darum noch der gesonderten Evolutionsfunktion *Restabilisierung*. Denn Strukturevolution kann sich aufgrund der strikten Binnenorientierung von Variation und Selegierung nicht auf ein optimales Umweltverhältnis oder Anpassung hin orientieren. Restabilisierung erfolgt als Neubestimmung der Differenz des Systems zur Umwelt, sie reagiert auf der mit Evolution einhergehenden Komplexitätssteigerung. Die Passungsdisparitäten können nur wieder als relevante Irritationen erneute Evolutionsschleifen auslösen. Diese erneute Emergenz der Variation ändert aber die Systemlage, weil sie wiederum Selegierung notwendig macht. In jedem Fall von variationsprovozierter Selegierung kommt es im Umweltverhältnis zu Passungsdruck und re-arrangierten Kopplungen, und womöglich werden Folgeinnovationen an anderen Orten provoziert. Evolution schließt damit an weitere Evolution an und Stabilität wird über Restabilisierung dynamisiert. Diese Dynamik und Flexibilität evoluierender Struktur ist der

Grund dauernden Erfolges überlebender Spezies oder sozialer Systeme, die an ihren von Luhmann so genannten ‚evolutionären Errungenschaften' abzulesen sind, zeitlich immer begrenzte, doch solange gegenüber allen Alternativen überlegene Lösungen. Diese sich durch Restabilisierung einstellenden Umweltverhältnisse aber sind ebenfalls als Innovation zu begreifen.[6]

Evolution ist also kein kumulativer oder hierarchischer Prozess, sondern Iteration. Ihre Sequenzen stellen der folgenden das Material zur Verfügung, ohne aber deren Ergebnis determinieren zu können; sie sind darum nicht notwendig, sondern zufällig miteinander verbunden. Ihre irreversiblen Ergebnisse sind nur evolutionäre Lösungen auf Zeit.

Jede Evolutionsschleife verändert das System, da sich das Ereignis dem Gedächtnis als Lernen und Vergessen einprägt. Und so kommt es mindestens an dieser Stelle zur Komplexitätssteigerung, jedoch nicht zu einem Fortschritt. Evolution bleibt bloß Strukturtransformation bei andauerndem operativem Selbstvollzug.

Entfaltet man auf diese Art das Innovationsparadox entlang der Evolutionselemente, scheint nunmehr auch eine mögliche Differenz von Innovation zu Neuheit auf. Ist Neuheit lediglich eine Markierung der immer nur gegenwärtigen Grenze zwischen Vergangenheit und Zukunft und damit selbst bloß eine Grenze zwischen noch-nicht und nicht-mehr, so hat Innovation eine weitere Qualität, nämlich die Kontinuierung. Diese ist dann neben den ökonomischen Effekten der Neuheit, nämlich den Folgen der Unterscheidung als innovatives Unternehmen zu allen anderen Marktanbietern, der weitere Grund für die Attraktivität des Innovationsbegriffs in beinahe allen Bereichen gesellschaftlicher Kommunikation.

Der mittels Evolution entfaltete Innovationsbegriff bietet aber darüber hinaus drei klar zu unterscheidende Perspektiven, auf die sich das soziologische Beobachtungsinteresse richten kann: die historische, die soziologische und die beratende. Darin liegt die Chance, schwierige Konzepte wie äquifinale oder parallele Innovationen, Diffusion oder Planung und Intentionen von ‚Innovationsakteuren' zu beobachten.[7]

---

6 Ein empirisches Beispiel zur Restabilisierung findet sich bei John 2005b.
7 Ausführlicher dazu John 2005a.

5. Soziologie der Innovation als soziales Phänomen

Eine Soziologie, die sich ihrer eigenen Theorie- und Problemhintergründe bewusst ist, kann das Phänomen Innovation einzig und allein als ein soziales beobachten. Mit solchen konsequent durchgehaltenen Perspektiven können die Fragen- und Themenstellungen in einer Art erweitert werden, die es ermöglichen, sich von den Debatten der Wirtschafts- und Technikwissenschaften zu emanzipieren. Erst so ist es möglich, nicht nur verzichtbare Redundanzen zur ohnehin angefertigten Reflexion ökonomischer und technischer Entscheidungsprozesse anzufertigen, sondern dazu alternative und darum erst informative Beobachtungen anzustellen. Unser Vorschlag bedeutet gerade nicht einen Ausschluss sogenannter technischer Innovationen, sondern lediglich die Aufforderung, sich der Mühe zu unterziehen, präliminarisch vor der empirischen Erhebung all diejenigen alltagssprachlich als technisch etikettierten Innovationen als soziale zu rekonstruieren. Wenn eine solche Rekonstruktion nicht gelingt, dann wäre Skepsis gegenüber der Leistungsfähigkeit der zugrunde gelegten soziologischen Theorie angebracht.

Der Aufsatz führt vor, wie Innovationen als Ausdruck und Element sozialen Wandels begriffen werden können. Mittels der sich aus der Evolutionstheorie ergebenden Differenzierungsmöglichkeiten lässt sich das Paradox der Neuheit entfalten. Erst dann verschwindet das Phänomen Innovation nicht mehr als bloße immer gegenwärtige Grenze von zeitlichen Horizonten. Innovation kann so von Neuheit erst abgegrenzt und in einer soziologisch relevanten Beobachtungsperspektive erfasst werden. Erst diese ermöglichen tatsächlich alternative und damit überhaupt informative Beschreibungen gegenüber den Reflexionen der Funktionssysteme wie Wirtschaft, Politik oder technische Wissenschaften. Andernfalls muss Soziologie über Innovation schweigen.

Literatur

Braun-Thürmann, Holger (2005). Innovation. Bielefeld: Transcript-Verlag.

Dahrendorf, Ralf (1974). Pfade aus Utopia. Zur Theorie und Methode der Soziologie. München: Pieper.

Enquete-Kommission des Bundestages: Schutz des Menschen und der Umwelt (1998). Konzept Nachhaltigkeit. Vom Leitbild zur Umsetzung. Schlussbericht der Enquete-Kommission. Bonn: Deutscher Bundestag.

Gillwald, Katrin (2000). Konzepte sozialer Innovationen. Berlin: Discussion Paper P00-519. Wissenschaftszentrum Berlin.

Groys, Boris (1997). Technik im Archiv. Die dämonische Logik technischer Innovation. In: W. Rammert/ G. Bechmann (Hrsg.), Innovation. Prozesse, Produkte, Politik (S. 15-32). Frankfurt a.m.: Campus-Verl.

John, René (2005a). Innovationen als irritierende Neuheiten. Evolutionstheoretische Perspektiven. In: J. Aderhold/ R. John (Hrsg.), Innovation. Sozialwissenschaftliche Perspektiven (S. 49-64). Konstanz: UVK.

John, René (2005b). Die Repolitisierung des Theaters. Der Wille zur Innovation im Spiegel der Massenmedien. In: J. Aderhold/ R. John (Hrsg.), Innovation. Sozialwissenschaftliche Perspektiven (S. 191-212). Konstanz: UVK.

John, René (2009). Ökonomische Sublimation und die Aura der Innovation. Die Fixierung der Zukunft im offenen Zeithorizont. In: K. M. Bernsau (Hrsg.), „Güter, Geld und gute Worte." „Products, Pennies, and Promotions" (S. 165-173). Saarbrücken: Südwestdeutscher Verlag für Hochschulschriften.

Krohn, Wolfgang/ Rammert, Werner (1993). Technologieentwicklung: Autonomer Prozess und industrielle Strategie. In: W. Rammert (Hrsg.), Technik aus soziologischer Perspektive (S. 65-92). Opladen: Westdeutscher Verlag.

Luhmann, Niklas (1975). Macht. Stuttgart: Enke.

Luhmann, Niklas (1998). Gesellschaft der Gesellschaft. Frankfurt a.M.: Suhrkamp.

Mayr, Ernst (2005). Das ist Evolution. München: Goldmann.

Nelson, Richard R./ Winter, Sidney G. (1996). An evolutionary theory of economic change. 6. print. Cambridge, Mass.: The Belknap Press of Harvard Univ. Press.

Ogburn, William (1923). Social change. With respect to culture and original nature. London: Allen & Unwind.

Parsons, Talcott (1975). Gesellschaften. Evolutionäre und komperative Perspektiven. Frankfurt a.M.: Suhrkamp.

Polsby, Nelson Woolf (1984). Political innovation in America. The politics of policy initiation. New Haven: Yale Univ. Pr.

Rammert, Werner (2007). Die Form der Technik und die Differenz der Medien: Auf dem Weg zu einer pragmatistischen Techniktheorie. In: W. Rammert (Hrsg.), Technik – Handeln – Wissen (S. 47-64). Wiesbaden: VS.

Reichert, Ludwig (1994). Evolution und Innovation. Prolegomenon einer interdisziplinären Theorie betriebswirtschaftlicher Innovation. Berlin: Dunker & Humblot.

Smelser, Neil (1986). The Ogburn Vision Fifty Years later. In: N. Smelser/ D. Gerstein (eds.), Behavioral and Social Sciences: Fifty Years of Discovery (pp. 21-35). Washington, D. C.: National Academic Press.

White, William Foot (1982). Social inventions for solving human problems. American Sociological Review, 47, 1-13.

Zapf, Wolfgang (1989). Über soziale Innovationen. Soziale Welt, 40 (1-2), 170-183.

Die ‚Hightech-Obsession' der Innovationspolitik

Hartmut Hirsch-Kreinsen

1. Fokus auf Spitzentechnologie[1]

Der Fokus staatlicher Forschungs- und Innovationspolitik richtet sich traditionell auf Spitzentechnologien. Genannt werden hier Technologiebereiche wie Nanotechnologien, Biotechnologien, optische Technologien, Mikrotechnologien und Informationstechnologien. Die Förderung dieser Technologien sei deshalb sinnvoll, weil es sich um ‚Treibertechnologien' handele, die vielfältige Anwendungen erlaubten und Wirtschaftsbranchen veränderten (BMBF 2006: 27). Die Prämisse dieser Politik ist, dass sich im Zeitalter der Globalisierung und der sich verschärfenden Innovationskonkurrenz das hiesige Wohlstandsniveau allein über die forcierte Entwicklung von Technologien höchster und besonderer Qualität auf Dauer halten lässt; nur auf diesem Wege seien wirkliche Konkurrenzvorteile und damit hohe Preise insbesondere gegenüber den Konkurrenten aus Niedrigkostenländern zu erzielen.

Statistisch-kategoriale Basis dieser Perspektive auf Spitzentechnologien ist die Einteilung von Wirtschaftssektoren bzw. der produzierten Güter nach ihrer FuE-Intensität. Dieses Konzept wurde erstmals 1963 im sog. Frascati-Manual der OECD präzisiert. Bezeichnet wird mit der FuE-Intensität der jeweilige Anteil des Aufwandes für Forschung und Entwicklung[2] am jeweiligen Umsatz eines Unternehmens, dem Produktionswert einer Branche oder dem BIP eines ganzen Landes. Nach der in Deutschland u. a. vom Bundesforschungsministerium verwendeten Klassifikation wird von Spitzentechnologien dann gesprochen, wenn bei deren Herstellung mehr als 7 Prozent des Umsatzes für FuE aufgewendet werden; erfasst werden damit beispielsweise Wirtschaftssektoren wie die pharmazeutische Industrie, Rundfunk- und Nachrichtentechnik, Herstellung von DV-Geräten und elektronischen und optischen Bauelementen, Luft- und Raumfahrzeugbau und die Herstellung von Waffen. Bezogen auf Dienstleistungen werden

---

1 Bei dem vorliegenden Text handelt es sich um eine deutlich überarbeitete und erweiterte Fassung eines Artikels, der im Jahr 2008 in den VDI-Nachrichten erschienen ist (Hirsch-Kreinsen 2008).
2 Konkret werden mit diesem Indikator unternehmensinterne FuE-Aufwendungen für FuE-Personal, weitere FuE-Kosten und Investitionen sowie unternehmensexterne Aufwendungen für z. B. FuE-Aufträge an andere Unternehmen und Organisationen erfasst (OECD 2002: 108 ff.).

wissensintensive Dienste ins Zentrum des Interesses gerückt, deren Akademiker-
anteil bei mehr als 11 Prozent der Beschäftigten und der Anteil der Naturwissen-
schaftler und Ingenieure bei mehr als 4,5 Prozent der Beschäftigten liegt. Als
Beispiele hierfür werden das Versicherungsgewerbe, Kreditgewerbe, Forschung
und Entwicklung, Unternehmensberatung, Softwaredienste und Gesundheitswesen genannt (Legler/ Frietsch 2006; EFI 2008).

Eine theoretische Begründung findet dieser innovationspolitische Ansatz in
den verschiedenen Modellen der ökonomischen Wachstumstheorie. Der technologischen Entwicklung wird in diesen Modellen generell ein zentraler Erklärungswert für Wachstumsunterschiede zwischen Unternehmen und Volkswirtschaften zugeschrieben (zusammenfassend z. B. Arnold 1997; Grupp 1998;
Verspagen 2005). Danach werden im internationalen Wettbewerb vor allem
durch Spezialisierung auf hochinnovative Güter und Dienstleistungen besonders
hohe Preise erzielt, die hinreichend hohe Einkommen, Wachstum und Beschäftigung im Inland ermöglichen. Allein durch Qualitäts- und Technologievorsprünge
könnte Konkurrenten mit Produktionskostenvorteilen Paroli geboten werden.
Erreicht werden könne dies allein durch Güter und Dienstleistungen, die besonders forschungs- und wissensintensiv seien. Die Beherrschung forschungs- und
wissensintensiver Güter und Dienstleistungen wird daher als unabdingbar angesehen, während weniger forschungsintensive Technologien aus dem Ausland
erworben werden könnten. Insgesamt wird daher der technologischen Entwicklung ein hoher Erklärungswert für Wachstumsdifferenzen zwischen Unternehmen und ganzen Volkswirtschaften zugesprochen. Zudem wird davon ausgegangen, dass staatliche Innovations- und Technologiepolitik eine wachstumsförder-
liche Rolle spielen kann, indem sie Wissenschaft, Forschung und Entwicklung
fördert.

Freilich betonen Kritiker, dass der postulierte Zusammenhang zwischen
fortgeschrittenen Technologien und ökonomischem Wachstum und den zugleich
unterstellten politischen Einflussmöglichkeiten bestenfalls den Charakter einer
Hypothese habe (z. B. Verspagen 2005). Denn vernachlässigt werde mit diesem
Ansatz, dass Innovationsprozesse komplex und ihre Ergebnisse stets ungewiss
sind. Und es wird übersehen, dass Innovationen in den wenigsten Fällen von
hohen FuE-Aufwänden und Hightech-Entwicklungen getrieben werden. In inno-
vationspolitischer Perspektive kann daher auch in Anschluss an *Benoît Godin*
von einer innovationspolitischen ,Hightech-Obsession' gesprochen werden (Godin 2004).

Im gegebenen Rahmen kann allerdings keine systematische Kritik dieses
innovationspolitischen Ansatzes und seiner wirtschaftstheoretischen Begründung
geleistet werden, vielmehr sollen lediglich einige zentrale kritische Punkte hervorgehoben werden: Es soll gezeigt werden, dass dieser Ansatz hinter wesentli-

che Erkenntnisse der Innovationsforschung zurückfällt. Basis der Argumentation sind primär Ergebnisse und Überlegungen aus abgeschlossenen und laufenden empirischen Forschungsprojekten an denen der Autor maßgeblich war und ist.[3]

2. Innovationen auch ohne Forschung und Entwicklung und Spitzentechnologie

Die Gleichsetzung von hoher FuE-Intensität, innovativen Technologien und Wachstum impliziert die Annahme, dass ein relativ eindeutiger Zusammenhang zwischen Forschung und Entwicklung und technologischen Innovationen existiert. Die Frage, ob dieser Zusammenhang in der unterstellten Generalität tatsächlich angenommen werden kann, wird nicht gestellt und die Vielzahl von Einflussfaktoren und Mechanismen, die technologische Innovationen bestimmen, wird ausgeblendet. Innovationsprozesse werden in dieser Sichtweise letztlich als ‚black box' (Nathan Rosenberg) betrachtet. Die neuere sozialwissenschaftliche Innovationsforschung zeigt jedoch instruktiv, dass technologische Innovationsfähigkeit nicht allein auf FuE-Aktivitäten in verschiedenen Science-based und Hightech-Sektoren basiert, sondern vor allem auch durch Kundennachfrage, praktisches Wissen oder Anwendungserfahrungen angestoßen wird. Die Formel des ‚systemischen Charakters von Innovationen' bezeichnet diesen Zusammenhang sehr präzise (z. B. Kline/ Rosenberg 1986; Fagerberg 2005). Auf diesen komplexen und mit vielen Ungewissheiten behafteten Zusammenhang soll im Folgenden in der gebotenen Kürze genauer eingegangen werden.

2.1 Innovationen verlaufen nicht ‚linear'

Der Fokus auf Spitzentechnologie und hohe FuE-Intensität als Innovationstreiber folgt einem konventionellen, in der Innovationsforschung seit langer Zeit kritisierten und überwundenen Innovationsmodell. Sein Kern ist die Annahme, dass der Ausgangspunkt jeglicher Innovationen Forschungs- und Entwicklungsaktivitäten sind und wissenschaftlich generiertes Wissen Anstöße für die Entwicklung neuer Technologien gibt. Forschung und Entwicklung werden als elementare und notwendige, funktional und zeitlich dem industriellen Prozess vorausgehende Innovationsstufen angesehen. Es wird davon ausgegangen, dass es einen klar strukturierten Ablauf gibt, in dem Wissen von der Grundlagenforschung über die

---

3 Vgl. hierzu www.wiso.tu-dortmund.de/wiso/is/de/forschung/projekte/index.html.

angewandte Forschung schrittweise spezifiziert, genutzt und schließlich umgesetzt wird in konkrete Techniken für einen bestimmten Anwendungskontext. Daher kann man auch von einem Kaskadenmodell oder einem linear-sequentiellen Modell (Gerybadze 2004: 23 f.) des Innovationsprozesses sprechen. Damit verbindet sich zudem die Hoffnung, dass bei hinreichend effektiver Förderung der FuE-Prozesse auch die Voraussetzungen für weitreichende radikale Innovationen verbessert werden. Denn radikale Innovationen gelten ökonomisch als besonders erstrebenswert, sie eröffnen völlig neue Märkte, Absatzmöglichkeiten und Wachstumsperspektiven. Der Fokus liegt dabei auf Produktinnovationen; in diesem Sinn wird für Güter, die Ergebnis radikaler Innovationen sind, auch der Begriff ‚Schumpeter-Güter' verwendet (EFI 2008: 18). Sie werden damit abgegrenzt von inkrementellen Innovationen, d. h. mehr oder weniger kontinuierlich verlaufende Neuerungen und die schrittweise Verbesserung existierender Technologien. In der innovationspolitischen Debatte wird diesen Innovationen eine nachgeordnete Bedeutung zugeschrieben. Denn sie betreffen ältere und traditionelle Produkttechnologien, sie sind daher von Konkurrenten leicht zu imitieren und sie eröffnen nur begrenzte Wachstumsperspektiven. Freilich stellt dies eine empirisch und theoretisch sehr verengte Perspektive in mehrerlei Hinsicht dar:

Folgt freilich man der Innovationsforschung (z. B. Kline/ Rosenberg 1986), so lassen sich Innovationsprozesse kaum als sequentiell und unidirektional verlaufendes Modell – von FuE hin zu Anwendung und Markt – konzipieren. Vielmehr sind vielfältige Ausprägungen und Zusammenhänge, mannigfaltige Verflechtungen und Lernprozesse bei Innovationen zu beobachten, die komplexere Modelle erfordern. Technologische Innovationen sind in einem hohen Maße von Offenheiten, Redundanz und Selektionsprozessen geprägt, die der Dominanz und Wirkung einer ausschließlichen wissenschaftlich-technologischen Entwicklungslogik nicht entsprechen. Innovationen werden oft nicht durch neues wissenschaftliches Wissen, sondern insbesondere auch von praxisorientierten Anwendungsproblemen angestoßen. Typisches Beispiel hierfür sind hochinnovative Entwicklungen im Bereich der Produktionstechnologie, deren Genese unmittelbar mit bislang nicht gelösten Nutzungsproblemen bisheriger Technologien verwoben ist. Innovationsprozesse müssen vielmehr als *rekursiver Prozess* modelliert werden. Gemeint ist damit ein Rückkopplungsprozess zwischen Entwicklung, Herstellung, Anwendung und Weiterentwicklung. Dieser Rückkopplungsprozess verknüpft je nach Technologiefeld, Wirtschaftssektor und Innovationsvorhaben unterschiedliche Funktionsbereiche und Wissensbestände miteinander. Auszugehen ist von einem breiten Spektrum sehr verschiedener Innovationskonstellationen (z. B. Mowery/ Rosenberg 1998): Auf der einen Seite finden sich ‚science based' Innovationsprozesse, bei denen wie etwa in der Pharmaindustrie die Gewinnung wissenschaftlicher Erkenntnisse nahezu unmittelbar mit neuen Produkten, die sich auf die Lösung eines spezifischen Anwendungsproblems richten, zusammenfallen. Auf der anderen Seite sind Innovationsprozesse zu verorten, deren Anstöße von praktischen Anwendungsproblemen und Kundenanstößen ausgehen und die ohne jegliche Nutzung von FuE-Ergebnissen und Spitzentechnologien erfolgreich verlaufen.

2.2 Innovation: ein vieldimensionaler Begriff

Innovationen können nicht allein auf Güter bzw. Produkte eingeschränkt werden. So verwendete schon Schumpeter in seiner Theorie wirtschaftlicher Entwicklung einen wesentlich breiteren Innovationsbegriff, wobei er darunter grundsätzlich die Neukombination verfügbarer Ressourcen versteht. Im Einzelnen umfassen danach technologische Innovationen die folgenden Dimensionen: die Entwicklung eines neuen Produktes, die Einführung einer neuen Produktionstechnologie, die Verbesserung der Unternehmensorganisation, die Erschließung eines neuen Absatzmarktes und die Gewinnung neuer Beschaffungsquellen (z. B. OECD 1997; Fagerberg 2005).[4] Mit einer solchen breiten Auffassung von Innovationen wird man der Heterogenität, Komplexität und den verschiedenen Schwerpunkten von Innovationsprozessen in den unterschiedlichsten Sektoren gerechter als mit dem Fokus auf Spitzentechnologien. Dabei erweist sich zudem die unterstellte enge Verknüpfung zwischen der FuE-Intensität von Innovationsprozessen und ihrem Ergebnis als zu kurzschlüssig. Ohne Frage finden radikale Produktinnovationen in der Regel im Kontext FuE-intensiver Innovationsprozesse statt (z. B. Mowery/ Rosenberg 1998: 123 ff.). Radikale Prozessinnovationen hingegen erfordern weder notwendigerweise hohe FuE-Aufwände, noch sind sie unbedingt an die Verfügung über Spitzentechnologien gebunden. So kann die ‚Neuerfindung' eines Produktionsverfahrens von Betriebspraktikern und im Rahmen eines erfahrungsbasierten ‚trial-and error'-Prozesses stattfinden, ohne dass systematische FuE-Anstrengungen unternommen werden. Ein instruktives Beispiel hierfür ist das Produktionsparadigma der ‚Lean-Production', dessen Genese auf die praktischen Erfahrungen mit den Unzulänglichkeiten tradierter Produktionstechnologien in der Automobilindustrie zurückzuführen ist. Seitdem wurden die

---

4 Unterschieden wird davon der weitergehende Begriff der ‚sozialen Innovation', mit dem generell gesellschaftlichen folgenreiche Wandlungsprozesse gefasst werden (z. B. Howaldt/ Kopp/ Schwarz 2008). Freilich sind der Schumpeter'schen Auffassung folgend gerade auch technologische Innovationen unmittelbar mit sozialem Wandel verknüpft, so dass diese begriffliche Trennung nicht immer plausibel ist.

technisch-organisatorischen Strukturen von Produktionsprozessen geradezu revolutioniert, das neue Paradigma setzte sich breit durch und wälzte die Unternehmensstrukturen und -strategien ganzer Branchen grundlegend um. Freilich können Innovationen auch nicht auf die Dichotomie radikal vs. inkrementell reduziert werden. Zum Ersten sind in der Regel radikale Innovationen ohne den sich anschließenden Prozess kumulativer inkrementeller Innovationen kaum hinreichend effizient nutzbar. Radikale Innovationen, etwa ‚die Dampfmaschine' und ‚der Computer', benötigten Dekaden der kontinuierlichen und kleinschrittigen Weiterentwicklung, bis mit ihnen die angestrebten ökonomischen Effekte tatsächlich realisiert werden konnten (Verspagen 2005: 493 f.). Zum Zweiten bezeichnen die Begriffe radikal und inkrementell Extrempunkte eines breiten Spektrums verschiedener Innovationstypen. Die Innovationsforschung hat schon vor längerem deutlich gemacht, dass diese Extrema durch weitere Typen ergänzt werden müssen, um das reale Innovationsgeschehen hinreichend zu erfassen (Henderson/ Clark 1990). Zum einen wird hier der Typus der *modularen Innovationen* hervorgehoben. In diesem Fall werden zwar neue technologische Komponenten entwickelt und für eine Innovation genutzt, das grundlegende (funktionale) Design einer Technologie wird dabei jedoch beibehalten. Als Beispiel gilt die Einführung digitaler Telefongeräte, die analoge Geräte ersetzten; der grundlegende Funktionszusammenhang oder die Produktarchitektur ändert sich in diesem Fall nicht. Zum anderen wird von einem Typus *architektureller Innovationen* gesprochen. In diesem Fall werden vorhandene technologische Komponenten in neuer Weise so miteinander (re-)kombiniert, dass insgesamt ein neues Produkt oder ein neuer Prozess entsteht. Ein Beispiel hierfür ist der Ersatz großer Deckenventilatoren durch kleine und tragbare Tischventilatoren; die Grundkomponenten bleiben in beiden Fällen die gleichen, ihre Architektur ändert sich jedoch deutlich. Zugleich wird damit neues Wissen über technologische Gestaltungs- und Anwendungsmöglichkeiten gewonnen. Fraglos ist der Übergang zwischen den verschiedenen Innovationstypen realiter fließend (Henderson/ Clark 1990: 13), doch lassen sich mit dieser Differenzierung unterschiedliche innovationspolitische Ansatzpunkte und ökonomische Effekte verbinden, die weit über die einfache Dichotomie radikal vs. inkrementell hinausweist. Insbesondere verweisen neuere Forschungsergebnisse auf die hohe Relevanz architektureller Innovationen für Unternehmen des nicht-forschungsintensiven Sektors (Hirsch-Kreinsen 2008). Sie sind vielfach die zentrale Voraussetzung dafür, dass gerade traditionelle Unternehmen unter dem Druck einer intensiven Weltmarktkonkurrenz von einem deutschen Standort aus äußerst erfolgreich operieren können.

3. Breite Wissensbasis von Innovationen

3.1 Die Bedeutung praktischen Wissens

Der innovationspolitische Fokus auf Spitzentechnologie sieht konsequenterweise wissenschaftlich generiertes Wissen als die zentrale Voraussetzung für erfolgreiche Innovationen an. Damit wird jedoch die stets heterogene Wissensbasis von Innovationen übersehen. Denn die skizzierte Breite denkbarer und erfolgreicher Innovationen verdeutlicht, dass Innovationen kaum allein auf FuE-generiertem Wissen basieren. Vielmehr sind sehr unterschiedliche Wissensformen je nach konkretem Innovationstyp in unterschiedlicher Kombination relevant. Ein Hauptgrund für die verkürzte Sichtweise der innovationspolitischen Debatte liegt darin, dass der Begriff der FuE-Intensität sich auf einen Wissensbegriff stützt, der Innovationen über den messbaren Aufwand für Forschung und Entwicklung scheinbar zu definieren erlaubt (s. u.). Damit wird aber die industrielle und technologische Realität nicht wirklich erfasst.

Denn, wie schon gezeigt, sind die Wissensquellen für Innovationen in Industriezweigen und Unternehmen sehr unterschiedlich. Die einen betreiben eigene FuE-Abteilungen mit entsprechendem Aufwand, kreieren auf diesem Wege neues Wissen und werden insofern als FuE-intensiv erfasst und als innovativ angesehen. Die anderen schaffen neues Wissen und Innovationen, indem sie im Rahmen von Netzwerken mit anderen Unternehmen kooperieren und an deren Wissen partizipieren, ohne selbst einen hohen messbaren FuE-Aufwand zu betreiben. Mithin werden sie fälschlicherweise als nicht FuE-intensiv angesehen. Dabei zeigt die neuere Forschung, dass kooperative Beziehungen zwischen Unternehmen in den letzten Jahren für industrielle Innovationen ganz offensichtlich immer wichtiger geworden sind (z. B. Rammert 1997; Gerybadze 2004). Gerade das undurchsichtige Zusammenspiel unterschiedlichster Wissensformen und die Fähigkeit einzelner Partner in einem solchen Netzwerk, dieses Zusammenspiel zu organisieren, sind vielfach die Voraussetzungen für Innovativität und ökonomischen Erfolg. Die Dynamiken und Synergien, die in solchen Innovationsnetzwerken anzutreffen sind, sind in der Regel jedoch kaum messbar zu erfassen.

Der Indikator der FuE-Intensität stellt im Gegensatz dazu auf wissenschaftliches und formalisiertes Wissen ab, wie es etwa von Ingenieuren und Wissenschaftlern in FuE-Abteilungen großer Unternehmen genutzt und entwickelt wird. Praktisches und implizites Wissen, das für Innovationsprozesse ebenfalls von Relevanz ist, ist mit diesem Indikator nicht erfassbar. Vernachlässigt werden damit nicht zuletzt auch Forschungsergebnisse aus dem Bereich des Wissensmanagements, die die hohe Relevanz impliziten Wissens für die Lern- und Innovationsfähigkeit von Unternehmen betonen und seine Nutzung und Überführung in explizites Wissen daher als ein zentrales Managementproblem ansehen (grundlegend z. B. Nonaka/ Takeuchi 1997). Auch wird die kritische Debatte über die Probleme der Messbarkeit und Quantifizierbarkeit von Innovativität und Wissen ausgeblendet. Das zentrale Argument ist hier, dass diese Dimensionen auf Grund ihrer Multidimensionalität schwierig oder grundsätzlich nicht messbar seien (z. B. Smith 2005).[5] Und schließlich ist auf neuere Forschungsergebnisse über Innovativität von nicht-forschungsintensiven Industrieunternehmen zu verweisen, die die hier große Bedeutung praktischen Wissens für erfolgreiche Innovationen betonen (Tunzelmann/ Acha 2005; Hirsch-Kreinsen 2008). Angesprochen sind hiermit Wissensformen, die im Kontext laufender Arbeitsprozesse generiert werden. Es handelt sich dabei um ein komplexes Bündel verschiedener Wissenselemente, das sowohl explizite, kodifizierte und formalisierte Elemente wie etwa Konstruktionszeichnungen und Pflichtenhefte für neue Produkte als vor allem auch implizite Elemente wie angesammelte Erfahrungen und eingespielte und bewährte Routinen bei der Lösung technischer Probleme umfasst. Letztere sind eng verknüpft mit alltäglicher Erfahrung und Prozessen des ‚learning by doing' und ‚learning by using', die eine typische individuelle wie aber auch kollektive Form des Erwerbs von praktischen Wissen darstellen. Konkret handelt es sich dabei um Kenntnisse und Erfahrungen etwa über Kundenverhalten, über Möglichkeiten, das Produktdesign um den entscheidenden ‚Tick' weiter zu entwickeln oder über den ebenso effektiven wie effizienten Einsatz neuer High-tech Produktionsanlagen, die unverzichtbar für die Existenzsicherung und den ökonomischen Erfolg von Unternehmen sind. Die Träger dieses Wissens können dabei die verschiedensten Personen und Gruppen in einem Unternehmen vom Management über Techniker bis hin zu Produktionsbeschäftigten sein.

3.2 Verteilte Wissensbasis und kollektives Lernen

Die wachsende Bedeutung von kooperativen Innovationsbeziehungen zwischen verschiedenen Unternehmen verweist auf die Relevanz überbetrieblicher Ressourcen und Austauschbeziehungen für erfolgreiche Innovationen. Diese Thematik ist in vielerlei Hinsicht untersucht und diskutiert worden (zusammenfassend z. B. Edquist 2005; Fagerberg 2005). Bezeichnet werden damit zwei in der Spit-

---

5 Die Innovationsforschung hat ausgehend von dieser Kritik in den letzten Jahren eine Reihe weiterentwickelter und elaborierter Messkonzepte vorgelegt, die vor allem auf die Erfassung der verschiedenen Phasen eines Innovationsprozesses abstellen (z. B. Grupp 2007, 2008). Jedoch spielen diese in der innovationspolitischen Debatte bislang keine Rolle.

zentechnologiedebatte übersehene Zusammenhänge, die Innovationsverläufe sehr stark beeinflussen:

Zum einen ist die Bedeutung unternehmensexterner Wissensquellen für die Innovativität einzelner Unternehmen zu betonen. Diesen Zusammenhang spitzt die neuere Innovationsforschung zu und begreift die überbetrieblich ‚verteilte Wissensbasis' als eine zentrale Ressource für Innovationsaktivitäten in den verschiedensten Wirtschaftssektoren (Robertson/ Smith 2008). Auf diese Wissensbestände greifen Unternehmen über diverse formale und informelle Kanäle zu, adaptieren sie und nutzen sie für Innovationen. Dabei handelt es sich um ein Set unterschiedlichster Wissensformen – von praktischen Wissen bis hin zu FuE-intensiven Wissen –, das von sehr verschiedenen Organisationen und Institutionen bereit gehalten wird. Beispiele für externe Quellen praktischen Wissens sind die Erfahrungen von Kunden über neue Markttrends und Nachfragetendenzen, Gutachten einschlägiger Berater oder bei Messebesuchen gewonnene Informationen über absehbare Markttrends. Wichtige externe Wissensquellen sind außerdem Maschinenhersteller und Ausrüster, die theoretisch-wissenschaftlich generiertes Wissen als in Produktionstechnologien und Materialien inkorporiertes Wissen liefern und die für prozessbezogene Innovationsaktivitäten vielfach unverzichtbare Voraussetzung sind. Zum anderen wird damit auf den Aspekt der *Diffusion neuer Technologien und neuen Wissens* verwiesen. Es handelt sich dabei keineswegs um den bloßen Transfer neuer Technologien vom Entwickler hin zum Anwender. Von besonderer Innovationsrelevanz ist dabei vielmehr auch, wie das oben skizzierte rekursive Innovationsmodell nahe legt, der umgekehrte Prozess des Zurückspielens von Anforderungen und Erfahrungen der Anwender neuer Technologien zu den Entwicklern. Aus diesen wechselseitigen Beziehungen resultieren kollektive Lernprozesse, die für die Innovativität von Unternehmen, Wirtschaftssektoren und ganzer Volkswirtschaften unverzichtbar sind (z. B. Lundvall 1988; Hall 2005).

Dieser Diffusionsprozess ist insbesondere für die Innovationsfähigkeit von Unternehmen der Spitzentechnologie von außerordentlicher Bedeutung. Wie Robertson/ Pol/ Caroll (2003) und Robertson/ Patel (2007) zeigen, spielt hierbei der schlichte, aber oft übersehene ökonomische Umstand eine Rolle, dass die Gewinne aus verkauften neuen Technologien die zentrale Voraussetzung für die Amortisation und die Fortführung von FuE-Investitionen bei den forschungsintensiven Herstellern sind. Bestimmender Faktor hierfür ist die schnelle Diffusion neuer Technologien. Weiterhin sind für die Innovationsfähigkeit von Unternehmen der Spitzentechnologie technische und ökonomische Spezifizierungen von Anwenderunternehmen unabdingbar. Diese beeinflussen ihre Entwicklungsrichtung, insbesondere dann, wenn die Erfordernisse einzelner individueller Anwender denen möglichst vieler weiterer Anwender ähneln und auf diese Weise aus der Sicht der Hersteller ein breites Anwendungsfeld für komplexe neue Produkte eröffnet wird.[6] Grosso modo können daher Anwenderunternehmen sowohl als wichtige ‚recipients' neuer Technologien wie aber auch als ‚carriers' ihrer Weiterentwicklung angesehen werden. Aus diesem Grund sind sie für die industrielle Innovationsfähigkeit insgesamt ein unverzichtbarer, verschiedene Industriesektoren verbindender Faktor.

Zusammengefasst, die Diffusion technologischer Innovationen induziert Lernprozesse in Hinblick auf ihre Anwendbarkeit und Notwendigkeiten der Weiterentwicklung, die, zurückgekoppelt an die ursprünglichen Entwickler, weitere Entwicklungsschritte veranlasst. Dabei kann es sich um die inkrementelle Weiterentwicklung existierender Technologien handeln, von diesen Rückkopplungsprozessen können aber auch Anstöße für grundlegend neue Innovationen ausgehen, wenn das Entwicklungspotential der bisherigen Technologie ausgeschöpft ist (Hall 2005). Als ‚bottleneck' in diesem innovativen Kreislaufprozess erweist sich allerdings vielfach die Fähigkeit der Anwenderunternehmen sowohl neue Technologien zu adaptieren als auch ihre Erfahrungen zu den Entwicklern zurückzukoppeln, kurz ihre jeweilige ‚Absorptive Kapazität' (Cohen/ Levinthal 1990). Einerseits handelt es sich dabei um die Kompetenzen, neue Technologie erfolgreich zu adaptieren, d. h. sie auszuwählen, sie in bestehende Wissens- und Technologiebestände zu integrieren und diesen Implementationsprozess effektiv und effizient zu managen; andererseits geht es um Kooperationsfähigkeiten, d. h. sich insbesondere in friktionslose Entwickler-Anwender-Beziehungen einklinken zu können. Dieser Engpass ist insbesondere bei Unternehmen aus nicht-forschungsintensiven Sektoren mit begrenzten Wissensressourcen zu erwarten (Hirsch-Kreinsen 2008). Freilich, die auf FuE-Intensität fokussierte innovationspolitische Debatte thematisiert diese komplexen Zusammenhänge nicht und geht offensichtlich davon aus, dass sich die Diffusion neuer Technologien, die damit verbundenen Lernprozesse und die Bewältigung der Absorptionsengpässe insbesondere in Unternehmen aus dem nicht-forschungsintensiven Sektor gleichsam naturwüchsig über Marktregulative einspielen.

---

6 In historischer Perspektive fasst Rosenberg (1963) diesen Vorgang als ‚technologische Konvergenz', und sieht darin einen entscheidenden Mechanismus des fortlaufenden Wachstums seit Beginn der Industrialisierung.

4. Resümee

Resümierend lässt sich festhalten, dass die Gleichsetzung von hoher FuE-Intensität, innovativen Technologien und ökonomischem Wachstum innovationspolitisch in die Irre führt, da sie wesentliche Bedingungen und Mechanismen, die erfolgreiche Innovationen bestimmen, ausblendet. So belegen die Befunde und Forschungsergebnisse über die Bedeutung der verteilten Wissensbasis und der Prozesse kollektiven Lernens für Innovationen die wichtige Rolle, die die Diffusionsprozesse von Wissen in modernen Ökonomien spielen. Einzelne spitzentechnologische Erfindungen reichen allein keinesfalls aus, um nachhaltige Wohlstandssteigerungen zu bewirken. Vielmehr müssen diese sich zugleich über die ganze Breite der Wirtschaft verteilen. Im Allgemeinen bedeutet dies, dass *Wissen* schnell diffundieren muss – manchmal in Maschinen inkorporiert, manchmal als explizites FuE-basiertes Wissens und manchmal als nur schwer explizierbares und transferierbares praktisches Wissen (Robertson/ Patel 2007: 248 f.). Die Quellen, Typen, Nutzungsformen und Diffusionsprozesse von neuen Technologien und Wissen variieren dabei offenbar stark und erfordern bei innovationspolitischen Maßnahmen eine ähnliche Vielfalt. Daher kann keinesfalls davon ausgegangen werden, dass es einen innovationspolitischen ‚one-best-way' mit dem Fokus auf Spitzentechnologien gibt. Zugespitzt formuliert, Innovationspolitik, die FuE fördert, jedoch Diffusionsprozesse zwischen verschiedenen Wirtschaftssektoren übersieht, konterkariert ihre eigenen Zielsetzungen. Denn sie vernachlässigt, dass inkrementelle Entwicklungen, die etwa im nicht-forschungsintensiven Sektor entstehen, selbst eine wichtige Rolle für Produktivitätszuwächse und bei der Stimulierung der Entwicklung FuE-intensiver Produkte und wissensintensiver Dienstleistungen spielen können. Hieraus folgt, dass die Politik auf Erfindungen *und* auf Diffusion abheben sollte und dass politische Maßnahmen direkt auf den nicht-forschungsintensiven Sektor ausgerichtet sein sollten.

Wie lässt sich aber angesichts der widersprüchlichen Kontextbedingungen dieser Fokus auf Spitzentechnologie erklären? Ganz offensichtlich weist er nicht nur für die beteiligten Akteure, sondern auch für die weitere Öffentlichkeit eine überaus hohe Attraktivität auf. Diese Situation ist Resultat des Zusammenspiels einer Reihe sehr unterschiedlicher Bedingungen und Faktoren, auf die abschließend knapp hingewiesen sei. Aus der Sicht der maßgeblichen politischen Akteure verbinden sich mit der Perspektive Spitzentechnologie eine ganze Reihe unbestreitbarer Vorzüge: erstens suggeriert dieser Fokus entsprechend der Logik des linearen Innovationsmodells im FuE- und wissensintensiven Wissenschafts- und Wirtschaftssektor einen relativ eindeutig definierbaren Ansatzpunkt für politische Maßnahmen. Entsprechend wachstumstheoretischer Begründungen verspricht er zudem erkennbare und kalkulierbare ökonomische Effekte. Gestützt wird diese Sicht ·von der Quantifizierbarkeit dieser Zusammenhänge, die die Auffassung über ihre Objektivität und Eindeutigkeit noch stützt. Hier spielt insbesondere der Indikator der FuE-Intensität eine Schlüsselrolle, insofern er erlaubt, normative und politische Ziele mit statistischen Daten zu verknüpfen und zu begründen (Godin 2004). Zweitens bietet dieser Ansatz die Möglichkeit, innovationspolitische Maßnahmen in der Öffentlichkeit sichtbar zu machen und in der Öffentlichkeit leicht zu vermitteln. Der Verweis auf hohe FuE-Ausgaben und die staatliche Förderung wissenschaftsbasierter Leitaktivitäten, die die Lösung viel diskutierter gesellschaftlicher Problemlagen versprechen, trifft medial in der Regel auf großes Interesse. Drittens findet diese Politik naturgemäß die Unterstützung einflussreicher gesellschaftlicher Akteure. Zu nennen sind hier vor allem eine Vielzahl von Hightech-Unternehmen, der entsprechenden Unternehmensverbände und der einschlägigen naturwissenschaftlichen und ingenieurwissenschaftlichen Disziplinen. Darüber hinaus konvergiert sie, wie gezeigt, mit vorherrschenden wirtschaftswissenschaftlichen Auffassungen über die Voraussetzungen wirtschaftlichen Wachstums. Viertens entspricht diese nationale Innovationspolitik den politischen Zielen der EU, die spätestens seit der sog. Lissabon-Agenda aus dem Jahre 2000 die EU zur ‚dynamischsten und wettbewerbsfähigsten wissensbasierten Wirtschaftsregion der Welt' machen will. Messgröße und Basis der Argumentation ist auch hier die Steigerung der FuE-Intensität (Hahn 2008). Fünftens taugt dieser Politikansatz in hervorragender Weise zur Legitimationsbeschaffung für Politik. Denn er greift die in der Öffentlichkeit vorherrschende Auffassung auf, dass allein über Forschung und Entwicklung der zukünftige Wohlstand gesichert werden kann. Anders formuliert, Hightech-Innovationen gelten in der Öffentlichkeit seitdem als zentrale Ansatzpunkte zur Zukunftssicherung, wobei sie zugleich eine relativ verbreitete unspezifische Technikfaszination ansprechen. Davon abweichende Auffassungen gelten schnell als unmodern und überholt – und welcher Politiker oder auch Wissenschaftler will sich diesen Vorwurf schon einhandeln?

Literatur

Arnold, Lutz (1997). Wachstumstheorie. München: Vahlen.
Bundesministerium für Bildung und Forschung (2006). Die Hightech-Strategie für Deutschland. Bonn, Berlin.
Cohen, Wesley M./ Levinthal, David A. (1990). Absorptive Capacity: A New Perspective on Learning and Innovation. Administrative Science Quarterly, 35 (1), 128-152.

Edquist, Charles (2005). Systems of Innovation. In: J. Fagerberg/ D. Mowery/ R. R. Nelson (eds.), The Oxford Handbook of Innovation (pp. 181-208). Oxford: Oxford University Press.

Expertenkommission Forschung und Innovation (EFI) (Hrsg.) (2008). Gutachten zu Forschung, Innovation und technologischer Leistungsfähigkeit 2008. Berlin.

Fagerberg, Jan (2005). Innovation: A Guide to the Literature. In: J. Fagerberg/ D. Mowery/ R. R. Nelson (eds.), The Oxford Handbook of Innovation (pp. 1-27). Oxford: Oxford University Press.

Gerybadze, Alexander (2004). Technologie- und Innovationsmanagement. München: Vahlen.

Godin, Benoit (2004). The obsession for competitiveness and its impact on statistics: the construction of high-technology indicators. Research Policy, 33 (8), 1217-1229.

Grupp, Hariolf (1998). Foundations of the Economics of Innovation. Cheltenham: Edward Elgar.

Grupp Hariolf (2007). Typology of science and technology indicators. In: H. Hanusch/ A. Pyka (eds.), Elgar Companion to Neo-Schumpeterian Economics (pp. 503-524). Cheltenham: Edward Elgar.

Grupp, Hariolf (2008). The moral economy of technology indicators – Critical comments. In: H. Hirsch-Kreinsen/ D. Jacobson (eds.), Innovation in Low-tech Firms and Industries (pp. 85-92). Cheltenham: Edward Elgar.

Hahn, Katrin (2008). Der Lissabon-Prozess: Warum eine Hightech-Strategie zur Innovationsförderung nicht ausreicht. WSI Mitteilungen, 62 (6), 302-309.

Hall, Bronwyn H. (2005). Innovation and Diffusion. In: J. Fagerberg/ D. Mowery/ R. R. Nelson (eds.), The Oxford Handbook of Innovation (pp. 459-484). Oxford: Oxford University Press.

Henderson, Rebecca M./ Clark, Kim B. (1990). Architectural Innovation: The Reconfiguration of Existing Product Technologies and the Failure of Established Firms. Administrative Science Quarterly, 35 (1), 9-30.

Hirsch-Kreinsen, Hartmut (2008). „Low-Tech" Innovations. Industry & Innovation, 15 (1), 19-43.

Howaldt, Jürgen/ Kopp, Ralf/ Schwarz, Michael (2008). Innovationen (forschend) gestalten – Zur neuen Rolle der Sozialwissenschaften. WSI Mitteilungen, 2008 (2), 63-69.

Kline, Stephen J./ Rosenberg, Nathan (1986). An overview of innovation. In: R. Landau/ N. Rosenberg (eds.), The Positive Sum Strategy – Harnessing Technology for Economic Growth (pp. 275-305). Washington: National Academy Press.

Legler, Harald/ Frietsch, Rainer (2006). Neuabgrenzung der Wissenswirtschaft – forschungsintensive Industrie und wissensintensive Dienstleistungen (NIW/ISI-Listen 2006). Studien zum deutschen Innovationssystem, 2007 (22). Hannover, Karlsruhe.

Lundvall, Bengt-Ake (1988). Innovation as an Interactive Process – from User-Producer Interaction to the National system of Innovation. In: G. Dosi/ C. Freeman/ R. Nelson/ G. Silverberg/ L. Soete (eds.), Technical Change and Economic Theory (pp. 349-369). London, New York: Pinter Publishers.

Mowery, David C./ Rosenberg, Nathan (1998). Paths of Innovation. Technological Change in 20th-Century America. Cambridge: Cambridge University Press.

Nonaka, Ikujiro/ Takeuchi, Hirotaka (1997). Die Organisation des Wissens. Frankfurt a.m., New York: Campus.

OECD (1997). Oslo Manual. Proposed Guidelines for Collecting and Interpreting Technological Innovation Data. Paris: OECD (2nd ed.).

OECD (2002). Frascati Manual. Proposed Standard for Surveys on Research and Experimental Development, Sixth revision. Paris: OECD.

Rammert, Werner (1997). Innovation im Netz. Neue Zeiten für technische Innovationen: heterogen verteilt und interaktiv vernetzt. Soziale Welt, 48 (4), 397-416.

Robertson, Paul L./ Pol, Eduardo/ Carroll, Peter (2003). Receptive Capacity of Established Industries as a Limiting Factor in the Economy's Rate of Innovation. Industry & Innovation, 10 (4), 457-474.

Robertson, Paul L./ Patel, Parimal R. (2007). Neuer Wein in alten Schläuchen – Technologische Diffusion in entwickelten Ökonomien. In: J. Abel/ H. Hirsch-Kreinsen (Hrsg.), Lowtech-Unternehmen am Hightech-Standort (S. 239-264). Berlin: edition sigma.

Robertson, Paul L./ Smith, Keith (2008). Technological Upgrading and Distributed Knowledge Bases. In: H. Hirsch-Kreinsen/ D. Jacobson (Hrsg.), Innovation in Lowtech Firms and Industries (pp. 93-117). Cheltenham: Edward Elgar.

Rosenberg, Nathan (1963). Technological Change in the Machine Tool Industry, 1840 – 1910. Journal of Economic History, 23 (4), 414-446.

Smith, Keith (2005). Measuring Innovation. In: J. Fagerberg/ D. C. Mowery/ R. R. Nelson (eds.), The Oxford Handbook of Innovation (pp. 148-177). Oxford: Oxford University Press.

Tunzelmann von, Nick/ Acha, Verginia (2005). Innovation in „Low-Tech" Industries. In: J. Fagerberg/ D. C. Mowery/ R. R. Nelson (eds.), The Oxford Handbook of Innovation (pp. 407-432). Oxford: Oxford University Press.

Verspagen, Bart (2005). Innovation and Economic Growth. In: J. Fagerberg/ D. C. Mowery/ R. R. Nelson (eds.), The Oxford Handbook of Innovation (pp. 487-513). Oxford: Oxford University Press.

Teil 2
Zum Konzept und Stellenwert sozialer Innovation

Soziale Innovation – Konzepte, Forschungsfelder und -perspektiven

Jürgen Howaldt und Michael Schwarz

> *„One of the striking facts about innovation is its variability over time and space. It seems, as Schumpeter (...) pointed out, to 'cluster' not only in certain sectors but also in certain areas and time periods." (Fagerberg 2005: 14)*

1. Einleitung[1]

Dieser Beitrag beschäftigt sich mit theoretischen Konzepten, empirischen Forschungsfeldern und beobachtbaren Trends im Bereich sozialer Innovationen. Ausgangspunkt ist die Wahrnehmung, dass das Thema in den letzten 20 Jahren in westlichen Gesellschaften zwar einen deutlichen Aufschwung und immer größere Aufmerksamkeit erfahren hat, dabei gleichzeitig aber sowohl begrifflich, konzeptionell als auch inhaltlich äußerst unscharf und diffus geblieben ist.[2] Eine Vielzahl höchst unterschiedlicher Sachverhalte, Gegenstandsbereiche, Problemdimensionen und Problemlösungserwartungen werden unter dem Stichwort ‚soziale Innovationen' subsummiert, ohne sie in ihrer gesellschaftlichen und wirtschaftlichen Bedeutung, ihren Ermöglichungs- und Entstehungsbedingungen, ihrer Genese und Verbreitung hinreichend zu erfassen und von anderen Formen des sozialen Wandels wie der Innovation trennscharf zu unterscheiden.

Nur wenige Versuche liegen bislang vor, das Phänomen der wachsenden Bedeutung und das Potenzial sozialer Innovationen vor dem Hintergrund verän-

---

1 Der Beitrag greift einige zentrale Aspekte aus einer ausführlichen Monographie der Autoren zum Thema auf, die im Sommer unter dem Titel „„Soziale Innovation" im Fokus. Skizze eines gesellschaftstheoretisch inspirierten Forschungskonzepts " im transcript-Verlag erscheinen wird.
2 Auf diese Ambivalenz im internationalen gesellschaftlichen Diskurs anspielend titelt „The Guardian" in der Ausgabe vom 11. August 2008 plakativ: „Social innovation is the new global obsession. It might be a nebulous idea but it has huge potential." „The language around social innovation easily slides into smoke and mirrors." (Roberts 2008)

derter ökonomischer, politischer und gesellschaftlicher Rahmenbedingungen analytisch näher auszuleuchten und theoretisch wie empirisch zu fundieren (vgl. z. B. Harrison/ Bourque/ Szell 2009; Murray/ Mulgan/ Caulier-Grice 2008). Auch in der stark auf die sozialen Voraussetzungen, Folgen und Prozesse im Zusammenhang mit technischen Innovationen fixierten sozialwissenschaftlichen Innovationsforschung (vgl. Sauer/ Lang 1999) werden soziale Innovationen als eigenständiges Phänomen bislang kaum thematisiert und analysiert. Soziale Innovationen werden hier weniger als ein spezifisch definierter Fachbegriff mit einem eigenen und abgrenzbaren Gegenstandsbereich verwendet, sondern vielmehr als eine Art deskriptive Metapher im Kontext von Phänomenen des sozialen und technischen Wandels.

Lassen sich aber soziale Innovationen sachlich und funktional nicht hinreichend von Aspekten des sozialen Wandels einerseits und von Innovationen im Allgemeinen wie von spezifischen Innovationen andererseits differenzieren, sind sie als analytischer Begriff und Gegenstand theoretischer wie empirischer Forschung unbrauchbar. Dies ist insofern problematisch, als in Reaktion auf die immer offensichtlicher werdenden Dysfunktionalitäten einer nach wie vor weitgehend technik- und technologiefixierten Innovationspolitik und -praxis im gesellschaftlichen Diskurs soziale Innovationen als ein zunehmend wichtiges Thema wahrgenommen und vermehrt eingefordert werden.

„...there are a range of problems that existing structures and policies have found it impossible to crack – such as climate change, the world wide epedimic of chronic desease, and widening inequality. (...) the classic tools of government policy on the one hand, and market solutions an the other, have proved inadequate. (...) as in earlier technological and social transformations, there is a disjunction between the structures and institutions formed in a previous period and the requirements of the new." (Murray/ Mulgan/ Caulier-Grice 2008: 3)

Vor dem Hintergrund von zum Teil völlig veränderten und verschärften Problemlagen im Zusammenhang mit einer drastisch beschleunigten Veränderungsdynamik in Wirtschaft, Gesellschaft, Kultur und natürlicher Umwelt wächst ganz offensichtlich das Bewusstsein eines nur eingeschränkten Problemlösungspotenzials technologischer Innovationen sowie etablierter Steuerungs- und Problemlösungsroutinen. In der Folge davon und angesichts sich vielfältig überlagernder manifester Krisen wird mit dem Übergang von der Industrie- zur Wissens- und Dienstleistungsgesellschaft zunehmend ein Bedarf an viel breiter angelegten Strategien „for 'recovery through innovation'" (Centre for social innovation, London) identifiziert und artikuliert, in deren Zentrum die Durchsetzung sozialer Innovationen steht[3].

Vor diesem Hintergrund arbeitet der Beitrag in der Perspektive auf zentrale Bestimmungsmerkmale einer für die empirische Forschung wie in der Praxis anwendbaren Definition zunächst heraus, welches die Spezifika sozialer Innovationen gegenüber anderen Formen der Innovation, vor allem den technischen, sind. Anschließend wird näher auf den insgesamt defizitären Stand der einschlägigen Forschung im deutschsprachigen Raum eingegangen sowie auf einige, allerdings bislang kaum systematisch aufeinander bezogene Ansätze in der internationalen Diskussion verwiesen, die soziale Innovationen als einen eigenständigen und zunehmend bedeutsamen Innovationstypus thematisieren und untersuchen. Der Beitrag endet mit einem Ausblick auf sich daraus ergebende Forschungsaufgaben und –perspektiven sowie auf konzeptionelle Konsequenzen für eine Neubestimmung der Rolle der Sozialwissenschaften im Innovationsgeschehen.

2. Was macht eine Innovation zu einer sozialen Innovation?

‚Stofflich' unterscheiden sich soziale von technischen Innovationen durch ihre immaterielle, intagible Struktur. Das Neue vollzieht sich nicht im Medium technischer Artefakte, sondern auf der Ebene der sozialen Praktiken[4]. Eine soziale Innovation ist eine von bestimmten Akteuren bzw. Akteurskonstellationen ausgehende intentionale, zielgerichtete *Neukonfiguration sozialer Praktiken* in bestimmten Handlungsfeldern bzw. sozialen Kontexten, mit dem Ziel, Probleme oder Bedürfnisse besser zu lösen bzw. zu befriedigen, als dies auf der Grundlage etablierter Praktiken möglich ist. Angesichts der zunehmend offensichtlich werdenden Dysfunktionalitäten gesellschaftlicher Differenzierungsprozesse entfalten soziale Innovationen ihre besondere Leistungsfähigkeit insbesondere an den Schnittstellen der unterschiedlichen gesellschaftlichen (Teil-) Rationalitäten[5]. Es handelt sich dann und insoweit um eine soziale Innovation, wenn sie – markt-

---

3 Beispiele für den Bedeutungsgewinn sozialer Innovationen in der gesellschaftlichen Debatte sind u. a. die zunehmende Thematisierung sozialer Innovationen in der europäischen Forschungspolitik sowie die Einrichtung eines Office of Social Innovation im Weißen Haus durch Barack Obama. Damit rücken soziale Innovationen zunehmend von der Peripherie ins Zentrum der innovationspolitischen Debatte.

4 Zum Begriff und theoretischen Kontext „sozialer Praktiken" vgl. Reckwitz 2003.

5 „Soziale Innovationen können in diesem Zusammenhang als intendierte Eingriffe zur Lösung von Problemen gesehen werden, die zu einer Übertragung von gesellschaftlichen Orientierungen führen, z. B. indem wirtschaftliche und soziale Zielsetzungen im Vorgehen von Unternehmen kombiniert werden." (Kesselring/ Leitner 2008: 7).

vermittelt oder ‚non- bzw. without-profit' – sozial akzeptiert wird und breit in die Gesellschaft bzw. bestimmte gesellschaftliche Teilbereiche diffundiert, dabei kontextabhängig transformiert und schließlich als neue soziale Praxis institutionalisiert bzw. zur Routine wird. Wie bei jeder anderen Innovation auch bedeutet ‚neu' nicht per se auch ‚gut' bzw. hier in einem umfassenden und normativen Sinne ‚sozial erwünscht'. Je nach praktischer Rationalität der Akteure sind auch die sozialen Attribuierungen sozialer Innovationen in der Regel ambivalent. Soziale Innovation kann

> „als ein Prozess kollektiver Schöpfung verstanden werden, in dessen Verlauf die Mitglieder einer bestimmten Gesamtheit neue Spielweisen für das soziale Spiel der Zusammenarbeit und des Konfliktes, mit einem Wort eine neue soziale Praxis erlernen, d. h. erfinden und festlegen, und in dessen Verlauf sie sich die dafür notwendigen kognitiven, relationalen und organisatorischen Fähigkeiten aneignen" (Crozier/ Friedberg 1993: 19)[6].

Soziale Innovationen bzw. die Innovation sozialer Praktiken sind von ihrer stofflichen Seite her betrachtet elementarer Gegenstand der Soziologie, können somit – anders als technische Innovationen – nicht nur analysiert, sondern auch hervorgebracht, (mit)gestaltet werden, sind ausgerichtet auf soziale Praxis und setzen die Reflexion des sozialen Beziehungsgefüges voraus.

Angesichts der Veränderungsdynamik und –tiefe moderner Gesellschaften und der zunehmenden Dysfunktionalität etablierter Praktiken gewinnen soziale Innovationen gegenüber technischen Innovationen – auch unter ökonomischen Gesichtspunkten – zunehmend an Bedeutung. Sie sind nicht nur notwendig, sondern können auch proaktiv im Hinblick auf antizipierbare Entwicklungen – wie z. B. im Zusammenhang mit der demografischen Entwicklung oder den Folgen des Klimawandels[7] – dazu beitragen, „...to modify, or even transform, existing ways of life should it become necessary so to do" (Giddens 2009: 163).

Für viele Autoren ist die *Wertebezogenheit* sozialer Innovation eines ihrer zentralen Kennzeichen. In Anlehnung an Zapf sind soziale Innovationen diejenige Teilmenge sozialen Wandels, die „explizit an gesellschaftlich hochbewerteten

---

6 In diesem Prozess der Entwicklung einer neuen sozialen Praxis geht es auch immer um Interessen der daran beteiligten Akteure, damit also auch um Macht, Ressourcen und die Verteilung gesellschaftlicher Chancen (vgl. u. a. Dörre/ Röttger 2003).

7 Die „Dynamische Anpassung regionaler Planungs- und Entwicklungsprozesse an die Auswirkungen des Klimawandels in der Emscher-Lippe-Region (Nördliches Ruhrgebiet)" sowie die Entwicklung und Umsetzung der dafür notwendigen technischen und sozialen Innovationen ist Gegenstand eines unlängst angelaufenen BMBF-geförderten Verbundprojektes (DynAKlim), an dem die sfs maßgeblich beteiligt ist.

Zielen ausgerichtet ist" (Gillwald 2000: 7). Deshalb seien sie als geeignete Mittel zu betrachten, gesellschaftlichen Herausforderungen zu begegnen (vgl. Gillwald 2000: 8). Mulgan u. a. definieren „social innovations as the development and implementation of new ideas (products, services and models) to meet social needs" (2007: 9). Zugleich wird von den Autoren hervorgehoben, dass soziale Innovationen in Bereichen notwendig werden, in denen kommerzielle und bereits existierende öffentliche Organisationen versagt haben. In diesem Verständnis wird ‚sozial' nicht in Unterscheidung zu technischen Innovationen im analytischen Sinne von der stofflichen Seite her definiert. Vielmehr wird hier der Begriff ‚sozial' im normativen Sinne eines am Gemeinwohl orientierten Konzeptes verwendet.

Den Versuch, soziale Innovation über ihren normativen Charakter trennscharf zu definieren, halten wir jedoch für unzureichend. Denn auch technische Innovationen können einen Beitrag zur Lösung gesellschaftlicher Bedürfnisse leisten und sozialen Herausforderungen begegnen. Die Befriedigung von individuellen und gesellschaftlichen Bedürfnissen über den Konsum von industriell gefertigten Produkten (und damit den Endprodukten technischer Innovationen) mit allen ihren Folgen und Nebenfolgen lässt sich geradezu als zentrales Kennzeichen der entwickelten Industriegesellschaften des 20 Jahrhunderts beschreiben (vgl. König 2008).[8]

Die normative Verknüpfung sozialer Innovationen mit gesellschaftlich hoch anerkannten Werten sieht von der Tatsache ab, dass je nach tangierter Nutzendimension und geltender Rationalität durchaus unterschiedliche Zwecke und Interessen mit einer sozialen Innovation verfolgt werden können, und dass diese dementsprechend je nach Interessenslage und sozialer Attribuierung keineswegs per se als ‚gut' im Sinne von sozial wünschenswert bewertet werden muss, um *soziale* Innovation genannt werden zu können – „there is no inherent goodness in social innovation" (Lindhult 2008: 43 f.) – ihr Nutzen bzw. ihre Wirkungen können je nach Standpunkt ebenso wie im Falle von technischen Innovationen durchaus ambivalent sein.

Wenn also technische Innovationen sehr wohl zur Befriedigung gesellschaftlicher Bedürfnisse und zur Bewältigung gesellschaftlicher Herausforderungen beigetragen haben, so ist zugleich die Ambivalenz sowohl von technischen als auch von sozialen Innovationen zu beachten. Ebenso wie technische Innovationen tragen auch sie „unter Absehung von anderem Sinn" dazu bei, „Schemata und Mittel der Wirksamkeit zu erstellen und deren Leistungsfähigkeit zu stei-

---

8 Dass diese gesellschaftliche Form der Produktion und Konsumtion an ihre Grenzen gekommen ist, ist Auslöser des internationalen Diskurses um eine nachhaltige Entwicklung (vgl. Meadows 1972; Paech 2005, 2009).

gern" (Rammert 2008: 4). Allerdings geht es hierbei nicht um technische Artefakte, sondern vielmehr um veränderte soziale Praktiken, die es den Menschen
erlauben, „Probleme besser [zu] lösen als frühere Praktiken und die deshalb wert
sind, nachgeahmt und institutionalisiert zu werden" (Zapf 1994: 33). Alleine
schon die von Gillwald im Bereich der Wirtschaft genannten Innovationen
‚Fließbandarbeit' und ‚Fast-Food-Ketten', auf die die Definition zweifellos zutrifft, machen die Ambivalenz auch sozialer Innovationen deutlich. Auch bei der
Bewertung sozialer Innovationen müssen also erweiterte Bewertungsmaßstäbe
angelegt und ein gesellschaftlicher Diskursprozess in Gang gesetzt werden, der
einen Austausch unterschiedlicher Perspektiven und Rationalitäten erlaubt.

Soziale Innovationen sind ebenso wie technische Innovationen (mögliche)
Voraussetzungen bzw. *Bestandteile sozialen Wandels*, aber nicht mit diesem
identisch. Sozialer Wandel ist das, was in soziotechnischer Perspektive technischen Innovationen vorausgeht, sie begleitet oder ihnen folgt. Ganz im Unterschied dazu haben soziale Innovationen die Gestaltung von Teilprozessen und
Elementen des sozialen Wandels auf der Mikro-, Meso-, Makro-Ebene als eigentliches strategisches Ziel, Gegenstand und ‚Geschäftsfeld'. Bei ihrer Diffusion können sie sich dabei durchaus technischer Artefakte oder vorhandener Technologien (z. B. des Internets) bedienen, ohne deshalb ihren Charakter als soziale
Innovationen zu verlieren. Dabei ist zu beachten, dass auch bei sozialen Innovationen, neben „gezielten, beabsichtigten, geplanten und vorhersehbaren Wirkungen auch Nebenwirkungen auftreten und nicht beabsichtigte, ungeplante und
unvorhergesehene Wirkungen möglich sind" (Gillwald 2000: 21).

Die vielfach praktizierte begriffliche und/ oder funktionale Verknüpfung
von sozialem Wandel und sozialer Innovation ist nicht nur mit einem „zu hohen
Anspruch" an letztere verbunden (Kesselring/ Leitner 2008). Vor allem ist der
Zusammenhang mit sozialem Wandel keineswegs ein Alleinstellungsmerkmal
sozialer Innovationen, sondern gilt in der einen oder anderen Weise für Innovationen schlechthin. Der wesentliche Unterschied zwischen sozialem Wandel und
sozialen Innovationen besteht darin, dass es sich bei letzteren um „planned and
coordinated actions" (Greenhalgh/ Robert/ Macfarlane/ Bate/ Kyriakidou 2004:
1) handelt. Während mit (nicht intendiertem) sozialem Wandel „die prozessuale
Veränderung der Sozialstruktur einer Gesellschaft in ihren grundlegenden Institutionen, Kulturmustern, zugehörigen sozialen Handlungen und Bewusstseinsin-
halten" (Zapf 2003) bzw. die „strukturelle Veränderung eines sozialen Systems"
bezeichnet und „wahlweise als Modernisierung, Entwicklung, Evolution oder
Transformation konzipiert" wird" (Ebrecht 2002: 225), sind soziale Innovationen
das Ergebnis intendierten und zielgerichteten Handelns zur Etablierung neuer
sozialer Praktiken in bestimmten Handlungsfeldern (vgl. Kesselring/ Leitner
2008; Hochgerner 2009).

Für jede Erfindung gilt, dass sie erst dann zu einer Innovation wird, wenn sie einen nennenswerten und nachvollziehbaren *Grad der Verbreitung* erreicht hat. Technische Innovationen werden mit ihrem Markterfolg als solche bezeichnet. Für soziale Erfindungen gilt, dass sie erst dann zur sozialen Innovation werden, "when introduced into a new setting" (Conger 2003), wenn sie breit angenommen und angewendet und so praktisch wirksam werden. „Wenn aus einer sozialen Idee prozesshaft eine soziale Innovation wird, trägt diese zur Bewältigung konkreter Problemstellungen und zur Befriedigung eines in der Gesellschaft vorhandenen Bedürfnisses bei" (ZSI 2008: 7); beispielsweise auch in Gestalt neuer und vermarktbarer Dienstleistungen/ Dienstleistungskonzepte.

Das entscheidende Kriterium, wonach aus einer sozialen Erfindung eine soziale Innovation wird, ist ihre Institutionalisierung bzw. ihre Transformation in eine soziale Tatsache, die durch geplante und koordinierte Handlungen, „active dissemination", oder durch ungeplante Diffusion (Greenhalgh/ Robert/ Macfarlane/ Bate/ Kyriakidou 2004) erfolgende Implementation und Verbreitung eines neuen sozialen Faktums oder sozialen Tatbestands (Durkheim). Im Laufe des Diffusionsprozesses wird jede Innovation kontextspezifisch transformiert. „Die ‚soziale Akzeptanz' der Innovation führt zur Verbreitung, zur Institutionalisierung und dem schließlich folgenden Verlust des Neuheitscharakters." „Ausbreitung („Diffusion"), Übernahme und Adaptierung von sozialen Innovationen erfolgen definitionsgemäß nicht in ausschließlich individuell, sondern immer in sozial geformten Lebenswelten" bzw. Figurationen (Hochgerner 2009). Die Institutionalisierung sozialer Innovationen setzt ihre Diffusion oder Dissemination voraus, die auf Bewertung und Akzeptanz der Auswirkungen der neuen sozialen Praxis durch Zielgruppen und Betroffene beruht (Hochgerner 2009).

Insofern sind soziale Innovationen sehr viel *kontextabhängiger* und in ihrer konkreten Ausprägung -spezifischer als technologische. Sie müssen, da weder patentierbar noch durch Urheberrecht geschützt, sehr viel stärker auf die spezifischen gesellschaftlichen Kontexte bzw. Felder (Bourdieu) abgestimmt und in diesen sozial akzeptiert sein (vgl. Hoffmann-Riem 2008: 604). Die Diffusionschancen sozialer Innovationen sind in der Regel dort am größten, wo etablierte Institutionen nicht oder nur marginal agieren bzw. unter dem Gesichtspunkt der Problemlösung versagen, wie z. B. in den Bereichen häusliche Pflege, umweltbewusstes Verhalten, nachhaltiger Konsum, aktives Altern, sozial verantwortliches Wirtschaften.

Dabei können soziale Innovationen (anders als technologische) unterschiedliche, allerdings in der Regel eng miteinander verkoppelte Diffusions- und/ oder Disseminationwege einschlagen. Sie können sowohl über den Markt (z. B. neue Dienstleistungen, Geschäftsmodelle, Versorgungs- und Nutzungskonzepte), als auch über technologische Infrastruktur („web based social networking"), über soziale Netzwerke und soziale Bewegungen (gender-mainstreaming), über staatliche Vorgaben und Förderung, in inter- und intraorganisationalen Prozessen, über das Wirken von charismatischen Persönlichkeiten (Mumford 2002; Illouz 2008) und Social Entrepreneurship (vgl. Achleitner/ Heister 2007) über „living experiences" und verschiedenste Formen der Kommunikation und Kooperation sowie von veränderungsorientiertem „capacity-building"[9] (Moulaert/ Martinelli/ Swyngedouw/ Gonzalez 2005: 1972) Gestalt annehmen und verbreitet werden. Im Prozess der Ausbreitung geraten soziale Innovationen üblicherweise in Konkurrenz und Konflikt mit bisherigen Praktiken und Routinen bis hin zu ihrer „schöpferischen Zerstörung" (Schumpeter). Erfolgsentscheidend für ihre Diffusion, das heißt für den Kommunikationsprozess, durch den soziale Ideen und Erfindungen sich über die in einem sozialen System bestehenden Kommunikationswege ausbreiten, ist letztlich – nicht in einem betriebswirtschaftlich verengten Sinne gemeint – „to make the innovations economically viable" (Murray/ Mulgan/ Caulier-Grice 2008: 16), d. h. ihre Kompatibilität mit der praktischen Rationalität in bestimmten Handlungsfeldern bzw. ihre ‚Nützlichkeit' aus Sicht der (künftigen) Adopter. Dieser Prozess verläuft auch außerhalb des Steuerungsmediums Markt analog der in der Marketingforschung gebräuchlichen Adoptionskurve, mit der die Markteinführung und -durchdringung eines neuen Produktes nachgezeichnet wird. Den zunächst wenigen überzeugten, experimentierfreudigen und risikobereiten ‚Innovatoren' folgen die ‚frühen Adopter', die opinion leader für den innovationsbereiten Mainstream. Diesem folgt die eher innovationsverhaltene ‚späte Mehrheit' und schließlich die Gruppe der konservativen ‚Nachzügler'. Damit ist der Diffusionsprozess abgeschlossen und die Innovation durchgesetzt. Sowohl mit Blick auf den Diffusionsprozess von technischen, materiellen Innovationen als auch mit Blick auf institutionelle und soziale Innovationen spielen dabei Netzwerkbeziehungen eine entscheidende Rolle (vgl. Okruch 1999; Valente 1994).

Im Zusammenhang mit der Transformation der Industrie- zur Wissens- und Dienstleistungsgesellschaft und der damit einhergehend steigenden Marktrelevanz von neuen Dienstleistungsangeboten einerseits und der zunehmenden Verkopplung von sozialen und technologischen Innovationen im Zuge der mit ‚web 2.0' umschriebenen Entwicklung andererseits, gewinnt die Diffusion im Sinne der Markteinführung und -durchdringung zunehmend an Bedeutung[10]. Bei web

---

9 "it concerns factors such as the capacity of members of a community to act together rather than to become devided and fragmented; and to be able to modify, or even transform, existing ways of life..." ebenso wie "the capacity to respond actively and positively" (Giddens 2009: 163).
10 Einen Überblick über die Diffusion von (sozialen) Innovationen im Bereich gesundheitsbezogener Dienstleistungen geben Greenhalgh/ Robert/ Macfarlane/ Bate/ Kyriakidou (2004).

2.0 handelt es sich um „interaktive und kollaborative Angebote im Internet, die eine breite Nutzerschicht in die Erstellung von Inhalten einbeziehen" (Pelka/ Schulze 2009). Die Technologie selbst ist ‚leer'. Die unter Diffusionsgesichtspunkten relevante – soziale – Innovation besteht in der Umsetzung und Diffusion des user-generated-content-Ansatzes in neuen Formen der Zusammenarbeit und Kommunikation. Auch wenn es sich hier unter dem Gesichtspunkt der Diffusion nicht um (ausschließlich) marktinduzierte Anreize handelt, so können derartige soziale Innovationen doch stets auf dem Wege sein, „in einen Prozess der Vermarktung integriert zu werden", z. B. über die Veräußerung von erfolgreich implementierten Plattformen und ihren weiteren Betrieb durch kommerziell orientierte Unternehmen (Hoffmann-Riem 2008: 592) oder aber über Prozesse der „interaktiven Wertschöpfung" (Reichwald/ Piller 2006).

3. Soziale Innovation als Forschungsthema und -gegenstand

Trotz des enormen Aufschwungs der sozialwissenschaftlichen Diskussion zum Thema Innovation haben soziale Innovationen als eigenständiges Phänomen bislang kaum Niederschlag in der Forschungsförderung und Forschungspraxis gefunden. Während im öffentlichen Diskurs zunehmend der Ruf nach umfassenden sozialen Innovationen laut wird, ist das Thema in den Sozialwissenschaften ebenso wie in der staatlichen Innovationspolitik nach wie vor ein weitgehend unterbelichtetes Feld. „The field of social innovation remains relatively undeveloped." (Mulgan/ Rushanara/ Halkett/ Sanders 2007: 3)

So konstatiert Werner Rammert: „Innovation wird asymmetrisch gedacht. Die Betonung liegt auf der technischen Innovation" (Rammert 1997: 3). Ein Grund für diese einseitige Fokussierung ist darin zu sehen, dass es innerhalb der Soziologie vor allem die wirtschaftsnahe Technik- und Industriesoziologie ist, die Innovationsforschung betreibt. Darüber hinaus gehend ist Innovation in der Soziologie keine zentrale Kategorie und kaum ein relevanter Forschungsgegenstand (vgl. Brand 2006: 58). Innerhalb der techniksoziologischen Forschung werden soziale Innovationen nicht als eigenständiges Phänomen untersucht, sondern immer nur in ihrem Verhältnis zu technischen Veränderungen als deren soziale Voraussetzung, Begleiterscheinung oder kompensatorische Folge[11]. So

---

11 So beschreibt Weyer (2008: 11) den Gegenstandsbereich der Techniksoziologie folgendermaßen: „Die zunehmende Technisierung und Informatisierung aller Bereiche der Gesellschaft wirft Fragen nach den sozialen Ursachen und Folgen dieser Prozesse, aber auch nach der Gestaltbarkeit und Steuerbarkeit von Technikentwicklung auf. Diese Themen markieren den Gegenstandsbereich der Techniksoziologie (...)" Dabei geht die Techniksoziologie von der Grundannahme aus, „(...) dass

richtig die Feststellung der sozialen Einbettung jeder Innovation ist, so wenig trägt sie zu einer Analyse der Spezifik sozialer Innovationen bei. In gewisser Weise verdeckt sie sogar das grundlegende Problem des stark technologieorientierten Fokus' der gegenwärtigen Debatte.

Diese technologieorientierte Fokussierung wird auch deutlich, wenn Rammert ,Technik' und ,Innovation' als zwei zentrale und komplementäre Institutionen von Wirtschaft und Gesellschaft gegenüberstellt (2008). Technik als sozial gemachte Sache auf der statischen Seite und Innovation als sozialer (kreativer, zerstörerischer) Prozess auf der dynamischen Seite sind miteinander gesellschaftlich vermittelt.

Ein erweiterter Blick müsste jedoch auch die nicht technischen sozialen Tatsachen, Handlungspraxen, Institutionen erfassen, die in ihrer Gesamtheit die Wirtschafts- und Sozialstruktur einer Gesellschaft prägen (vgl. schon Schumpeter 1912/ 2006)[12]. Der spezifische Unterschied der sozial gemachten technischen Sachen (Technologien/ Technik) gegenüber den nicht-technischen sozialen Tatsachen ist die Versachlichung in Form physischer Trägermedien. Beide Aspekte können jedoch Gegenstand von Innovationsprozessen im Rammertschen Sinn werden. Wenn Innovation für die dynamische Seite der Gesellschaft steht, so kann ihr Pendant auf der statischen Seite nicht allein die Technik sein, sondern vielmehr die Gesamtheit der auf die Reproduktion des Bestehenden zielenden sozialen Praktiken, institutionellen Strukturen und Regelsysteme – unter Einschluss der technischen Aspekte.

Vor diesem Hintergrund verwundert es nicht, dass soziale Innovation nach wie vor weniger ein spezifisch definierter Fachbegriff mit einem eigenen und abgrenzbaren Gegenstandsbereich ist, sondern meist als eine Art deskriptive Metapher im Kontext von Phänomenen des sozialen Wandels bzw. gesellschaft-

---

die moderne Gesellschaft in einer solchen Weise von Technik geprägt ist, dass „man von einer technischen Zivilisation sprechen kann" (Weyer 2008: 24).

12 Bemerkenswert ist in diesem Zusammenhang, dass die Rezeption der „Theorie der wirtschaftlichen Entwicklung" (Schumpeter 1912) als bis heute relevanter Grundstein der Innovationstheorie größtenteils ein nur in der ersten Auflage enthaltenes, theoretisch aber zentrales Kapitel nicht kennt. Darin geht Schumpeter u. a. auf Innovationen in anderen Gebieten des sozialen Lebens als dem von ihm primär thematisierten Wirtschaftsleben näher ein, und zwar sowohl unter dem Gesichtspunkt von Analogien wie auch dem der „eigentümlichen Selbständigkeiten". „Die Analogie darf nicht übertrieben werden." „Zweifellos hat jedes Gebiet des sozialen Lebens seine eigenen Mittel und Hebel dieser Durchsetzung des Neuen." „Die Entwicklungen auf den einzelnen Gebieten des sozialen Lebens" haben „eine relative Selbständigkeit" und wirken auf die jeweils anderen Gebiete, allerdings nicht im Sinne starrer Kausalketten, hinüber. In „dieser Gesamtauffassung der Kulturentwicklung" bzw. dem „Gesamtbild der Volkswirtschaft" – so der Titel des siebenten Kapitels – hat auch die Wirtschaft ihren bestimmten Platz", aber nicht das alles Andere determinierende Primat (Schumpeter 2006: 535 ff.).

licher Modernisierung verwendet wird. Eine in eine Theorie gesellschaftlichen und staatlichen Wandels eingebettete Konzeption sozialer Innovationen steht bis heute aus (Hoffmann-Riem 2008: 589)[13]. Die Entwicklung eines theoretisch fundierten Konzepts sozialer Innovation ist aber die Voraussetzung dafür, die bisherigen Verengungen und einseitigen Fokussierungen aufzulösen und den Anspruch einer *integrativen Theorie gesellschaftlich-technischer Innovation* einzulösen, in der soziale Innovation mehr ist als nur Voraussetzung, Begleiterscheinung und Folge von technologischen Innovationen. Erst mit einer Berücksichtigung der Eigengesetzlichkeiten und Spezifika sozialer Innovation eröffnet sich die Möglichkeit, soziale und technologische Innovationsprozesse in ihrem systemischen Zusammenhang und in ihrer gegenseitigen Abhängigkeit begreifbar zu machen. Zugleich ist diese Weiterung der Perspektive Voraussetzung dafür, das Thema Innovation aus seiner bisherigen Randlage als Gegenstand einer spezifischen Teildisziplin als soziologische Kategorie ins Zentrum soziologischer Forschung und Theoriearbeit zu führen.

Die grundlegenden Unterschiede zwischen technischen und sozialen Innovationen sowohl in ihrem Charakter als auch ihren Verbreitungsformen, Wirkungsmechanismen und Akteurskonstellationen werden bisher kaum thematisiert, geschweige denn erforscht (vgl. Gillwald 2000: 43). Genau hier aber liegt ein Schlüssel zum vertieften Verständnis der Wirkmechanismen und Voraussetzungen eines neuen Innovationsparadigmas, welches soziale Innovationen als die eigentlichen Motoren der Innovationsdynamik moderner Gesellschaften begreift.

Im deutschen Sprachraum ist es vor allen Wolfgang Zapf (1989), der sich an einer gegen die Dominanz technischer Innovationen in den Sozialwissenschaften gerichteten theoretischen und konzeptionellen Abgrenzung sozialer Innovationen versucht hat. Es handelt sich demnach um einen spezifischen, von technischen Innovationen unter den Gesichtspunkten ihrer Entstehung, des Gegenstandsbereichs, der Entwicklung und Verbreitung abgrenzbaren und unterscheidbaren Innovationstypus. Obwohl vielfach zitiert, ist der Vorstoß von Zapf, soziale Innovationen als ein eigenständiges sozialwissenschaftlich relevantes Untersuchungsphänomen zu konzipieren und darauf bezogen den SozialwissenschaftlerInnen eine vergleichbare Rolle bei ihrer Gestaltung aufzuzeigen, wie sie die IngenieurwissenschaftlerInnen bei technischen Innovationen einnehmen, in der deutschen Diskussion nicht systematisch weiter verfolgt worden.

Dagegen gibt es in der internationalen Debatte erste forschungsfeldbezogene Ansätze, soziale Innovationen als eigenständigen Innovationstyp zu behandeln und vermehrt als Gegenstand empirischer Untersuchungen zugänglich zu

---

13 Als „work in progress" arbeiten z. B. Murray/ Mulgan/ Gaulier-Grice (2008) daran.

machen. Moulaert/ Martinelli/ Swyngedouw/ Gonzalez (2005: 1973 ff.) identifizieren vier Forschungsfelder, in denen das Konzept sozialer Innovation in der sozialwissenschaftlichen Forschung neuerdings vermehrt Anwendung findet. In den 1990er Jahren war das Thema fast ausschließlich der *management- und unternehmensbezogenen* Literatur vorbehalten. „In this literature, emphasis is put on the role of 'improvements' in social capital which can subsequently lead to better-working (more effective or efficient) organisations in the economy and thereby generate positive effects in terms of social innovation across the sector." Als interessanter 'spin-off' erweisen sich nach Ansicht der Autoren Studien zur sozialen Innovation im non-profit Sektor (Stanford Social Innovation Review, Damanpour). Ein zweites Forschungsfeld stellen interdisziplinäre Forschungskonzepte dar, die sich – quasi grenzüberschreitend – mit dem Zusammenhang von „Business-success and social/ environmental progress" auseinandersetzen. Diesem Forschungsstrang kommt besondere Bedeutung für die Diskussion um die social economy und ihre Verbindung zur market economy zu (Moulaert/ Martinelli/ Swyngedouw/ Gonzalez 2005: 1974).[14] Ein dritter Strang beschäftigt sich im Kontext der Kreativitätsforschung mit sozialen Innovationen, die – wie im Zentrum des Schumpeterschen Innovationsverständnisses[15] – auf das Wirken von charismatischen Persönlichkeiten zurückgehen (vgl. bspw. Mumford (2002) in seinen Studien zu Benjamin Franklin). Der vierte und letzte von den Autoren beschriebene Forschungsstrang beschäftigt sich mit dem Thema vor dem Hintergrund lokaler und regionalen Entwicklungsvorhaben. In Europa sind Forschungen zum Thema soziale Innovation unter der regionalen Perspektive seit Ende der 1980er Jahre insbesondere von Louis Laville und Frank Mouleart initiiert worden. Die Anregungen wurden in Kanada insbesondere vom Centre de recherche sur les innovations sociales (CRISIS) als interdisziplinäres und interuniversitäres Forschungszentrum zum Thema soziale Innovation aufgenommen und seitdem in einer großen Anzahl von Forschungsvorhaben weitergeführt.

Ausgeblendet bleibt in diesem Überblick über Forschungsfelder sozialer Innovation insbesondere der große Bereich der *Dienstleistungsforschung*, in dem das Thema soziale Innovation zunehmend an Bedeutung gewinnt (vgl. hierzu die Beiträge in Teil 4 dieses Bandes). „Heute ist unsere Wirklichkeit in erster Linie die soziale Welt, also weder Natur noch Gegenstände, sondern Menschen, wie

---

14 Hier liegt auch der Schwerpunkt einer Publikation, in der die Ergebnisse einer Konferenz, die unter Federführung von CRISIS in Montreal 2008 durchgeführt wurde, unter dem Titel „Social Innovation, the Social Economy and World Economic Development" (Harrison/ Szell/ Bourque 2009) zusammengefasst werden.

15 „Der Vorgang ist (…) in der Regel der, daß der neue Gedanke von einer kraftvollen Persönlichkeit aufgegriffen und durch ihren Einfluß durchgesetzt wird." (Schumpeter 1912/ 2006: 543)

wir sie im wechselseitigen Bewusstsein unser selbst und der anderen erfahren."
(Bell 1996: 375 f.) Was Anfang der 70er Jahre noch als akademische Zukunfts-
vision erscheinen mochte, ist inzwischen längst zur gesellschaftlichen Realität
geworden. Bereits heute sind annähernd drei von vier Erwerbstätigen in der
Dienstleistungswirtschaft beschäftigt. Um aber mit Innovationen „Services Made
in Germany" weltweit erfolgreich zu sein, müssen wir unsere traditionell hohe
Innovationsleistung stärker auf Dienstleistungen ausweiten (Impulskreis Dienstleistungen 2005: 9).

„Innovation ändert ihr Gesicht auch, weil die Dienstleistungen an Bedeutung gewinnen." (Fischermann/ Heuser 2009) Schon heute lassen sich im Bereich der Dienstleistungen zahlreiche Beispiele für soziale Innovationen benennen, die in ähnlicher Weise in einen wirtschaftlichen Verwertungsprozess eingebunden sind, wie technische Innovationen. Gillwald (2000) nennt in ihrer Untersuchung das Beispiel der Fast-Food-Ketten.[16] Etliche weitere Belege für die
wirtschaftliche Bedeutung sozialer Innovationen finden wir unter anderem auch
in der Zwischenbilanz des Impulskreises Dienstleistungen. Greenhalgh/ Robert/
Macfarlane/ Bate/ Kyriakidou (2005) geben einen systemischen Überblick über
den Stand der wissenschaftlichen Diskussion zu Innovationen im Bereich der
gesundheitsbezogenen Dienstleistungen. Sie definieren Dienstleistungsinnovationen in diesem Zusammenhang „as a novel set of behaviours, routines, and
ways of working that are directed at improving health outcomes, administrative
efficiency, cost effectiveness or user's experience and that are implemented by
planned and coordinated action" (Greenhalgh/ Robert/ Macfarlane/ Bate/ Kyriakidou 2004: 1).

Die zunehmende wirtschaftliche Bedeutung des Dienstleistungsbereiches
dürfte in den nächsten Jahren dazu beitragen, dass sich die vielleicht entscheidende Ursache für das Schattendasein sozialer Innovationen im Vergleich zu den
naturwissenschaftlich-technischen Entwicklungen auflösen wird. Braun-
Thürmanns Feststellung, mit sozialen Innovationen „ist kaum ökonomischer
Gewinn zu erzielen, was dazu führt, dass sie in einer Gesellschaft, die sich oftmals in den Kategorien von wirtschaftlichem Erfolg bzw. Misserfolg beschreibt,
eher im Randbezirk des öffentlich-politischen Interesses stehen" (2005: 25),
könnte bald der Vergangenheit angehören. Mit ihrer wachsenden Bedeutung
beim Ausbau der wirtschaftlichen Leistungsfähigkeit von Unternehmen und
Regionen und ihrem Potential, to „move from a responsive filling of the gaps left
by the private market, to generate an economic dynamic of it's own" (Murray/

---

16 „Die große Neuerung von McDonald's bestand in einer technisch anspruchslosen Kombination
von Fertigessen, Selbstbedienung und Vermarktung – und doch hat dieses Fast-Food-Unternehmen
die Welt verändert." (Fischermann/ Heuser 2009)

Mulgan/ Rushanara/ Halkett/ Sanders 2008: 9), wird sich das Interesse an sozialen Innovationen in den nächsten Jahren deutlich steigern.

Wie eng soziale und erfolgreich vermarktbare Dienstleistungsinnovationen konkret miteinander verwoben sind, zeigt sich besonders deutlich bei der Herausbildung von neuen Nutzungsregimen und damit einhergehenden veränderten Verhaltensweisen einerseits und neuen Dienstleistungsangeboten andererseits (vgl. Hirschel/ Konrad/ Scholl/ Zundel 2001; Konrad/ Nill 2001). Derartige komplexe Systeminnovationen und Transformationsprozesse erfordern und sind zugleich soziale Innovationen unter intelligenter Nutzung neuer Technologien (vgl. Bierter 2001: 11)[17]. Das gilt in besonderer Weise auch im Hinblick auf Nachhaltigkeitsinnovationen und die damit zusammenhängenden Anforderungen an neue Steuerungs- und Koordinationsformen sowie an die Durchsetzung von sowohl technischen als auch sozialen Innovationen (vgl. Fichter 2009: 17; Schneidewind 2009: 12). Der mit dem Begriff der nachhaltigen Entwicklung eingeforderte gerichtete, schnelle und tiefgreifende Wandel „der Verbrauchsgewohnheiten von Industrie, Staat, Handel und Einzelpersonen" adressiert explizit weit über (notwendige) technische Innovationen hinausgehende radikale Veränderungen auf der Ebene der politischen Steuerung wie der sozialen Praktiken. Der seit Anfang der 1990er Jahre international und interdisziplinär intensiv geführte Nachhaltigkeitsdiskurs reklamiert die Notwendigkeit eines multidimensionalen Handlungskonzepts (vgl. Linne/ Schwarz 2003), in dem es insbesondere mit Blick auf die Schnittstellen unterschiedlicher Rationalitäten (Ökonomie/ Ökologie/ Soziales) zentral um notwendige soziale Innovationen mit dem Ziel geht, vorhandene Bedürfnisse besser und anders zu befriedigen und die nichtintendierten Folgen und Nebenfolgen der industriegesellschaftlichen Entwicklung (wie z. B. im Zusammenhang mit dem Klimawandel) wirksamer zu bearbeiten als bisher. Gerade auch in diesem Zusammenhang spielen auf veränderte ‚Verbrauchsgewohnheiten' und Nutzungskonzepte abgestimmte Dienstleistungsinnovationen eine zentrale Rolle (z. B. in den Bereichen Mobilität, Bauen und Wohnen, Energie- und Wasserwirtschaft). So wird z. B. auch in der deutlich erkennbar durch die sozial-ökologische Forschung inspirierten ‚High-Tech-Strategie' der Bundesregierung zum Klimaschutz (BMBF 2007) zumindest am Rande explizit auf das Erfordernis von sozialen Innovationen im Sinne von neuen Verhaltensangeboten für Bürger, Konsumenten, Kommunen und NGOs verwiesen. In diesem Zusammenhang ist auch von ökologischen Prozessen und Dienstleistungen, zielgruppenspezifischen Maßnahmen, verbesserter Kommuni-

---

17 Murray/ Mulgan/ Rushanara/ Halkett/ Sanders sprechen in diesem Zusammenhang von einer Strategie für transformative soziale Innovationen (2008: 16).

kation von Unternehmen und Verbrauchern, der Erhöhung der Handlungsfähigkeit der Verbraucher als Partner im Klimaschutz die Rede (BMBF 2007: 13). In der Darstellung von Moulaert/ Martinelli/ Swyngedouw/ Gonzalez fehlt des weiteren das *Feld gesellschaftlicher und politischer Innovation* sowie von Innovationen im Bereich der *Bürger- bzw. Zivilgesellschaft*, wie sie u. a. von Gillwald, Zapf und Brooks beschrieben worden sind. Schließlich entwickelt sich in den letzten Jahren ein neues Forschungsfeld zum Thema *soziale Innovation im Kontext der Entwicklung der neuen Informations- und Kommunikationstechniken* und insbesondere der mit ‚web 2.0' umschriebenen ‚interaktiven Wertschöpfung'– „eine wegweisende soziale Innovation globalen Ausmaßes" (Hoffmann-Riem 2008: 602). Eine forschungsfeldübergreifende Perspektive beginnt sich dabei im Zusammenhang mit aktuellen Entwicklungen im Bereich der Managementforschung an der Schnittstelle von neuen technologischen Entwicklungen und veränderten Managementkonzepten herauszubilden. Diskussionen zum Wissensmanagement (Howaldt 2010), der ‚open innovation' (Piller 2004) oder des ‚Unternehmen 2.0' untersuchen die Entwicklung neuer Managementkonzepte im Zusammenhang mit den web 2.0 Technologien (vgl. Klotz 2008; Beerheide/ Howaldt/ Kopp 2010).

Dieser kurze Überblick macht deutlich, dass das Thema *Soziale Innovation* inzwischen in einer Reihe von Forschungsfeldern und gesellschaftlichen Kontexten Einzug gehalten und seine Erklärungskraft bei der Entstehung, Etablierung, Veränder- und Gestaltbarkeit sozialer Praktiken und Routinen unter Beweis gestellt hat. Allerdings erfolgt eine gegenseitige Durchdringung und Befruchtung der unterschiedlichen Forschungsfelder bisher nur rudimentär. Soll jedoch ein theoretisch tragfähiges Konzept sozialer Innovation entwickelt werden, ist eine Forschungsfeld übergreifende Diskussion von großer Bedeutung. In der vorliegenden Literatur sind bereits Berührungspunkte und Schnittstellen erkennbar, die es in dieser Perspektive auszubauen gilt. Zu nennen ist hier bspw. die angedeutete Zusammenführung von technologieorientierter Forschung im Bereich des Internet und der web 2.0 – Anwendungen und der Managementforschung. Auch die Diskussion an der Schnittstelle zwischen unternehmensbezogener Innovationsforschung und sozialer Ökonomie bzw. Konzepten nachhaltigen und sozial verantwortlichen Wirtschaftens zeigen in Ansätzen die Potenziale einer Theorie sozialer Innovation, die gerade im systematischen Austausch von unterschiedlichen gesellschaftlichen Rationalitäten bestehen.

4. Perspektiven der Forschung im Kontext sozialer Innovationen

Vieles spricht dafür, dass mit der Herausbildung eines neuen Innovationsparadigmas künftig soziale Innovationen an Bedeutung gewinnen. Allerdings werden diese in der stark auf die sozialen Voraussetzungen, Folgen und Prozesse im Zusammenhang mit technischen Innovationen fixierten sozialwissenschaftlichen Innovationsforschung als eigenständiges Phänomen bislang kaum thematisiert und analysiert. Die Entwicklung eines theoretisch fundierten Konzepts sozialer Innovation ist die Voraussetzung dafür, die bisherigen Verengungen und einseitigen Fokussierungen aufzulösen und den Anspruch einer integrativen Theorie gesellschaftlich-technischer Innovation einzulösen, in der soziale Innovation mehr und etwas anderes ist als nur Voraussetzung, Begleiterscheinung und Folge von technologischen Innovationen. Erst mit einer Berücksichtigung der Eigengesetzlichkeiten und Spezifika sozialer Innovation eröffnet sich die Möglichkeit, soziale und technologische Innovationsprozesse in ihrem systemischen Zusammenhang und in ihrer gegenseitigen Abhängigkeit begreifbar zu machen.

Im Hinblick auf eine Weiterentwicklung des Forschungspotenzials ist eine Konzeptionierung sozialer Innovation als ein kohärenter, von anderen Erscheinungen des sozialen Wandels ebenso wie von technischen und anderen Innovationen abgrenzbarer Innovationstypus mit einem spezifischen Gegenstandsbereich sowie einer von anderen Veränderungsmodi abgrenzbaren Prozess- und Produktdimension unerlässlich (vgl. auch Rammert sowie Heinze/ Naegele in diesem Band). Eine dementsprechende konzeptionelle Schärfung und Präzisierung des Begriffes, seines Inhalts und seiner Reichweite ist neben dem Nachweis der praktischen Evidenz zugleich eine der wesentlichen Voraussetzungen dafür, das Konzept sozialer Innovation für empirische Untersuchungen fruchtbar zu machen.

Mit der Fokussierung auf soziale Innovationen erweitert sich die Blickrichtung über die Ökonomie hinaus auf die Gesellschaft – oder, wie Schumpeter schon 1911 schrieb, auf „das Gesamtbild der Volkswirtschaft" bzw. die „soziale Kulturentwicklung" (Schumpeter 1912/ 2006: 463 ff., 545). Für Schumpeter ist die Unternehmerfunktion, die er als „eigentliches Grundphänomen der wirtschaftlichen Entwicklung" bezeichnet (Schumpeter 1964: 119), eine Ausprägung eines spezifischen Types *menschlichen Verhaltens* (Schumpeter 1964: 119, FN 20), welches „einen Schritt aus der Routine" (Schumpeter 1964: 126) bedeutet und durchaus auch in anderen historischen Kontexten als auch in anderen sozialen Bereichen – wie bspw. der Wissenschaft (Schumpeter 1964: 126) – vorfindbar ist[18]. Die Verschiebung des Fokus auf soziale Innovationen bedeutet also mehr als nur die Berücksichtigung neuer bzw. anderer Phänomene. Insofern sich das Neue zunehmend nicht im Medium technischer Artefakte, sondern auf der Ebene der sozialen Praktiken vollzieht, ist eine grundlegende konzeptionelle Neuausrichtung der Innovationsforschung erforderlich.

Anschlussfähig sind in dieser Perspektive vor allem die sogenannten soziologischen Praxistheorien (vgl. z. B. Bourdieu 1976; Giddens 1988; Ebrecht/ Hillebrandt 2002; Reckwitz 2003) und die darin jenseits eines objektivierenden Strukturalismus einerseits und eines subjektivierenden Individualismus andererseits herausgearbeitete Ambivalenz von Gesellschaft konstituierendem Handeln. Die Ambivalenz sozialer Praktiken, einerseits als „routinisierter Strom der Reproduktion typisierter Praktiken" (Reckwitz 2003: 294) und andererseits die „relative ‚Offenheit' der Praxis, die kontextspezifische Umdeutungen von Praktiken erfordert und eine ‚Anwendung' erzwingt und ermöglicht, die in ihrer partiellen Innovativität mehr als reine Reproduktion darstellt" (Reckwitz 2003: 294), ist in der Lage, die von Rammert eingebrachte Dichotomie von Technik und Innovation als soziologische Grundkategorien im Sinne einer umfassenden Innovationstheorie zu öffnen. Handeln ist dabei immer schon mit der Fähigkeit ausgestattet, auf die soziale Praxis einzuwirken und damit die gesellschaftliche Reproduktion zu beeinflussen (vgl. Albrecht 2002). Das System „schützt sich nicht gegen Änderungen, sondern mit Hilfe von Änderungen gegen Erstarrung in eingefahrenen, aber nicht mehr umweltadäquaten Verhaltensmustern" (Luhmann 1984: 506 f.). Die „relative ‚Offenheit'" der Praxis aufgrund sich überschneidender und konkurrierender habitualisierter Schemata (Ebrecht 2002: 236) bzw. der Überlagerung unterschiedlicher Wissensordnungen (Ebrecht 2002: 237) ermöglicht eine Transformation von Praxismustern im Sinne einer sozialen Innovation. Unterbrochen werden Routinen dann, wenn eine Situation für die Handelnden durch Anomalien beziehungsweise neue Erfahrungen problematisch wird und sie dadurch zu einer reflexiven Einstellung gegenüber der Situation zwingt. Für die als problematisch erscheinenden Aspekte der sozialen Praktiken probieren Akteure, in einem Versuch-und-Irrtum-Prozess neue Lösungen zu finden; ist eine Lösung gefunden, stellt sich in Folge wieder ein routinisierter Handlungsablauf ein (Beckert 2009: 8). Die Handlungsziele der Akteure lassen sich nur aus der

---

18 „In der eigenen Brust dessen, der Neues tun will, erheben sich die Elemente der gewohnten Bahn und legen Zeugenschaft ab gegen den werdenden Plan. Eine neue und andersartige Willensaufwendung wird dadurch nötig, außer jener, die schon darin liegt, inmitten der Arbeit und Sorge des Alltags um Raum und Zeit für Konzeption und Ausarbeitung der neuen Kombination zu ringen und sich dahin zu bringen in ihr eine reale Möglichkeit und nicht bloß Traum und Spielerei zu sehen." (Schumpeter 1964: 126)

konkreten Situation und der Interpretation dieser Situation durch die Handelnden verstehen und verändern sich im Handlungsverlauf (Beckert 2009: 9). Die Reaktion auf die Situation ist einerseits zwar vorgeformt durch die jeweils spezifischen Handlungsfähigkeiten und -dispositionen, Konventionen und Institutionen (Joas 1992: 236), andererseits aber immer auch ein kreativer Akt, so wie es bereits Schumpeter mit seiner grundlegenden Definition von Innovation als einer kreativen Zerstörung formuliert hat.

Der von technischen Innovationen abgrenzbare Anwendungs- und Gegenstandsbereich sozialer Innovationen markiert zugleich auch eine relevante Besonderheit im Hinblick auf die Rolle und Potenziale der Sozialwissenschaften. Gemeinsam ist den vorfindbaren sozialwissenschaftlichen Konzepten sozialer Innovation eine enge Verbindung von wissenschaftlicher Reflexion und praktischer Gestaltung. Wie Kesselring/ Leitner ausführen, ist soziale Innovation als „Schnittstelle zwischen soziologischer Reflexion und sozialer Aktion zu sehen, da sie die Reflexion gesellschaftlicher Problemstellungen und ein zielgerichtetes Eingreifen voraussetzt" (Kesselring/ Leitner 2008: 14 f.). Darin liegen – bislang allerdings kaum genutzte – Chancen für die Sozialwissenschaften, „sich sichtbar in öffentliche Auseinandersetzungen und praktische gesellschaftliche Kontexte einzubringen" und als „Träger von sozialer Innovation in Erscheinung" zu treten (Kesselring/ Leitner 2008: 15). Die in dieser Hinsicht künftig zentralen Forschungsfragen (vgl. auch Murray/ Mulgan/ Rushanara/ Halkett/ Sanders 2008: 9) beziehen sich auf die (notwendigen) institutionellen Rahmenbedingungen für soziale Innovationen, auf die konkreten Prozesse, wie soziale Erfindungen entwickelt, getestet, verbreitet, transformiert und institutionalisiert werden, sowie auf die relevanten Handlungs- und Themenfelder für soziale Innovationen, wie z. B. im Kontext des Klimawandels, der Chancengleichheit, der Sozialökonomie oder der gesellschaftlichen Verantwortung von Unternehmen.

Mit der Soziologie verbindet sich ein spezifischer Blick auf die *Funktionsweise von sozialen Systemen und deren Veränderungsprozesse*, der sich deutlich von ingenieur- und betriebswirtschaftlichen Denkweisen unterscheidet (vgl. Howaldt 2004: 45). Der zentrale Untersuchungsgegenstand der Soziologie sind die sozialen Praktiken, über die sich Gesellschaft konstituiert, definiert, stabilisiert und wandelt. Genau die sich daraus ergebenden analytisch wie gestaltungsrelevanten *Kernkompetenzen* sind es, die eine wachsende Bedeutung in der praktischen Arbeit in Wirtschaft, Politik etc. erhalten. Eine so verstandene soziologische Perspektive wird zunehmend *unverzichtbarer Bestandteil des Kompetenzprofils von ManagerInnen, BeraterInnen, regionalen Akteuren* etc. bei der Gestaltung von Innovationsprozessen werden. In diesem Sinne kann die Diskussion um soziale Innovation und die damit verbunden veränderte Rolle der Soziologie in der Wissensgesellschaft einen Beitrag für einen „besseren Status, bessere Berufschancen und größere Relevanz" (Zapf 1989: 183) der Disziplin darstellen.

Literatur

Achleitner, Ann-Kristin/ Heister, Peter (2007). Investorenansprache im Social Entrepreneurship. In: A.-K. Achleitner (Hrsg.), Finanzierung von Sozialunternehmen. Konzepte zur finanziellen Unterstützung von Social Entrepreneurs (S. 151-163). Stuttgart: Schäffer-Poeschel.

Albrecht, Steffen (2002). Netzwerke als Kapital. Zur unterschätzten Bedeutung des sozialen Kapitals für die gesellschaftliche Reproduktion. In: J. Ebrecht/ F. Hillebrandt (Hrsg.), Bourdieus Theorie der Praxis. Erklärungskraft – Anwendungen – Perspektiven (S. 199-224). Opladen: Westdeutscher Verlag.

Beckert, Jens (2009). Pragmatismus und wirtschaftliches Handeln. Max-Planck-Institut für Gesellschaftsforschung, MPIfG Working Paper 09/4. Köln.

Beerheide, Emanuel/ Howaldt, Jürgen/ Kopp, Ralf (2010). Innovationsmanagement in der High-Tech-Branche – Auf dem Weg zum Unternehmen 2.0. In: I. Gatermann/ M. Fleck (Hrsg.), Innovationsfähigkeit sichert Zukunft, Beiträge zum 2. Zukunftsforum des BMBF (S. 449-458). Berlin: Dunker & Humbold.

Bell, Daniel (1996). Die nachindustrielle Gesellschaft. Frankfurt a.M., New York: Campus Verlag.

Bierter, Willy (2001). Zukunftsfähiges System-Design. Institut für Produktdauer-Forschung/Factor 10 Innovation Network. Genf, Giebenbach (Manuskript).

BMBF (Hrsg.) (2007). Die Hightech-Strategie zum Klimaschutz. Bonn, Berlin. Download von: BMBF (http://www.bmbf.de/pub/hightech_strategie_fuer_klimaschutz.pdf, Abruf: 19.01.2010)

Bourdieu, Pierre (1976). Entwurf einer Theorie der Praxis auf der ethnologischen Grundlage der kabylischen Gesellschaft. Frankfurt a.M.: Suhrkamp.

Brand, Karl-Werner (2006). Innovationen für Nachhaltige Entwicklung – die soziologische Perspektive. In: R. Pfriem/ R. Antes/ K. Fichter/ M. Müller/ N. Paech/ S. Seuring/ B. Siebenhüner (Hrsg.), Innovationen für eine nachhaltige Entwicklung (S. 55-78). Wiesbaden: Deutscher Universitäts-Verlag/ GWV Fachverlage GmbH.

Braun-Thürmann, Holger (2005) Innovation. Bielefeld: transcript.

Conger, Stu (2003). A List of Social Inventions. Download von: The Innovation Journal (http://www.innovation.cc/books/conger-book-table.htm, Abruf: 01.12.2009)

Crozier, Michel/ Friedberg, Erhard (1993). Die Zwänge kollektiven Handelns – Über Macht und Organisation. Frankfurt a.M.: Hain.

Dörre, Klaus/ Röttger, Bernd (Hrsg.) (2003). Das neue Marktregime. Hamburg: VSA Verlag.

Ebrecht, Jörg (2002). Die Kreativität der Praxis. Überlegungen zum Wandel der Habitusformationen. In: J. Ebrecht/ F. Hillebrandt (Hrsg.), Bourdieus Theorie der Praxis. Erklärungskraft – Anwendungen – Perspektiven (S. 225-241). Opladen: Westdeutscher Verlag.

Ebrecht, Jörg/ Hillebrandt, Frank (Hrsg.) (2002). Bordieus Theorie der Praxis. Erklärungskraft – Anwednung – Perspektiven. Opladen: Westdeutscher Verlag.

Fagerberg, Jan (2005). Innovation: A Guide to Literature. In: J. Fagerberg/ D. C. Mowery/
R. Nelson (eds.), The Oxford Handbook of Innovation (pp. 1-26). Oxford, New
York: Oxford University Press.

Fichter, Klaus (2009). Wie kommt das Nachhaltige in die Welt. Einblicke. Forschungsmagazin der Universität Oldenburg, 2009 (49), 16-19.

Fischermann, Thomas/ Heuser, Jean (2009). Wie gibt's Neues? Schwarz-Gelb will die
Innovationskraft stärken, um die Krise zu überwinden. Der Weg ist hochumstritten.
Die Zeit vom 01.10.2009 (41).

Giddens, Anthony (1988). Die Konstitution der Gesellschaft: Grundzüge einer Theorie
der Strukturierung. Frankfurt a.m., New York: Campus.

Giddens, Anthony (2009). The Politics of Climate Change. Cambridge (UK), Malden
(USA): John Wiley & Sons.

Gillwald, Katrin (2000). Konzepte sozialer Innovation. WZB paper: Querschnittsgruppe
Arbeit und Ökologie. Berlin. Download von: WZB
(http://bibliothek.wzb.eu/pdf/2000/p00-519.pdf, Abruf: 27.01.2010)

Greenhalgh Trisha/ Robert, Glen/ Macfarlane, Fraser/ Bate, Paul/ Kyriakidou, Olivia
(2004). Diffusion of innovations in Service Organizations: Systematic Review and
Recommendations. The Milbank Quarterly, 82 (4), 1-37. Download von: Milbank
(http://www.milbank.org/quarterly/8204feat.html, Abruf: 27.11.2009)

Harrison, Denis/ Szell, György/ Bourque, Reynald (eds.) (2009). Social Innovation, the
Social Economy and World Economic Development. Democrazy and Labour Rights
in the Era of Globalization. Frankfurt a.m.: Peter Lang.

Hirschel, Bernd/ Konrad, Wilfried/ Scholl, Gerd U./ Zundel, Stefan (2001). Nachhaltige
Produktnutzung. Sozial-ökonomische Bedingungen und ökologische Vorteile alternativer Konsumformen. Berlin: edition sigma.

Hochgerner, Josef (2009). Soziale Innovationen finden, erfinden und realisieren. Powerpoint-Präsentation XV. Tagung für angewandte Soziologie, „Sozialwissenschaftliche Theorien und Methoden im Beruf", Forum 8: Soziale Innovationen – Potenziale
der Sozialwissenschaften bei der Neukonfiguration sozialer Arrangements, 5. – 6.
Juni 2009, Universität Hamburg.

Hoffmann-Riehm, Wolfgang (2008). Soziale Innovationen. Eine Herausforderung auch
für die Rechtswissenschaft. Der Staat, 47 (4), 588-605.

Howaldt, Jürgen (2004). Neue Formen sozialwissenschaftlicher Wissensproduktion in der
Wissensgesellschaft. Forschung und Beratung in betrieblichen und regionalen Innovationsprozessen. Münster: Lit-Verlag.

Howaldt, Jürgen (2010). Wissensmanagement als soziale Innovation – Herausforderung
für das Management. In: I. Gatermann/ M. Fleck (Hrsg.), Innovationsfähigkeit sichert Zukunft, Beiträge zum 2. Zukunftsforum des BMBF (S. 181-190). Berlin:
Dunker & Humbold.

Illouz , Eva (2008). Die Errettung der modernen Seele. Frankfurt a.M.: Suhrkamp Verlag.

Impulskreis Dienstleistungen: Kleppel, Christoph/ Siegel, Dirk/ Ganz, Walter (Hrsg.)
(2005). Service Made in Germany – Mit innovativen Dienstleistungen die Zukunft
gestalten. Stuttgart: Fraunhofer IRB Verlag. Download von: Fraunhofer IRB

(http://www.service-monitoring.eu/fhg/Images/ServicesMadeinGermany_tcm382-94137.pdf, Abruf: 27.01.2010).

Joas, Hans (1992). Die Kreativität des Handelns. Frankfurt a.M.: Suhrkamp.

Kesselring, Alexander/ Leitner, Michaela (2008). Soziale Innovationen in Unternehmen. Studie, erstellt im Auftrag der Unruhe Stiftung. Wien. Download von: ZSI (http://www.zsi.at/attach/Soziale_Innovation_in_Unternehmen_ENDBERICHT.pdf, Abruf: 27.01.2010)

Klotz, Ulrich (2008). Mit dem ‚Unternehmen 2.0' zur ‚nächsten Gesellschaft'. Computer und Arbeit, 2008 (8-9), 7-12.

König, Wolfgang (2008). Kleine Geschichte der Konsumgesellschaft. Konsum als Lebensform der Moderne. Stuttgart: Franz Steiner Verlag.

Konrad, Wilfried/ Nill, Jan (2001). Innovationen für Nachhaltigkeit. Ein interdisziplinärer Beitrag zur konzeptionellen Klärung aus wirtschafts- und sozialwissenschaftlicher Perspektive, Schriftenreihe des IÖW 157/01. Berlin.

Lindhult, Eric (2008). Are Partnerships Innovative? In: L. Svensson/ B. Nilsson (eds.), Partnership – As a Strategy for Social Innovation and Sustainable Change. Stockholm: Satéruns Academic Press.

Linne, Gudrun/ Schwarz, Michael (Hrsg.) (2003). Handbuch nachhaltige Entwicklung. Wie ist nachhaltiges Wirtschaften machbar? Opladen: Vs Verlag.

Luhmann, Niklas (1984). Soziale Systeme. Grundriß einer allgemeinen Theorie. Frankfurt a.M.: Suhrkamp.

Meadow, Dennis (1972). Die Grenzen des Wachstums. Bericht des Club of Rome zur Lage der Menschheit. Stuttgart: Deutsche Verlagsanstalt.

Moulaert, Frank/ Martinelli, Flavia/ Swyngedouw, Erik/ Gonzalez, Sara (2005). Towards Alternative Model(s) of Local Innovation. Urban Studies, 42 (11), 1669 – 1990.

Mulgan, Geoff/ Ali Rushanara/ Halkett, Richard/ Sanders, Ben (2007). In and out of sync. The challenge of growing social innovations. Research report. London. Download von: youngfoundation (http://www.youngfoundation.org/files/images/In_and_Out_of_Sync_Final.pdf, Abruf: 27.01.2010)

Mumford, Michael D. (2002). Social Innovation: Ten Cases from Benjamin Franklin. Creativity Research Journal, 14 (2), 253-266.

Murray, Robin/ Mulgan, Geoff/ Caulier-Grice, Julie (2008). How to Innovate: The tools for social innovation, Work in progress – circulated for comment. Download von: youngfoundation (http://www.youngfoundation.org/files/images/publications/Generating_Social_Innovation_0.pdf, Abruf: 01.12.2009)

Okruch, Stefan (1999). Innovation und Diffusion von Normen: Grundlagen und Elemente einer evolutorischen Theorie des Institutionenwandels. Berlin: Duncker & Humblot.

Paech, Niko (2005). Nachhaltiges Wirtschaften jenseits von Innovationsorientierung und Wachstum. Eine unternehmensbezogene Transformationstheorie. Marburg: Metropolis Verlag.

Paech, Niko (2009). Eine Ökonomie jenseits des Wachstums. Einblicke. Forschungsmagazin der Universität Oldenburg, 2009 (49), 24-27.

Pelka, Bastian/ Schultze, Jürgen (2009). Ist das web 2.0 eine soziale Innovation, Power-point-Präsentation, Sozialforschungsstelle Dortmund, ZWE der TU-Dortmund, 24.06.2009

Piller, Frank T. (2004). Innovation and Value Co-Creation. Habilitationsschrift an der Fakultät für Wirtschaftswissenschaften der Technischen Universität München.

Rammert, Werner (1997). Innovation im Netz. Neue Zeiten für technische Innovationen: heterogen verteilt und interaktiv vernetzt. Soziale Welt, 48 (4), 397–416.

Rammert, Werner (2008). Technik und Innovation. The Technical University Technology Studies. Working Papers, TUTS-WP-1-2008, ohne Ort.

Reckwitz, Andreas (2003). Grundelemente einer Theorie sozialer Praktiken. Eine sozial-theoretische Perspektive. Zeitschrift für Soziologie, 32 (4), 282-300.

Reichwald, Ralf/ Piller, Frank T. (2006). Interaktive Wertschöpfung. Open Innovation, Individualisierung und neue Formen der Arbeitsteilung. Wiesbaden: Gabler.

Roberts, Yvonne (2008). New ways of doing. Social innovation is a new global obsession. It might be a nebulous idea but it has huge potential. The Guardian, 11. August 2008.

Sauer, Dieter/ Lang, Christa (Hrsg.) (1999). Perspektiven sozialwissenschaftlicher Inno-vationsforschung. Frankfurt a.m., New York: Campus.

Schneidewind, Uwe (2009). Spielregeln des Wandels. Einblicke. Forschungsmagazin der Universität Oldenburg, 2009 (49), 10-14.

Schumpeter, Joseph Alois (1964[1912.]). Theorie der wirtschaftlichen Entwicklung. Berlin: Duncker & Humblot (Nachdruck der 1. Auflage).

Schumpeter, Joseph Alois (2006[1912.]). Theorie der wirtschaftlichen Entwicklung, Nachdruck der 1. Auflage von 1912, herausgegeben und ergänzt um eine Einführung von Jochen Röpke und Olaf Stiller. Berlin: Duncker & Humblot.

Valente, Thomas. W. (1994). Network models of the diffusion on innovations. Cresskill, New York: Hampton Press.

Weyer, Johannes (2008). Techniksoziologie. Genese, Gestaltung und Steuerung sozio-technischer Systeme. Weinheim, München: Juventa Verlag.

Zapf, Wolfgang (1989). Über soziale Innovationen. Soziale Welt, 40 (1/2), 170–183.

Zapf, Wolfgang (1994). Über soziale Innovationen. In: W. Zapf (Hrsg.), Modernisierung, Wohlfahrtsentwicklung und Transformation (S. 23-40). Berlin: edition sigma.

Zapf, Wolfgang (2003). Sozialer Wandel. In: B. Schäfers (Hrsg.), Grundbegriffe der Soziologie (S. 427 – 433). Opladen: Leske & Budrich.

ZSI (2008). Zentrum für soziale Innovation: Impulse für die gesellschaftliche Entwick-lung. Wien.

Webseiten

Centre for social innovation. London: http://www.youngfoundation.org.uk/ (Abruf 27.11.2009)

Probleme mit der Unscheinbarkeit sozialer Innovationen in Wissenschaft und Gesellschaft

Jens Aderhold

1. Einleitung: Die Unscheinbarkeit sozialer Innovationen[1]

Es gibt einschneidende Veränderungen und Ereignisse, deren Bedeutung recht schnell deutlich wurde; wie beispielsweise bei den Erfindungen der Dampfmaschine oder der Atombombe, beim Fall der Berliner Mauer oder beim 9/11-Terroranschlag. Andere Neuerungen hingegen offenbaren ihre Veränderungskraft spät oder zuweilen nur unmerklich. In einem Gespräch mit Martina Löw hebt Rainer Lepsius fast nebenbei die Relevanz der neuen Sozialfigur der modernen Frau hervor, die er als „größte der sozialen und kulturellen Revolutionen des 20. Jahrhunderts" bezeichnet. Dabei geht es ihm nicht vordergründig um die Auflösung traditioneller Stereotypisierungen oder um sich wandelnde Rollenverständnisse, sondern um den Hinweis, dass sich die gesamten Lebensbedingungen von Frauen grundlegend verändert haben (Hepp/ Löw 2008: 47).

Was nun die gesellschaftliche Wertschätzung für diese fundamentale Veränderung anbelangt, so fällt diese eher nüchtern aus. Eine Zurückhaltung der gesellschaftlichen Wertschätzung ist nicht zu übersehen. Ohne hier die Analyse weiter ausdifferenzieren zu müssen, zeigt sich nicht nur an diesem Fall eine gesellschaftliche Uninteressiertheit sowie die bisher nur unzureichende Anbindung an das gesellschaftlich präferierte ‚Gut' des Neuen oder Innovativen. Die bisher an den Tag gelegte Indifferenz im Umgang mit dieser und anderen ‚großen' sozialen Revolutionen des 20. Jahrhunderts bricht mit unseren sonstigen Orientierungsgewohnheiten.

Im Normalfall üben Innovationen eine Faszinationskraft aus, der man sich schwerlich entziehen kann. Trotz aller Wehklagen über Reformstau oder über die Unfähigkeit vieler Organisationen, in gewünschter Weise zu lernen, ragt ein Befund heraus: Die gesellschaftlich weit verbreitete Begeisterung für Erfindungen und Innovationen. Neuerungen sind in Mode. Sie unterbrechen und kontinu-

---

1 Ich danke Julia Solinski für die instruktive Kommentierung des Textes sowie für ihre konstruktiven Hinweise.

ieren Bekanntes. Semantisch sind sie mit besonderer Strahl- und Wirkungskraft angefüllt. Sie werden für die alltägliche Orientierung zu Innovationen, wenn es ihnen gelingt, sich als fortschrittliche und zukunftsweisende Veränderung auszuweisen. Und wer möchte nicht fortschrittlich und zukunftsweisend sein?

Die interessierte Öffentlichkeit sieht sich mittlerweile mit einem Dauerbeschuss semantisch aufgeladener Differenzierungen sachlicher oder zeitlicher Art konfrontiert, wobei die hiermit einhergehenden gesellschaftlichen Effekte nicht sofort ersichtlich werden.

Die an die Mechanismen der modernen Massenkommunikation angepassten Sinnofferten operieren sehr geschickt durch das gesteuerte Spiel mit vorherzusehenden Aufmerksamkeiten (siehe Aderhold 2009: 162ff.). Sie führen uns mittels einer subtil arrangierten Bildsprache ganz nah an ein einzelnes funktionales Detail mit unglaublichen und neuartigen Eigenschaften heran. Wir sind verblüfft und lassen uns schnell von der Wirkmächtigkeit der vorgestellten Neuerung überzeugen.

Offenkundig sind die überaus gelungenen Versuche, die Adressaten mit einer naiven, alltagsfähigen Innovationssemantik zu überzeugen. Dass eine Neuerung innovativ ist, muss man nicht tiefgründig und argumentativ, sondern intelligent, dass heißt mit einer alltagsfähigen An-, Symbol- oder Bildsprache belegen. Unstimmigkeiten, Merkwürdigkeiten oder gar Widersprüche fallen so nur auf den zweiten Blick auf: Kann man von einer Innovation überhaupt noch sprechen, wenn diese allgemein genutzt wird? Passen massenhafte Verbreitung und Neuheit überhaupt zusammen? Und: Ist jede kleinste Variation oder Neuerung zugleich eine Innovation, die auch als solche überzeugt? Und vor allem: Werden die in Aussicht gestellten Effekte überhaupt praktisch wirksam?

Man kann sehen, dass Kommunikationsstrategien, die sich an der Präferenz der Gesellschaft für Neuerungen orientieren, mit Suggestion und Vereinfachung arbeiten. Neuerungen erscheinen häufig als etwas, das sie gar nicht sind. Sie können dies, weil sie uns zunächst ‚sehr nah an das Geschehen‘, an die Dinge, die uns umgeben, metaphorisch oder bildlich heranführen. Sie etablieren aber zugleich eine ‚unsichtbare‘ Barriere, die uns daran hindert, ‚ins Innere‘ der Innovation blicken zu können. Dabei wären Distanz und Abstand entscheidend, um überhaupt verstehen zu können, auf welchem Wege sich Neuerungen zu Innovationen entwickeln und auf welche Weise neue Möglichkeiten, neu handeln und entscheiden zu können, entstehen.

Wir sind also schon mitten im Thema dieses Beitrages, welches sich an der Frage orientiert, welche Neuerungen und Innovationen von der Gesellschaft besonders prämiert werden, in welcher Weise der Bezug auf soziale Innovation hiervon tangiert wird und welche Gründe hierfür verantwortlich zeichnen (Aderhold 2005). Ein erster Zugang wird durch die Charakterisierung des Problemhintergrundes eröffnet, die nicht nur den spezifischen Umgang mit Innovation, sondern auch die Reflexion vorliegender begrifflicher Fassungen mit einschließt. Es geht also um einen Blick auf den gesellschaftlichen Kontext für soziale Innovationen. Im Rahmen des auszuarbeitenden Problemhintergrundes wird die These zugrunde gelegt, dass wir in der auf Innovation zugeschnittenen gesellschaftlichen Selbstbeschreibung auf ‚verkürzende Perspektiven' von Technikzentrierung, Ökonomisierung und Instrumentalisierung stoßen. Für diese perspektivischen Verengungen sind aber weder kurzsichtig agierende Instanzen oder Institutionen (Öffentlichkeit, Politik), interessenbezogene Akteure (Unternehmen, Forschungseinrichtungen oder Verbände) noch die disziplingebundene Verfasstheit der Wissenschaft und ihre unterschiedlich ausfallenden gesellschaftlichen Wirkungen allein verantwortlich.

2. Asymmetrien in der gesellschaftlichen Beobachtung und Bewertung von Innovation

Neuerungen, Erfindungen und Innovationen faszinieren. Zugleich fallen semantische und strukturelle Asymmetrien ins Auge. Diese zeigen sich unter anderem daran, dass die gesellschaftliche Aufmerksamkeit ohne größeren Argumentationsaufwand einige Innovationen bevorzugt, andere dagegen benachteiligt oder überhaupt nicht berücksichtigt (Aderhold/ John 2005). Die semantischen Simplifizierungen und Asymmetrien entstehen im Innovationsdiskurs schon allein durch die darin enthaltene Präferenz des Neuen gegenüber dem Alten. Innovationen müssen Bestehendes zwangsläufig als Rückständiges und als zu Überwindendes behandeln. Zumeist sind es technische Neuerungen, die mit dem funkelnden Label Innovation ausgeschmückt werden. Aber nicht nur das, wie Gillwald (2000: 9) konstatiert. Technische Innovationen wirken schon aufgrund ihrer nahe liegenden oder nur geschickt nahe gelegten Neuartigkeit ungemein faszinierend.[2]

Zudem erscheinen die in den Mittelpunkt rückenden technischen Neuerungen als die einzig verlässlichen Garanten wirtschaftlicher Entwicklung und gesellschaftlichen Fortschritts (u. a. Nelson 1968; Popitz 1995). Es geht vor allem wirtschaftspolitisch um die Herstellung von Innovationsfähigkeit, wobei die

---

2 Man könnte auch vermuten, dass sich hier die technologischen Erfahrungen der Menschheitsgeschichte gedächtnisbildend institutionalisiert haben. Insbesondere dürften die von Popitz (1995) beschriebenen Erfahrungen mit den neu entdeckten Machbarkeiten hier ihre Wirkung entfalten. Was früher galt, wird wohl heutzutage auch als zutreffend behandelt werden können.

Richtung keineswegs beliebig ausfällt.[3] Auch wenn wir seit Schumpeter (1987) mindestens fünf Möglichkeiten der Innovation kennen können (Produkte, Prozesse, neue Märkte, Energie/ Finanzquellen und Schaffung neuer sozialer Institutionen), so ist eine weitere, hiermit verbundene Vereinfachungsvariante, die Ökonomisierung von Innovation, nicht zu übersehen (Biebeler/ Mahammadzadeh/ Selke 2008).

Die gesellschaftlichen Anstrengungen müssen sich an der Stärkung der Konkurrenzfähigkeit im globalen Wettbewerb und an der Sicherung der Zukunftschancen vermeintlich nationalstaatlich orientierter Unternehmen und der hier arbeitenden Mitarbeiter ausrichten. Folglich konzentriert man sich vor allem auf die Herstellung von Möglichkeiten zur Produktion technischer Neuheiten, die von Unternehmen auf globalen Märkten erfolgreich vermarktet werden sollen. Tonangebend sind hier beispielsweise das Institut der deutschen Wirtschaft oder das Zentrum für Europäische Wirtschaftsforschung. Innovationen werden zwar zunächst noch als „technische, soziale oder organisatorische Neuerungen" gefasst, die, und hier erfolgt die von diesen meinungsbildenden Institutionen der Wissensgesellschaft forcierte Zuspitzung, für Anwender Wettbewerbsvorteile generieren (Wissenschaftsrat 2007: 13; Rammer/ Wieskotten 2006: 6). Vor diesem Hintergrund werden Innovationen für die Zukunft Deutschlands besonders bedeutsam. Sie erscheinen als wichtige Wachstumstreiber. Folgerichtig kann es künftig nur noch darum gehen, die dem als notwendig erachteten Wachstum im Wege stehenden Innovationsbarrieren oder Innovationshemmnisse zu Leibe zu rücken (vgl. auch Rammer 2004: 23). Ein Rückgang der Wettbewerbsfähigkeit auf Seiten der Unternehmen, der als eine Schwächung der Innovationsbasis des Landes konzipiert wird, ist nicht hinnehmbar und folglich unter allen Umständen zu vermeiden.[4]

---

3 Ein Beispiel für derartige mit Tautologien arbeitenden Zuspitzungen liefert der Leiter der Studie des DIW Axel Werwatz zum Thema Innovationsindikator Deutschland 2007: „Ein Land ist umso innovationsfähiger, je besser es den Menschen und den Unternehmen gelingt, kontinuierlich eine hohe Zahl erfolgreicher Innovationen hervorzubringen." (BDI)
4 Die gesellschaftlich folgenreichen Setzungen stützen sich auf einen Kausalzusammenhang, der von erfolgreich durchgesetzten Innovationen wirtschaftliche und gesellschaftliche Prosperität erwartet (Braun-Thürmann 2005: 16ff.). Vor allem die von Schumpeter angestoßene und dann von anderen Autoren weiter ausgebaute Zyklus-Theorie der ‚Langen Wellen' verweist auf die Abhängigkeit gesellschaftlicher Entwicklung von Innovationen und auf die hiermit in Zusammenhang stehenden Konjunkturen und Barrieren. Technisch-wirtschaftliche Basisinnovationen werden als Auslöser zyklisch verlaufender wirtschaftlicher und vor allem gesellschaftlicher Entwicklung identifiziert (Schumpeter 1961: 159). Die Ausgangsannahme der auf Zyklen abstellenden Innovationstheorie postuliert hierbei ein spezifisches Kausalverhältnis: Strukturwandlungen werden in Wirtschaft und Gesellschaft stets von technisch fundierten Innovationen hervorgerufen, und zwar durch Basisinnovationen (vgl. Nefiodow 1996).

Wenn wir hier eine gesellschaftlich etablierte und folgenreiche Verkürzung bzw. einen vereinseitigenden Umgang mit dem Phänomen Innovation konstatieren, so müsste man fragen, was die Soziologie, vor allem in Form ihrer für aktuell gehaltenen Theorien (u. a. Kaesler 2005) hier entgegenzuhalten hat? Zunächst fällt auf, dass die soziologische Innovationsforschung weder die wissenschaftliche Szenerie noch die gesellschaftliche Praxis dominiert, man könnte auch sagen: bis auf wenige Ausnahmen kommt diese nicht vor. Es dominieren Technik- und Ingenieurwissenschaft, Betriebswirtschaftslehre und Managementforschung sowie Psychologie und deren Perspektiven.

Das Ergebnis der Sichtung aktueller soziologischer Theorien fällt ernüchternd aus.[5] Denn mit Ausnahme institutions-soziologischer Ansätze spielt die explizite Reflexion von Innovation in den Großtheorien und -ansätzen, angefangen von der kritischen, über die erklärende Theorie bis hin zur Systemtheorie eigentlich keine Rolle. Auch in der Beschreibung der Moderne bleibt es bei eher sporadischen Ansätzen.

Wie steht es nun um den disziplinären Teilbereich der soziologischen Innovationsforschung, die in den letzten Jahrzehnten nicht untätig war? Sie arbeitet an der semantischen und strukturellen Dominanz technisch und ökonomisch aufgeladener Innovationen mit. Sie hat sich mit einer Statistenrolle angefreundet. Möglicherweise ist sie von der Vorstellung beeindruckt, als konstruktive und zuweilen kritische Begleitwissenschaft bei der Beobachtung, Beschreibung, Analyse und Gestaltung von *technischen* Innovationen für ausreichend Außenlegitimation sorgen zu können. Dem gegenüber haben sich andere Disziplinen und deren spezifische Perspektiven einflussreich etablieren können. Sie haben das Themenfeld nicht nur inhaltlich besetzt und methodisch ausgestaltet; auch der gesellschaftliche Alltag lässt sich von der Dominanz sowie von der Wirkungsweise technischer und wirtschaftlicher Innovationen sichtlich beeindrucken. Vor diesem Hintergrund bereitet es der Soziologie enorme Schwierigkeiten, die Relevanz des Sozialen in die öffentliche und wissenschaftliche Debatte wieder einzuführen. Sie versucht dies erstens dadurch, indem sie das Soziale als Bedingung der Möglichkeit technischer Neuerungen darstellt (North 1990; Sauer 1999). Die Betonung liegt hier auf den sozialen Voraussetzungen der gesellschaftlich (un-)erwünschten technischen und wirtschaftlichen Innovationen.

---

5 Die hier zwar beispielhaft herangezogene, aber durchaus repräsentative Themenpalette akzentuiert folgende Schwerpunktsetzungen und Problematisierungen (Kaesler 2005): Multiple Moderne (Eisenstadt), Ambivalenz (Bauman), Friktionen der Moderne (Touraine), Kontrolle und Macht (Foucault), Wissensproduktion (Luckmann), Simulation und Realität (Baudrillard), Auf- und Abstiege im modernen Weltsystem (Wallerstein), Erklärung sozialer Kollektivphänomene (Esser), Kritik an der Postmoderne (Sennett), Risiko (Beck) sowie die Effekte einer globalen Institutionalisierung rationaler Organisationsformen (Meyer).

Zweitens geht es um die Förderung von Kreativität sowie um das Managen von Innovation (u. a. Goldenberg/ Mazursky 2002). Drittens wird immer wieder auf die soziale Einbettung eben dieser so benötigten Antriebskräfte aufmerksam gemacht. In diesem Zusammenhang wird viertens auf den Übergang vom einzelnen Erfinder zur kooperativen Prozessualität von Innovation hingewiesen. Längst wurde der Unternehmer als schöpferischer Zerstörer von netzwerkförmigen Verflechtungen abgelöst (Weyer 1997), in denen nicht nur Ideen reifen, sondern auch erste wichtige Schritte im immer schwieriger werdenden Diffusionsprozess durchlaufen werden müssen (Rogers 2003).

Besonders einschlägig ist die sozialwissenschaftliche Kritik an der technologischen und technischen Sichtverengung in Hinblick auf Innovation. Bislang ist sie aber nur in abgeschwächter Form als Technikfolgenabschätzung anschlussfähig (u. a. Renn 2007). Abgesehen von ihren beachtenswerten Befunden, Einsichten und Resultaten wird zu fragen sein, ob sich die soziologische Forschung mit dieser Fünffach-Strategie auf Dauer wird zufrieden geben können. Sofern man sich von den wirtschaftspolitisch gesetzten Prämissen der letzten Jahre beeindrucken lässt, scheint ohne eine Weiterentwicklung von Produkt- und Produktionstechnik, von technischer Infrastruktur, Kommunikationstechnik, von Verkehrs- oder Energietechnik nichts mehr zu gehen (Wolfe/ Gertler 1998). Die Gesellschaft selbst findet sich als abhängige Variable wieder, die an den verheißungsvollen Tropf künftiger Innovationen gehängt wird; mit dem Effekt, dass Strukturfragen der Gesellschaft – unabhängig, ob von Politik, Wirtschaftsverbänden, Öffentlichkeit oder von der Innovationsforschung – mit einem technischen, technizistischem oder einem ökonomisierten Einschlag versehen und beantwortet werden (vgl. u. a. Bell 1976).

Dabei ist es bei genauerer Betrachtung außerordentlich schwierig anzugeben, in welchen Fällen tatsächlich von einer Innovation gesprochen werden kann. Neuerungen können in einer massenmedial vermittelten Wirklichkeitswelt leicht mit Innovation gleichgesetzt werden, wobei nicht selten ungeklärt bleibt, woher das Attribut Neuheit eigentlich stammt bzw. welcher Standpunkt oder soziale Standort dieser Aussage zugrunde liegt. Dabei erscheint nahezu jeder Sachverhalt als Innovation, sofern er auch nur in die Nähe einer Neuerung gerückt werden kann.

Hiermit in Zusammenhang steht ein weiteres Problem, das in die Frage mündet, wer die Kriterien oder die normativ gesetzten Gründe liefert, die eine Innovation konstituieren können. Typischerweise orientiert man sich an den einflussreichen Vorgaben der volkswirtschaftlichen und betrieblichen Innovationsforschung und -praxis. Innovation nimmt hier ihren Ausgang auf Seiten handelnder Akteure oder vergegenständlichter Objekte. Man identifiziert beide vorschnell als Entstehungsort oder als das Innovationsgeschehen selbst. Das wäre nicht problematisch, wenn sich Innovation von einem Ursprungsort aus entwickeln ließe. Dieser kaum haltbaren – aber bisher kaum geprüften – Vorstellung folgen die meisten konzeptionell angelegten Begründungen und Gestaltungsvorschläge, aber zuweilen auch theoretisch ansetzende Reflexionen. In den Vordergrund der Betrachtung rücken technisch zu variierende Komponenten, das zu motivierende kreative Individuum, immer neuere Versionen einzuübender Kreativitätstechniken der Gruppen- und Organisationsarbeit oder auch die erneuernde Einführung dargebotener Management- und Reorganisationskonzepte.

Auf geschickte Weise wird an gesellschaftlich Wünschbarem angeschlossen, d. h. an Erwartungshaltungen, die beispielsweise positiv besetzte Maßnahmen präferieren. Ganz im Sinne der Einsichten Ernst Blochs arbeiten die Inszenierungen von Innovation mit utopischen Aufladungen, Wunschbildern und Verheißungen. Sie stiften Hoffnung und ihnen gelingt es, mitgeführte oder aufkommende Zweifel auszuschalten. Die sich zukünftig ereignenden Vorteile sind zu offensichtlich, sie liegen unzweifelbar auf der Hand.

3. Innovationen verstehen

Halten wir fest: Der Umgang mit den Phänomenen Neuerung und Innovation ist, was die Beliebigkeit der begrifflichen Fundierung anbelangt, wohl kaum zu überbieten. Nahezu jeder Sachverhalt erscheint als Innovation, sofern er auch nur in die Nähe einer Neuerung gerückt werden kann. Innovation wird mit Neuerung gleichgesetzt, wobei nicht selten ungeklärt bleibt, woher das Attribut Neuheit eigentlich stammt bzw. welcher Standpunkt oder soziale Standort dieser Aussage zugrunde liegt. Reicht es aus, dass ein Objekt oder ein Sachverhalt neu ist oder wünschbare Verheißungen in Aussicht stellt? Reicht als Kriterium aus, dass etwas vorher nicht da war?

Eine am Alltagswissen und an Gegenständlichkeiten abgelesene Typenbildung fällt noch leicht. Eine auf den ersten Blick nützlich erscheinende Klassifikation[6] geht auf Harvey Brooks (1982) zurück. Sie unterscheidet nahezu reine technische Innovationen (z. B. neue Materialien), sozio-technische Innovationen (z. B. Infrastruktur für die private Motorisierung) und soziale Innovationen. Innerhalb sozialer Innovationen sind dann noch Untertypen der Marktinnovation

---

6 Die Betriebswirtschaftslehre unterscheidet hingegen Produkt-, Prozess- und soziale Innovationen, wobei das Kriterium, welches die Trennung provoziert, merkwürdig verschwommen bleibt, denn es bleibt im Dunkeln, dass erst eine von mehreren Akteuren – also interaktiv bzw. kommunikativ untersetzte – vorgenommene Bewertungsverschiebung eine Produktinnovation zu generieren in der Lage ist, was natürlich auch auf den Fall der Prozessinnovation zutrifft.

(z. B. Leasing), der Managementinnovation (z. B. neue Arbeitszeitregelungen), politische Innovation (z. B. Gipfeltreffen) und institutionelle Innovation (z. B. Selbsthilfegruppen) möglich (Zapf 1994). Diese Einteilungen, so nützlich sie in mancherlei Hinsicht sein mögen, sagen wenig über den inhaltlichen Kern des Innovationsphänomens, dass heißt über dessen Wirkungsweise, die hier mit schwingenden Rationalitätsmuster und deren gesellschaftliche Einbettung und Funktionalität.

Wir müssen folglich argumentativ umrüsten. Beginnen wir mit dem Verhältnis von neu und innovativ: Ist von Innovation die Rede, wird normalerweise der Verweis auf eine Neuerung, auf Neues mitgeführt. Neuerungen sind zunächst nichts anderes als Diskontinuitäten. Wird etwas bezeichnet, was es vorher bzw. früher nicht gab, so ist von einer Neuheit die Rede (Nowotny 1997: 33). Neues ist folglich nicht sofort und ohne Voraussetzungen mit einer Innovation identisch zu setzen.[7]

Die vielfach anzutreffende Identifikation von Innovation mit Neuerung übersieht, dass der Begriff der Neuheit selbst problematische Aspekte beinhaltet. Er ist mit anderen Worten „ein ontologisches Unding: Etwas ist, obwohl, ja weil es alles nicht ist, was bisher war" (Luhmann 1995: 323). Der Neuheitsbegriff basiert auf einer vermuteten, beziehungsweise festgestellten Ähnlichkeit und zugleich Andersartigkeit des betrachteten Objektes oder Ereignisses; bezogen auf einen festgelegten Vorgänger. Wir befinden uns schon mittendrin, denn es geht um Vorgänge des Identifizierens, des Feststellens, des Ausblendens sowie des Entscheidens. Die Konstruktionsaktivitäten der Wahrnehmung, beziehungsweise der Beobachtung sowie die der Ähnlichkeit lassen sich unterscheiden (Weik 1997: 11). Folglich lässt sich festhalten, dass die Verwendung oder Attribuierung von Neuheit weder vom Gegenstand selbst geliefert wird, noch dass sie kontextfrei erfolgt. Die Abhängigkeit umfasst aber nicht nur den sozialen Kontext, in dem Neuheit als Faktum registriert wird. Das Urteil, ob etwas neu oder nicht neu ist, wird zugleich von kollektiven und individuellen Strukturen, dass heißt von Erwartungen und Erfahrungen geprägt. Die Bezeichnung von Neuheit setzt demnach einen Beobachter in einem sozialen Kontext voraus, der auf der Basis kontextspezifischer Erwartungsstrukturen eine Abweichung als Neuerung bezeichnet (Luhmann 1994: 216).

Wer ist nun der Beobachter oder der richtende Experte, der entscheidet, was innovativ ist und wie man zu einer Innovation gelangt? Sowohl die Betriebswirt-

---

7 Dessen ungeachtet kann bei technischen Innovationen das strenge Neuartigkeitskriterium angelegt werden (,absolute Neuartigkeit'), was – Gillwald (2000: 37) folgend – für soziale Innovationen nicht zu rechtfertigen sei. Hier könne man maximal von „relativer Neuartigkeit" sprechen, wobei man sich fragen muss, wieso dies so sein soll.

schaftslehre als auch die in ihrem Fahrwasser operierenden Experten des Innovationsmanagements sehen in der von Unternehmen ausgehenden erstmaligen Nutzung einer (technischen, produktions- oder verfahrensorientierten) Neuerung den Fall von Innovation vorliegen, obwohl schon im Begriff der Neuerung die Erstmaligkeit mit aufgeführt wird (Luhmann 1991: 388). Ist es also die Verdoppelung der Neuartigkeit, die eine Innovation kreiert? Man wird wohl von derartigen Vereinfachungen Abstand nehmen müssen. Statt dessen wird an dieser Stelle vorgeschlagen, von der Frage auszugehen, wie in sozialen Systemen Unterbrechungen kontinuiert werden, also wie ‚Kontingenz normalisiert' wird. Etwas allgemeiner gehalten, kann unter einer Innovation ein kontraindukтiver Entscheidungsprozess verstanden werden, „der anders entscheidet, als zu erwarten wäre, und dadurch Erwartungen ändert" (Luhmann 1991: 373). Ausgangspunkt sind die auf Kontinuität bezogenen Erwartungen, die folgenreich überrascht und irritiert werden. Es geht somit um den Hinweis auf Systemstrukturen, also darum, wie erwartungsseitig Vorkehrungen getroffen und mitgeführt werden und ob die Ergebnisse in das Spektrum der mitgeführten Vorkehrungen, also in den Bereich der bekannten Alternativen hineinfallen. Von Innovation sollte man folglich erst dann reden, wenn die Entscheidungsresultate nicht im Bereich der aufgemachten, bekannten Alternativen liegen, wenn also die getroffenen Vorkehrungen nicht greifen und die Variation folglich als Überraschung bisherige Erwartungsstrukturen ändert.

Innovationsbereitschaft herzustellen bedeutet unter dieser Voraussetzung nichts anderes als die Erzeugung bzw. Initiierung von Alternativbewusstsein, das sich nicht auf eine Ereignisbezogenheit zusammenziehen darf, sondern das stetig und ständig präsent bleiben muss (vgl. Luhmann 1991: 375). Ein angemessenes Verständnis von Innovation lässt sich folglich nur dann erarbeiten, wenn einerseits relevante Erwartungsstrukturen und andererseits kommunikativ strukturierte Beobachtungsprozesse unterschieden werden, an denen individuelle und kollektive Akteure[8] beteiligt sind.

Es geht folglich gar nicht so sehr um das ‚Innere', das ‚Wesen' oder die formulierte Idee einer Neuerung. Der Blick wendet sich von der Bestimmung sachlicher (technischer) Kriterien zur Beobachtung sozialer Kommunikationsprozesse, die (mit-)entscheiden, was in der Gesellschaft als Innovation anzusehen ist; wobei in der kommunikativen Bestimmung sachliche Aspekte wieder auftauchen können, aber unter den Bedingungen sozialer Erwartungsstrukturen.

---

8 Das Problem besteht für Organisationen u. a. darin, dass dieses Alternativbewusstsein selbst zum Inhalt entscheidungsbasierter Programmentscheidungen wird und damit an unüberwindliche Grenzen der Planbarkeit gerät.

Neuerungen werden somit nicht generell zu Innovationen; auch nicht durch die Anstrengungen von Forschungsinstituten oder der F&E-Abteilungen in Unternehmen. Innovationen, die an Neuerungen ansetzen, diskontinuieren zunächst Erwartetes, sie fungieren als überraschende Neuerungen, die durch soziale Akzeptanz[9] und die kollektive Attribuierung von Neuheit[10] gekennzeichnet sind und die in sozialen Zusammenhängen zu unerwarteten Veränderungen beitragen. Das bedeutet (Aderhold/ Richter 2006; Baitsch/ Aderhold/ Beelitz/ Schulz 2000; Schulz/ Aderhold/ Beelitz/ Baitsch 2000):

- Das Attribut ,Innovation' wird erst nachträglich vergeben, dass heißt nachdem sich eine Veränderung, ein Produkt oder ein Verfahren durchgesetzt hat.

- Innovation ist somit das Ergebnis eines ,überraschenden' sozialen Urteils, das erst a posteriori gefällt wird.

- Die Attribuierung erfolgt zwar in einem System, das vom innovationsgenerierenden System unterscheidbar ist; die Innovation erzeugt jedoch mindestens in beiden Systemen (im hervorbringenden und im ,nutzenden' System) strukturell bedeutsame Effekte.

- Von Innovation kann nur dann sinnvollerweise gesprochen werden, wenn durch die angestoßenen Veränderungen (ob technisch oder wie immer induziert) zugleich die Richtung sozialer Entwicklung nachhaltig tangiert wird.

Die Suche nach einem angemessenen Kriterium für einen sozialwissenschaftlich brauchbaren Innovationsbegriff könnte in der Forderung münden, unter Innovation – im Sinne von Basisinnovation – nur Strukturveränderungen mit Breitenwirkung zu verstehen, die die Gesamtgesellschaft, ihre Teilsysteme, Organisationen oder Institutionen auf neue, nachhaltige und letztlich nichtbeabsichtigte Weise verändern. In diesem Zusammenhang könnte es sich lohnen, kurz den Blick auf schon fast vergessene Einsichten des Strukturfunktionalismus zu len-

---

9 Die Diffusionsforschung (u. a. Attewell 1992; Rogers 2003) ist hierbei eine wichtige Wissenschaftsperspektive, die sich eingehender mit dieser Frage beschäftigt.
10 Der Erfolg eines Vorhabens (das sich selbst als Innovation beschreibt) hängt folglich nicht (nur) von der Güte einer Idee, eines Ziels ab, sondern ist von Bedingungen sozialer Akzeptanzbeschaffung (vor allem in anderen sozialen Systemen) sowie von der (nur bedingt zu beeinflussenden) Entwicklung der Erwartungsstrukturen in den jeweiligen gesellschaftlichen Bereichen abhängig (Aderhold 2008). Eine von innovationsgenerierenden Akteuren ausgehende Perspektive greift folglich deutlich zu kurz. Zumindest wäre diese durch eine Perspektive zu ergänzen, die die sozialen Systemreferenzen und -zusammenhänge zu erfassen in der Lage ist. Die Innovationsforschung müsste sich folglich mit Fragen, Möglichkeiten und Einbettungen kommunikativer Prozesse sozialer Akzeptanz sowie den systemübergreifenden Diffusionserfordernissen beschäftigen.

ken, um von hieraus nach den Folgerungen für den künftigen Umgang mit dem Phänomenbereich sozialer Innovationen fragen zu können.

4. Von der universalen Vergesellschaftung beliebiger Neuerungen zur neuen Relevanz sozialer Innovationen

Parsons (1969: 35) Ausgangsfrage zielt auf die Bestandsvoraussetzungen von (Länder-)Gesellschaften, die nach heutigen Theoriekenntnissen etwas differenzierter zu konzeptualisieren wären. Parsons selbst fragt noch nach den Problemen, die gelöst werden müssen, damit ein soziales System (z. B. eine Gesellschaft) stabil ist und somit (auf Dauer) bestehen kann?[11]

Interessant ist nun – und diese Perspektive wird zuweilen noch immer übersehen oder ignoriert –, dass Parsons nicht nur nach den funktionalen Grundvoraussetzungen einer Gesellschaft fragt, sondern auch nach den Prozessen und Mechanismen, welche für die gesellschaftlichen Wandlungsprozesse besonders folgenreich sind. An diese Überlegungen schließt er die Frage nach der jeweiligen Anpassungskapazität einer Gesellschaft an. Diese kann durch die ‚Erfindung' spezifischer Strukturkomponenten erhöht werden. Grundvoraussetzung für diese Strukturanpassung ist die Herausbildung evolutionärer Universalien[12]. Parsons versteht hierunter „jede in sich geordnete Entwicklung oder Erfindung, die für die weitere Evolution so wichtig ist, dass sie nicht nur an einer Stelle auftritt, sondern dass mit großer Wahrscheinlichkeit mehrere Systeme unter ganz verschiedenen Bedingungen diese Erfindung machen" (Parsons 1969: 55). In diesen evolutionären Universalien[13] sieht er die Grundvoraussetzung für gesellschaftliche Entwicklungsprozesse[14].

---

11 Tauscht man Stabilität und Dauer mit Funktionalität, Integrationsfähigkeit, Robustheit oder Nachhaltigkeit, könnten einige Schwierigkeiten der struktur-funktionalistischen Theorie abgearbeitet werden; wenn auch nicht alle.

12 Auf sechs moderne evolutionäre Universalien verweist Parsons (1969) selbst: soziale Schichtung, kulturelle Legitimierung, Verwaltungsbürokratie, Geld- und Marktorganisation, generelle universalistische Normen und demokratische Assoziation.

13 Im Anschluss an Parsons sieht die klassische Modernisierungstheorie moderne (Länder-)Gesellschaften westlichen Zuschnitts durch vier Basisinstitutionen charakterisiert (Zapf 1990): Konkurrenzdemokratie, Marktwirtschaft, Wohlstandsgesellschaft mit Massenkonsum sowie Wohlfahrtsstaat. Gesellschaften, in denen diese Institutionen auftreten, „sind erfolgreicher, anpassungsfähiger, d. h. moderner als solche, die das nicht tun" (Zapf 1990: 34).

14 So wagt Parsons 1964, bezogen auf das politische System kommunistischer Gesellschaften folgende Prognose, nämlich: „dass sich die kommunistische Gesellschaftsorganisation als instabil erweisen wird und entweder Anpassungen in Richtung auf Wahlrechtsdemokratie und ein pluralistisches Parteiensystem machen oder in weniger entwickelte und politisch weniger effektive Organisa-

Noch bleibt unbestimmt, welche Neuerungen zu evolutionären Universalien und damit zu Innovationen werden können. In der gesellschaftlichen Evolution finden sich viele Errungenschaften, die einen derartigen Status für sich beanspruchen dürfen (Landwirtschaft, Schrift, bürokratische Organisation, Buchdruck, Geld, Dampfmaschine, Mondlandung usw.). Eine Gewichtung ist schwierig zu bewerkstelligen und folglich umstritten. Luhmann (1985: 17) kommt uns hier zu Hilfe, in dem er das für empirische Forschung nützliche Kriterium[15] der ‚Zentralisierten Interdependenz' vorschlägt. Dieses besagt, dass von einer Strukturveränderung viele andere vorbereitet, ausgelöst oder – in förderlicher oder hinderlicher Hinsicht – folgenreich beeinflusst werden.[16]

Um an dieser Stelle Missverständnissen vorzubeugen: Es geht nicht darum, kaum zu überwindende Barrieren oder Anforderungen zu definieren, an denen Neuerungen, die gesellschaftlich als Innovation behandelt werden wollen, nur scheitern können. Vielmehr geht es darum, auf die abzuarbeitenden Komplexitäten, Erklärungs- und Reflexionserfordernisse hinzuweisen, die bei der gesellschaftlichen Beurteilung in Aussicht gestellter Innovationen nicht implizit beiseitegeschoben oder ausgeblendet werden dürfen.

Um diese anspruchsvolle Herangehensweise auch umsetzen zu können, wird eine Absetzbewegung von tradierten Denk- und Argumentationsgewohnheiten vonnöten sein.

Wir werden uns demzufolge nicht von der einfachen Trennung sowie vom Gegensatz technischer und sozialer Innovationen leiten lassen können, auch werden wir uns nicht mit dem Bemühen um das Wiedereinführen von Sozialität in die technische Seite von Innovation zufrieden geben können. Bisher folgte aus der Schwerpunktsetzung auf technische Innovationen die Ableitung sozialer Innovationen, die dann nur noch als Vor- oder Begleitbedingung technischer Innovationen in den Blick geraten können. Ausgehend von dieser und von den

---

tionsformen ‚regredieren' wird" (Parsons 1969: 71). Und Wolfgang Zapf (1975: 217) schließt sich mit dem Hinweis an: „daß keine Gesellschaft darum herumkommt, diese Strukturen (universale Entwicklungsprinzipien; J. A.) zu entwickeln, will sie überlebensfähig und autonom bleiben".

15 Folgt man Zapf (1994: 33), bestünde das Kriterium sozialer Innovationen in ihrer Fähigkeit, Probleme besser lösen zu können als dies mit früheren Praktiken möglich war. Von der normativen Vereinseitigung einmal abgesehen, die sicherlich analytisch zu viel ausschließen dürfte, ist in diesem Zusammenhang aber zu fragen, was im Einzelfall ‚besser' als bisher bedeuten soll und vor allem, auf welchen Einsichten beruhend eine derartige Einschätzung fundiert getroffen werden kann.

16 In dieses auf gesellschaftliche Strukturveränderungen zugeschnittene Innovationsverständnis können auch die üblicherweise als technisch bezeichneten Neuerungen mit einfließen. Thematisieren lassen sich dann auch technologische Innovationen, die als bestimmte Weichenstellungen in der menschlichen Geschichte (Gesellschaftsentwicklung) fungiert haben und die auf diese Weise das Verhältnis von Mensch und Natur sowie die Gesellschaft insgesamt grundlegend und damit dauerhaft geprägt haben (Popitz 1995: 7).

weiter oben benannten problematischen Verengungen und Asymmetrien ist die Innovationsforschung sowie der gesellschaftliche Umgang mit Innovation vielmehr aufgefordert, nach weiterführenden Möglichkeiten Ausschau zu halten.

Unabhängig von ihrem Zuschnitt können Innovationen als Antriebskräfte für sozialen Wandel angesehen werden. Sie lockern fest gefügte Erwartungshaltungen auf oder bauen diese gar um; auch und gerade gegen den Widerstand von Gewohnheit, Unsicherheit und etablierte Interessen (Zapf 1994: 93). Soziale Innovationen, die, wie weiter unten deutlich wird, in zwei Varianten auftreten können, sind mit sozialem Wandel nicht identisch. Sie bilden vielmehr eine Teilmenge von Prozessen des sozialen Wandels (Zapf 1994: 32). Soziale Innovationen, die vor allem an den Grundmustern von Sozialität ansetzen, also unter anderem an Handlungen, Kommunikationen, Interaktionen, Institutionen, Erwartungen, Systemiken und Funktionalitäten, können neue Wege aufzeigen, neue Richtungen bisheriger Problemlösungsverfahren ermöglichen, wobei die hiermit aufgezeigten neuen Möglichkeiten folgenreich für den sozialen Wandel sind.[17]

Mit dieser fast definitorisch zu nennenden Festlegung ist es aber nicht getan. Es reicht nicht aus, technische, ökonomische und soziale Innovationen zu typisieren und zugleich ihren sozialen ,Ort' auf der Basis grundlegender sozialtheoretisch abgesicherter Begrifflichkeiten zu benennen, denn eine weitere Schwierigkeit ist zu reflektieren. Das so unscheinbare Wort ,sozial' ist kompliziert und vielschichtig angelegt. Bei der Nutzung der Bezeichnung ,sozial' ergeben sich Probleme, die man von sehr vielen Wortverwendungen her kennt. Sie werden sowohl von der Alltags- als auch von der Wissenschaftssprache verwendet und man trifft auf sehr verschiedene Bedeutungen, die wohl in auf Abstraktion abstellenden Vorhaben nicht nur reflektiert, sondern auch angemessen gehandhabt werden müssen. Vor allem im Alltag treffen wir auf Bedeutungen, die in der Wissenschaft nicht weiterhelfen, da sie unpräzise oder mehrdeutig sind und zuweilen moralisch aufgeladen werden. Eine Aufgabe besteht somit darin, sich von Alltagsverständnissen zu verabschieden, was nicht immer leicht ist und was immer wieder aufs Neue geleistet werden muss.

In seiner klassischen Fassung, die bis heute die Sinngebung und Bedeutung des Wortes ,sozial' beeinflusst, bedeutet das Wort so viel wie, „ein gutes Werk zu tun" (Seneca 1989). Neben dieser bis heute bedeutsam gebliebenen privaten ethisch-moralischen Ausrichtung findet sich auch ein politischer Gebrauch der Bezeichnung ,sozial' (vgl. Henecka 1985: 21). Hier geht es um kollektive Sach-

---

17 „Soziale Innovationen sind neue Wege, Ziele zu erreichen, insbesondere neue Organisationsformen, neue Regulierungen, neue Lebensstile, die die Richtung des sozialen Wandels verändern, Probleme besser lösen als frühere Praktiken, und die deshalb wert sind, nachgeahmt und institutionalisiert zu werden." (Zapf 1994: 33)

verhalte, die mit einer spezifischen politischen Lösung zu versehen sind. In der politisch-öffentlichen Auseinandersetzung (vor allem in Zeiten des Wahlkampfes) werden dann ausgiebig Wortverbindungen, wie ‚Sozialpolitik', ‚Sozialstaat', ‚Soziale Marktwirtschaft', ‚Sozialreform', ‚soziale Gerechtigkeit' genutzt. Wissenschaftliche Verwendungsweisen legen dagegen großen Wert darauf, den Begriff des ‚Sozialen' abstrahierend und wertneutral zu verwenden. Sozial sind all diejenigen Phänomene, die nicht erklärt werden können, ohne dabei den Einfluss des einen Menschen oder einer sozialen Institution auf den anderen Menschen einzubeziehen. Es geht somit um soziale Handlungen, also um das Zusammenwirken oder das Zusammenarbeiten von Akteuren. Der Schwerpunkt liegt ganz im Sinne Simmels auf sozialen Wechselwirkungen, also darauf, dass man sich aufeinander bezieht und dies nicht allein auf Akteure (Menschen, Kollektive) bezogen versteht, sondern auf deren Handlungsbeiträge sowie auf die rahmenden Bedingungen des Handelns (u. a. der Andere, gesellschaftliche Normen) und auch auf die Handlungseffekte (Folgen).

Soziale Innovationen könnten somit ihren Bezug in den Strukturen und Prozessen sozialer Wechselwirkungen finden, wenn nicht das Problem mit der ‚Verschmutzung des Sozialen' dagegen sprechen würde. Sozialität kommt in Reinform gesellschaftlich *nicht* vor. Handlungen ereignen sich in jedem Fall im Kontext wirtschaftlicher, politischer, wissenschaftlicher, künstlerischer, intimer oder kultureller Zusammenhänge. Diese zuweilen übersehene Komplikation führt dazu, dass Alltags-, aber auch Theorieversionen zuweilen mit merkwürdigen Begriffsdifferenzierungen hantieren. Beispielsweise werden im Globalisierungsdiskurs Wirtschaft, Politik, Kultur und Gesellschaft auf einer phänomenalen und theoretischen Ebene diskutiert (u. a. Brock 2008). In Beiträgen zum Thema Gerechtigkeit werden unwidersprochen rechtliche, politische und soziale Aspekte unterschieden, so als wären rechtliche und politische Prozesse nicht selbst sozial konstituiert und konfiguriert (u. a. Schwinn 2003: 235). Auch im Kontext sozialwissenschaftlicher Forschungen und Beiträge mit Bezug zum Innovationsthema finden sich unter anderem mehrdimensionale Nutzenschemata, die ökonomische, soziale, ökologische, kulturelle und politische Auswirkungen ohne größere Schwierigkeiten auf einer Ebene zu trennen vermögen (Gillwald 2000: 21).[18]

Geht man wie Adorno (2003: 32) von einer „schlechten Unendlichkeit" des Sozialen aus, also davon, dass „es nichts unter der Sonne" gibt, „aber wirklich nichts, was nicht dadurch, dass es vermittelt ist durch menschliche Intelligenz und durch menschliches Denken" sowie durch gesellschaftliche Prozesse, so wird die Bezeichnung soziale Innovation zu dem Oberbegriff für jede denkbare,

---

18 Ebenso unachtsam wird schon in klassischen ressourcenorientierten bzw. sozialtheoretischen Beiträgen argumentiert (u. a. Bourdieu 1983; Deutsch 1985; Schumpeter 1987).

wahrnehmbare und damit gesellschaftlich relevante Innovation; technische, wirtschaftliche, politische, familiale oder künstlerische Innovationen sind zugleich immer auch soziale Innovationen.

Diese erste Verwendungsweise kann dann mit den weiter oben thematisierten Aspekten bezüglich ihrer gesellschaftlichen Einbettung sowie gesellschaftlichen Relevanz hinsichtlich Veränderungskraft und -wirksamkeit von Innovation verbunden und für empirische Forschung verwendet werden.

Es ist folglich kein Problem, zunächst vom ‚Innovationsobjekt' auszugehen. Das erste zentrale Element im Innovationsprozess ist somit die Innovation selbst und hier kann durchaus eine erste Sortierung vorgenommen werden, orientiert an der Frage, ob es sich um eine technische Erfindung (z. B. die Energiesparlampe) oder um eine ‚rein' soziale (z. B. neue Organisations- oder Lebensstilkonzepte) handelt. Zudem macht es durchaus Sinn, unterschiedliche Problembezüge oder Ziele zu unterscheiden, also auf der einen Seite Wachstum, Wettbewerbsfähigkeit und technische Entwicklung voranzustellen (und hier die Bedeutung sozialer Sachverhalte herauszustellen), um auf der anderen Seite auch zu sehen, dass es auch andere erstrebenswerte Leitbilder, Rationalitätserfordernisse und Zielvorstellungen – wie u. a. Gerechtigkeit, Fairness, Sicherheit, Vertrauen, Funktionserfordernisse – gibt. Vor allem aus dieser Akzentverschiebung heraus wäre die Einsicht zu stärken, mehr und intelligenter als bisher geschehen, den Eigenwert verschiedenster sozialer Innovationen für eben diese bisher zuweilen randständigen gesellschaftlichen Erfordernisse herauszustellen und herauszuarbeiten.

Ein intelligenter Umgang wird aber nur dann gelingen, sofern diese zweite Variante der Begriffsverwendung von ‚Sozialer Innovation' die asymmetrischen und vereinfachenden Bezüge auf die hieran anschließenden gesellschaftlich dominierenden Verwendungsweisen von Innovation, insbesondere hinsichtlich seiner Technisierung, Ökonomisierung und Instrumentalisierung mit ins Kalkül zieht. Erst dann wird es möglich sein, die gerade im Innovationsbezug überfälligen Sinn-, Werte-, Relevanz-, Funktions- und Wirkungsfragen zu stellen; also eine neue Aufgabe für die Soziologie, die – und das stimmt zuversichtlich – durchaus auf einen reichhaltigen Fundus an Einsichten und Befunden zurückgreifen kann.

Literatur

Aderhold, Jens (2005). Gesellschaftsentwicklung am Tropf technischer Neuerungen? In: J. Aderhold/ R. John (Hrsg.), Innovation – Sozialwissenschaftliche Perspektiven (S. 13-32). Konstanz: UVK.

Aderhold, Jens (2008). Lernen und Innovieren von Verwaltungsorganisationen. In: C. Stark/ U. Marquardt (Hrsg.), Soziologie in der öffentlichen Verwaltung. Ausbildung,

Beratung, Anwendung (Reihe Verwaltungssoziologie Bd. 1), (S. 93-128). Norder-
stedt: Books on Demand Verlag.

Aderhold, Jens (2009). Rationalities of Innovation. In: S. Roth (Hrsg.), Non-technological
and non-economic innovations. Contributions to a theory of robust innovation (S.
161-194). Bern: Peter Lang.

Aderhold, Jens/ John, René (2005). Ausgangspunkt – Innovationen zwischen Technikdominanz und ökonomischem Reduktionismus. In: J. Aderhold/ R. John (Hrsg.). Innovation – Sozialwissenschaftliche Perspektiven (S. 7-10). Konstanz: UVK.

Aderhold, Jens/ Richter, Götz (2006). Paradoxe Innovationsstrukturen – Orientierungs-
und Lernerfordernisse für kleine und mittelgroße Unternehmen. In: R. Abel/ H. H.
Bass/ R. Ernst-Siebert (Hrsg.), Kleine und mittelgroße Unternehmen im globalen
Innovationswettbewerb. Technikgestaltung, Internationalisierungsstrategien, Be-
schäftigungsschaffung (S. 9-43). München, Mering: Hampp Verlag.

Adorno, Theodor W. (2003). Einleitung in die Soziologie. Frankfurt a.M.: Suhrkamp (2.
Auflage, zuerst 1968).

Attewell, Paul (1992). Technology Diffusion and Organizational Learning: The Case of
Business Computing. In: Organization Science, 3 (1), 1-19.

Baitsch, Christof/ Aderhold, Jens/ Beelitz, Nicola/ Schulz, Klaus-Peter (2000). Innovationsmanagement – ein praktisches Studium. Bericht von einer Innovation in Sachsen.
In: Handbuch Hochschullehre. Informationen und Handreichungen aus der Praxis
für die Hochschullehre. (S. 1–14). Bonn: Raabe Verlag.

Bell, Daniel (1976). The Coming of Post-Industrial Society. A Venture in Social Forecast-
ing. New York: Basic books.

Biebeler, Hendrik/ Mahammadzadeh, Mahammad/ Selke, Jan-Welf (2008). Globaler
Wandel aus Sicht der Wirtschaft. Chancen und Risiken, Forschungsbedarf und Innovationshemmnisse. IW-Analysen 36, Forschungsberichte aus dem Institut der
deutschen Wirtschaft Köln.

Bourdieu, Pierre (1983). Ökonomisches Kapital, kulturelles Kapital, soziales Kapital. In:
R. Kreckel (Hrsg.), Soziale Ungleichheiten (Soziale Welt, Sonderband 2), (S. 183-
198). Göttingen: Schwartz.

Braun-Thürmann, Holger (2005). Innovation. Bielefeld: transcript.

Brock, Ditmar (2008). Globalisierung: Wirtschaft – Politik – Kultur – Gesellschaft. Wiesbaden: VS Verlag.

Brooks, Harvey (1982). Social and Technological Innovation. In: S. B. Lundstedt/ E. W.
Colglazier (eds.), Managing Innovation: The Social Dimension of Creativity, Invention and Technologie (pp. 1-30). New York: Pergamon Press.

Deutsch, Karl W. (1985). On Theory and Research in Innovation. In: R. L. Merritt/ A. J.
Merritt (eds.), Innovation in the Public Sector (pp. 17-35). Beverly Hills: Sage.

Gillwald, Katrin (2000). Konzepte sozialer Innovation (Paper der Querschnittsgruppe
Arbeit und Ökologie P00-519). Berlin: Wissenschaftszentrum Berlin für Sozialforschung.

Goldenberg, Jacob/ Mazursky, David (2002). Creativity in Product Innovation. Cambridge: Cambridge University Press.

Henecka, Hans Peter (1985). Grundkurs Soziologie. Opladen: Leske + Budrich.

Hepp, Adalbert/ Löw, Martina (Hrsg.) (2008). M. Rainer Lepsius. Soziologie als Profession. Frankfurt a.m., New York: Campus.

Kaesler, Dirk (Hrsg.) (2005). Aktuelle Theorien der Soziologie. Von Shmuel N. Eisenstadt bis zur Postmoderne. München: Beck.

Luhmann, Niklas (1985). Das Problem der Epochenbildung und die Evolutionstheorie. In: H.-U. Gumbrecht/ U. Link-Heer (Hrsg.), Epochenschwellen und Epochenstrukturen im Diskurs der Literatur- und Sprachhistorie (S. 11-33). Frankfurt a.M.: Suhrkamp.

Luhmann, Niklas (1991). Soziologische Aufklärung 3. Soziales System, Gesellschaft, Organisation, Opladen: Westdeutscher Verlag.

Luhmann, Niklas (1994). Die Wissenschaft der Gesellschaft. Frankfurt a.M.: Suhrkamp.

Luhmann, Niklas (1995). Gesellschaftsstruktur und Semantik (Studien zur Wissenssoziologie der modernen Gesellschaft, Bd. 4). Frankfurt a.M.: Suhrkamp.

Nefiodow, Leo A. (1996). Der sechste Kondratieff: Wege zur Produktivität und Vollbeschäftigung im Zeitalter der Information. Sankt Augustin: Rhein-Sieg Verlag.

Nelson, Richard R. (1968). Innovation. In: D. L. Sills (ed.), International Encyclopedia of the Social Sciences (pp. 339-234). New York: Macmillan-Free Press.

North, Douglass C. (1990). Institutions, Institutional Change and Economic Performance. New York: Cambridge University Press.

Nowotny, Helga (1997). Die Dynamik der Innovation. Über die Multiplizität des Neuen, In: W. Rammert/ G. Bechmann (Hrsg.), Technik und Gesellschaft. Jahrbuch 9: Innovation – Prozesse, Produkte, Politik (S. 33-54). Frankfurt a.m., New York: Campus.

Parsons, Talcott (1969). Evolutionäre Universalien der Gesellschaft. In: W. Zapf (Hrsg.), Theorien des sozialen Wandels (S. 55-91). Köln, Berlin: Kiepenheuer & Witsch.

Popitz, Heinrich (1995). Der Aufbruch zur Artifiziellen Gesellschaft. Zur Anthropologie der Technik. Tübingen: Mohr.

Rammer, Christian (2004). Innovationsverhalten der Unternehmen in Deutschland 2003 (Studien zum deutschen Innovationssystem 12-2005). Mannheim: Zentrum für Europäische Wirtschaftsforschung.

Rammer, Christian/ Wieskotten, Iris (2006). Innovationsverhalten der Unternehmen in Deutschland 2004: Aktuelle Entwicklung, Auswirkung von Hemmnissen und Bedarf an Hochqualifizierten (Studien zum deutschen Innovationssystem 08-2006). Berlin: Zentrum für Europäische Wirtschaftsforschung.

Renn, Ortwin (2007). Abschied von der ‚Risiko-Gesellschaft‘? In: J. Aderhold/ O. Kranz (Hrsg.), Intention und Funktion: Probleme der Vermittlung psychischer und sozialer Systeme (S. 230-251). Wiesbaden: VS-Verlag.

Rogers, Everett M. (2003). Diffusion of Innovations. New York: Free Press (5. Auflage, zuerst 1962).

Sauer, Dieter (1999). Perspektiven sozialwissenschaftlicher Innovationsforschung – Eine Einführung. In: D. Sauer/ C. Lang (Hrsg.), Paradoxien der Innovation. Perspektiven sozialwissenschaftlicher Innovationsforschung (S. 9-22). Frankfurt a.M., New York: Campus.

Schulz, Klaus-Peter/ Aderhold, Jens/ Beelitz, Nicola/ Baitsch, Christof (2000). Wie lernt man Innovationen zu managen? In: io-management, 69 (11), 56-65.

Schumpeter, Joseph, A. (1961). Konjunkturzyklen. Eine theoretische, historische und statistische Analyse des kapitalistischen Prozesses. 2 Bände, Göttingen: Vandenhoeck & Ruprecht.

Schumpeter, Joseph A. (1987). Beiträge zur Sozialökonomik. Herausgegeben von Stephan Böhm. Wien: Böhlau (zuerst 1928).

Schwinn, Thomas (2003). Differenzierung und soziale Integration. Wider eine systemtheoretisch halbierte Soziologie. In: H.-J. Giegel/ U. Schimank (Hrsg.), Beobachter der Moderne (S. 231-260). Frankfurt a.m.: Suhrkamp.

Seneca, L. Annaeus (1989). Philosophische Schriften. 5. Band. Über die Milde – Über die Wohltaten. Herausgegeben von Manfred Rosenbach. Darmstadt: Wissenschaftliche Buchgesellschaft.

Weik, Elke (1997). Innovation, aber wie? Einige Gedanken zur Verwendung des Begriffes in der BWL. In: F. Heideloff/ T. Radel (Hrsg.), Organisation von Innovation: Strukturen, Prozesse, Interventionen (S. 7-18), München: Hampp.

Weyer, Johannes (1997). Vernetzte Innovationen – innovative Netzwerke. Airbus, Personal Computer, Transrapid. In: W. Rammert/ G. Bechmann (Hrsg.), Technik und Gesellschaft (Jahrbuch 9), (S. 125-152). Frankfurt a.m., New York: Campus.

Wissenschaftsrat (2007). Empfehlungen zur Interaktion von Wissenschaft und Wirtschaft. Empfehlungen zu Public Private Partnerships (PPP) in der universitätsmedizinischen Forschung. Köln.

Wolfe, David/ Gertler, Meric (1998). The regional innovation system in Ontario. In: H.-J. Braczyk/ P. Cooke/ M. Heidenreich (eds.), Regional Innovation Systems (pp. 99-135). London: UCL Press.

Zapf, Wolfgang (1975). Die soziologische Theorie der Modernisierung. In: Soziale Welt, Jahrgang 26, 1975, Heft 2, 212-226.

Zapf, Wolfgang (1990). Modernisierung und Modernisierungstheorien. In: W. Glatzer (Hrsg.), 25. Deutscher Soziologentag 1990. Die Modernisierung moderner Gesellschaften (S. 23-39). Opladen: Westdeutscher Verlag.

Zapf, Wolfgang (1994). Über soziale Innovationen. In: W. Zapf (Hrsg.), Modernisierung, Wohlfahrtsentwicklung und Transformation (S. 23-40). Berlin: Edition Sigma.

Webseiten

BDI – Bundesverband der Deutschen Industrie e. V.:
http://ww2.bdi.eu/initiativen/innovationsindikator/DerIndikator/News/Seiten/Wasge nauisteigentlichInnovationsf%C3%A4higkeit.aspx (Abruf: 30.1.2010)

Innovation und Kultur am Beispiel von Crowdsourcing. Herausforderung für die Innovationsforschung

Birgit Blättel-Mink

Die Kultur einer Nation vermag deren Innovativität zu behindern oder zu befördern. Der Widerstand, den Joseph A. Schumpeter für den Fall der Durchsetzung von Neuem beobachtet hat, gilt für manche Gesellschaften mehr und für andere weniger. In dieser Sicht kann die Kultur einer Gesellschaft zum Hemmnis für die Durchsetzung von Neuem werden, die sich als *technology push* manifestiert, also von der Wirtschaft ausgeht. Nationale Kultur kann aber auch Innovationen im Sinne von *technology pull* befördern, wenn die Nachfrageseite Innovationen erwartet. Eine besondere Form sind Innovationen, die auf Druck der Gesellschaft durchgesetzt werden, z. B. nachhaltige Innovationen (Katalysator, Hybridantrieb, schadstoffarme Handys). Auch hier spielt die Kultur der Gesellschaft eine Rolle, da sich das Leitbild der Nachhaltigkeit nicht in allen Gesellschaften in gleichem Maße durchsetzt.

Die radikalen und vielfältigen Innovationen in der Informations- und Kommunikationsbranche (IKT) haben das individuelle Informationsverhalten in den letzten fünfzig Jahren grundlegend verändert – bis hin zur Generierung von Neuem durch die NutzerInnen selbst in Form der *Open Innovation* (Chesbrough 2003) oder gar des www-basierten *Crowdsourcing* (Howe 2006). D. h. der Raum des Innovationsgeschehens ist entgrenzt. Innovationen entstehen im Kontext des *Web 2.0* durch Individuen oder Gemeinschaften, die freiwillig und in der Regel unentgeltlich Forschungs- und Entwicklungsfragen lösen. Dieser Wandel muss als zentrale soziale Innovation im Kontext der Technikgenese gesehen werden.

In diesem Beitrag wird der Frage nachgegangen, welche Rolle Kultur im Kontext der Genese von Neuem im Allgemeinen und im Besonderen der Open Innovation bzw. des Crowdsourcing spielt. In einem ersten Schritt wird kurz die Entwicklung des Innovationsgeschehens vom *reinen Unternehmertum* bis zu Crowdsourcing nachgezeichnet. Sodann wird das Phänomen Kultur mit dem Blick auf Innovationen betrachtet. Der Beitrag endet mit einer ersten Antwort auf die Frage nach dem Verhältnis von Open Innovation, Crowdsourcing und Kultur.

1. Innovation – gegen Widerstand?

Joseph A. Schumpeter (1928, 1964) hob in seiner Theorie der wirtschaftlichen Entwicklung hervor, dass Innovationen in der Gesellschaft bzw. bei den von einer Innovation Betroffenen in der Regel auf Widerstand stoßen – und dass es eines besonderen Willens Einzelner bedürfe um Neues auch gegen eben solchen Widerstand durchzusetzen, das war zu Beginn des 20. Jahrhunderts. Schumpeters Erfahrungen bezogen sich auf Österreich und später auch auf die USA, Gesellschaften mit sehr unterschiedlichen Ökonomien und Innovationsaufkommen, aber anscheinend mit einer ähnlichen Einstellung der kollektiven und individuellen Akteure gegenüber Neuem. Spätestens mit dem enormen wirtschaftlichen Aufschwung des Transformationslandes Japan in den siebziger Jahren des 20. Jahrhunderts wurde deutlich, dass es Gesellschaften gibt, in denen die Durchsetzung von Innovationen weniger schwierig ist, bzw. diese sogar von Seiten der Politik und der VerbraucherInnen erwartet werden.

In der Folge setzte die vergleichende Forschung zur Wettbewerbsfähigkeit und zur Innovativität von Nationen und Regionen ein. Zwei Diskursstränge sind dabei besonders hervorzuheben: die *Evolutionary Economics* und die *Institutional Economics* im Ausgang von Richard Nelson, Giovanni Dosi und Christopher Freeman (Dosi/ Freeman/ Nelson/ Silverberg/ Soete 1988; Nelson/ Winter 1977). Stichwort hier ist *Innovationssystem* (u. v. a. Blättel-Mink/ Ebner 2009): Das Zusammenspiel von strukturellen und institutionellen Merkmalen nationaler bzw. regionaler Gefüge. Mitinspiriert ist dieser Ansatz von Michael Porters (1990) umfassender Studie zum *Competitive Advantage of Nations*. Der zweite Strang, dessen Vertreterinnen und Vertreter sich ursprünglich eher implizit mit Innovationen auseinander setzten, ist politikwissenschaftlich geprägt und figuriert unter dem Label V*arieties of Capitalism* (Hall/ Soskice 2001; Amable 2003; Crouch 2005). Dieser Ansatz wiederum wird begleitet von den Arbeiten Gøsta Esping-Andersens (1990) zu unterschiedlichen Typen von Wohlfahrtsstaaten. Gemeinsam ist beiden Ansätzen, neben der Annahme der Multidimensionalität von Wettbewerbsfähigkeit im räumlichen Kontext, die Betonung der Relevanz eher weicher Faktoren, wie den wirtschaftlichen und sozialen Institutionen, aber eben auch der Kultur eines Landes bzw. einer Region. So formuliert Richard Nelson im Resumé einer vergleichenden Studie zu Innovationssystemen:

> „And yet, one cannot read the studies of Japan, Germany, France, Korea, Argentina, and Israel, to name just a few, without coming away with the strong feeling that nationhood matters and has a persuasive influence. In all these cases, a distinctive national character pervades the firms, the educational system, the law, the politics, and the government, all of which have been shaped by a shared historical experience and culture." (Nelson 1993: 519)

Verstanden bzw. verstehend erklärt werden konnte damit der Erfolg des japanischen Wirtschaftssystems (Freeman 1987), aber auch die geringe Innovativität des irischen Wirtschaftssystems, vor der Phase der *New Economy*, die vor allem auf die Zusammensetzung der einheimischen Wirtschaft (Landwirtschaft, Nahrungsmittel), den Katholizismus und die Emigration der High Potentials zurückzuführen war (Mjoset 1992) – oder die Probleme Baden-Württembergs in den neunziger Jahren, dessen Akteure sich gegenüber den High-Tech-Branchen (Informations- und Kommunikationstechnologien bzw. Biotechnologie) weitgehend abweisend (*lock in* Effekt) verhielten (Heidenreich/ Krauss 1997).

In dieser Logik wurden in der Folge auch lokale (Breschi/ Lissoni 2001; Cantner/ Graf/ Meder 2009; Fischer/ Revilla Diez/ Snickars 2001) wie supranationale Innovationssysteme untersucht (Borrás 2003; Paasi 2009).

Innovativität erklärt sich in diesen Zusammenhängen aus dem räumlich begrenzten bzw. räumlich wohl definierten Zusammenspiel ganz unterschiedlicher Faktoren und hat seinen Kern in der Forschungs- und Entwicklungsabteilung eines Unternehmens, deren Mitglieder wiederum spezifisches Wissen in den Forschungsprozess einbringen bzw. im Sinne von interpersonalen Netzwerken mit unterschiedlichen Akteuren außerhalb des Unternehmens im Austausch stehen (Heidenreich 1997). Die *Kohärenz* der Strukturen und Institutionen des Systems insgesamt (d. h. z. B. Passung der Wirtschaftsstruktur und der vorhandenen Forschungseinrichtungen sowie des entsprechenden Finanzsystems) weist sodann ganz unterschiedliche Innovationssysteme als erfolgreich aus (Blättel-Mink 2006; Fuchs/ Shapira 2005).

Daneben entwickelte sich ein empirischer Forschungsstrang, dessen VertreterInnen eher die Technik, und in einem nächsten Schritt ein gesellschaftliches Problem, als den Raum in den Fokus der Analyse stellte. So wurden branchenspezifische Innovationsmuster aufgedeckt, die sich z. B. im Hinblick auf die Komplexität der Technik und damit auf die je spezifischen Akteurskonstellationen unterscheiden (Malerba 2006, 2009; Dolata 2008, 2009; Tushman/ Rosenkopf 1992). Der Fokus liegt dort weniger auf dem Unternehmen als Kern eines Innovationssystems als vielmehr auf der technischen Entwicklung, die in ihrer sozialen Konstruktion Entwicklungspfade beschreitet, die in den unterschiedlichen Phasen je unterschiedliche Akteurs- und damit auch institutionelle Konstellationen aufweist. Diese Art der materialen statt räumlichen Innovationsprozesse wird weniger systemisch, sondern eher netzwerktheoretisch konzipiert (Rammert o. J.). Eine Art Radikale stellt dabei der Ansatz um Bruno Latour und Michel Callon dar, die weniger von der Technik als vielmehr von einem spezifischen gesellschaftlichen Problem ausgehen, das sodann der Konstellation eines Netzwerks bedarf, an dem nicht nur Akteure, sondern auch Aktanden (Technik und Natur) beteiligt sind. Im Netzwerk wird das vorhandene Problem dadurch gelöst,

dass die Beteiligten ihr Handeln koordinieren. Dafür wiederum bedarf es kontinuierlicher Kommunikations- bzw. Translationsprozesse (Schulz-Schaeffer
2000; Latour 2007).

Henry W. Chesbrough (2003) prägte den Begriff der *open innovation* um
damit eine Form der Generierung von Neuem zu beschreiben, bei der die Grenzen zwischen innen und außen zerfließen. Die Unternehmen holen sich ihr Wissen von den Akteuren, die über das relevante Wissen verfügen und fragen nicht
mehr nach Organisationszugehörigkeit oder Branchenspezifik. Damit reduzieren
sie die Unsicherheiten im Innovationsprozess und entlasten sich gleichzeitig von
Forschungs- und Entwicklungskosten. Eine noch weitergehendere Entgrenzung
zeitigen die Innovationsprozesse in der globalisierten Informations- und Kommunikationsbranche. So argumentiert beispielsweise Robert Reich, dass die
globalisierte Softwareindustrie frei sei von den Trägheitseffekten lokaler Kulturen und nationaler Machtverhältnisse und allein auf den geteilten Interaktions-
und Verständigungsregeln basiere, die sich die Akteure selbst schaffen.

> „Successful companies have the dexterity to tap the expertise wherever it happens to
> be and to move their people to where demand is growing. Building the alliances
> with suppliers, distributors and retailers all over the world, however, is not easy be-
> cause this 'relational capital' doesn't show up on the balance sheet." (Tucci 2006)

Sehr aktuell lässt sich in der IKT-Branche ein vollkommen anderer Typ der Generierung von Neuem beobachten: das sogenannte *Crowdsourcing*. Forschungs-
und Entwicklungsfragen der Unternehmen werden nun nicht mehr alleine von
Professionellen (Ingenieure, WissenschaftlerInnen innerhalb und außerhalb der
Wirtschaft) beantwortet, sondern in das World Wide Web *outgesourct* (Howe
2006). Die InternetnutzerInnen sind gehalten diese Fragen zu beantworten, kreativ zu sein und zu tüfteln. In der Regel tun sie dies unentgeltlich bzw. motiviert
durch eine avisierte Belohnung durch das Unternehmen.

> „*Crowdsourcing* is the act of taking a job traditionally performed by a designated
> agent (usually an employee) and outsourcing it to an undefined, generally large
> group of people in the form of an open call." (Howe 2006)

Beim Crowdsourcing findet also nicht nur eine räumliche Entgrenzung, sondern
auch eine nicht begrenzte Zunahme der Heterogenität der Beteiligten statt. Welche Rolle spielt nun im Innovationsgeschehen generell und im *Web 2.0* im Besonderen die Kultur, die ja gemeinhin als etwas von mehreren Individuen mit
bestimmten Merkmalen Geteiltes gesehen wird, was sie von anderen Individuen
bzw. Gruppen abgrenzt? Dafür ist es notwendig, in einem nächsten Schritt den

Kulturbegriff etwas genauer zu bestimmen sowie das Verhältnis von Innovation und Kultur.

2. Kultur und Innovation[1]

Wo setzen kulturelle Faktoren an bzw. welchen Stellenwert nehmen kulturelle Faktoren für die Erklärung unterschiedlicher Innovationsstile ein? Kultur kann als Residualkategorie verstanden werden, die nur dann zur Erklärung innovativen Handelns herangezogen wird, wenn strukturelle und institutionelle Faktoren nicht mehr zur Erklärung ausreichen. Dies ist der Fall, wo sich Metropolen oder Nationen aber auch Branchen in sämtlichen strukturellen und institutionellen Faktoren zumindest ähneln und dennoch unterschiedliche Innovationsstile ausgeprägt haben. Das heißt, es wird ein multikausales Erklärungsschema für unterschiedliche Innovationssysteme entwickelt. So unterscheiden sich die Innovationssysteme Japans und Deutschlands vor allem im Hinblick auf zeitliche Aspekte (Japan transformierte erst nach Ende des Zweiten Weltkrieges zu einer Industrienation) und auf die dominante Form wirtschaftlicher Koordination (Koordination über Gruppen bzw. über Verbände). Die Frage, wie derartige Koordinationsformen entstehen, kann sowohl aus der Entstehungsgeschichte (zentrale Steuerung oder evolutive Technik- und Wirtschaftsentwicklung) als auch mit Hilfe soziokultureller Faktoren erklärt werden (Konsensorientierung oder Kompromisskultur). Das Scheitern – oder besser – die Probleme dieser beiden Innovationssysteme lassen sich sowohl aus strukturellen (Anteil der Großunternehmen, die zu Marktschließung tendieren; *lock in* Effekte) als auch aus institutionellen (Überforderung des Bankensystems im japanischen und mangelnde Kohärenz zwischen Ausbildungssystem und Arbeitsmarkt im deutschen Fall), aber auch aus soziokulturellen Faktoren (Konsensorientierung verschleiert Akzeptanz- und Motivationsprobleme und Kompromisskultur verhindert die Bereitschaft zu radikalen Neuerungen) erklären. Schließlich wird das kulturelle Element im Sinne eines im Individuum manifest werdenden übergeordneten Einflussfaktors verstanden, der sämtliche Aspekte des Innovationssystems beeinflusst: was die einzelnen Gesellschaften oder Regionen aus ihrem natürlichen Ressourcenaufkommen machen, wie sich das Verhältnis von Politik und Wirtschaft gestaltet, wie technischer Wandel in das Wirtschaftssystem eingebaut wird oder welche Rolle Innovation allgemein in einer Gesellschaft oder in einer Region spielt.

---

1 Siehe auch Blättel-Mink 2005.

Fragt man, welche theoretischen Ansätze der Innovationsforschung bzw. der Technikgeneseforschung welche Variante bevorzugen, so kann ganz grob zugeordnet werden: Kultur als Residualkategorie ist eine Sichtweise der Strukturalisten. Kultur als einer von mehreren Faktoren des Innovationsgeschehens wird von den Institutionalisten vertreten und hier vor allem von den AutorInnen, die Strukturen mit Institutionen koppeln und nach den Effekten für die Akteure fragen. Die Variante der Kultur als übergeordnete Kategorie schließlich ist typisch für die HandlungstheoretikerInnen unter den Innovationsforschern, zu denen u. a. Schumpeter zählt.

Aus soziologischer Perspektive fragen wir, was ist Kultur und wie wirkt Kultur im Akteur, d. h. es fällt in dieser Perspektive schwer, Kultur als ein emergentes Phänomen zu betrachten und vom Akteur zu trennen. Max Weber spricht denn auch bewusst nicht von Kultur, sondern von Weltbildern, da er *überindividuell geltende Objektivationen* ablehnte.

> „Kulturelemente werden hier (bei Max Weber; BBM) nur in der Weise relevant, wie sie bei der Rekonstruktion des Sinns von Handlungen der Personen bedeutsam sind und überindividuell besonders bei der Bestimmung des sozialen Handelns in den idealtypischen begrifflichen Unterscheidungen zwischen zweckrationalem, wertrationalem, affektivem und traditionalem Handeln auftreten." (Goetze 1991: 47)

Kulturelle Systeme manifestieren sich im individuellen Handeln. Dabei wird davon ausgegangen, dass individuelles Handeln nicht nur von kurz- oder langfristigen Interessen, sondern von gesellschaftlich oder gemeinschaftlich vorgegebenen Weltbildern, Ethiken, Moral etc. geleitet wird. Versteht man auch wirtschaftliches Handeln als eine Form sozialen Handelns, wie Adam Smith, Max Weber, Richard Swedberg und Mark Granovetter, so unterliegt auch der damit verbundene Sektor der Gesellschaft den oben genannten *weichen* Faktoren der Handlungsorientierung. Richard Swedberg und Mark Granovetter (1992) fassen die soziale Einbettung wirtschaftlichen Handelns folgendermaßen zusammen: „1. Economic action is a form of social action; 2. Economic action is socially situated; and 3. Economic institutions are social constructions." (Swedberg/ Granovetter 1992: 6). Damit wirkt Kultur über die Mechanismen der sozialen Interaktion, der Sozialisation und der sozialen Kontrolle. Ein anderes Konzept von Kultur entwickelt Geert H. Hofstede (1987), wenn er den Begriff der *mentalen Programmierung* oder *mentalen Software* benutzt, der eine soziale oder kulturelle Gruppe von einer anderen unterscheidet.

Für den Zusammenhang von Innovation und Kultur lassen sich m. E. das interaktive Kulturkonzept und das mentale oder kognitive Konzept von Kultur koppeln. Kulturelle Elemente werden im Lebenslauf kommuniziert und verinnerlicht und leiten sodann das Handeln der Individuen im Innovationsprozess. Dabei geht es nicht um Themen oder Funktionen, sondern um internalisierte Orientierungen, die eine Gruppe von Individuen von einer anderen Gruppe unterscheiden. Dieter Goetze (1991) führt, in Anlehnung an Ward H. Goodenough, zum besseren Verständnis der mentalen Programmierung aus:

„Danach umfasst Kultur 1. Die Art, in der man die Erfahrung der realen Welt konstruiert, um sie als erfahrbare Welt zu strukturieren und zu erfassen: Wahrnehmungen und Begriffe (Ist-Standards). 2. Die Art, in der man diese so gesehene Welt organisiert, um sie als ein System von Ursache-Wirkungs-Beziehungen zu strukturieren und zu begreifen: Maßstäbe oder Standards, um zu entscheiden, was sein kann (Kann-Standards). 3. Die Art, in der man diese so gesehene Welt und die davon gewonnenen Erfahrungen ordnet und organisiert, um daran Wert- oder Gefühlssysteme zu bilden, die notwendig sind für die Aufstellung und Auswahl von Zielen, um sich in einer sich verändernden, erfahrenen Welt adäquat zu verhalten: Maßstäbe oder Standards, um zu entscheiden, wie man über etwas denkt. 4. Die Art, wie man die Erfahrung von früheren Bemühungen organisiert, um neue oder wiederkehrende Ziele auch in Zukunft zu erreichen, bezogen sowohl auf den Umgang mit Personen als auch auf den Umgang mit materiellen Dingen: Maßstäbe oder Standards, um zu entscheiden, was und wie etwas getan werden soll." (Goetze 1991: 41f)

Woher kommen derartige Orientierungen oder Standards? Axel Inkeles und Daniel Levinson (1969) beschreiben drei Probleme, denen sich sämtliche Gesellschaften – auf der individuellen Ebene – gegenübersehen: 1. das Verhältnis zu Autorität; 2. das Menschenbild (dazu gehören die Beziehung zwischen Individuum und Gesellschaft und die Wahrnehmung der Geschlechtscharaktere); 3. der Umgang mit Konflikten (dazu gehören die Kontrolle von Aggressionen und der Ausdruck von Gefühlen).

Geert Hofstede (1987, 1991) findet in einer Untersuchung von Mitarbeiterinnen und Mitarbeitern eines multinationalen Konzerns in fünfzig unterschiedlichen Ländern folgende Dimensionen nationaler kultureller Unterschiede[2]:

Soziale Ungleichheit, inklusive der Beziehung zu Autorität (Power Distance)

„Power distance can therefore be defined as the extent to which the less powerful members of institutions and organizations within a country expect and accept

---

2 Nation stellt für Hofstede in diesem Zusammenhang keinen unproblematischen Begriff dar, der auf keinen Fall mit Gesellschaft gleichgesetzt werden sollte. Es wird immer ethnische, sprachliche und religiöse Minderheiten geben, die sich nur schwer – auch wenn sie den gleichen Pass haben – dem nationalen Selbstverständnis unterordnen. So plädiert Hofstede denn auch für eine Beachtung der Unterschiede, verweist jedoch darauf, dass diese für die Sozialforschung schwer zugänglich sind.

that power is distributed unequally" (Hofstede 1991: 28). Machtdistanz bezieht sich demnach auf die Stärke der Ungleichheit zwischen Herrschern und Beherrschten sowie auf die Legitimierung dieser Situation von Seiten der Beherrschten.

Die Beziehung zwischen dem Individuum und der Gruppe (Individualismus vs. Kollektivismus)

„Individualism pertains to societies in which the ties between the individuals are loose: everyone is expected to look after himself or herself and his or her immediate family. Collectivism as its opposite pertains to societies in which people from birth onwards are integrated into strong, cohesive ingroups, which throughout people's lifetime continue to protect them in exchange for unquestioning loyalty." (Hofstede 1991: 51)

Betrachtet man die Korrelation zwischen Machtdistanz und Individualismus bzw. Kollektivismus, so verteilen sich die meisten Länder (in denen es Produktionsstätten des untersuchten Konzerns gibt) auf zwei Felder: geringe Machtdistanz und Individualismus auf der einen Seite und große Machtdistanz und Kollektivismus auf der anderen Seite. Dabei lassen sich in beiden Feldern je zwei deutliche *cluster* unterscheiden. Im ersten Fall ergibt sich ein *cluster* der nordamerikanischen Länder. Etwas weniger individualistisch bei geringer Machtdistanz sind die skandinavischen Länder, Deutschland, Schweiz und Irland. Auf der anderen Seite finden sich zum einen südamerikanische und asiatische Regime bzw. Länder mit äußerst fragilen politischen Systemen und zum anderen mit etwas weniger kollektivistischer Grundhaltung eine bunte Mischung von Japan über Iran, Türkei, Brasilien bis Indien.

Soziale Konzepte von Männlichkeit und Weiblichkeit

„ ... masculinity pertains to societies in which social gender roles are clearly distinct (i.e. men are supposed to be assertive, tough, and focused on material success whereas women are supposed to be more modest, tender, and concerned with the quality of life); femininity pertains to societies in which social gender roles overlap (i.e. both men and women are supposed to be modest, tender, and concerned with the quality of life." (Hofstede 1991: 82f)

Auch hier bilden die skandinavischen Länder ein eigenes *cluster* (incl. Costa Rica) im Feld *Femininität* und geringe Machtdistanz. Die übrigen Länder mit geringer Machtdistanz weisen sich eher als maskulin aus. Eher weiblich – auf deutlich niedrigerem Niveau als die skandinavischen Länder – sind die südamerikanischen und einige südeuropäische Länder.

Umgang mit Unsicherheit, verbunden mit der Kontrolle von Aggressionen und dem Ausdruck von Gefühlen (uncertainty avoidance)

„Uncertainty avoidance can therefore be defined as the extent to which the members of a culture feel threatened by uncertain or unknown situations." (Hofstede 1991: 113). Die starke Korrelation von Unsicherheitsvermeidung und Individualismus – Kollektivismus enthüllt interessante Unterschiede. Wieder bilden die nordamerikanischen Länder ein *cluster* bei hohem Individualismus und schwachen Tendenzen zu Unsicherheitsvermeidung, während sich ein noch kleineres *cluster* bestehend aus Österreich, Schweiz, Deutschland und Finnland identifizieren lässt, das eher eine starke Tendenz zu Unsicherheitsvermeidung bei hohem Individualismus aufweist. Die *kleinen Tiger* (Malaysia, Singapur, Philippinen und Hongkong) bilden ein weiteres *cluster* aus Kollektivismus und geringen Tendenzen der Unsicherheitsvermeidung.

Hofstede identifiziert damit eine deutliche Beziehung zwischen vitalen gesellschaftlichen Problemen und nationalen Lösungsmustern, die in den Köpfen der Menschen wirken. Wobei er in diesem Zusammenhang noch einmal darauf aufmerksam macht, dass von der Kultur einer Nation nicht geradlinig auf die Kultur der Individuen zu schließen ist.

„The culture of a country – or another category of people – is not a combination of properties of the ‚average citizen‘, nor a ‚modal personality‘. It is, among other things, a set of likely reactions of citizens with a common mental programming. One person may react in one way (such as, feeling more nervous), another in another way (such as, wanting rules to be respected). Such reactions need not be found within the same persons, but only statistically more often in the same society. Confusing the level of the individual with the level of the society is known in the social sciences as the ecological fallacy. It amounts to a confusion between personality and culture." (Hofstede 1991: 112)

Dass einzelne Gesellschaften sich nicht auf eine homogene Kultur, eine einzige *mentale Software* beschränken wird u. a. von Mary Douglas (1989, 1997) betont. „I take it (culture; d. A.) to be an ongoing, never resolved argument about rightness of choice." (Douglas 1989: 89) Dieser *Kulturkampf* manifestiert sich zwischen unterschiedlichen Gruppen, die vor allem im Hinblick auf ihren *cultural bias* differieren. Ein *cultural bias* ergibt sich nach Douglas aus einer Kombination von jeweils bestimmten Graden an Gruppenintegration und Regulierung. Je höher die Regulierung und je stärker die soziale Integration, desto hierarchischer ist das Weltbild der Individuen (z. B. Deutsches Kaiserreich oder nachholende Modernisierer, wie z. B. die südosteuropäischen Länder).

Das Kulturkonzept, wie es für die Innovationsforschung nutzbar zu machen ist, weist damit folgende Komponenten auf: Kultur wird über soziale Interaktionen vermittelt, Kultur ist immer die Kultur einer bestimmbaren Gruppe von Individuen, Kultur manifestiert sich im Individuum im Sinne einer *mentalen Programmierung* und Kulturen einzelner Gruppen innerhalb einer Nation oder zwischen Nationen können sich widersprechen. Damit verbunden sind Kulturkonflikte. Die Kultur bzw. die mentale Programmierung der Mitglieder einer Gesellschaft oder einer Gemeinschaft beeinflusst deren Umgang mit Natur, soziale Umgangsformen, Technikentwicklung und die Organisation von Wissen. Kultur ist institutionell verankert.

Kulturelle Momente tauchen im Innovationsprozess an mehreren Stellen auf und variieren im Hinblick auf ihre Erklärungskraft wiederum in Abhängigkeit von unterschiedlichen situativen Gegebenheiten. Neben der individuellen Ebene spielt die Organisation eine Rolle, in welcher der Innovationsprozess stattfindet oder die mit dem Ziel der Innovation externe auch extranationale Kommunikations- bzw. Kooperationspartner sucht. Jede wirtschaftliche Branche weist ein bestimmtes Sozialmodell auf, das sich aus den typischen Rechts- und Organisationsformen der Branche, aus den Qualifikationsniveaus der Mitarbeiterinnen und Mitarbeiter und nicht zuletzt aus der bearbeiteten Technik selbst ergibt (Blättel-Mink 1994; Tushman/ Rosenkopf 1992; Heidenreich 1990). Dieses Sozialmodell, kombiniert mit den spezifischen Merkmalen des Unternehmens, manifestiert sich als „Kultur einer Organisation". Der Faktor *Machtdistanz* von Hofstede wird hier manifest, d. h. die Frage, inwieweit die vertikale Kommunikation in der Organisation institutionalisiert ist. Dies impliziert auch die Partizipation der Mitarbeiterinnen und Mitarbeiter auf den unterschiedlichen Ebenen im Innovationsprozess. Innovationsrelevant werden derartige organisationale Faktoren im Hinblick auf die Durchsetzung von Neuem. Wer kann Innovationen verhindern und warum? Welche Kommunikationsformen sind von Bedeutung? So weist der Maschinenbau eine deutlich andere Art der Sozialintegration und *Power Distance* auf (*High-Trust-Organization*) als das Bekleidungsgewerbe (*Low-Trust-Organization*).

3. Kultur und Innovation im Web 2.0

Kommen wir nun zu marktkoordinierten Innovationen im Web 2.0[3], zu Open Innovation und Crowdsourcing. Gisela Welz (2007) spricht für Innovationen im Netz von der Herausbildung einer Professionskultur:

> „Die Regeln in diesem quasi als kulturfrei gedachten Raum der Innovationen sind die einer globalen Professionskultur, für deren Angehörige nationale Herkunft bzw. kulturelle Herkunftskontexte relativ unbedeutend sind und die zugleich als aktive Träger der Diffusion globaler Wissensbestände, Artefakte und Institutionen gelten können." (Welz 2007: 74)

Welz geht es dabei um Innovationen, die im globalen Kontext durch ausgewiesene ExpertInnen realisiert werden, d. h. die üblichen Betroffenen, aber eben im Netz und damit in ganz unterschiedliche kulturelle Kontexte eingebunden. Die Hinzunahme von Laien, durchaus auch als Effekt konsequenter betrieblicher Rationalisierungsanstrengungen, wie sie typisch für Crowdsourcing ist, stellt noch einmal eine Zunahme von Komplexität und Unbestimmtheit dar. Der Sender von Forschungs- und Entwicklungsfragen (in der Regel ein Unternehmen) weiß nicht, wen er mit seinen Fragen anspricht und wie der Prozess der Lösungsfindung vor sich geht. Der private Ko-Innovator auf der anderen Seite hat keine formale[4] Bindung zum Unternehmen. Was bedeutet dies für die kulturelle Programmierung im Kontext der Innovation? Die Ko-Innovation im *Web 2.0* verdeckt die Identität der Beteiligten. Jenseits von sozialer Herkunft, Bildung, Sozialisation, Alter, Geschlecht und Sprache sind alle interessierten InternetnutzerInnen eingeladen, Entwicklungsfragen zu beantworten. Auch die Motive können in hohem Maße variieren. Intrinsische Motive des Rätselns, Tüftelns, Recherchierens etc. unterscheiden sich von extrinsischen Motiven der Aneignung von arbeitsmarktrelevantem Wissen bzw. von Schlüsselqualifikationen. Inwieweit die Ko-Innovatoren die Ziele des Unternehmens mittragen bleibt unklar. Ebenso unklar ist, ob die Ko-Innovatoren vorhaben, die Innovation an der sie beteiligt sind, später selbst zu nutzen. Wo also beginnen? Was weiß man über Internetnutzer? Sie sind eher mittleren Alters, eher männlich, sie verfügen über eine Ausbildung, über ein mittleres bis hohes Bildungsniveau, sie sind erwerbstätig, sie haben Familie und ein mittleres Einkommen (Groebel/ Gehrke 2003). In den letzten Jahren lässt sich ein verstärkter Anteil von älteren Menschen beobachten, die das Web 2.0 nutzen und auch der Frauenanteil steigt an. Männer und Frauen

---

3 Es werden Innovationen ausgeschlossen, die im Non-Profit-Bereich entstehen, wie z. B. LINUX.
4 Eventuell jedoch eine informale z. B. aufgrund von regionaler Zugehörigkeit.

nutzen das Internet jedoch ganz unterschiedlich. Kurzum nach allem was wir wissen, lässt sich vermuten, dass Ko-Innovatoren eher männlich sind.

Mit Hofstede lässt sich argumentieren, dass sich die Innovationsstile unterschiedlicher Nationen aufgrund von unterschiedlichen mentalen Programmierungen unterscheiden, dass also z. B. das Innovationsaufkommen in Deutschland – sagen wir in der zweiten Hälfte des 20. Jahrhunderts – mit beeinflusst war von einer in den Individuen verankerten klaren Tendenz zur Unsicherheitsvermeidung, einer eher geringen Machtdistanz, einer Individualorientierung und einem männlich geprägten Gesellschaftsbild. Gibt es eine spezifische mentale Programmierung der Ko-Innovatoren und hat diese einen Einfluss auf das Innovationsgeschehen? Der Ko-Innovator übernimmt keine unternehmerischen Risiken, und es ist nicht bekannt, ob er im Alltag eher offen für Neues ist oder nicht. Der Ko-Innovator beteiligt sich an Prozessen der Innovation ohne Mitglied einer Organisation zu sein, d. h. Fragen der Machtdistanz spielen hier eine geringe Rolle. Zwar gibt das Unternehmen die Spielregeln vor, bestimmt aber nicht über die Mitspieler. Der Ko-Innovator ist zwar Teil eines (globalen) Netzwerkes, aber er handelt im eigenen Interesse. Schließlich geht es um ein eher männlich geprägtes Handeln des Tüftelns und Recherchierens.

Die kulturellen Dimensionen der mentalen Programmierung im Kontext von Nationen oder Regionen scheinen hier kaum noch eine Rolle zu spielen. Vielversprechend sind noch Fragen zur Beteiligung an derartigen Prozessen im internationalen Vergleich: Beteiligen sich beispielsweise die kollektiv orientierten Japaner aus anderen Motiven an Crowdsourcing Prozessen als Deutsche, oder weisen Nordamerikaner mit ihrer eher geringen Tendenz zur Unsicherheitsvermeidung eher extrinsische Motive auf als deutsche Ko-Innovatoren? Auch branchenspezifische Merkmale der Nutzung von Open Innovation oder Crowdsourcing sollten analysiert werden. Weist der Ko-Innovator der Automobilbranche andere Merkmale und Motive auf als der Ko-Innovator auf dem Feld der Softwareindustrie? Für die Seite der Unternehmen unterstellen wir ökonomische Motive für den Zugriff auf User Innovation oder Crowdsourcing. Da ist zum einen die Kostenersparnis durch Auslagerung von Aufgaben über den Arbeitsmarkt hinaus und zum anderen die Chance einer höheren gesellschaftlichen Akzeptanz von Innovationen, die mit Hilfe von Open Innovation oder Crowdsourcing entstanden sind. Unternehmen überwinden damit nationale Grenzen, Strukturen und institutionelle Settings – aber auch Kulturen?

4. Fazit

Welche Rolle die Kultur im Innovationsprozess spielt, kann – ähnlich wie das Konzept Kultur selbst – nicht klar bestimmt werden. In diesem Beitrag wird Kultur im Sinne einer mentalen Programmierung gefasst, die handlungsanleitend wirkt und interaktiv vermittelt wird. Kultur wird verstanden als eine grundsätzliche Art und Weise, sich in der Welt zurecht zu finden und die grundlegenden Bedürfnisse des Überlebens zu stillen. Bezogen auf Innovation beeinflusst Kultur die Einstellung des Individuums (als Teil eines größeren Ganzen) gegenüber Neuem. Nationen, die eher innovationsavers sind, weisen eine andere Kombination der von Hofstede identifizierten kulturellen Merkmale auf, als Nationen, die radikale Innovationen institutionalisiert haben. Kultur in einem so verstandenen Sinne determiniert auch das institutionelle Setting einer Gesellschaft. D. h. die Institutionen des Wirtschaftslebens sowie die für die Wirtschaft relevanten Institutionen sind kulturell überformt. Dies gilt bzw. galt auch für die radikalen Innovationen in den Informations- und Kommunikationstechnologien. Diese Dynamiken haben jedoch immense soziale Innovationen hervorgebracht, an deren vorläufigem Ende die NutzerInnen des Web 2.0 stehen, die – unabhängig davon ob sie auch die späteren NutzerInnen der von ihnen mitentwickelten Innovationen sind – das Unternehmen auf dem Feld der Forschungs- und Entwicklungsarbeit durch Open Innovation oder Crowdsourcing unterstützen.

Die Erklärungskraft des Systemkonzeptes der Innovationsforschung muss spätestens hier überdacht werden. Diskutiert werden müssen interpersonale und interorganisationale Netzwerkkonzepte; was jedoch nicht heißt, dass Open Innovation und Crowdsourcing den klassischen heterogenen Techniknetzwerken entsprechen. Wesentliche Unterschiede zwischen klassischen Techniknetzwerken und Crowdsourcing bestehen in der Anonymität der Ko-Innovatoren und in deren nicht notwendigen Betroffenheit von der potentiellen Innovation an der sie partizipieren. Damit verliert auch die kulturelle Überformung von Innovativität an Bedeutung bzw. wird schwerer greifbar, abgesehen vielleicht von nationalen oder branchenspezifischen Beteiligungsmustern.

Abschließend lässt sich folgender Zusammenhang zwischen Innovation und Kultur formulieren: Technische Innovationen sind kulturell überformt. Sie führen zu sozialen Innovationen, die ihrerseits technische Innovationen hervorbringen und Kulturen der Innovation verändern.

Literatur

Amable, Bruno (2003). The diversity of modern capitalism. Oxford: Oxford University Press.

Blättel-Mink, Birgit (1994). Innovation in der Wirtschaft – Determinanten eines Prozesses. Frankfurt a.M.: Lang.

Blättel-Mink, Birgit (2005). Kultur im Innovationsprozess. Does culture matter? In: J. Aderhold/ R. John (Hrsg.), Innovation – Sozialwissenschaftliche Perspektiven (S. 79-96). Konstanz: UVK.

Blättel-Mink, Birgit (2006). Kompendium der Innovationsforschung. Wiesbaden: VS Verlag für Sozialwissenschaften.

Blättel-Mink, Birgit/ Ebner, Alexander (Hrsg.) (2009). Innovationssysteme: Technologie, Institutionen und die Dynamik der Wettbewerbsfähigkeit. Wiesbaden: VS Verlag für Sozialwissenschaften.

Borrás, Susana (2003). The innovation policy of the European Union. Cheltenham: Edward Elgar.

Breschi, Stefano/ Lissoni, Francesco (2001). Knowledge spillovers and local innovation systems: a critical survey. Industrial and Corporate Change, 10 (4), 975-1005.

Cantner, Uwe/ Graf, Holger/ Meder, Andreas (2009). Urbane Innovationssysteme: Das Innovationsnetzwerk in Jena. In: B. Blättel-Mink/ A. Ebner (Hrsg.), Innovationssysteme: Technologie, Institutionen und die Dynamik der Wettbewerbsfähigkeit (S. 199-228). Wiesbaden: VS Verlag für Sozialwissenschaften.

Chesbrough, Henry W. (2003). Open Innovation. The new imperative for creating and profiting from technology. Boston: Harvard Business School Press.

Crouch, Colin (2005). Models of capitalism. New Political Economy, 10 (4), 439-456.

Dolata, Ulrich (2008). Technologische Innovationen und sektoraler Wandel. Eingriffstiefe, Adaptionsfähigkeit, Transformationsmuster: Ein analytischer Ansatz. Zeitschrift für Soziologie, 37 (1), 44-61.

Dolata, Ulrich (2009). Technological innovations and sectoral change. Transformative capacity, adaptability, patterns of change. An analytical framework. Research Policy, 38 (6), 1066-1076.

Dosi, Giovanni/ Freeman, Christopher/ Nelson, Richard/ Silverberg, Gerald/ Soete, Luc (eds.) (1988). Technical change and economic theory. London, New York: Pinter.

Douglas, Mary (1989). A typology of cultures. In: M. Haller/ H. J. Hoffmann-Novotny (Hrsg.), Kultur und Gesellschaft (S. 85-97). Frankfurt a.M.: Campus.

Douglas, Mary (1997). The depoliticization of risk. In: R. J. Ellis/ M. Thompson (eds.), Culture matters. Essays in honour of Aaron Wildavsky (pp. 121-132). Boulder, Colorado: Westview Press.

Esping-Andersen, Gøsta (1990). The three worlds of welfare capitalism. Cambridge: Polity Press.

Fischer, Manfred M./ Revilla Diez, Javier/ Snickars, Folke (2001). Metropolitan innovation systems theory and evidence from three metropolitan regions in Europe. Berlin, New York: Springer.

Freeman, Christopher (1987). Technology policy and economic performance: Lessons from Japan. London, New York: Pinter.

Fuchs, Gerhard/ Shapira, Philip (eds.) (2005). Rethinking regional innovation and change: path dependency or regional breakthrough. New York: Springer.

Goetze, Dieter (1991). Kultur. In: H. Reimann/ B. Giesen/ D. Goetze/ K. Kiefer/ P. Meyer/ C. Mühlfeld/ M. Schmid (Hrsg.), Basale Soziologie: Hauptprobleme (S. 27-53). Opladen: Westdeutscher Verlag.

Groebel, Jo/ Gehrke, Gernot (Hrsg.) (2003). Internet 2002. Deutschland und die digitale Welt. Internetnutzung und Medieneinschätzung in Deutschland und Nordrhein-Westfalen im internationalen Vergleich. Opladen: Leske+Budrich.

Hall, Peter A./ Soskice, David (2001). Varieties of capitalism: The institutional foundations of comparative advantage. Oxford: Oxford University Press.

Heidenreich, Martin (1990). Nationale Muster betrieblichen Strukturwandels – am Beispiel der französischen und bundesdeutschen Bekleidungsindustrie. Frankfurt a.M.: Campus.

Heidenreich, Martin (1997). Zwischen Innovation und Institutionalisierung. Die soziale Strukturierung technischen Wissens. In: B. Blättel-Mink/ O. Renn (Hrsg.), Zwischen Akteur und System. Die Organisierung von Innovation (S. 177-206). Opladen: Westdeutscher Verlag.

Heidenreich, Martin/ Krauss, Gerhard (1997). Das Baden-Württembergische Produktions- und Innovationsmodell: Zwischen vergangenen Erfolgen und neuen Herausforderungen. In: M. Heidenreich (Hrsg.), Innovationen in Baden-Württemberg (S. 17-31). Baden-Baden: Nomos.

Hofstede, Geert H. (1987). Culture's consequences. International differences in work related values. Beverly Hills: Sage.

Hofstede, Geert H. (1991). Culture and organizations. Software of the mind. London: McGrawHill.

Howe, Jeff (2006). The rise of crowdsourcing. Download von: www.wired.com (www.wired.com/wired/archive/14.06/crowds.html, Abruf: 25.01.2010).

Inkeles, Alex/ Levinson, Daniel J. (1969). National character: the study of modal personality and sociocultural systems. In: G. Lindzey/ E. Aronson (eds.), The Handbook of Social Psychology (pp. 418-506). Reading, MA: Addison-Wesley.

Latour, Bruno (2007). Eine neue Soziologie für eine neue Gesellschaft. Frankfurt a.M.: Suhrkamp.

Malerba, Franco (2006). Innovation and the evolution of industries. Journal of Evolutionary Economics, 16 (1), 3-23.

Malerba, Franco (2009). Sectoral systems of innovation: concepts, issues and analyses of six major sectors in Europe. Cambridge: Cambridge University Press.

Mjoset, Lars (1992). The Irish economy in a comparative institutional perspective. Dublin: National Economic and Social Council.

Nelson, Richard R. (1993). National innovation systems. A comparative analysis. New York: Oxford University.

Nelson, Richard R./ Winter, Sidney G. (1977). In search of a useful theory of innovation. Research Policy, 6 (1), 36-76.

Paasi, Marianne (2009). Ein Innovationssystem der Europäischen Union? Potentiale und Grenzen supranationaler Innovationssysteme. In: B. Blättel-Mink/ A. Ebner (Hrsg.), Innovationssysteme: Technologie, Institutionen und die Dynamik der Wettbewerbsfähigkeit (S. 267-279). Wiesbaden: VS Verlag für Sozialwissenschaften.

Porter, Michael E. (1990). The competitive advantage of nations. New York: Free Press.

Rammert, Werner (o. J.). Innovation im Netz. Neue Zeiten für technische Innovationen: global verteilt und heterogen vernetzt. Download von: www.soz.tu-berlin.de (www.soz.tu-berlin.de/Crew/rammert/articles/Innovation_im_Netz.html, Abruf: 25.01.2010).

Schulz-Schaeffer, Ingo (2000). Akteur-Netzwerk-Theorie. Zur Koevolution von Gesellschaft, Natur und Technik. In: J. Weyer (Hrsg.), Soziale Netzwerke. Konzepte und Methoden der sozialwissenschaftlichen Technikforschung (S. 187-209). München: Oldenbourg.

Schumpeter, Joseph A. (1928). Der Unternehmer. In: L. Elster/ A. Weber/ F. Wieser (Hrsg.), Handwörterbuch der Staatswissenschaften (S. 476-488). Jena: Gustav Fischer.

Schumpeter, Joseph A. (1964). Theorie der wirtschaftlichen Entwicklung. Eine Untersuchung über Unternehmergewinn, Kapital, Kredit, Zins und den Konjunkturzyklus. Berlin: Duncker & Humblot.

Swedberg, Richard/ Granovetter, Mark (eds.) (1992). The sociology of economic life. Boulder, San Francisco: Westview.

Tucci, Linda (2006). Robert Reich tells CIOs: Rise up and adapt to global change. Download von: http://searchcio-midmarket.techtarget.com (http://searchcio-midmarket.techtarget.com/news/article/0,289142,sid183_gci1195290,00.html, Abruf: 25.01.2010).

Tushman, Michael L./ Rosenkopf, Lori (1992). Organizational determinants of technological change. Towards a sociology of technological evolution. Research in Organizational Behaviour, 14 (1), 311-347.

Welz, Gisela (2007). Lernkulturen regionaler Innovationsmilieus im IT-Sektor. In: G. Koch/ B. J. Warneken (Hrsg.), Region – Kultur – Innovation. Wege in die Wissensgesellschaft (S. 71-82). Wiesbaden: VS Verlag für Sozialwissenschaften.

Web 2.0 zwischen technischer und sozialer Innovation: Anschluss an die medientheoretische Debatte

Bastian Pelka und Christoph Kaletka

1. Ein unbestimmter Begriff

Seit 2004 präsentiert sich das ‚Web 2.0' als neue Entwicklung, die – folgt man jeweils euphorischen oder kritischen Stimmen – nicht mehr und nicht weniger bietet als die endgültige Durchsetzung wahrer Demokratie oder: gar nichts Neues.[1] Beide Perspektiven haben übrigens nachvollziehbare Argumente; doch dazu später. Fakt ist: Der Begriff des Web 2.0 wurde 2004 vom O'Reilly-Verlag geprägt, der nach dem Platzen der ‚dot-com-Blase' Internet-Experten zu einer Konferenz zur Zukunft des Internet lud. Der Titel der Konferenz – ‚Web 2.0 Conference' – war eher dem Marketing der Veranstaltung geschuldet, als einem Ansatz, Ziel oder Konzept zu folgen. Doch er griff: ‚Web 2.0' wird heute weltweit als Synonym für eine große Anzahl unterschiedlicher Angebote verwendet und erfreut sich einer regen Diskussion auch in ‚klassischen' Massenmedien und verschiedenen Fachdiskursen.

Dabei leidet der Begriff heute wie 2004 unter einer erstaunlichen inhaltlichen Unbestimmtheit, die sich in einer Vielzahl unterschiedlicher Definitionsversuche bis hin zu dem Ansatz niederschlägt, den Begriff gar nicht zu definieren, sondern als Gesamtheit der ihm zugeordneten Angebote zu verstehen – also als Sammelkategorie. Dieser Ansatz kondensiert in der *Tag Cloud*[2], also der grafisch als ‚Wolke' dargestellten Assoziation zum Begriff, die zur Zeit die wohl gängigste Definition des Web 2.0 liefert und auch im – dem Web 2.0 zugerechneten – Wikipedia-Eintrag zum Begriff ‚Web 2.0' Verwendung findet. Die Tag Cloud zum Web 2.0 enthält sowohl Angebote (Wikis, Blogs), als auch Gestaltungsprinzipien (Modularity, Joy of Use, Remixability, Simplicity), Technolo-

---

1 Zur Kritik der Genese des Begriffs vgl.: http://de.wikipedia.org/wiki/Web_2.0
2 Eine Tag Cloud stellt Assoziationen zu einem Begriff dar, indem Assoziationsketten durch Nähe der Begriffe zueinander und die Bedeutung der Begriffe durch deren Größe beschrieben werden.

gien (RSS, AJAX) und Nutzungsphänomene (Long Tail, Folksonomies). Die einzige verbindende Klammer dieser Begriffe stellt die Assoziation des Autors dar, die jedoch – in der für den gesamten Web 2.0-Diskurs typischen Arbeitsform – durch zahlreiche andere Autoren ergänzt und verändert wurde und damit einen Diskurs repräsentiert. Die hier abgebildete Tag Cloud zeigt die Prinzipien des Web 2.0. Sie wurde von Markus Angermeier am 11. November 2005 veröffentlicht.

Abbildung 1:　　　Prinzip des Web 2.0

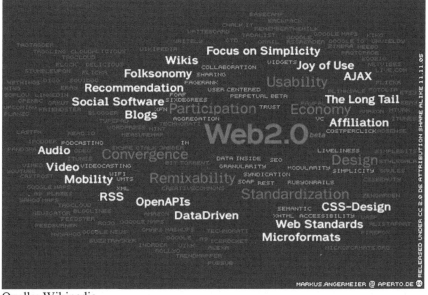

Quelle: Wikipedia

2.　Zwei Innovationsebenen

Der Begriff ,Web 2.0' weckt aus zwei Gründen das besondere Interesse der Innovationsforschung. Erstens lockt die Breitenwirkung des Begriffes zu einer wissenschaftlichen Auseinandersetzung – immerhin rund 370 Millionen Artikel im Internet beschäftigen sich laut Google mit ihm und 15% aller deutschen Internet-Nutzer geben an, im Web 2.0 aktiv zu sein; zweitens fordert wohl kaum ein anderer Begriff bereits durch eine implizite Versionierung (,2.0') so lautstark nach einem Vergleich zum Zustand *prae ante* und damit der Bennennung seiner Innovation als Differenz.

Aus Perspektive der Innovationsforschung stellt sich jedoch die Frage, ob ein derart undefinierter Gegenstand überhaupt das Objekt ihrer Forschung sein darf. Konkret muss Innovationsforschung erklären, wie es gelingen kann, eine Innovation in etwas zu entdecken, das selber nicht definiert ist und somit auch keinen Vergleich zu einem Zustand ohne diese Innovation zulässt. Denn gerade die Vielzahl der im Sammelbegriff vertretenen Bestandteile birgt die stete Gefahr, eine Innovation in etwas zu sehen, das bereits seit langem besteht oder das sich so evolutionär entwickelt hat, dass es sich nicht als Entität mit ‚Grenzen' fassen lässt. Derjenige, der dies als ‚Innovation' bezeichnen wollte, würde also in die Falle tappen, die das Marketing des O'Reilly-Verlags ausgelegt hat.

Nach Einschätzung der Autoren dieses Beitrags kann eine Beantwortung dieser Frage nur über die Erarbeitung einer eigenen, für die Innovationsforschung gültigen, Definition des Web 2.0 führen. Dazu unterscheiden wir zwei Ebenen: eine technologische und eine soziale. Unter der ‚technologischen Ebene' soll der Ansatz verstanden werden, im Web 2.0 einen technologischen Versionsschritt zu sehen; dies im Vergleich zu einem – wie auch immer zu definierenden – ‚Web 1.0'. Es geht also um die Verbindung des Konzepts ‚Web 2.0' mit einem technologischen Innovationsschritt. Als ‚soziale Ebene' wollen wir eine Argumentation entwickeln, die das Web 2.0 als soziale Innovation interpretiert und Neuerungen auf der Ebene der Technik*nutzung*, nicht der Technik selber, sucht.

Technologische und soziale Innovationen stehen in vielfältigen Verhältnissen zueinander: Soziale Innovation kann, muss sich aber nicht zwingend innovative Techniken zu Nutze machen. Anders herum kann eine innovative soziale Praxis auslösendes Element für technische Innovationen sein und zu deren Verbreitung beitragen (Zapf 1989: 176 ff.). Howaldt/ Kopp/ Schwarz (2008: 64) weisen in diesem Kontext darauf hin, dass Innovation an sich bereits stets einen sozialen Prozess darstellt. Die Bedeutung der sozialen Dimension von Innovationen ist besonders im Kontext der Diskussion von Innovationsfähigkeit thematisiert worden. Denn wirtschaftlicher Erfolg beruht „immer weniger auf territorialen, nationalstaatlich errichteten Barrieren für den freien Personen-, Güter-, Kapital- und Dienstleistungsverkehr und immer mehr auf temporären, durch Innovationen erlangten Vorsprüngen" (Heidenreich 2004: 125). Das in der Lissabon-Agenda zum Ausdruck gebrachte gesamteuropäische Innovationsregime (bei aller Differenzierung in angelsächsisch oder kontinentaleuropäisch geprägte nationale Wege) sieht Wertschöpfung durch wissensbasiertes Wachstum, aktive Teilhabe an integrativen Gesellschaften sowie die Schaffung einer wettbewerbsfähigen Wirtschaft als wichtigste Innovationsziele in Europa. Diese Darstellung der Prioritäten der Europäischen Kommission ist aus zwei Gründen interessant:

Erstens wird in Reaktion auf die Finanz- und Wirtschaftskrise die Bedeutung und Notwendigkeit sozialer (und sozialstaatlicher) Innovationen hervorgehoben, während technische nur implizit angesprochen werden. Zweitens werden mit Beispielen wie der Teilhabe an integrativen Gesellschaften, der Aneignung neuer Fähigkeiten sowie der Förderung von Kreativität und Unternehmergeist genau solche Handlungsfelder genannt, die in einem Resonanzbereich liegen, auf den das Web 2.0 zur Zeit beobachtbaren Einfluss ausübt. Es spricht also vieles dafür, die Ebene der soziales Innovation des Web 2.0 genau zu betrachten. Doch befassen wir uns zunächst mit der Frage, ob es sich beim Web 2.0 nicht doch um eine technologische Innovation handelt.

Technologische Ebene

Die Diskussion um den tatsächlichen Neuerungswert und die Rechfertigung eines einheitlichen Namens ('2.0') für unterschiedliche Angebote wird vor allem im Netz selber, aber auch in techniknahen Fachdiskursen geführt (vgl. statt vieler: Maaß/ Pietsch 2007). Dabei geht es in der Regel um die Frage, ob sich ein ,Versionssprung' von einem ,Web 1.0' zum ,Web 2.0' beobachten lässt, oder ob die Angebote, die unter der neuen Versionsnummer gelistet werden, nicht vielmehr schon vorher existierten oder durch zahlreiche Evolutionsschritte – auch nach der Namensgebung im Jahr 2004 – entstanden, so dass kein Versionssprung gerechtfertigt sei. Als Grunderkenntnis der Diskussion kann festgehalten werden, dass viele der ,Web 2.0'-Angebote bereits vor der Einführung des Begriffs existierten und die meisten zumindest technisch möglich waren (Maaß/ Pietsch 2007). In der Tat beruhen viele der dem Web 2.0 zugerechneten Angebote auf Software und den im Internet wichtigen ,Standards', die auch 2004 schon lange verfügbar und durchgesetzt waren; jedoch nicht in diesem Umfang angeboten oder nicht genutzt wurden (Rheingold 1992; Bühl 1997). Es lässt sich somit kein Zusammenfallen des ,Entstehungsjahres' des Begriffs mit einer technologischen Innovation, die einen bedeutenden Einfluss auf Web 2.0-Angebote hat, konstatieren. Oder: „Die Technik und die Programme waren vorher schon vorhanden, nur nicht in einer derart einfachen Weise zusammengefasst." (Reißmann 2005: 63) Damit erscheint der Begriff ,Web 2.0' auf der technologischen Ebene weitgehend arbiträr.

Soziale Ebene

Während auf technologischer Ebene gefragt wurde, ob das Web 2.0 eine neue Technologie darstellt, soll die soziale Ebene die Techniknutzung in den Fokus nehmen. Wir schlagen vor, die technologische Ebene als *genotypischen* Ansatz und die soziale Ebene als *phänotypischen* zu verstehen, nach dem sich Web 2.0-Angebote durch eine spezifische Nutzungsinnovation auszeichnen. In diesem Sinne schließen wir an die Diskussion an, die über den ‚Computer als Medium' (Bolz/ Kittler/ Tholen 1994) geführt wurde. Krämer (1998: 11 ff.) erkennt in den Sozialwissenschaften ab spätestens der 90er Jahre[3] – und damit seit der Verbreitung der Computervernetzung – eine zunehmende Bereitschaft, den Computer als (soziales) Medium und nicht nur als (technische) Infrastruktur zu konzipieren. Meist wird der Computer dabei als „Medium interpretiert, das es erlaubt, die zwischenmenschliche Konstellation mündlicher Präsenz für Situationen der Fernkommunikation technisch wiederherzustellen" (Krämer 1998: 87), also als Mittler von Kommunikation zwischen Menschen. Das Web 2.0 wäre nach diesem Verständnis dann ein Medium, wenn es die Kommunikation zwischen Menschen ermöglicht, wobei der Kommunikationsbegriff an sich jedoch äußerst voraussetzungsreich ist und deutlich das Verständnis eines ‚Austauschs von Informationen' übersteigt.

Konkret muss entschieden werden, ob das Web 2.0 über seine bloße Mediationsfunktion als technisches Medium – Wolfgang R. Langenbucher (1985: 272) bezeichnet sie begrifflich treffend als kommunikative Infrastruktur[4] – hinaus auch als Ort von Informationsproduktion, also als Medium im Sinne sozial-funktionaler Interaktion interpretiert werden kann, wie zahlreiche Ansätze fordern (Kubicek 1997; Weischenberg 1998; Höflich 1995)[5]. Eine nützliche Definition[6] einer solchen Dichotomie schlägt Herbert Kubicek vor: Er unterscheidet zwischen technischen und sozialen Medien. In Hinblick auf die tatsächliche Verwendung von Medien in größeren sozialen Zusammenhängen stellen technische Medien eine „unfertige Technik" (Kubicek 1997: 33) dar, weshalb über dieses technische Medienverständnis die *‚Medien zweiter Ordnung'* gestülpt werden, die eben die soziale Einbettung der Technik in die Kommunikation

---

3 Hügli (1997: 122) schon in den 80er Jahren.
4 So stellt etwa die Druckindustrie die kommunikative Infrastruktur der Printmedien dar.
5 Die angeführten Ansätze kommen in einer Mediendefinition überein, die eine sozial-funktionale Perspektive beinhaltet.
6 Eine weitere Perspektive bietet Krämer (1998: 11) an, wobei sie zwischen literarischen, technischen und Massenmedien differenziert. Diese Gliederung erscheint jedoch aufgrund der unterschiedlichen Blickwinkel wenig hilfreich, insbesondere die Trennung zwischen literarischen und Massenmedien kann hier nicht fruchtbar weiterentwickelt werden.

leisten. Medien zweiter Ordnung erfordern weitere Abstimmungs-, Koordinations- und Regelungsprozesse zwischen den Kommunikationsteilnehmern und kombinieren mehrere Techniken und Funktionen so, dass ein sinnhaft-sozialer Kommunikations- oder Interaktionszusammenhang entstehen kann (Kubicek 1997: 34). Irene Neverla bevorzugt anstatt dieses Funktionsbündels den Begriff *'Vergesellschaftung'* und spricht erst dann von Medien, „wenn sie über die Funktion eines technischen Vermittlungssystems hinaus in einen spezifischen institutionalisierten Handlungskontext eingebunden sind" (1998: 29 f.). Werner Wirth und Wolfgang Schweiger (1999: 46) prägen für Kubiceks soziale Funktion und Neverlas Vergesellschaftung die eingängige Bezeichnung ‚Spielregeln'. Erst durch ‚Spielregeln' avanciert eine Infrastruktur zu einem Medium.

Fassen wir an dieser Stelle zusammen: Alle beschriebenen Ansätze unterscheiden die technische ‚Vermittlung' (Mediatisierung im Wortsinn) von ‚Medien', die eine sozial-funktionale Einbettung in den gesellschaftlichen Kommunikationsprozess leisten. Damit wird ein zweistufiges Medienverständnis eingeführt, wobei die zweite Stufe eine deutliche soziale Integration des Mediums und dessen Aussagenentstehung aufweist. Im Folgenden soll darum der Frage nachgegangen werden, ob das Web 2.0 ein ‚Medium' im Sinne des hier umrissenen Diskurses darstellt.

Wichtig erscheint in diesem Kontext zunächst die Frage der tatsächlichen Nutzung. Betrachtet man die Verbreitung der Internet-Nutzung in Deutschland, kann für die letzten Jahre eine deutliche quantitative Ausweitung der Nutzerzahl festgestellt werden: Waren 1997 noch weniger als 5 Millionen Deutsche online, so hatten 2003 bereits knapp 35 Millionen und 2008 rund 43 Millionen Deutsche Zugriff auf das Internet (ARD/ZDF Onlinestudie 2009). Gleichzeitig veränderten sich die sozio-demographischen Merkmale der Onliner: Von der homogenen Nutzerschicht aus technik-affinen jungen, gut gebildeten Männern hat sich heute die Onliner-Gemeinde in vielen Merkmalen der deutschen Durchschnittsbevölkerung genähert. Damit sind heute bedeutend mehr, aber auch weniger technikerfahrene Menschen ‚online'. Diese Nutzererweiterung kann als wichtigeres Element der Genese des Web 2.0 verstanden werden, denn viele Angebote des Web 2.0 funktionieren erst durch eine sehr große Nutzerschaft. Sie ist aber auch konstituierend für die oben gestellte Frage, ob das Web 2.0 als ‚Medium' gefasst werden kann, da dieses Konzept eng mit der tatsächlichen Nutzung verbunden ist. Betrachten wir darum drei Beispiele.[7]

---

7 Als weitere Beispiele für populäre Anwendungen des Web 2.0 seien genannt: PodCasts, Twitter, RSS. Die hier dargestellte Auswahl folgt dem Bekanntheitsgrad der unterschiedlichen Anwendungen.

3. Beispiele

3.1 Wiki

Ein Wiki[8] ist ein Online-Lexikon, dessen Inhalte von Autoren kooperativ und verteilt erstellt, verändert und diskutiert werden können. Es muss unterschieden werden zwischen der *Software*, den *Inhalten* und dem *Angebot* eines Wiki (Pelka 2008) – eine Differenzierung, die für alle Angebote des Web 2.0 durchhaltbar und insgesamt Frucht bringend ist, wie die weiteren Beispiele zeigen werden. Die ‚Software' verwaltet die Inhalte und bietet dem Nutzer Schnittstellen zur Interaktion mit der Datenbank sowie anderen Nutzern an. Mit ihr können Inhalte gesammelt, diskutiert und publiziert werden. Sie selber tritt für den Nutzer nur insofern in Erscheinung, als dass sie als Schnittstelle zu den Inhalten und als Plattform für Interaktion fungiert. Selber programmieren brauchen die Nutzer nicht. Die ‚Inhalte' – im Fall eines Lexikons also Artikel, Verlinkungen und Medien, zusätzlich aber Kommunikation in Form von Diskussionssträngen in Foren – werden von den Nutzern erstellt. Eine ‚Redaktion' im Sinne einer herkömmlichen Enzyklopädie haben die meisten Wikis nicht; in deren Rolle schlüpfen die Nutzer (Pelka/ Görting/ Schmitt 2008). Der Begriff ‚Angebot' meint beides: Das Zusammenspiel von Software und Inhalten; zusätzlich entsteht durch deren Zusammenspiel ein Möglichkeitsraum, der für den Aufbau von Inhalten durch Nutzer essentiell ist. Das Wiki verbindet damit den eigentlichen Wissensbestand (den ‚Content'/ die Inhalte) mit Unterstützungsangeboten zur Kooperation und Kommunikation der Autoren zu eben diesen Inhalten. Zudem ermöglicht ein Wiki den Autoren die Verlinkung der Beiträge untereinander, so dass ein Hypertext entsteht, der als Form sozialer Selektionen verstanden werden kann (Pelka 2003: 112 ff.).

Das bemerkenswerteste Phänomen der bekannten Wiki-Anwendung ‚Wikipedia' ist sicherlich deren Umfang und Qualität: Die deutschsprachige Wikipedia umfasst rund eine Million Artikel, die englische sogar 3 Millionen (Stand: Januar 2010). Die hohe Nutzungsdichte wird an der Geschwindigkeit deutlich, mit der Vandalismus, also das Löschen oder Zerstören von Artikeln oder volksverhetzende, kriminelle oder rein werbliche Beiträge beseitigt werden. Die Selbsterhaltung des Angebots funktioniert auf Grund der großen Zahl von Nutzern, die Vandalismus melden oder selber beseitigen. Als entscheidendes Merkmal des Erfolgs der Wikipedia lässt sich somit die große Nutzerzahl herausstellen.

---

8 ‚Wiki' ist das hawaiische Wort für ‚schnell'.

3.2 Community

Als ‚Community' werden im populären Web 2.0-Diskurs Online-Netzwerke verstanden. Zu den bekanntesten Angeboten zählen beispielsweise die Karriere-Community ‚Xing', das Schul-Forum ‚stayfriends' oder die regional orientierte Community ‚Lokalisten'. Eher als Anbieter von Multimedia-Dateien sind hingegen Dienste wie ‚youtube' oder ‚flickr' bekannt, obwohl sie im Prinzip eine Community darstellen, deren Mitglieder multimediale Dateien publizieren, kommentieren und verwalten. Sie alle bieten den Mitgliedern – auf Basis einer nicht weiter in Erscheinung tretenden Software – Möglichkeiten zur Veröffentlichung von Inhalten, zur Suche nach diesen und zur Kommunikation mit anderen Mitgliedern – beispielsweise durch den Einbezug von Foren, Mail, Instant Messaging oder ‚klassischen' Kommunikationswegen (postalische Adressen, Telefonnummern).

EDV-gestützte Netzwerke oder ‚Communities' sind keine Erfindung des Web 2.0, sondern lassen sich bereits für die Zeit des nicht-öffentlichen Internet nachweisen (Rheingold 1992). Dery (1996: 29 ff.) sieht selbst diese frühen Communities als bloße (technische) Fortführung der (auf der sozialen Ebene innovativen) Diskussionskultur der 1960er Jahre und wirft damit die bereits von Howaldt/ Schwarz in diesem Band diskutierte Frage nach dem Verhältnis von technologischer und sozialer Innovation auf (vgl. auch Howaldt/ Schwarz 2009). Hier stellt sich also in besonders dringender Form die Frage nach einer technologischen Innovation von Communities im Web 2.0. Neu an den dem Web 2.0 zugerechneten Angeboten ist jedoch nach Ansicht der Autoren dreierlei: Die Einfachheit, mit der Inhalte – wie z. B. persönliche Websites – angelegt, verwaltet und publiziert werden, die quantitative Reichweite der Web 2.0-communities, die nicht mehr Treffpunkte einer EDV-affinen Elite sind, sondern eine breite Masse von Menschen erreichen, deren primäres Interesse nicht in der EDV selber liegt, und die qualitative Bedeutung der Netzwerke für die Nutzer im Sinne von sozialem Prestige. Es entsteht ein Netzwerk von Mitgliedern, die eine Beziehung untereinander aufbauen, da sie gemeinsame Interessen vertreten und Informationen zu ihren Interessen suchen und veröffentlichen. Oder, mit Wassermann/ Faust: „A social network consists of a finite set of actors and the relation or the relations defined on them. The presence of relational information is a critical and defining feature of a social network." (Wasserman/ Faust 1994: 20)

3.3 Blog

Ein Blog – ein Kunstwort aus den Begriffen ‚Web' und ‚Log', also ‚Internet' und ‚Logbuch' – ist ein Tagebuch im Internet. Der Suchdienst ‚Technorati' zählt weltweit über 80 Millionen Blogs, diese weisen jedoch eine stark heterogene Qualität auf. So schätzt Pohlmann (2007), dass nur rund 16 Millionen wirklich aktiv sind. Ein Blog wird von einem ‚Blogger' auf einer Website im Internet geführt und richtet sich damit prinzipiell an alle Nutzer des Internet. Es gibt nur wenige gestaltende Prinzipien von Blogs, da das wichtigste Merkmal ihre technische Einfachheit ist (‚Simplicity'). Das Blog besteht aus einer Startseite, auf der der jeweils neueste Eintrag (auch ‚post' oder ‚posting' genannt) oben steht und ältere nach unten verschiebt – das Blog ist also prinzipiell unendlich lang und stellt durch den Einbezug von Verlinkungen und Suchfunktionen ein Archiv dar. Ein Eintrag besteht aus Überschrift und Anreißer sowie einem Link auf den vollständigen Text. Vielfach stellt der Anreißer keine eigene textliche Leistung dar, sondern wird lediglich automatisch aus den ersten Zeilen des Beitrags gebildet. Damit verzichtet ein Blog auf die Funktionen, die der Anreißer zum Beispiel den Lesern einer Tageszeitung bietet: Dort steht der Anreißer als – von der Redaktion als ‚trainierter' Selektionsinstanz ausgewählter und damit priorisierter – Einstieg in einen Beitrag (Weischenberg 1990: 59 ff.). Genau dieser institutionalisierten Selektion und damit der Übergabe von Entscheidungskompetenz an eine Instanz (im Beispiel der Tageszeitung: die Redaktion) widersetzt sich jedoch ein Blog, indem es auf redaktionelle Standards weitgehend verzichtet.

Da jeder Eintrag eine eindeutige nicht mehr veränderbare Adresse besitzt, können Betreiber anderer Blogs auf diese verweisen – diese Verweise werden ‚permalinks' genannt. Durch die Verlinkung zahlreicher Blogs untereinander entsteht ein Bezugsnetzwerk, die ‚Blogosphäre'. Über die schnelle und einfache Verbindung verschiedener Blogs sind deren Autoren in der Lage, Nachrichten schnell einer großen Nutzerschaft zur Verfügung zu stellen.

Auch hier muss zwischen den Ebenen der Software, der Inhalte und des Angebots unterschieden werden: Die Software stellt die Schnittstelle zwischen Nutzer und Inhalten bereit und ermöglicht das Publizieren und Verwalten der Inhalte. Blog-Software bringt das Prinzip der Erhöhung der Nutzerschaft durch technische Einfachheit auf den Punkt: Sie lässt sich mittlerweile als Plug-In zum Office-Paket installieren, so dass jeder ein Blog führen kann, der Texte in Word tippen kann.

Die bekannteste Studie zur Untersuchung von Blogs im Vergleich zu ‚klassischen' Medien und damit zur Innovation, die Blogs darstellen, legen die Kommunikationswissenschaftler Neuberger/ Nuernbergk/ Rischke (2007) vor. Sie konstatieren durch Blogs einen „Übergang vom redaktionell gesteuerten Publi-

zieren zur Partizipation" (Neuberger/ Nuernbergk/ Rischke 2007: 96). Von besonderer Bedeutung erscheint insbesondere die Kraft von Blogs zum medialen
Agenda Setting, also der Beeinflussung von Themen, die durch Medien aufgegriffen werden. Ein eindrucksvolles Beispiel für das Agenda Setting einer Web
2.0-gestützten sozialen Bewegung liefert die ‚San Precario'-Bewegung in Italien
und Spanien. Politische Aktivisten erfanden dort ‚San Precario' als Schutzheiligen der prekär Beschäftigten und publizierten ihn über zahlreiche Blogs. Die
Schnelligkeit, Einfachheit und die geringen Kosten dieser Kommunikationsform
unterstützten das Agenda Setting des Schutzheiligen, so dass mittlerweile ein
europaweites Netz von Aktivisten entstanden ist, das auch in klassischen Massenmedien stark wahrgenommen wird.

   Klassische Medien nahmen diese Themen auf, liefern in einem reflexiven
Prozess aber auch Themen, die in Blogs diskutiert werden (Leskovec/ Back-
strom/ Kleinberg 2009).

4.   Definition des Web 2.0 als soziale Innovation

Kehren wir nach diesen drei Beispielen zur Frage der Innovationsebene des Web
2.0 zurück. Nachdem auf technologischer Ebene ein Innovationsschritt verneint
wurde, sollten durch die Nutzungsbeispiele Innovationen auf der sozialen Ebene
untersucht werden. Es wurde deutlich, dass das Web 2.0 eine neue Nutzungswei-
se ‚alter Technologien' darstellt, die jedoch eine (quantitativ wie qualitativ) breitere Nutzerzahl (und damit Internet-Zugänge) benötigt. Oder, mit Alby (2007:
11): „Die Systemanforderungen an das Web 2.0 waren der Nutzer 2.0, der selbst
Zugangsgeschwindigkeit 2.0 und Zugangskosten 2.0 erforderte."

   Die Beispiele haben gezeigt, dass die Angebote des Web 2.0 auf die aktive
Einbeziehung einer breiten und vernetzten Nutzerzahl angewiesen sind. Damit
kann nun auch die oben aufgeworfene Frage beantwortet werden, ob es sich bei
Angeboten des Web 2.0 um ‚Medien' im dort skizzierten Verständnis handelt.
Da die untersuchten Angebote die von Kubicek (1997) geforderten Abstim-
mungs-, Koordinations- und Regelungsprozesse geradezu zum Erkennungs-
merkmal erheben, können diese als ‚Medien zweiter Ordnung' gefasst werden.
Sie zeichnen sich gerade durch sinnhaft-soziale Kommunikationszusammenhän-
ge (Kubicek 1997: 34) zwischen den Nutzern aus.

   Zwar können auch für die Vernetzung von Nutzern Beispiele aus der Zeit
vor der Entstehung des Begriffs ‚Web 2.0' angeführt werden; so beschreibt
Achim Bühl (1997) bereits gesellschaftliche Veränderungen durch den Einsatz
vernetzter Computer. Symptomatisch erscheint jedoch, dass er in seiner Aufzählung der „realisierten Anwendungen" (Bühl 1997: 167 ff.) überwiegend Nischen-

oder Spitzenanwendungen beschreibt, nicht jedoch die Einbeziehung einer breiten Nutzerschaft.

Die Innovation des Web 2.0 liegt somit – das haben die drei Beispiele gezeigt – im Ansatz des ,user generated content'– also der Übergabe der Erstellung der veröffentlichten Inhalte an eine breite Nutzerschicht und damit der sozialfunktionalen Nutzung der Infrastruktur. Denn im Vergleich zu ,klassischen' Medien, bei denen eine Redaktion[9] Inhalte erstellt und distribuiert, werden alle Inhalte bekannter Web 2.0-Angebote von den Nutzern erzeugt und von einer ,Redaktion' des Anbieters lediglich überwacht oder moderiert.

Vor diesem Hintergrund soll das Web 2.0 im Folgenden als ein spezifischer Nutzungskontext des Internet – als Medium erster Ordnung – beschrieben werden, das auf der technischen Innovation des Mediums aufbaut, diese jedoch durch eine soziale Nutzungsdimension erweitert. Kurz: Das Web 2.0 umfasst Angebote (Medien), die über die technische Infrastruktur des Internet genutzt werden und damit der technischen Ebene eine soziale hinzufügen. Das Web 2.0 beschreibt damit eine veränderte Wahrnehmung und vor allem Nutzung des Internet.

Ein Weiteres vereint die verschiedenen Angebote des Web 2.0: Der Nutzer ist gleichzeitig Autor, Vermittler und Kommunikator und kann sich selbstgesteuert Wissen aus dem Angebot aneignen oder gleichzeitig sein Wissen über das Angebot der Öffentlichkeit zugänglich machen und somit selbst zum Wissensanbieter avancieren. Dies führt zur Unterscheidung von zwei Formen von Interaktivität: die Interaktion von Menschen mit einer Technologie (Software) und die Interaktion von Menschen untereinander. Quiring und Schweiger (2006: 21) gelangen nach einer Analyse des Diskurses zum Interaktionsbegriff zu dem Schluss, dass es sich bei der Erklärung von Interaktivität „um ein überdefiniertes Konzept handelt, dem es allerdings sowohl an begrifflicher Klarheit als auch an ausreichenden Systematisierungsbefunden mangelt". Grund dafür sind die unterschiedlichen Bedeutungen des Begriffs in der Soziologie und Informatik. In der Soziologie beschreibt er „wechselseitig aufeinander bezogene menschliche Handlungen (…), also die Beziehungen zwischen zwei oder mehreren Menschen" (Goertz 1995: 478). In der Informatik steht jedoch die Kommunikation zwischen Mensch und Maschine im Mittelpunkt der Forschung (Quiring/ Schweiger 2006). Nach Haack (1995: 151) beschreibt Interaktivität „die Eigenschaft von Software, dem Benutzer ein Reihe von Eingriffs- und Steuerungsmög-

---

9 Der Blick auf Redaktionen als Orte der Aussageentstehung ist hier extrem verkürzt wiedergegeben. Auch die in der Kommunikationswissenschaft übliche Trennung zwischen Medien und Massenmedien wurde hier ignoriert. Zum Einstieg in die Diskussion: Neuberger/ Nuernbergk/ Rischke 2007; Weischenberg 1998.

lichkeiten zu eröffnen." Darüber hinaus bezeichnet Interaktivität nach (Back/ Bendel/ Stoller-Shai 2001: 296) das Verhältnis zwischen Benutzer und Medium, „so dass man von einer Wechselwirkung zwischen Benutzer und Medium sprechen kann, oder auch davon, dass das Medium selbst interaktiv ist, also eine solche Wechselwirkung zulässt". Verbunden hiermit ist die Übergabe von Kompetenzen (z. B. der Auswahl des eigenen Lernpfades) an eine Software. Diese Übergabe setzt ein starkes Vertrauen des Lernenden gegenüber der Software voraus (vgl. Kuhlen 1999) und wird durchaus kritisch diskutiert (Pelka 2003: 144 ff.). Für unser Verständnis des Web 2.0 als soziale Innovation sollen beide Ansätze – der ‚soziologische' und der ‚technische' – nebeneinander gesetzt, aber nicht verschmolzen werden. Es soll zwischen der Interaktion von Mensch und Maschine beziehungsweise Mensch und Mensch unterschieden werden. Applikationen des ‚Web 2.0' wird unterstellt, beide Formen anzubieten: das freie Bewegen in Wissensräumen, wie auch die Kommunikation mit anderen Menschen.[10]

Dieser Anforderung wollen wir mit folgender Definition gerecht werden: Unter ‚Web 2.0' sollen interaktive und kollaborative Angebote im Internet verstanden werden, die den Nutzer bei der Erstellung von Inhalten einbeziehen und somit die Erstellung von ‚user generated content' sowie die Kommunikation mit anderen Nutzern ermöglichen und fördern. Dabei ist unser ‚Content'-Begriff ein weiter. Er umfasst jede Form von Inhalteproduktion, Kommunikation und Partizipation, so zum Beispiel auch die von Tapscott/ Williams beschriebenen ökonomischen Partizipationsprozesse und ‚Peer Production' (2007: 11). Diese Nutzerzentrierung zwingt zu einer leicht erlernbaren und intuitiven Bedienbarkeit, da jede technische Hürde die Zielgruppe der möglichen Nutzer verringern würde. Aus dem Anspruch der Technologie, dem Nutzer die Bereitstellung und Bearbeitung der Angebote zuzuweisen, leitet sich somit der Zwang zu einer nutzerfreundlichen Form ab.

Die hier entworfene Definition umfasst alle in der oben dargestellten Tag Cloud genannten ‚Anwendungen' (im hier definierten Sinn), jedoch keine der dort genannten Technologien, Gestaltungsprinzipien oder Nutzungsphänomene. Unsere Definition ist also enger als die verbreitete und populäre Tag Cloud. Gleichzeitig ist sie in Bezug auf eine Anwendung auch ‚breiter', denn nach ihr fallen auch Foren unter den Begriff ‚Web 2.0', obwohl sie eine der ältesten Anwendungen im Internet darstellen. Hiermit wird unsere Schwerpunktsetzung

---

10 Der Grad beider Interaktionsdimensionen kann dabei stark variieren. So bieten Beispielsweise communities wie Xing zahlreiche Möglichkeiten frei gestaltbarer Kommunikation (z. B. Chat, Mail, Foren), andere wie etwa youtube lediglich Interaktion durch Kommentierung von publizierten Inhalten (Videos, Töne).

deutlich, die das Web 2.0 als innovative Nutzungsform bestehender Technologien konzeptioniert.

Es gilt noch eine weitere Abgrenzung vorzunehmen: Zwar ist in der Innovationsforschung der Begriff der *user innovation* eingeführt; er bezieht sich aber eher auf eine unternehmensgesteuerte Beteiligung von Nutzern an der Verbesserung von Produkten (von Hippel 2005; Flowers/ Sinozic/ Patel 2009), nicht auf die völlig freie Erstellung von Content durch Nutzer. Der Unterschied ist gravierend, da die user innovation im Kontext von Unternehmen deutlich mehr Möglichkeiten der Steuerung und Kontrolle von Innovationen unterliegt, wohingegen der Content des Web 2.0 kaum zu kontrollieren ist.

Angebote des Web 2.0 funktionieren nur durch die Beteiligung der Nutzer, sind an sich also inhaltslos. Dies legt die Idee eines Verständnisses des Web 2.0 als ,Raum' nahe: Der Raum stellt Möglichkeiten zur Verfügung, die jedoch erst durch seine ,Bewohner' realisiert werden.

Eine weitere Analogie lässt sich zum Einzug des *world wide web* oder des *desktop publishing* ziehen: Auch bei der Nutzung des Internet-Protokolls wie bei der Erstellung von Druckvorlagen am Computer ermöglichten jeweils Technologien, die dem Nutzer die Erarbeitung des technischen Hintergrundwissens abnahmen, eine enorme Verbreiterung der aktiven Nutzerschaft und damit den Durchbruch als überall verfügbare Technologie. Heute ist die Nutzung des Internet ohne die grafische Oberfläche world wide web oder Vorlagenerstellung ohne desktop publishing kaum mehr denkbar – die Nutzererweiterung hat also die Nutzung selbst verändert.

5. Web 2.0: ein unbequemer Gegenstand der Innovationsdebatte

Führt man sich die Engführungen der Definitionen von Web 2.0 bis hierher vor Augen, besteht eigentlich kein Zweifel daran, dass Web 2.0 zu den sozialen Innovationen gerechnet werden muss. Oder? Passt Web 2.0 wirklich in die Reihe von Beispielen, die in diesem Band ausführlich als soziale Innovationen eingeführt werden? Aus kulturökonomischer Perspektive hat Groys Innovation als etwas Neues, das nicht bloß etwas Anderes im Sinne einer Veränderung ist, sondern „das wertvolle Andere" (Groys 1999) bezeichnet. Innovationen kommt in modernen Gesellschaften eine zentrale Rolle zu, ebenso allerdings der Frage, wie über Innovationen kommuniziert wird. Innovationen, Innovationsfähigkeit und die Übernahme von Innovationen sind Schlüsselgrößen für die Position von Unternehmen innerhalb des Wirtschaftssystems, von Nationen innerhalb der Staatengemeinschaft und für gesellschaftliche Gruppen. Howaldt/ Schwarz stellen in diesem Band fest (vgl. auch 2009: 3), dass es sich dann um eine *soziale*

Innovation handelt, „wenn sie – marktvermittelt oder ‚non- bzw. without-profit'
– sozial akzeptiert wird und breit in die Gesellschaft bzw. bestimmte gesellschaftliche Teilbereiche diffundiert, dabei kontextabhängig transformiert und
schließlich als neue soziale Praktiken institutionalisiert bzw. zur Routine wird".
Gerade beim Thema Web 2.0 fällt auf, in wie vielen gesellschaftlichen Teil-
systemen diese noch junge Innovation als relevant angesehen wird und sich in
rasanter Art und Weise durchgesetzt hat. Der Grad der Verbreitung ist hoch,
Web 2.0 hat sich aus der Kommunikationsnische computeraffiner ‚early adopter'
befreit und findet in einer Vielzahl gesellschaftlicher Zusammenhänge alltägliche
Anwendung. Warum ist das so? Ein Sprung zurück an den Anfang dieses Artikels: Die Tag Cloud der Assoziationen zu Web 2.0 stellt den Gegenstand weniger als klar definierbaren Begriff denn als Sammelkategorie vor, die neben konkreten Angeboten und Nutzungsformen auch Gestaltungsprinzipien, zugrunde
liegende Technologien und spezifische Nutzungsphänomene enthält. Hieraus
ergeben sich fast zwangsläufig unterschiedliche Auffassungen zum Innovations-
charakter, je nachdem auf welche Bereiche der Sammelkategorie man sich bezieht. Unbequem wird die Einordnung von Web 2.0 als Innovation außerdem
dadurch, dass allein durch die Betitelung ein klarer Bruch, nicht nur eine graduelle Veränderung der Netznutzung, sondern eine Neuordnung suggeriert wird.
Auf technologischer Ebene ist dies, wie gezeigt wurde, nicht haltbar. Ihre Wurzeln haben die Technologien im ‚Web 1.0'. Wenn das so ist, worin besteht dann
‚das wertvolle Andere', das das Web 2.0 zu einer in sozialen Praktiken institutionalisierten Innovation macht? Hierzu fallen zunächst zwei praktisch nutzbare
Merkmale des Web 2.0 auf:

Neue Diffusions- und Disseminationswege: Die für die Nutzung von Web
2.0 grundlegenden, aber schon älteren technischen Mindestlösungen werden
ebenso vermarktet wie die Gestaltung und Pflege von Blogs und Wikis, wie Web
2.0 basierte PR-Kampagnen und natürlich Qualifizierungen neuer Nutzerinnen
und Nutzer. Diffusion findet primär dadurch statt, dass immer weitere Gruppen
als Autoren und Kommentatoren gewonnen werden und die so entstehenden
Produkte gleichzeitig zunehmend rezipiert und sozial akzeptiert werden. Web 2.0
als soziale Innovation wird also weniger über technologische Infrastruktur als
über den Markt, über soziale Netzwerke und soziale Bewegungen, die als eine
der ersten gesellschaftlichen Gruppen kontinuierlich und professionell Web 2.0-
Kommunikation genutzt haben, verbreitet.

Gesellschaftliche Akzeptanz und gesellschaftlicher Nutzen: Jenseits steigen-
der Nutzerzahlen etablierter Angebote wie twitter, stayfriends oder Wikipedia ist
Web 2.0 mittlerweile auch Gegenstand staatlicher Förderung und von ‚capacity-

building'. Ein Beispiel: ‚Telecenters' und Telecenter Netzwerke[11] qualifizieren und fördern die Beschäftigungsfähigkeit benachteiligter Gruppen, bauen – öffentlich gefördert – Online Communities auf, deren Mitglieder sonst keinen Zugang zu internetgestützter Kommunikation hätten, und führen diese durch Nutzung von Wiki gestützten Curricula an die Arbeitswelt heran (Kluzer/ Rissola 2009). Web 2.0 ermöglicht dadurch Gruppen von Menschen, die aus Arbeitswelt und sozialem Leben ausgeschlossen sind, eine neue niedrig schwellige Form kooperativen, partizipativen Lernens und Arbeitens.

Für Deutschland verweist bspw. die Studie „Zukunft und Zukunftsfähigkeit der deutschen Informations- und Kommunikationsbranche" (Münchener Kreis/ Deutsche Telekom AG/ TNS Infratest GmbH/ European Center for Information and Communication Technologies (EICT) GmbH 2008) auf soziale Nutzungsansätze des Web 2.0, insbesondere zur Überwindung der digitalen Gräben in der Gesellschaft.

„Dass der Überwindung der ‚Digitalen Spaltung' in Deutschland nicht eine unzureichende technische Verfügbarkeit von breitbandigen Internetzugängen, ökonomische Barrieren oder eine technologiefeindliche Gesellschaft entgegenstehen, bestätigt die vorliegende Expertenbefragung deutlich. Positive Treiber und Hebel, die eine weitere Diffusion der Internetnutzung in Deutschland fördern, liegen zuallererst im Bereich der Bildung." (Münchener Kreis/ Deutsche Telekom AG/ TNS Infratest GmbH/ European Center for Information and Communication Technologies (EICT) GmbH 2008: 12)

Gleichzeitig wird der Bedeutung sozialer Innovationen – insbesondere im Hinblick auf die Web 2.0 Nutzung – ein eigenes Kapitel gewidmet. Damit verorten die Herausgeber in den ‚Web 2.0'-Technologien ein Potenzial zur Schließung der ‚digitalen Spaltung' und setzen damit bemerkenswerterweise eine Technologie gegen Technologieunkenntnis. Was auf den ersten Blick widersinnig erscheint, ergibt vor dem Hintergrund der Ergebnisse von Kluzer/ Rissola (2009) durchaus Sinn: Wenn es gelingt, die technischen Zugangshürden zum Web 2.0 – etwa durch pädagogisches Personal in Telecentern – zu senken, eignen sich Angebote des ‚Web 2.0' zur selbständigen Nutzung auch durch technikunerfahrene Menschen.

---

11 Vgl. www.telecentre-europe.org.

6. Fazit und Ausblick

Web 2.0 wurde hier als die Gesamtheit der interaktiven und kollaborativen Angebote definiert, die sich durch leicht erlernbare und intuitive Bedienbarkeit
auszeichnen und Nutzern ohne nennenswerte technologische Hürden die Erstellung, Wartung und Veröffentlichung von ‚user generated content' ermöglichen.
Nimmt man diese neue kommunikative Praxis gemeinsam mit dem hohen
Verbreitungsgrad in unterschiedlichen gesellschaftlichen Bereichen in den Blick,
wird deutlich, dass sich eine „neue soziale Praxis zur Erhöhung der Wirksamkeit
technisch vermittelter Kommunikation" (Zapf 1989: 33) entwickelt hat. Durch
die Loslösung der Diskussion von ihrem ‚technischen Ballast' wird so auch der
Blick frei auf neue Forschungsfragen nach der zukünftigen alltäglichen Durchdringung von Bildung, Erwerbsarbeit, Freizeitverhalten, kulturellen und politischen Partizipation und weiteren Lebensbereichen mit Web 2.0. Anschlussfor-
schung erscheint zu vielen Fragen lohnenswert. So ließen sich die skizzierten
Vorteile für Forschungs- (Tapscott/ Williams 2007), Innovations- (Beerheide/
Howaldt/ Kopp 2009 sowie Howaldt/ Kopp/ Schwarz 2008), Wissensmanage-
ment- und Bildungsprozesse fruchtbar machen, aber auch für politische Bewegungen oder das ‚Agenda Setting' von Themen, die die traditionellen Medien
nicht – oder zu spät (Leskovec/ Backstrom/ Kleinberg 2009) – aufgreifen. Das
Web 2.0 scheint auch geeignet, Individuen näher aneinander zu rücken – dabei
spielen Nationalgrenzen fast keine Rolle mehr (Friedman 2007). Wie Kluzer/
Rissola (2009) zeigen konnten, bestehen vor allem große Potenziale in der Über-
brückung der ‚digitalen Kluft' durch die Anbindung bildungsferner oder IT-
ferner Menschen, da Web 2.0-Applikationen die technischen Hürden von me-
dienvermittelter Kommunikation sowie IT-Nutzung stark senken.

Literatur

Alby, Tom (2007). Web 2.0. Konzepte, Anwendungen, Technologien. München: Hanser.
Back, Andrea/ Bendel, Oliver/ Stoller-Schai, Daniel (2001). E-Learning im Unternehmen.
    Zürich: Orell Füssli Verlag AG.
Beerheide, Emanuel/ Howaldt, Jürgen/ Kopp, Ralf (2009). Innovationsmanagement in der
    High-Tech-Branche. Auf dem Weg zum Unternehmen 2.0? In: BMBF-Tagungsband
    2. Zukunftsforum Innovationsfähigkeit, Arbeiten – Lernen – Kompetenzen entwi-
    ckeln. Bonn.
Bolz, Norbert/ Kittler, Friedrich A./ Tholen, Christoph (Hrsg.) (1994). Computer als
    Medium. München: Fink.
Bühl, Achim (1997). Die virtuelle Gesellschaft. Ökonomie, Politik und Kultur im Zeichen
    des Cyberspace. Opladen: Westdeutscher Verlag.

Dery, Mark (1996). Cyber. Die Kultur der Zukunft. Berlin: Verlag Volk & Welt.

Flowers, Stephen/ Sinozic, Tanja/ Patel, Parimal (2009). Prevalence of User Innovation in the EU. Analysis based on the Innobarometer Surveys of 2007 and 2009. Download von: PRO INNO Europe (http://www.proinno-europe.eu/admin/uploaded_documents/EIS_2009_User_innovation.pdf, Abruf: 26.01.2010).

Friedmann, Thomas L. (2007). Die Welt ist flach. Eine kurze Geschichte des 21. Jahrhunderts. Frankfurt a.M.: Suhrkamp.

Goertz, Lutz (1995). Wie interaktiv sind die Medien? Auf dem Weg zu einer Definition von Interaktivität. Rundfunk und Fernsehen, 21 (4), 476-493.

Groys, Boris (1999). Über das Neue. Versuch einer Kulturökonomie. Frankfurt a.M.: Hanser.

Haack, Johannes (1995). Interaktivität als Kennzeichen von Multimedia und Hypermedia. In: L. J. Issing/ P. Klimsa (Hrsg.), Information und Lernen mit Multimedia (S. 151-166). Weinheim: BeltzPVU.

Heidenreich, Martin (2004). Innovationen und soziale Sicherung im internationalen Vergleich. Soziale Welt 2/2004, 125-144.

Hippel von, Eric (2005). Democratizing Innovation. Cambridge, Massachusetts, London: The MIT Press.

Howaldt, Jürgen/ Kopp, Ralf/ Schwarz, Michael (2008). Innovationen (forschend) gestalten. Zur neuen Rolle der Sozialwissenschaften. WSI-Mitteilungen 2/2008, 63-69.

Howaldt, Jürgen/ Schwarz, Michael (2009). Soziale Innovation – Konzepte, Forschungsfelder und -perspektiven. Unveröffentlichtes Manuskript.

Höflich, Joachim R. (1995). Vom dispersen Publikum zu „elektronischen Gemeinschaften". Plädoyer für einen erweiterten kommunikationswissenschaftlichen Blickwinkel. Rundfunk und Fernsehen 43 (4), 518-537.

Hügli, Daniel (1997). Daten und Netze. Akzeptanz, Nutzung und kommunikatives Veränderungspotential der Informations- und Kommunikationstechnologien. Bern, Berlin, Frankfurt a.M., New York, Paris, Wien: Peter Lang.

Kluzer, Stefano/ Rissola, Gabriel (2009). E-Inclusion Policies and Initiatives in Support of Employability of Migrants and Ethnic Minorities in Europe. Information technologies & International Development, 5 (2), 67-76.

Krämer, Sybille (Hrsg.) (1998). Medien Computer Realität. Wirklichkeitsvorstellungen und Neue Medien. Frankfurt a.M.: Suhrkamp.

Kubicek, Herbert (1997). Bürgerinformation durch „neue" Medien? Analysen und Fallstudien zur Etablierung elektronischer Informationssysteme im Alltag. Opladen: Westdeutscher Verlag.

Kuhlen, Rainer (1999). Die Konsequenzen von Informationsassistenten. Frankfurt a.M.: Suhrkamp.

Langenbucher, Wolfgang R. (1985). Der Ausbau des drucktechnischen Kommunikationssystems. Skizzen zu einem „Printkommunikationsbericht". In: E. Schreiber/ W. R. Langenbucher/ W. Hömberg (Hrsg.), Kommunikation im Wandel der Gesellschaft. Festschrift für Otto B. Roegele (S. 269-280). Konstanz: Universitätsverlag.

Leskovec, Jure/ Backstrom, Lars/ Kleinberg, Jon (2009). Meme-tracking and the Dynamics of the News Cycle. Download von: School of Computer Science, Carnegie Mellon (http://www.cs.cmu.edu/~jure/pubs/quotes-kdd09.pdf, Abruf: 26.01.2010).

Maaß, Christian/ Pietsch, Gotthard (2007). Web 2.0 als Mythos, Symbol und Erwartung. Diskussionsbeitrag der Fakultät für Wirtschaftswissenschaft der Fernuniversität in Hagen.

Münchener Kreis e. V./ Deutsche Telekom AG/ TNS Infratest GmbH/ European Center for Information and Communication Technologies (EICT) GmbH (Hrsg.) (2008). Zukunft & Zukunftsfähigkeit der deutschen Informations- und Kommunikationstechnologie. Abschlussbericht der ersten Projektphase. Download von: Zukunft & Zukunftsfähigkeit der deutschen Informations- und Kommunikationstechnologie (http://www.download-telekom.de/dt/StaticPage/59/97/56/081205_zukunftsstudie.pdf_599756.pdf, Abruf: 26.01.2010).

Neuberger, Christoph/ Nuernbergk, Christian/ Rischke, Melanie (2007). Weblogs und Journalismus: Konkurrenz, Ergänzung oder Integration? Eine Forschungssynopse zum Wandel der Öffentlichkeit im Internet. Media Perspektiven 2/2007, 96-112.

Neverla, Irene (Hrsg.) (1998). Das Netz-Medium. Kommunikationswissenschaftliche Aspekte eines Mediums in Entwicklung. Opladen: Westdeutscher Verlag.

Pelka, Bastian (2003). Künstliche Intelligenz und Kommunikation. Delphi-Studie zur Technikfolgenabschätzung des Einflusses von KI auf Kommunikation, Medien und Gesellschaft. Münster: Lit-Verlag.

Pelka, Bastian (Hrsg.) (2008). Das Prinzip Wiki in der Praxis: Theorie, Anwendung, Anleitung. Tönning, Lübeck, Marburg: Der Andere Verlag.

Pelka, Bastian/ Görting, Leonie/ Schmitt, Julia (2008). Potenziale von Wikis in der Hochschullehre. Eine Theorie geleitete explorative Erprobung von Konzeptionsprinzipien für die Nutzung von Wikis in der Web 2.0-gestützten Lehre. Download von: e-teaching.org (http://www.e-teaching.org/materialien/praxisberichte/Pelka-Wiki, Abruf: 26.01.2010).

Pohlmann, Mark (2007). Was wird mit den Blogs? Download von: Themenblog (http://www.themenblog.de/2007/05/was_kommt_nach_blogs.html, Abruf: 26.01.2010).

Quiring, Oliver/ Schweiger, Wolfgang (2006). Interaktivität – ten years after. Bestandsaufnahme und Analyserahmen. Medien & Kommunikationswissenschaft, 54 (1), 5-24.

Reißmann, Ole (2005). Was Weblogs sein können. In: Netzwerk Recherche (Hrsg.), Online-Journalismus. Chancen, Risiken und Nebenwirkungen der Internet-Kommunikation (S. 63-65). Wiesbaden: Verlag Netzwerk Recherche.

Rheingold, Howard (1992). Virtuelle Welten. Reisen im Cyberspace. Hamburg: Reinbek.

Tapscott, Don/ Williams, Anthony D. (2007). Wikinomics – Die Revolution im Netz. München: Hanser.

Wasserman, Stanley/ Faust, Katherine (1994). Social Network Analysis: Methods and Applications. Download von: Google books (http://books.google.de/books?hl=de&lr=&id=CAm2DpIqRUIC&oi=fnd&pg=PR21

&dq=social+network&ots=HtHmseYzPb&sig=ZTts3PyApsjIJT0FQIf7fAwTo2c#P PA27,M1, Abruf: 26.01.2010).

Weischenberg, Siegfried (1990). Nachrichtenschreiben. Westdeutscher Verlag: Opladen.

Weischenberg, Siegfried (1998). Pull, Push und Medien-Pfusch. Computerisierung – kommunikationswissenschaftlich revisited. In: I. Neverla (Hrsg.), Das Netz-Medium. Kommunikationswissenschaftliche Aspekte eines Mediums in Entwicklung (S. 37-61). Opladen: Westdeutscher Verlag.

Wirth, Werner/ Schweiger, Wolfgang (1999). Selektion neu betrachtet: Auswahlentscheidungen im Internet. In: W. Schweiger/ W. Wirth (Hrsg.), Selektion im Internet. Empirische Analysen zu einem Schlüsselkonzept (S. 43-74). Opladen: Westdeutscher Verlag.

Zapf, Wolfgang (1989). Über soziale Innovationen, Soziale Welt 40, (1-2), 170-183.

Webseiten

ARD/ZDF Onlinestudie 2009. Nachfrage nach Videos und Audios steigt weiter: http://www.ard.de/intern/basisdaten/onlinenutzung/-/id=55208/59yqoa/index.html (Abruf: 26.01.2010).

Teil 3
Soziale Innovation und Nachhaltigkeit

Die Bedeutung sozialer Innovationen für eine nachhaltige Entwicklung

Michael Schwarz, Martin Birke und Emanuel Beerheide

Die allgegenwärtige Thematisierung des Innovationsbegriffs weist große Ähnlichkeiten mit der des Nachhaltigkeitsbegriffs auf: Zum einen gilt Innovation ebenso wie der Übergang zu einer nachhaltigen Entwicklung als eine unabdingbare Existenz- und Fortschrittsbedingung bzw. als Synonym einer universellen Problemlösung. Je nach Perspektive handelt es sich in beiden Fällen um einen Imperativ der modernen Gesellschaft, der als Leitbild politischer Programme sowie von Konzepten des wirtschaftlichen, gesellschaftlichen und institutionellen Wandels seinen (alternativlosen) paradigmatischen Ausdruck findet. Zugleich aber bleibt das mit Innovation tatsächlich Gemeinte meist ebenso diffus, wie die verbreiteten Vorstellungen von einer nachhaltigen Entwicklung und ihrer Realisierbarkeit. Zwischen der wachsenden Bedeutung der Themen und ihrer systematischen wissenschaftlichen Aufarbeitung klafft eine deutliche Lücke. Verbunden mit einer eigentümlichen Ausblendung der mit Innovationen im Einzelnen verbundenen Probleme und Folgen verleiht dies dem Innovations- wie dem Nachhaltigkeitsparadigma den Charakter eines sich verselbständigenden Sozialmythos im Sinne eines unreflektierten Deutungssystems (vgl. auch Krücken 2006). Bei beiden Themen hat man es gleichermaßen mit hoher Wünschbarkeit wie mit hoher Komplexität und dementsprechend überwiegend mit „einfachen und nicht-hinterfragbaren Kausalerklärungen", sowie „stark affektiv aufgeladene(n) und emotionalisierte(n) Sachverhalte(n)" (Krücken 2006: 2), mit „semantischen Simplifizierungen und Asymmetrien" (Aderhold/ John 2005: 8) zu tun.

Nicht zuletzt infolge der aktuellen, nicht mehr nur als Finanzkrise erlebten Umbruchssituation scheint der ‚Nach-Rio-Diskurs' der 1990er Jahre zu ‚sustainable development', der von einem eher innovationseuphorischen und veränderungsoptimistischen Gesellschafts- und Politikbezug geprägt war und einer starken technischen Fokussierung unterliegt, eine Themenerweiterung zu erfahren, die einhergeht mit einer Renaissance von bislang gegenüber technischen Innovationen eher nur am Rande behandelten sozialen Innovationen. Im folgenden Abschnitt soll dieser Prozess einer sich abzeichnenden Aufmerksamkeitsverschiebung auf die wachsende Bedeutung sozialer Innovationen nachgezeichnet werden, um anschließend auf die damit einhergehende Entwicklung eines nicht emphatischen Verständnisses von Nachhaltigkeitsinnovationen einzugehen. Aufbauend auf einer strukturationstheoretischen Perspektive auf Innovationsprozesse und vor dem Hintergrund langjähriger empirischer Forschung im Themenfeld der ‚sustainable corporate' wie ‚Netzwerk-Governance' wird abschließend im vierten Abschnitt in anwendungsorientierter Perspektive die Frage behandelt, wie die Richtung der Innovationstätigkeit praktisch zu beeinflussen ist und welche analytischen wie gestaltungsbezogenen Konsequenzen sich daraus ergeben, dass der Übergang zu einer nachhaltigen Entwicklung nur über soziale Innovationen und Nachhaltigkeit fördernde Governance-Strukturen erfolgen kann.

1. Das weite und sich erweiternde Themenspektrum von sozialen Innovationen und Nachhaltigkeit

Nachhaltigkeit ist eine umfassende kulturelle Innovationsherausforderung, und zwar nicht nur mit Blick auf technische, sondern besonders auf nicht-technische, immaterielle Innovationen. Sie erfordert *umfassende gesellschaftliche Reformprozesse* und ist daher vor allem eine gesellschaftspolitische Frage, bei der es nicht nur um materielle Güter geht, sondern auch darum, heterogene Ziele, Neigungen, Wünsche mit *neuen Kulturtechniken bzw. sozialen Praktiken* – wie beispielsweise im Bereich Ernährung, Beschaffung, Versorgung, Bauen und Wohnen – und entsprechenden Kompetenzen in Einklang zu bringen (Pfriem 2006). Eine unausweichliche Komplexitätssteigerung in der Akteurs-Trias aus politischen Entscheidungsträgern, Wirtschaft und Zivilgesellschaft erfahren diese Reformprozesse vor dem Hintergrund ihrer globalen Abhängigkeit und Bedeutung, wie es von Hellmuth Lange in diesem Band beschrieben wird. Obwohl Innovations- und Nachhaltigkeitsforschung bislang wenig zusammen gekommen sind (Fichter 2005), haben die bisherigen Versuche doch die Einsicht präzisiert, dass es neben technischen auch noch irgendwie organisatorische und soziale Innovationen gibt (Pfriem 2006). Paech beschreibt Nachhaltigkeitsinnovationen als ‚Gestaltung ambivalenter Prozesse des Wandels' (2005a) und Fichter definiert in seinem Beitrag in diesem Band Nachhaltigkeitsinnovationen als „die Durchsetzung solcher technischer und sozialer Neuerungen, die zum Erhalt kritischer Naturgüter und zu global und langfristig übertragbaren Wirtschafts- und Konsumstilen und -niveaus beitragen."

Beobachtbar ist, dass Innovation im Allgemeinen und im Zusammenhang mit Nachhaltigkeit im Besonderen, mit Ausnahme der wirtschaftsnahen Technik- und Industriesoziologie, in der Soziologie keine zentrale Kategorie ist. Die Gründe für das zu beobachtende Desinteresse der Disziplin liegen zum einen in der ökonomisch-instrumentell verengten Innovationsdebatte und zum anderen in der spezifisch disziplinären Perspektive der Soziologie mit ihrem Gegenstandsbezug auf das Soziale (vgl. Brand 2006: 58). Daraus leitet sich dann allerdings ein Spezialinteresse der Soziologie im Zusammenhang mit Innovation und Nachhaltigkeit ab, dass sich weniger auf Produkt- und Verfahrensinnovationen richtet, sondern vielmehr auf Innovationen im Zusammenhang mit Transformationsprozessen, neuen Konfliktlinien, Akteurskonstellationen, Regulierungen, Lebensformen und Praktiken – also, meist ohne es so zu benennen, auf die Relevanz sozialer Innovationen. In diesem Zusammenhang werden soziale Innovationen – in Anlehnung an den Beitrag von Schwarz/ Howaldt – in einem nicht normativ angelegten Konzept definiert als eine intentionale Neukonfiguration sozialer Praktiken. Ihre soziale Attributierung und Bewertung seitens unterschiedlicher Akteursgruppen kann dabei durchaus ambivalent ausfallen. Wo hingegen Nachhaltigkeit zumeist verstanden wird als ein umfassendes Konzept gesellschaftlichen Wandels (vgl. Brand 2006: 61), verbunden mit einem 'optimistischen Reformprogramm', welches auf einer Aufwertung integrativer und partizipativer Strategien basiert[1].

Die sozialökologische Forschung, ein Förderschwerpunkt des BMBF, hat schon früh auf den Zusammenhang von nachhaltiger Entwicklung und sozialen Innovationen, sowohl im Sinne eines eigenständigen Themen- und Gegenstandsbereichs (zum Beispiel car-sharing, Mobilitätsberatung), als auch in der Perspektive auf die Wechselwirkungen, Verknüpfungen und Zusammenhänge mit technischen Innovationen (,Systeminnovationen') aufmerksam gemacht. Dabei steht der Aspekt des gezielten, intendierten Wandels in Richtung auf Nachhaltigkeit im Sinne von ,Pfadveränderung' (Nill/ Einacker/ Korbun/ Nordbeck/ Peine 2002: 181) und dementsprechend eine Steuerungsperspektive im Zentrum. Schon im Rahmenkonzept für den Förderschwerpunkt von 1999 wird das Themen-, Forschungs- und Handlungsfeld „Sozial-ökologische Transformationen und gesellschaftliche Innovationen" umrissen (Becker/ Jahn/ Schramm 1999: 27 ff). Dabei stehen „soziale und institutionelle Innovationen für gesellschaftliche Such-, Lern- und Entscheidungsprozesse" (Becker/ Jahn/ Schramm 1999: 32) im Vordergrund, namentlich zivilgesellschaftliche Selbstorganisation, Netzwerkbildung, Prozessmanagement, Partizipationsprozesse, aber auch ,neue kulturelle Praktiken' in diversen, insbesondere ökologisch relevanten Bedürfnisfeldern wie Ernährung, Mobilität, Wohnen usw. Die sozialökologische Forschung geht da-

---

1 Ohne dies kategorisch zu bestreiten, allerdings in seiner Steuerungsrelevanz zu relativieren, betonen beispielsweise Giddens (2009) und Lange (2008) angesichts der mit Nachhaltigkeit verbundenen Herausforderungen die zentrale Rolle staatlicher Politik und langfristig angelegter Planung: 'a return of planning?' (Giddens).

von aus, dass technisch-ökonomische Potenziale, wie beispielsweise im Bereich der Energienutzung, in Richtung Nachhaltigkeit nur ausgeschöpft werden können, wenn sich auch die sozialen Praktiken entsprechend ändern. In dieser Hinsicht sind demnach die entsprechenden institutionellen und habituellen etc. Hemmnisse zu identifizieren und daran ansetzende Innovationen mit entsprechender Lenkungswirkung auf die sozialen Praktiken zu initiieren. Demnach geht es zentral um „die gezielte Veränderung und Gestaltung gesellschaftlicher Regelsysteme als Bedingung für nachhaltige Problemlösungen" (Voß/ Barth/ Ebinger 2002: 82). Schneidewind/ Müller/ Hübscher konstatieren in diesem Zusammenhang: „Die Suche nach sozial-ökologischen Entwicklungspfaden (muss) an dem institutionellen Gefüge moderner demokratisch verfasster Industriegesellschaften ansetzen (…), will sie nicht lediglich Symptombekämpfung betreiben." (Schneidewind/ Müller/ Hübscher 2002: 243) Dieser Ansatz führt dann im Ergebnis zu vier ‚Basisstrategien für eine Politik der Nachhaltigkeit' (Minsch/ Feindt/ Meister/ Schneidewind/ Schulz 1998): Selbstorganisation/ Partizipation, Reflexivität, Macht-/ Konfliktausgleich und Innovation[2]. Innovation umfasst technisch-ökonomische Optionen ebenso wie 'gangbare alternative soziale Optionen'. Denn „institutionelle Reformen einer Politik der Nachhaltigkeit stellen selbst ein umfassendes Innovationsprojekt dar. Neben technisch-ökonomischen Investitionen ist eine zukunftsfähige Gesellschaft insbesondere auf soziale und institutionelle Innovationen angewiesen, die ihre Entwicklungsfähigkeit in Richtung Nachhaltigkeit sicherstellen." (Schneidewind/ Müller/ Hübscher 2002: 248)

Die Notwendigkeit von gangbaren alternativen sozialen Optionen wird anhand der mit Effizienzsteigerungen verbundenen Wachstumsfalle qua Rebound-Effekten sehr deutlich (vgl. Schneidewind/ Müller/ Hübscher 2002: 251 ff.). Vermittelt über geringere Kosten einerseits, geringeren Zeitaufwand anderseits, werden Effizienzgewinne z. T. durch Wachstumseffekte überkompensiert[3] – ein klassisches Problem unbeabsichtigter Nebenfolgen und wichtiger Ansatzpunkt

---

2 Selbstorganisation/ Partizipation z. B. Selbstverpflichtungen von Unternehmen/ Branchen, Lokale Agenda 21, Volksabstimmungen, Bürgerentscheide, Mediationsverfahren, Planungszellen, selbstorganisierte Vermarktungsstrategien (eco-e-commerce)/ Reflexivität, z. B. neue Systeme der Berichterstattung; verbesserte Strukturierung und Bereitstellung von Informationen, Expertengremien, Bürgerforen, stärker nachhaltigkeitsorientierte Forschung und Wissenschaft/ Macht-/ Konfliktausgleich z. B. Nachhaltigkeitsrat, Öffnung von Normbildungsprozessen, verbesserte Informations- und Finanzierungszugänge für NGOs, Monopolkontrolle, Mediationsplattformen im Internet/ Innovation z. B. verstärkte Kunden-, Nutzer, Stakeholder-Einbeziehung in Produktentwicklungsprozesse, open innovation.
3 Zu beobachten z. B. bei Energiesparlampen, Verbrennungsmotoren, der industriellen Produktion, dem Kommunikationsparadox i. Z. mit neuen IuK-Technologien, der Illusion des 'papierlosen Büros'.

für soziale Innovationen im Sinne von veränderten sozialen Praktiken. Solange über derartige Reboundeffekte die technologiegetriebene Wachstumsspirale immer weiter angeheizt wird, besteht die Gefahr, dass technisch induzierte Effizienzsteigerungen und Pfadveränderungen (z. B. regenerative Energien) in der Summe keine relevanten Nachhaltigkeitseffekte einfahren und die verkürzte Art der Nachhaltigkeitsdiskussion die vorherrschenden Lebensstile gegen Mäßigung immunisiert. Diese komplexen Zusammenhänge zeigen sich beispielsweise in der Diskussion über den Klimawandel: „Responding to climate change will prompt and require innovation in government itself and in the relation between the state, markets und civil society." (Giddens 2009: 94)[4]

Auch in der „High-Tech-Strategie zum Klimaschutz" (BMBF 2007: 13) wird neben der notwendigen Förderung von technischen Innovationen auch auf das Erfordernis von sozialen Innovationen im Sinne von neuen Verhaltensangeboten für Bürger, Konsumenten, Kommunen und NGOs verwiesen. In diesem Zusammenhang ist auch von ökologischen Prozessen und Dienstleistungen, zielgruppenspezifischen Maßnahmen, verbesserter Kommunikation von Unternehmen und Verbrauchern sowie der Erhöhung der Handlungsfähigkeit der Verbraucher als Partner im Klimaschutz die Rede. Auch eine proaktive Klimaadaptation, wie sie beispielsweise Gegenstand des DynAKlim-Projektes[5] ist, basiert im Wesentlichen auf der Fähigkeit zur Durchsetzung sozialer Innovationen, „the capacity to respond actively and positively." (Giddens 2009: 163) "It concerns factors such as the capacity of members of a community *to act together* rather than to become divided and fragmented; and *to be able to modify, or even transform, existing ways of life* should it become necessary so to do. Smallholders who grow a variety of crops, for example, will be more resilient than those dependent upon a single cash crop."

Das bedeutet, dass die Adaptation ebenso wie Mitigation (soziale und technische) Innovationen befördern kann, z. B. „more efficient use of water" oder die Mobilisierung und Neukombination lokalen Wissens bzw. lokaler Wissensträger (Giddens 2009: 165 ff).

Ganz offensichtlich hat sich mit der zunehmenden Akzeptanz der Nachhaltigkeitsanforderung die Themenschnittmenge von sozialen Innovationen und Nachhaltigkeit ausgedehnt und an gesellschaftspolitischer Relevanz gewonnen.

---

4 Vgl. dazu Knoll/ Engels (im Erscheinen) zur Diskussion um das europäische Emissionshandelssystem.

5 Die „Dynamische Anpassung regionaler Planungs- und Entwicklungsprozesse an die Auswirkungen des Klimawandels in der Emscher-Lippe-Region (Nördliches Ruhrgebiet)" sowie die Entwicklung und Umsetzung der dafür notwendigen technischen und sozialen Innovationen ist Gegenstand dieses BMBF-geförderten Verbundprojektes, an dem die Autoren dieses Beitrags maßgeblich beteiligt sind; www.dynaklim.de

Thematisiert werden nicht mehr nur Leitbilder und Visionen, sondern auch die zu ihrer Realisierung nötigen politischen, institutionellen und sozialen Voraussetzungen und Innovationen. Wie sich diese Neuthematisierung des 'Was und Wie' nachhaltiger Innovationen in Hinblick auf Modernisierungsoptimismus und Innovationseuphorie entwickeln wird, ist offen. Es hängt insbesondere davon ab, wie die in ihrem Vorläuferdiskurs der 1990er Jahre durchaus geführte Debatte um ein nicht verkürztes, nichtemphatisches und technologisch nicht verengtes Innovationsverständnis zukünftig aufgegriffen und weiter entwickelt wird.

2. Das nichtemphatische Entwicklungsverständnis von sozialer Innovation und Nachhaltigkeit

Insbesondere die Techniksoziologie (Techniksgeneseforschung, Technikfolgenabschätzung) hat mit ihren Resultaten darauf aufmerksam gemacht, dass Innovation um ihrer selbst willen weder automatisch zukunftsweisend noch problemlösend ist, und „beobachtet, wie sich gesellschaftliche Orientierungskomplexe in Form von Kultur und Leitbildern auf die Entstehung von technischen Innovationen auswirken" (Braun-Thürmann 2005: 9). Auch im Diskurs um die Frage, wie eine nachhaltige Entwicklung praktisch werden kann (vgl. Linne/ Schwarz 2003; Dörre/ Heinz/ Howaldt 2004; Birke/ Schwarz 2004), stehen zumeist (technische, institutionelle, organisatorische und soziale) Innovationen im Zentrum des Interesses, so als sei nachhaltige Entwicklung 'nur' eine Frage der 'richtigen' und tiefgreifenden Innovationen. Mit Blick auf eine Nachhaltigkeitsorientierung geht es aber nicht nur um Steigerung der Innovationsfähigkeit an und für sich, sondern in erster Linie um die Beeinflussung der Richtung der Innovationstätigkeit. Dabei werden vom Konzept der Nachhaltigkeit als einem leitbildorientierten reflexiven Suchprozess wichtige Impulse bzw. Orientierungen erwartet (vgl. Fichter 2003: 8). Majer (1998: 59) spricht in diesem Zusammenhang von 'Innovationen mit Richtungssinn'. „Hier geht es auch um die Richtung sowie die soziale und ökologische Reichweite von Innovationen." (Konrad/ Nill 2001: 35). Letztlich geht es um die Fragen, ob und inwieweit Nachhaltigkeitsanforderungen Innovationen generieren bzw. ob und inwieweit Innovationen zu einer nachhaltigen Entwicklung beitragen.

Das Spannungsfeld der in diesem Zusammenhang vertretenen Argumentationsmuster reicht von: Nachhaltigkeitsanforderungen sind Innovationshemmnis (a), über Nachhaltigkeitsdefizite erhöhen den Innovationsdruck (b), bis hin zu Nachhaltigkeit inspiriert und lenkt die Innovationstätigkeit (c). Die verbreitete Einschätzung, dass Innovationen der relevante 'Motor für Nachhaltigkeit' seien (Bundesregierung 2002: 276), wird zunehmend problematisiert. Dabei wird nicht nur kritisiert, dass die zum Selbstzweck mutierte Innovationsdynamik letztlich auf Wachstum und Beschleunigung aller Lebensbereiche abziele und mit erheblichen Risiken für eine nachhaltige Entwicklung verbunden sei (vgl. Paech 2005 b), sondern auch thematisiert, dass das Alleinstellungsmerkmal ‚innovativ' konzeptionell und mit Blick auf das jeweilige Handlungsfeld zu relativieren und zu revidieren sei. Erst eine zweckmäßige Kopplung mit anderen Veränderungsprinzipien bzw. -optionen führe zur Herausbildung wirkungsvoller Nachhaltigkeitsstrategien.

Welche Innovation „als nachhaltig gelten darf und welche nicht, ist keine Frage der individuellen Bewertung, sondern eine Frage der kollektiven Attribuierung von Nachhaltigkeit und damit das Ergebnis eines gesellschaftlichen Bewertungsprozesses" (Fichter/ Noack/ Beucker/ Bierter/ Springer 2006: 44 f.).

Wie aber kommt der Sinn für die ‚richtige', gesellschaftlich wünschenswerte Richtung in die Innovation bzw. den Innovationsprozess bzw. wie „kann die Trefferquote von Innovationen im Sinne eines positiven Nachhaltigkeitsbeitrags im Prozess der Entstehung und Realisierung von Innovationen substanziell beeinflusst werden?" (Fichter 2003: 2) Welche Rolle kann die Wissenschaft (analytisch und/ oder als Akteur im Prozess) in diesem Zusammenhang spielen? Wie wirkt sich ein neuer zukunftsfähiger Wachstumsbegriff auf die Innovationstätigkeit aus?

Anstatt der permanenten Ikonisierung des Neuen zu frönen, brauchen wir ein situations- und realitätsangepasstes, pragmatisches Innovationsverständnis, das anstelle der paradigmatischen (bzw. mythischen) Exklusivität eines ‚Kultus des Neuen' und der damit (monokausal) verbundenen Optimierungs- und Problemlösungsfiktion die Aspekte Interaktion, Rekursivität, (institutionelle) Kompatibilität und Viabilität von Innovationen im Verbund mit anderen Veränderungsoptionen und die Organisation darauf bezogener sozialer (Innovations-)Prozesse ins Zentrum rückt und die Frage der Innovationsfähigkeit systematisch verbindet mit der Frage nach der Richtung bzw. der ‚Nachhaltigkeit' der Innovationstätigkeit.

Innovation markiert nur einen von mehreren verfügbaren und praktisch relevanten Veränderungsmodi – und zwar denjenigen der Hinzufügung neuer Optionen zum Fundus des Bestehenden. Konträr zur (rekursiven) Dynamik gesellschaftlichen Wandels ist Innovation insofern eine 'Einbahnstraßenoption', als dieser Weg nur eine Richtung kennt, „nämlich das Vorwärts in die Gefilde des nie da Gewesenen" (Paech 2005b: 255). Das aber muss nicht zwangsläufig ‚passen'. Innovation hat nicht nur von Anfang an mit Repitition und Routine(n) zu tun, sondern konkurriert bei der Veränderung des Möglichkeitsraums immer zugleich auch mit Formen der Imitation[6], Renovation[7] und Exnovation[8] (Paech 2005b: 251 ff.), nicht zuletzt auch mit Diffusion im Sinne „der Durchsetzung und Verbreitung prinzipiell bekannter Ideen, Modelle und Praktiken" (Krücken 2006: 10).

3. Nachhaltige Innovationen in institutioneller und organisationsanalytischer Perspektive

Das Wechselspiel zwischen institutionellem Kontext und Akteuren ist für die Analyse des Innovationsprozesses zentral. Insoweit in der Innovationsforschung davon ausgegangen wird, dass Innovationen stets vor und in (institutionellen) Kontexten entstehen, wird genau dieser Kontext in der Regel als dominante Einflussgröße erachtet, in der sich, meist in der Perspektive auf Ressourcen, die relevanten Stellgrößen für die Entstehung von Innovationen bzw. die über Innovationsfähigkeit entscheidenden Dimensionen und Variablen verorten und ggf. anpassen bzw. verändern lassen. In dieser Perspektive wird Akteurshandeln im Wesentlichen als aus dem Umsystem resultierende Handlungskompetenz, im Sinne von Fähigkeit, Bereitschaft und Möglichkeit, und damit in erster Linie als Anpassungs- und Vollzugsleistung interpretiert (vgl. Fichter 2003: 7). Es erfolgt eine „einseitige paradigmatische Festlegung entweder auf strukturelle oder individuelle Faktoren der Innovationsgenerierung" (Vordank 2005: 34).

Demgegenüber wollen wir im Sinne einer Theorie rekursiver Innovation (vgl. Ortmann 1995) das Hauptaugenmerk auf das „produktive Wechselspiel zwischen Akteuren und ihrem institutionellen Kontext" legen und die darin stets eingebaute Option der Veränderung und Beeinflussung von Kontextbedingungen durch die Akteure selbst (vgl. auch Fichter 2003: 7) im Sinne ‚rekursiver Regulation' bzw. ‚reflexiver Strukturation organisationaler Felder' (Ortmann 1997) betrachten. Damit verfolgen wir mit Blick auf Innovation und (die Bedingungen für) Innovationsfähigkeit eine strukturationstheoretische Perspektive, die das

---

6 „Rückgriff auf Lösungen (...), die nicht das Resultat einer diskontinuierlichen Neuerung, also Innovation sind, sondern längst bekannt, bewährt und ggf. unter Nachhaltigkeitsaspekten ‚geprüft' sind" (Paech 2005 b: 253).

7 „... vorhandene Optionen aufzuwerten oder so aufzuarbeiten, dass aus ihnen verlängerte oder neue Nutzungsmöglichkeiten hervorgehen. Das beste Beispiel entstammt dem Bedarfsfeld Bauen/Wohnen..." (Paech 2005: 254).

8 Das Entfernen von Optionen, mit oder ohne Substitution, wobei es sich im Falle einer Substitution nicht um eine Innovation handelt. Beispiele: Ersatz von Kiwis durch heimisches Obst; Ausstieg aus der Atomenergie und entsprechende Energieeinsparung. Bei Substitution durch neue Technologien läge eine Kopplung von Exnovation und Innovation vor (Paech 2005b: 253 f.).

reziproke Verhältnis von Handlung und Struktur in rekursiven Schleifen der Konstitution und Veränderung analysiert und in der Reflexivität – „dem rekursiven Durchlaufen iterativer Schleifen forschender, suchender, experimenteller Praxis, deren Outputs zum erneuten Input weiterer Praxisschleifen werden – (...) eine wichtige Figur des Umgangs mit den Paradoxien der Innovation" ist (Ortmann 1999: 253).

Struktur und Handlung bedingen sich wechselseitig, sind zwei Seiten derselben Medaille: „Konstitution von Handeln und Strukturen betrifft nicht zwei unabhängig gegebene Mengen von Phänomenen – einen Dualismus – sondern beide Momente stellen eine Dualität dar. Gemäß dem Begriff der Dualität von Struktur sind Strukturmomente sozialer Systeme sowohl Medium wie Ergebnis der Praktiken, die sie rekursiv organisieren." (Giddens 1995: 77) Ein dieser gesellschaftstheoretischen Perspektive folgendes Innovationsverständnis „muss dem Anspruch gerecht werden, innovatives Handeln einzelner Akteure innerhalb struktureller Zwänge integrativ zu beschreiben und der Reziprozität von Innovation, innovierenden Akteuren und strukturellen Rahmenbedingungen" sowie institutionellen Kontexten „im Innovationsprozess Rechnung tragen" (Vordank 2005: 38). Von der Seite des Akteurshandelns aus betrachtet, haben Innovationen immer strukturelle Veränderungen zur Folge und resultieren in (oder aus) einem Engagement in veränderten Handlungsweisen sozialer Akteure (Vordank 2005: 47).

In solchen rekursiven Prozessen sind Innovationen und insbesondere die an Nachhaltigkeit orientierten Innovationen aufgrund der ihnen impliziten ‚Umkehr der Rationalisierungsprioritäten' einer besonders virulenten Mikropolitik ausgesetzt (Birke/ Schwarz 1994), die keineswegs auf Machtpolitik und 'Organisationsmachiavellismus' zu reduzieren ist. In diesem Zusammenhang kommt das Verhältnis von Routine- und Innovationsspielen ins Spiel (Ortmann 1995: 63 ff.). Die Logik der Innovationsspiele ist „die Veränderung der Routinespiele. Sind letztere durch Standards wie Beständigkeit und Zuverlässigkeit geprägt, so erfordern erstere Bewegung, Flexibilität, Risiko, Dynamik. (...) Mikropolitische Konflikte sind daher in Innovationsspielen strukturell angelegt. (...) Innovationsspiele zielen darauf, Handlungsspielräume in Routinespielen zu verändern" (Ortmann 1995: 64). Das unvermeidliche gleichzeitige Zusammentreffen von Routine- und Innovationslogik in Organisationen führt zu einem „organisationalen double bind, der häufig genug nur schwer auszuhalten ist" (Ortmann 1995: 65). „Innovationsprozesse sind (...) die Arena, in der um Prozessbeherrschung gerungen wird." (Ortmann 1995: 66) „Innovationsmanagement ohne entsprechende mikropolitische Analysen, ohne Orte der Kommunikation legitimer mikropolitischer Interessen, ohne Partizipation der Betroffenen, ohne organisatorische Fundierung und Flankierung, ohne Blick auf mögliche strukturelle double binds stellt sich selbst die Fallen, in die es dann stolpert." (Ortmann 1995: 69) Aus diesem Grund ist das Zustandekommen von Innovationen allein mit Blick auf über ökonomisches Nutzenkalkül erklärbare Motive und Konstellationen nicht hinreichend zu erfassen. Auf Reziprozität basierende Konstellationen rekursiver, wechselseitiger, zirkulärer Verursachung oder Begründung spielen eine wichtige Rolle (vgl. Göbel/ Ortmann/ Weber 2007), z. B. im Bereich des Wissenstransfers, des Know-how-Tradings, der Vernetzung und ‚neuen Formen der Wissensproduktion', in ‚koevolutionären Kooperationsverbünden' (Howaldt 2004), in der ‘open source' Innovation, allesamt Bereiche, in denen Aspekte wie Moral, Vertrauen, Respekt und Reputation neben ökonomischen Nutzenkalkülen konstitutiv und (erfolgs-) entscheidend sind (vgl. auch Wirth 2006). Denn Wissen und Interaktion lassen sich nicht auseinanderdividieren (Gustavsen 2006), und Interaktion, Kommunikation und Diskurs zwischen einer Vielzahl heterogener Akteure und Akteursgruppen lässt sich nicht auf ökonomische Kosten-Nutzen-Relationen reduzieren.

4. Soziale und nachhaltige Innovationen: Vom Heuristik- zum Befähigungsmodell?

In welchem Verhältnis soziale und nachhaltige Innovationen stehen, lässt sich abschließend aus dem Vergleich ihrer bisher verwandten und erläuterten konstitutiven Elemente und Kriterien erkennen (siehe Textbox). Beide entziehen sich nicht nur voluntaristischen und linearen Erklärungen, sondern auch technologischen und marktlichen Push-Pull-Modellen ebenso wie ihren politisch-regulatorischen Varianten. Beide setzen Erklärungsmodelle voraus, mit denen die Mehrebenen-Interaktion unterschiedlichster Akteure, ihre multidimensionalen Handlungsrationalitäten und Machtkonstellationen sowie nicht zuletzt die sich daraus ergebende ergebnisoffene rekursive Entwicklungsdynamik zu verstehen und zu analysieren sind.

Soziale Innovationen

- gehen von bestimmten Akteuren und Akteurskonstellationen aus,
- bestehen aus intentionaler, zielgerichteter Neukonfiguration sozialer Praktiken an den Schnittstellen unterschiedlicher sozialer Kontexte und Rationalitäten,
- haben zum Ziel, Probleme anders zu lösen und Bedürfnisse anders zu befriedigen,

- haben meist eine ambivalente, keineswegs zwangsläufig ‚positive' Wirkung.

Nachhaltigkeitsinnovationen

- entstehen im Wechselspiel staatlicher, zivilgesellschaftlicher, intermediärer und marktlicher Akteure und ihrer jeweiligen Ressourcen, Kompetenzen und Machtpotenziale,
- sind orientiert auf den Ausgleich und die wechselseitige Berücksichtigung von ökologischen, ökonomischen und sozialen Bedürfnissen, Interessen und Zielen,
- werden geprägt vom institutionellen Kontext im jeweiligen gesellschaftlichen Handlungsfeld und seiner Veränderbarkeit und
- sind deshalb in ihrem Ergebnis abhängig von einem reflexiven und rekursiven Umgang mit Unsicherheit und Ungewissheit.

Textbox: Definition sozialer und nachhaltiger Innovationen (eigene Quelle, vgl. auch Howaldt/ Schwarz und Fichter in diesem Band).

Die definitorische Gemeinsamkeit sozialer und nachhaltiger Innovationen impliziert ausgeprägte Wechselwirkungen zwischen beiden, die allerdings empirisch zu fundieren und handlungspolitisch zu erschließen sind. Ob – analog zur definitorisch bestehenden Plausibilität – nachhaltige Innovationen soziale Innovationen voraussetzen bzw. bei erfolgreicher Realisierung hervorbringen, ist durchaus offen. Umgekehrt ist ebenso ungeklärt, inwieweit soziale Innovationen ihrerseits auf Nachhaltigkeitsinnovationen aufbauen können, welche sozialen Innovationen welche Nachhaltigkeitskriterien nicht erfüllen bzw. damit konfligieren und welche Nachhaltigkeitskriterien für soziale Innovationen erfolgskritisch sein können. Deutliche Unterschiede zwischen beiden bestehen zum einen im Nachhaltigkeitsaxiom, Ökologie, Ökonomie und Soziales miteinander in Beziehung zu setzen und nur in wechselseitiger 'rekursiver' Berücksichtigung zu realisieren; und zum anderen in der Frage der Richtungssicherheit von Innovationen, ihres Entwicklungspfades und ihrer Optionalität (Stagl 2009: 4). Zur präziseren Bestimmung der Gemeinsamkeit und Differenzen zwischen sozialen und nachhaltigen Innovationen bieten sich die ‚institutionellen Basisprinzipien' (Minsch/ Feindt/ Meister/ Schneidewind/ Schulz 1998) an, die in der Nachhaltigkeitsdiskussion der 1990er entwickelt wurden. Die Reflexivität der Akteure und Verfahren, ihre Fähigkeit und Befähigung zu Partizipation und Selbstorganisation, ihre institutionalisierten Regeln, Normen und Ressourcen der Interessen- und Konfliktmoderation sowie ihr Entwicklungspotenzial für technische, ökonomische, organisatorische und soziale Innovationen gelten seitdem als Erfolgsfaktoren und Gütekriterien für nachhaltige Entwicklung.

Abbildung 1:   Nachhaltigkeit als Lernprozess

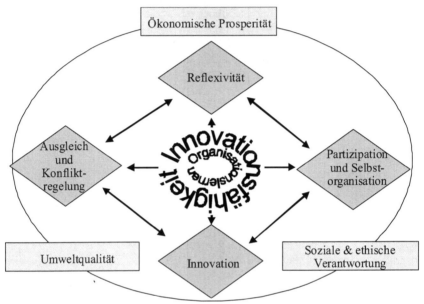

Quelle: Eigene Abbildung

Konzipiert als praxistheoretischer Beitrag mit dem Ziel, das Heuristikmodell der Nachhaltigkeit in ein Befähigungsmodell zu überführen, dienen diese ‚institutionellen Basisprinzipien' bis heute als Grundlage für die Entwicklung von ‚Multi-Level-Governance-Politik' zur Realisierung von nachhaltigen Innovationen in unterschiedlichen gesellschaftlichen Handlungsfeldern – beispielsweise in der Klimapolitik (Schneidewind 2009: 11).

Eine mögliche Antwort auf die Frage, wie die Richtung der Innovationstätigkeit zu beeinflussen ist (Fichter 2003: 8), könnte lauten: über die rekursive Entwicklung und Umsetzung von kontextspezifischen und pragmatischen Leitbildern einer ökologisch, ökonomisch und sozial nachhaltigen Entwicklung. Dabei geht es um eine akteursgruppen-übergreifende Entwicklung eines *innovativen*, zukunftstauglichen Leitbilds, um die Initiierung eines entsprechenden *innovativen* Steuerungsmodells und koevolutionären Lernprozesses sowie die darauf abgestimmten institutionellen Innovationen, und schließlich um die Entwicklung und Realisierung von *dementsprechenden* technischen, organisatorischen und sozialen Innovationen. Demnach ist „Nachhaltigkeit kein reines ‚Managementproblem', das sich in klare Ziele fassen und mit geeigneten Instrumenten effizient realisieren lässt" (Minsch/ Feindt/ Meister/ Schneidewind/ Schulz 1998: VIII) sondern „Nachhaltigkeit ist vielmehr ein zukunftsbezogener gesellschaftlicher Lern-, Such- und Gestaltungsprozess, der ebenso wie ein jeder Innovationsprozess durch weitgehendes Unwissen, Unsicherheit und vielfältige Konflikte gekennzeichnet ist" (1998: VIII). Für diesen Gestaltungsprozess gilt es geeignete und gangbare Rahmenbedingungen und Interaktionen zu entwickeln.

Wenn eine nicht-nachhaltige Entwicklung die Folge einer umfassenden Institutionen-, System- und Steuerungskrise ist, dann kann der Übergang zu einer nachhaltigen Entwicklung nur über soziale Innovationen und Nachhaltigkeit fördernde Governance-Strukturen erfolgen. Gerade die damit angesprochenen weichen Steuerungsformen erhöhen aber in diesem Zusammenhang noch einmal die ohnehin große praktische Bedeutung der inter- und intraorganisationalen Mikropolitik sowie der intraorganisationalen Handlungs- und Innovationspotenziale, weil sie diese zum Teil ganz direkt und nicht ‚ausschließlich' über Steuerungsmedien wie Markt, Hierarchie und Netzwerke vermittelt tangieren.

Um über den Entwurf von mehr oder minder praxisfernen Anforderungskatalogen und ‚Werkzeugen' hinausgehend konkrete Entwicklungspfade für nachhaltiges Wirtschaften aufzeigen zu können, ist gerade eine anwendungsorientierte Innovations- und Nachhaltigkeitsforschung auf theoretisch fundierte Analysen der organisationalen Felder von Sustainable Corporate Governance unter Rückgriff auf wissensorientierte, ressourcenbasierte und neoinstitutionalistische Ansätze der Organisations- und Managementforschung und das Integrationspotenzial der Giddensschen Strukturationstheorie (vgl. Ortmann/ Sydow 2001) verwiesen. Dabei kommt es darauf an, die nachhaltiges Wirtschaften auch zukünftig kennzeichnenden gesellschaftlichen und unternehmerischen Such- und Lernprozesse wissenschaftlich zu inspirieren sowie zu nutzen für eine Organisationstheorie, deren Praxisrelevanz – wie die empirischen Befunde zur Praxis nachhaltigen Wirtschaftens illustrieren – sich erst jenseits, in konstruktiv-kritischer Reflexion der Versprechen immer neuer Management- und Beratungsansätze erschließt.

Literatur

Aderhold, Jens/ John, René (2005). Ausgangspunkt – Innovation zwischen Technikdominanz und ökonomischem Reduktionismus. In: J. Aderhold/ R. John (Hrsg.), Innovation. Sozialwissenschaftliche Perspektiven (S. 7-10). Konstanz: UVK.

Becker, Egon/ Jahn, Thomas/ Schramm, Engelbert (1999). Sozial-ökologische Forschung – Rahmenkonzept für einen neuen Förderschwerpunkt. Institut für sozial-ökologische Forschung (ISOE) GmbH. Frankfurt.

Birke, Martin/ Schwarz, Michael (1994). Umweltschutz im Betriebsalltag. Praxis und Perspektiven ökologischer Arbeitspolitik. Opladen: VS Verlag für Sozialwissenschaften.

Birke, Martin/ Schwarz, Michael (2004). „Sustainable Corporate Governance". Zukunftsperspektiven des nachhaltigen Wirtschaftens und seiner anwendungsorientierten Erforschung. In: K. Dörre/ W. R. Heinz/ J. Howaldt (Hrsg.), Nachhaltige Entwicklung. Vom „Was" zum „Wie" (S. 89-123). Münster: Lit-Verlag.

BMBF (Hrsg.) (2007). Die Hightech-Strategie zum Klimaschutz. Download von: BMBF (http://www.bmbf.de/pub/hightech_strategie_fuer_klimaschutz.pdf, Abruf: 19.01.2010)

Brand, Karl-Werner (2006). Innovation für eine nachhaltige Entwicklung – die soziologische Perspektive. In: R. Pfriem/ R. Antes/ K. Fichter/ M. Müller/ N. Paech/ S. Seuring/ B. Siebenhüner (Hrsg.), Innovationen für eine nachhaltige Entwicklung (S. 55-78). Wiesbaden: Deutscher Universitäts-Verlag/ GWV Fachverlage GmbH.

Braun-Thürmann, Holger (2005). Innovation. Bielefeld: transcript Verlag.

Bundesregierung (2002). Perspektiven für Deutschland. Unsere Strategie für eine nachhaltige Entwicklung. Download von: Bundesregierung (http://www.bundesregierung.de/nsc_true/Content/DE/__Anlagen/2006-2007/perspektiven-fuer-deutschland-langfassung,property=publicationFile.pdf/perspektiven-fuer-deutschland-langfassung, Abruf: 19.01.2010)

Dörre, Klaus/ Heinz, Walter R./ Howaldt, Jürgen (Hrsg.) (2004). Nachhaltige Entwicklung. Vom „Was" zum „Wie". Münster: Lit-Verlag.

Fichter, Klaus (2003). Kontextsteuerung. Potenziale eines gesellschaftstheoretischen Steuerungskonzepts für das Innovationsmanagement. Borderstep-Arbeitspapier 1. Berlin.

Fichter, Klaus (2005). Interpreneurship. Nachhaltigkeitsinnovationen in interaktiven Perspektiven eines vernetzenden Unternehmertums. Marburg: Metropolis Verlag.

Fichter, Klaus/ Noack, Torsten/ Beucker, Severin/ Bierter, Willy/ Springer, Stefanie (2006). Nachhaltigkeitskonzepte für Innovationsprozesse. Stuttgart: Fraunhofer IRB Verlag.

Giddens, Anthony (1995). Die Konstitution der Gesellschaft: Grundzüge einer Theorie der Strukturierung. Frankfurt a. M., New York: Campus Fachbuch.

Giddens, Anthony (2009). The Politics of Climate Change. Cambridge (UK), Malden (USA): John Wiley & Sons.

Göbel, Markus/ Ortmann, Günther/ Weber, Christiana (2007). Reziprozität – Kooperation zwischen Nutzen und Pflicht. In: G. Schreyögg/ J. Sydow (Hrsg.), Managementforschung 17: Kooperation und Konkurrenz (S.161-206). Wiesbaden: Gabler Verlag.

Gustavsen, Björn (2006). Innovation and action research. International Journal of Action Research, 2 (3), 267-289.

Howaldt, Jürgen (2004). Neue Formen sozialwissenschaftlicher Wissensproduktion in der Wissensgesellschaft. Forschung und Beratung in betrieblichen und regionalen Innovationsprozessen. Münster: Lit-Verlag.

Knoll, Lisa/ Engels, Anita (2010 forthcoming). Exploring the linkages between carbon markets and sustainable innovations in the Energy Sector – Lessons from the EU Emissions Trading Scheme. In: D. Jansen (ed.), Sustainable Innovations in the Electricity Sector.

Konrad, Wilfried/ Nill, Jan (2001). Innovationen für Nachhaltigkeit. Ein interdisziplinärer Beitrag zur konzeptionellen Klärung aus wirtschafts- und sozialwissenschaftlicher Perspektive. Schriftenreihe des IÖW 175/ 01. Berlin.

Krücken, Georg (2006). Innovationsmythen in Politik und Gesellschaft. In: A. Scherzberg/ M. Siebeck (Hrsg.), Kluges Entscheiden. Disziplinäre Grundlagen und interdisziplinäre Verknüpfungen. Tübingen: Mohr Siebeck.

Lange, Hellmuth (2008). Radikaler Wandel? Drei Schwierigkeiten im Umgang mit einem sozialwissenschaftlichen Kernthema. In: H. Lange (Hrsg.), Nachhaltigkeit als radikaler Wandel. Die Quadratur des Kreises? (S. 13-42). Wiesbaden: VS Verlag für Sozialwissenschaften.

Linne, Gudrun/ Schwarz, Michael (Hrsg.) (2003). Handbuch nachhaltige Entwicklung. Wie ist nachhaltiges Wirtschaften machbar? Opladen: Vs Verlag.

Majer, Helge (1998). Innovation mit Richtungssinn, Vortrag auf dem regionalen Wissenschaftsforum Baden-Württemberg am 8. Mai 1998 in Stuttgart, zitiert in: Wissenschaftsnotizen, 1998 (13), 59.

Minsch, Jürg/ Feindt, Peter-Henning/ Schulz, Tobias/ Schneidewind, Uwe/ Meister, Hans-Peter (Hrsg.) (1998). Institutionelle Reformen für eine Politik der Nachhaltigkeit. Berlin, Heidelberg, New York: Springer.

Nill, Jan/ Einacker, Ingo/ Korbun, Thomas/ Nordbeck, Ralf/ Peine, Alexander (2002). Politische Strategien für eine nachhaltige Dynamik sozial-ökologischer Transformationsprozesse. In: I. Balzer/ M. Wächter (Hrsg.), Sozial-ökologische Forschung. Ergebnisse der Sondierungsprojekte aus dem BMBF-Förderschwerpunkt (S. 175-196). München: oekom verlag.

Ortmann, Günther (1995). Formen der Produktion. Organisation und Rekursivität. Opladen: Westdeutscher Verlag.

Ortmann, Günther (1997). Das Kleist-Theorem. Über Ökologie, Organisation und Rekursivität. In: M. Birke/ C. Burschel/ M. Schwarz (Hrsg.), Handbuch Umweltschutz und Organisation (S. 23-91). München, Wien: Oldenbourg.

Ortmann, Günther (1999). Innovation als Paradoxieentfaltung. In: D. Sauer/ C. Lang (Hrsg), Paradoxien der Innovation. Perspektiven sozialwissenschaftlicher Innovationsforschung (S. 249-262). Frankfurt a. M., New York: Campus Verlag.

Ortmann, Günther/ Sydow, Jörg (Hrsg.) (2001). Strategie und Strukturation. Strategisches Management von Unternehmen, Netzwerken und Konzernen. Wiesbaden: Gabler Verlag.

Paech, Niko (2005a). Nachhaltige Innovationen: Zur Gestaltung ambivalenter Prozesse des Wandels. In: F. Beckenbach/ U. Hampicke/ C. Leipert/ G. Meran/ J. Minsch/ H. G. Nutzinger/ R. Pfriem/ J. Weimann/ F. Wirl/ U. Witt (Hrsg.), Innovation und Nachhaltigkeit, Jahrbuch Ökologische Ökonomik 4 (S. 225-250). Marburg: Metropolis Verlag.

Paech, Niko (2005b). Nachhaltiges Wirtschaften jenseits von Innovationsorientierung und Wachstum. Eine unternehmensbezogene Transformationstheorie. Marburg: Metropolis Verlag.

Pfriem, Reinhard (2006). Innovationen für eine nachhaltige Entwicklung – eine betriebswirtschaftliche Perspektive. In: R. Pfriem/ R. Antes/ K. Fichter/ M. Müller/ N. Paech/ S. Seuring/ B. Siebenhüner (Hrsg.), Innovationen für eine nachhaltige Entwicklung (S. 3-29). Wiesbaden: Deutscher Universitäts-Verlag/ GWV Fachverlage GmbH.

Schneidewind, Uwe (2009). 'Spielregeln des Wandels'. EINBLICKE – Forschungsmagazin der Universität Oldenburg, 2009 (49), 10-14.

Schneidewind, Uwe/ Müller, Martin/ Hübscher, Marc (2002). Institutionelle Dimensionen einer Nachhaltigen Informationsgesellschaft. In: I. Balzer/ M. Wächter (Hrsg.), Sozial-ökologische Forschung. Ergebnisse der Sondierungsprojekte aus dem BMBF-Förderschwerpunkt (S. 239-259). München: oekom verlag.

Stagl, Sigrid (2009). 'Innovationen als Weg aus der Krise?' Ökologisches Wirtschaften, 2009 (3), 4.

Vordank, Tino (2005). Zur organisationalen Reziprozität von Diffusion. In: J. Aderhold/ R. John (Hrsg.), Innovation. Sozialwissenschaftliche Perspektiven (S. 33-48). Konstanz: UVK.

Voß, Jan-Peter/ Barth, Regine/ Ebinger, Frank (2002). Institutionelle Innovationen: Potenziale für die transdisziplinäre Nachhaltigkeitsforschung. In: I. Balzer/ M. Wächter (Hrsg.), Sozial-ökologische Forschung. Ergebnisse der Sondierungsprojekte aus dem BMBF-Förderschwerpunkt (S. 69-87). München: oekom verlag.

Wirth, Steffen (2006). Abhängigkeiten und Potenziale in der Forst-Holz-Wertschöpfungskette – Ressourcen orientierte Analyse von Organisationsalternativen zur Erschließung kettenweiter Innovationspotenziale. Zufo-Arbeitsbericht Nr. 3. Freiburg.

Nachhaltigkeit: Motor für schöpferische Zerstörung?

Klaus Fichter

Ein beschleunigter Klimawandel, eine weiterhin ungebremste Ausbeutung fossiler Rohstoffe und das zunehmende Wohlstands-Armuts-Gefälle in der Welt verweisen darauf, dass ein Großteil heutiger Wirtschafts- und Konsummuster nicht nachhaltig sind, und einen grundlegenden Strukturwandel erfordern. Wir wissen aber auch, dass ein durch Innovationen getriebener Strukturwandel keineswegs automatisch zu ökologischen Verbesserungen oder zum Abbau von Armut führt. Eine nachhaltige Entwicklung braucht zwar Innovationen, aber nicht irgendwelche. Das Bemühen um Nachhaltigkeit durch Innovation muss zwei zentrale Aspekte berücksichtigen:

1. Nachhaltigkeitsorientierte Innovationen sind mit Blick auf das potenzielle Scheitern jedes Innovationsversuchs und angesichts möglicher nicht-intendierter Rebound- und Nebeneffekte durch eine doppelte genuine Ungewissheit geprägt. Ein positiver Nachhaltigkeitsbeitrag kann zwar systematisch gefördert und unternehmerisch verfolgt, aber nicht garantiert werden.

2. Innovation (Das Nachhaltige in die Welt bringen) ist neben Exnovation[1] (Das Nicht-Nachhaltige aus der Welt schaffen) nur eine von mehreren möglichen Veränderungsmodi für eine nachhaltige Entwicklung (Paech 2005: 251 ff.). Zur Erzielung positiver Nachhaltigkeitseffekte kommt es auf das Zusammenwirken von Innovation und Exnovation an. Nachhaltigkeit verlangt also im Sinne Joseph Schumpeters eine Kultur der schöpferischen Zerstörung.

---

1 Der Begriff der ‚Exnovation' geht auf Yin (1979) und Kimberly (1981: 91 f.) zurück und bezeichnet ein gezieltes und aktives Bemühen von Akteuren, bestehende Technologien, Organisationsstrukturen oder Verhaltensweisen ‚aus der Welt zu schaffen', weil sie ihre Lösungskraft verloren, unter veränderten Bedingungen und Erkenntnissen nicht mehr als zielführend oder gar als schädigend erkannt wurden. So kann beispielsweise das Bemühen um den Ausstieg aus der Nutzung der Kernenergie als Exnovationsversuch gewertet werden.

Eine solche Kultur der schöpferischen Zerstörung umfasst:

- „die forcierte Implementation gesellschaftlich konsensfähiger zukunftsfähiger Technologien,
- den Mut zu einem Wandel, der Gewinner und Verlierer erzeugt,
- als Mentalität das, was wir Lebensunternehmertum nennen möchten: selber anpacken statt Schuldzuweisungen vornehmen." (Pfriem 2005: 41)

Vor diesem Hintergrund geht der folgende Beitrag drei Fragen nach:

1. Wie kommt das Nachhaltige in die Welt und welche Entstehungspfade von Nachhaltigkeitsinnovationen lassen sich unterscheiden?
2. Welche unternehmerischen Strategien liegen diesen Nachhaltigkeitsinnovationen zu Grunde?
3. Was lässt sich auf Basis dieser Erkenntnisse über die unternehmerische Verantwortung für eine nachhaltige Entwicklung sagen?

Der Begriff der ‚Nachhaltigkeitsinnovation' wird dabei wie folgt verstanden:

Nachhaltigkeitsinnovation ist die Durchsetzung solcher technischer oder sozialer Neuerungen, die zum Erhalt kritischer Naturgüter und zu global und langfristig übertragbaren Wirtschafts- und Konsumstilen und -niveaus beitragen.

Nachhaltigkeitsinnovationen müssen einen identifizierbaren oder plausibel begründbaren Beitrag zu den Zielen einer nachhaltigen Entwicklung leisten und zwar in Hinblick auf ein sachlich und zeitlich definiertes Bezugssystem (Region, Ökosystem, Bedarfsfeld, Produktnutzungssystem, Produktlebenszyklus etc.). Diese Begriffsauslegung ist ergebnisbezogen, d. h. das zentrale Abgrenzungskriterium ist der identifizierbare positive Beitrag zu einer nachhaltigen Entwicklung, unabhängig davon, ob dieser von den handelnden Akteuren intendiert war. Für Nachhaltigkeitsinnovationen trifft dabei zu, was für Innovationen generell gilt: Sie können nur ex post erkannt werden und stellen immer ein kollektives Urteil dar. Welche Neuerung als nachhaltig gelten darf und welche nicht, ist keine Frage der individuellen Bewertung, sondern eine Frage der kollektiven Attribuierung von Nachhaltigkeit und damit das Ergebnis eines gesellschaftlichen Bewertungsprozesses.

1. Entstehungspfade von Nachhaltigkeitsinnovationen

Für das Ziel einer nachhaltigen Entwicklung steht bei der Betrachtung von Innovationen die Frage im Vordergrund, ob diese ein hohes Nachhaltigkeitspotenzial aufweisen bzw. ob sie im Zuge ihrer Realisierung und Diffusion einen tatsächlichen Nachhaltigkeitsbeitrag leisten. Inwieweit ein positiver Nachhaltigkeitseffekt beabsichtigt war und ob die Initiatoren, Promotoren und Unternehmer explizite Nachhaltigkeitsziele mit der Innovation verfolgten, ist zunächst sekundär. Für das Verständnis und die Gestaltung von Nachhaltigkeitsinnovationen spielen diese Aspekte jedoch eine bedeutende Rolle.

Mit Blick auf die Frage, welche Entstehungspfade von Nachhaltigkeitsinnovationen sich beobachten und unterscheiden lassen, kann auf zwei umfangreiche empirische Untersuchungen von Nachhaltigkeitsinnovationen zurückgegriffen werden (Fichter/ Arnold 2004; Fichter/ Beucker/ Noack/ Springer 2007). Dabei wurden insgesamt über 100 Innovationen mit einem klar erkennbaren Beitrag zu einer nachhaltigen Entwicklung identifiziert.[2] 72 dieser Nachhaltigkeitsinnovationen wurden ausgewählt und im Rahmen von Fallstudien näher untersucht. Mit Blick auf die Rolle expliziter Nachhaltigkeitszielsetzungen und einer reflexiven Nachhaltigkeitssteuerung seitens der Innovatoren konnten dabei folgende sechs Entstehungswege von Nachhaltigkeitsinnovationen unterschieden werden. Zentrales Differenzierungskriterium ist dabei, ob und inwieweit Nachhaltigkeit ein explizites Thema oder Ziel der handelnden Akteure im Innovationsprozess war. Dabei wurde zwischen den grundlegenden Innovationsphasen Generierung (Problemanalyse, Ideengenerierung, Ideenauswahl usw.), Entwicklung (Konzeptentwicklung, F&E etc.), Realisierung (Produktionsvorbereitung, Marktvorbereitung, Markteinführung etc.) und Diffusion unterschieden:

▪ *Nachhaltigkeit als dominantes Ausgangsziel des Innovationsprozesses*: Ausgangspunkt dieses Entstehungsweges sind Bedarfe und Missstände, die zumeist von Nicht-Regierungsorganisationen oder visionären Unternehmern als dringende Nachhaltigkeitsprobleme eingestuft werden. Die Deckung von Bedarfen oder die Beseitigung von Missständen als expliziter Beitrag zu einer nachhaltigen Entwicklung bilden das dominante Ausgangsziel des Innovationsprozesses und prägen diesen über die gesamte Dauer der Realisierung. Ein Beispiel hierfür ist der Marine Stewardship Council, der aus einer Kooperation der Worldwide Fund for Nature (WWF) und des Unilever-Konzerns entstanden ist und dessen Ausgangszielsetzung die Reduzierung

---

2 Zur Methodik der Identifizierung, Bewertung und Auswahl von Beispielen und Fällen vgl. Fichter/ Arnold 2004.

von Überfischung und die Sicherstellung einer bestandserhaltenden Fischerei war. Ein anderes Beispiel für diesen Entstehungspfad ist der Solon Mover, der weltweit ersten zweiachsig nachgeführten Photovoltaik-Anlage, die in einem für die Solarbranche neuen Grad der Automatisierung hergestellt und 2006 am Markt eingeführt wurde (Beucker 2007). Ausgangspunkt sind hier visionäre Unternehmer, die einen ökologischen Wandel des Energiesystems leisten wollen. Der Fall unterstreicht auch das Zusammenspiel von endogenen Einflussfaktoren (visionäre und engagierte Interpreneure und Promotoren) und exogenen Einflussfaktoren wie dem ‚Regulatory Pull' (Erneuerbare-Energien-Gesetz) für die Durchsetzungsfähigkeit von an Nachhaltigkeitszielsetzungen ausgerichteten Innovationsvorhaben. Außerdem zeigt sich hier, dass die Wahrscheinlichkeit, dass ein Innovationsvorhaben während des gesamten Innovationsprozesses auf ‚Nachhaltigkeitskurs' bleibt, steigt, wenn die involvierten Innovationsakteure und ‚Innovation Communities' eine Nachhaltigkeitsorientierung und die entsprechenden Werthaltungen und Überzeugungen mitbringen.

- *Nachhaltigkeit als integrales Unternehmensziel und strategischer Erfolgsfaktor*: Im Gegensatz zum ersten Entstehungsweg bildet Nachhaltigkeit hier nicht eine dominante und alles überragende Zielsetzung, sondern ist bei den involvierten Unternehmen als ein wichtiges und formal gleichrangiges Element in ein unternehmenspolitisches Zielbündel integriert. Die unternehmenspolitische Verankerung geht dem Innovationsprozess voraus. Nachhaltigkeit wird von relevanten Machtpromotoren als strategischer Erfolgsfaktor betrachtet, bildet eine normative unternehmenskulturelle Vorgabe und wird im Verlauf des Innovationsprozesses durch verschiedene Methoden und Instrumente geprüft und reflektiert. Beispiele für diesen Entstehungsweg sind Unternehmen wie Henkel oder die Firma 3M, die jedes Jahr rund 500 neue Produkte am Markt einführt und bei der ein an Nachhaltigkeitszielsetzungen ausgerichtetes Life Cycle Management fester Bestandteil des formalen Produktentwicklungsprozesses ist. Das Beispiel eines mittelständischen Maschinenbauunternehmens, welches gebrauchten Werkzeugmaschinen durch das innovative Instandsetzungs- und Wiedervermarktungskonzept ‚retrofit' ein ‚2. Leben' ermöglicht (Fichter/ Beucker/ Noack/ Springer 2007: 66 ff.), zeigt allerdings auch, dass eine umweltorientierte Ausgangsidee nicht automatisch dazu führt, dass das anfängliche (integrierte) Umweltschutzanliegen oder Umweltschutzargument durch den gesamten Innovationsprozess hochgehalten wird und seine Bedeutung behält. Wenn die ‚Anwälte' und Nachhaltigkeitspromotoren fehlen oder die Markt- oder sonstigen Anforderungen dies nicht explizit verlangen, können Fragen der Nachhaltigkeit auch in Vergessenheit geraten und spielen dann in den späten Innovationsphasen und der Markteinführung keine explizite Rolle mehr.

- *Nachhaltigkeitspotenzial als ‚zufällige' Entdeckung im laufenden Entwicklungsprozess*: Während bei den ersten beiden Entstehungswegen explizite Nachhaltigkeitszielsetzungen den Innovationsprozess von Anfang an begleiteten, kommen Nachhaltigkeitserwägungen hier erst im Laufe des Entwicklungsprozesses zum Tragen. Im Verlauf eines Entwicklungsprozesses wird von den Beteiligten ‚entdeckt' bzw. realisiert, dass die angestrebte Lösung einen erkennbaren Beitrag zu einer nachhaltigen Entwicklung haben könnte. Die Erkennung eines Nachhaltigkeitspotenzials setzt bei den beteiligten Akteuren ein gewisses Maß an Sensibilität und Kenntnis der Nachhaltigkeitsdiskussion voraus. Wie das Innovationsbeispiel der Coated-Coldset-Technologie, dem weltweit ersten oberflächenveredelten, gestrichenen Zeitungsdruckpapier, das einen energiesparenden und kostengünstigen Offsetdruck ermöglicht (Springer 2007), zeigt, kann das Hinzutreten nachhaltigkeitsorientierter oder -sensibilisierter Innovationsakteure (hier ein externer Netzwerk-Coach) nicht nur dazu führen, dass das Nachhaltigkeitspotenzial des Innovationsvorhabens ‚entdeckt' wird, sondern auch Auslöser dafür sein, dass vertiefende Umwelt- und Nachhaltigkeitsbewertungen vorgenommen werden. Damit wird deutlich, dass das, was sich zunächst als ‚zufällige' Entdeckung darstellt, bei näherer Betrachtung auf die Existenz nachhaltigkeitssensibilisierter Akteure zurückführen lässt. Damit diese Entdeckung im Anschluss auch zu gezielten Umwelt- bzw. Nachhaltigkeitsbewertungen führt und in Bezug darauf Optimierungs- und Auswahlentscheidungen im weiteren Innovationsprozess getroffen werden, muss der unternehmenspolitische und -kulturelle ‚Nährboden' im Unternehmen oder Netzwerk vorhanden sein und/ oder Machtpromotoren müssen dies unterstützen.

- *Nachhaltigkeitsanforderungen als mögliches Korrektiv im laufenden Innovationsprozess*: Wie auch im gerade geschilderten dritten Fall rücken Nachhaltigkeitsaspekte auch hier erst im Verlauf des Innovationsprozesses ins Bewusstsein der innovierenden Akteure. Anders als bei der ‚zufälligen' Entdeckung eines positiven Nachhaltigkeitspotenzials rücken hier allerdings Nachhaltigkeitsanforderungen aufgrund mangelnder Durchsetzbarkeit und öffentlicher Kritik in eine prominente und erfolgsrelevante Rolle. Ein Beispiel hierfür sind die Dialogforen mit Kritikern, Wissenschaft und Politik, welche die Firma Novartis Ende der 90er Jahre zum Thema ‚Gentechnik in der Landwirtschaft' durchführte. Überträgt man die Einsicht aus dem Coated-Coldset-Fall, wonach sich nachhaltigkeitsorientierte Verbesserungen im laufenden Innovationsprozess aus dem Zusammenspiel von Initiative und unternehmenspolitischem und -kulturellem ‚Nährboden' in den betreffenden Unternehmen ergeben, so kann davon ausgegangen werden, dass auch bei Pfad 4 das externe Korrektiv insbesondere dann zu einer ‚Kursänderung' und gezielten nachhaltigkeitsorientierten Optimierungen führt, wenn in den Unternehmen der entsprechende Rahmen und ‚Nährboden' dafür vorhanden ist. Im anderen Fall dürften externe Kritik und Nachhaltigkeitsanforderungen eher zu Abwehrstrategien führen.

- *Nachträgliche Entdeckung von Nachhaltigkeit und Nutzung als Verkaufsargument:* Einen nochmals anderen Weg zu Nachhaltigkeitsinnovationen stellen jene Innovationsprozesse dar, in deren Verlauf Nachhaltigkeitsanforderungen oder -zielsetzungen keine nennenswerte Rolle gespielt haben. In diesen Fällen wird erst nachträglich, also bei der Markteinführung oder sogar erst im Zuge der Diffusion realisiert, dass die Produkt- oder Serviceinnovation auch Nachhaltigkeitsvorteile hat. Die T-NetBox der Deutschen Telekom ist ein Beispiel hierfür. Bei der Entstehung und Realisierung des energiesparenden, virtuellen Anrufbeantworters im Netz spielten Umwelt- und Nachhaltigkeitserwägungen keine erkennbare Rolle. Erst bei der Vermarktung wurde das Verkaufsargument ‚Energieeinsparung' entdeckt. Heute wird die T-NetBox bzw. die SprachBox u. a. im Rahmen eines Vermarktungsprojektes für umweltfreundliche Projekte (‚EcoTopTen') als umweltschonende Alternative beworben. Auch der Innovationsfall ‚e-place', ein innovatives Bürokonzept, das im Zeitraum von 1999 bis 2003 bei der IBM Deutschland als Branchenneuheit eingeführt wurde und zu erheblichen Energieeinsparungen geführt hat (Fichter 2006), unterstreicht, dass für die nachträgliche Entdeckung eines Nachhaltigkeitvorteils das Vorhandensein von nachhaltigkeitsbezogenen Unternehmensstrukturen, wie z. B. Umweltabteilungen sowie engagierte Umwelt- und Nachhaltigkeitsmanager oder externe Nachhaltigkeitsakteure, eine zentrale Rolle spielen. Als ‚Entdecker' einer Nachhaltigkeitsinnovation machen sie deren Potenzial mit Blick auf Umweltschutz und gesellschaftspolitische Zielsetzungen explizit, können Innovationen mit unternehmenspolitischen Zielsetzungen verknüpfen und die Einführung und Verbreitung einer Innovation mit Umwelt- und Nachhaltigkeitsargumenten unterstützten. Sie können damit die Rolle von Diffusionspromotoren übernehmen.

- *Nachhaltigkeit als ‚unsichtbare Hand':* Beim sechsten und letzten Entstehungsweg spielen Nachhaltigkeitsaspekte weder vor, während noch nach dem Innovationsprozess eine nennenswerte Rolle im Bewusstsein der innovierenden Akteure. Ein Nachhaltigkeitsbeitrag scheint durch die ‚unsichtbare Hand' der gegebenen gesetzlichen und technologischen Rahmenbedingungen geschaffen zu werden. Ein Nachhaltigkeitspotenzial oder ein realisierter Beitrag zur nachhaltigen Entwicklung wird nur von außenstehenden Beobachtern (Wissenschaftlern etc.) als solches wahrgenommen. So können z. B. elektronische Marktplätze für den Handel mit gebrauchten Konsum- oder Investitionsgütern als Beitrag zur Produktnutzungsdauerverlängerung interpretiert werden. Beispiele hierfür sind justbooks.de bzw. heute abebooks.de, die weltweit größte Handelsplattform für antiquarische, vergriffene oder gebrauchte Bücher, oder GoIndustry.com, eine Handelsplattform für gebrauchte Investitionsgüter. Aufgrund der vorliegenden Dokumente ist in beiden Fällen davon auszugehen, dass die Hauptakteure keinen Zusammenhang mit dem Thema Nachhaltigkeit sehen.

Abbildung 1:　　　Entstehungspfade von Nachhaltigkeitsinnovationen

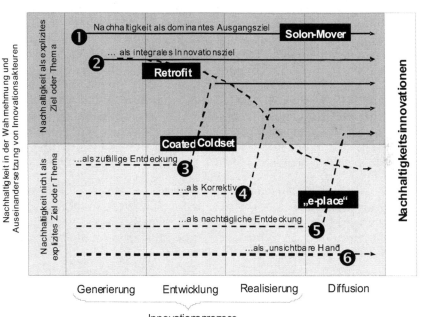

2. Strategietypen bei Nachhaltigkeitsinnovationen

Die in den untersuchten Praxisbeispielen identifizierten Innovationen unterscheiden sich nicht nur mit Blick darauf, ob und inwieweit Nachhaltigkeit bei den involvierten Innovationsakteuren eine explizite Rolle spielt, sondern auch hinsichtlich des Bezuges und der Ausrichtung der verfolgten Strategie. Unter ‚Strategie' wird dabei hier *nicht* ein von den innovierenden Akteuren bewusst und absichtsvoll ausgearbeiteter ‚Plan' verstanden, sondern ein erkennbares ‚Muster' der Ausrichtung von Innovationsaktivitäten. Dies kann absichtsvoll entstanden sein, es kann aber auch das Ergebnis eines ungesteuerten, emergenten Prozesses sein. Welche unternehmerischen Strategien (‚Muster') liegen den untersuchten Nachhaltigkeitsinnovationen also zu Grunde bzw. welche Typen von Strategien können hier unterschieden werden?

In Anlehnung an Typologien zu ökologischen Wettbewerbsstrategien (Dyllick 2001) können die Strategien der untersuchten Innovationsbeispiele zum einen nach ihrem Strategiebezug und zum anderen nach ihrer Strategieausrichtung unterschieden werden. Beim Strategiebezug lassen sich die untersuchten Praxisbeispiele in drei Gruppen unterteilen.

- *Strategiebezug ‚Prozess'*: Diese Beispiele beziehen sich bei ihren Innovationen vorrangig auf Produktions-, Geschäfts- und Managementprozesse.
- *Strategiebezug ‚Markt'*: Diese Strategietypen verfolgen bei ihren Innovationen in erster Linie eine marktbezogene Zielsetzung wie die Absicherung existierender Märkte, die Marktdifferenzierung oder die Schaffung neuer Märkte als Basis der Erlöserzielung.
- *Strategiebezug ‚Gesellschaft'*: Innovationen, die diesem Strategietypus zuzuordnen sind, beziehen sich entweder auf staatliche Vorgaben und Gesetze oder verfolgen primär gesellschaftspolitische Zwecke wie den Abbau von Armut oder der Entwicklung wirtschaftlicher Alternativ- und Gegenmodelle.

Neben dem Strategiebezug können die untersuchten Innovationen auch in Hinblick auf ihre Strategieausrichtung differenziert werden. Dabei kann auf die Pfad-Idee der Evolutorischen Ökonomik zurückgegriffen werden. Danach handeln ökonomische Akteure innerhalb eines vorstrukturierten ‚Möglichkeitsraumes' und sind Teil ökonomischer Prozessverläufe (Pfade). Diese sind durch Pfadabhängigkeiten, aber auch durch bestimmte Freiheitsgrade und, je nach Phase, auch durch „windows of opportunity" gekennzeichnet (Lehmann-Waffenschmidt/ Reichel 2000: 340 f.). Demnach sind Prozessverläufe kontingent, bieten also an mehreren Verzweigungsstellen realistische, alternative Verlaufsmöglichkeiten an. Greift man die Pfad-Idee mit Blick auf die Ausrichtung von Innovationsstrategien auf, so kann grundsätzlich zwischen Pfad-optimierenden und Pfad-generierenden Strategieausrichtungen unterschieden werden:

- *Pfad-optimierend*: Die Strategie zielt darauf ab, existierende Organisations- und Managementkonzepte sowie Produktionslinien, Produktportfolios oder Märkte mit diesbzgl. Verbesserungs- oder Ergänzungsinnovationen zu optimieren und zu ‚verteidigen' oder aufgrund von gesetzlichen Vorgaben, wie z. B. Rücknahmeverpflichtungen für Altprodukte, Anpassungsinnovationen vorzunehmen. Eingeschlagene Organisations-, Produkt- oder Technologiepfade sollen weiter optimiert werden. Bezogen auf die von Schumpeter eingeführte Unterscheidung von „Adaptive Response" und „Creative Response" (Fichter 2005: 313 ff.), entspricht die Pfad-Optimierung dem ‚Adaptive Response', der auf die Veränderung in den Umfeldbedingungen mit der Ausweitung oder Optimierung bestehender Praktiken reagiert.

- *Pfad-generierend*: Die Strategie richtet sich hier auf die offensive und grundlegende Veränderung der Angebotspalette oder Kernleistungen eines Unternehmens, seiner wesentlichen Organisationsprinzipien sowie auf die Entwicklung und Erschließung neuer Märkte und gänzlich neuer Anwendungen. Pfad-generierende Strategien zielen also auf grundlegende Neuerungen (radikale Innovationen) ab. Bei Produktinnovationen kann dabei von Durchbruchsinnovationen (Gerybadze 2004: 78) gesprochen werden, die sowohl ein hohes Ausmaß an Produktveränderung (völlig neue Produkte) als auch eine hohe Veränderungsintensität im Bedarfsfeld bzw. Markt aufweisen. Mit dem Einschlagen und Beschreiten neuer Leistungs- oder Technologiepfade werden also auch die Akteurs- und Marktbeziehungen grundlegend verändert (Konrad/ Nill 2001: 39). Eine Pfad-Generierung geht in der Regel mit neuen institutionellen und organisationalen Arrangements (Neugründung von Unternehmen, Aufbau neuer Akteursnetzwerke etc.) und der Entstehung neuer Marktsegmente oder gar Branchen einher. Die Pfad-Erzeugung entspricht der Schumpeterschen Idee des Creative Response, die eine grundlegende Veränderung bisheriger Handlungsweisen umfasst (Schumpeter 1991/ 1946: 411; Schumpeter 1947).

Auf Basis dieser Unterscheidungen konnten bei der Untersuchung der 72 Praxisbeispiele folgende Strategietypen von Nachhaltigkeitsinnovationen identifiziert werden:

Tabelle 1:   Strategietypen von Nachhaltigkeitsinnovationen

Strategie-ausrichtung	Strategiebezug		
	Prozess	**Markt**	**Gesellschaft**
Pfad-optimierend (Adaptive Response)	Öko-effiziente Prozess-optimierung	Marktabsicherung und -differenzierung	Gesetzlich induzierte Anpassungs-innovationen
Pfad-generierend (Creative Response)	Radikale Prozess-innovationen	Marktkreation und Marktentwicklung	Visionäre Alternativ-modelle

Die identifizierten Strategietypen beziehen sich immer auf konkrete Innovations-projekte und dürfen nicht mit Gesamtstrategien von Unternehmen verwechselt werden. Im Rahmen der Untersuchung wurden nicht die übergreifenden Unternehmensstrategien untersucht, sondern nur jene Teilstrategien, die sich auf einzelne Innovationsvorhaben beziehen. Zwischen Gesamtstrategie und innovationsbezogener Teilstrategie gibt es in der Regel einen engen Zusammenhang, der mit dem gewählten Forschungsdesign allerdings nicht untersucht wurde. So kann es sein, dass bei verschiedenen Innovationsprojekten innerhalb eines Unternehmens unterschiedliche Strategietypen zur Anwendung kommen.

Im Folgenden werden die Merkmale der verschiedenen Strategietypen von Nachhaltigkeitsinnovationen erläutert und mit Praxisbeispielen illustriert.

Strategietyp ‚Öko-effiziente Prozessoptimierung'

Bei diesem Strategietyp wird primär eine Kostenstrategie und die Leitidee ‚Kostensenkung bzw. Erhöhung der Wirtschaftlichkeit durch effizientere Ressourcennutzung' verfolgt. Im Mittelpunkt stehen dabei produktionsbezogene Prozesse (Beschaffung, Fertigung, Entsorgung). Dementsprechend beziehen sich die Innovationen zumeist auf die verbesserte Steuerung und Nutzung produktionsbezogener Material- und Energieströme. Es handelt sich hierbei um Verbesserungsinnovationen, also um die Optimierung einzelner oder mehrerer Qualitätsparameter wie z. B. den Energie-, Wasser- oder Materialeinsatz.

Ein Beispiel für diesen Strategietyp ist das ‚Chemicals Management Program' bei *General Motors* in den USA. Basis dieses bereits 1992 gestarteten

Programms ist eine Vereinbarung zwischen GM und der Firma *BetzDearborn*, einem GM-Lieferanten für Autolacke und Lösungsmittel sowie gleichzeitig Dienstleister für Chemikalienservice und Abwasserbehandlung. Die Bezahlung von BetzDearborn erfolgt nicht wie ursprünglich nach der Menge der gelieferten Autolacke, Chemikalien etc., sondern pro lackiertem Automobil ('unit pricing'). Dazu hat BetzDearborn das gesamte Chemikalienmanagement am Produktionsstandort Janesville, Wisconsin, übernommen. Dieses umfasst das gesamte Stoffstrommanagement von der Bestellung und Lagerkontrolle über das Monitoring und den Einsatz der Chemikalien bis hin zur Erarbeitung von Verbesserungsmaßnahmen und der Berichterstattung und Kommunikation mit GM. Durch dieses Programm wurden in den 1990er Jahren jährlich 1 Mio. US-Dollar eingespart. Der Lagerbestand an Chemikalien konnte um 78 % und der Verbrauch an Lacken um 50 % reduziert werden. Außerdem wird dadurch die Chemikalienverfolgung vereinfacht und die gesetzliche Pflichtberichterstattung nach dem Toxics Release Inventory (TRI) verbessert. Dass eine öko-effiziente Prozessoptimierung längerfristig trotzdem nicht automatisch erfolgreich sein muss, zeigt gerade dieses Beispiel. Im Juni 2008 gab GM-Chef Rick Wagoner die Schließung des Werkes in Janesville bekannt, weil die dort bis dato produzierten Geländewagen und Pick-up-Trucks angesichts ihres hohen Kraftstoffverbrauchs am Markt nicht mehr absetzbar seien und GM sich fortan auf kraftstoffsparende Autos konzentrieren müsse. Das 'unit pricing' und die öko-effiziente Form des Chemikalienmanagement können zwar ex post als Innovation gelten, weil sie mittlerweile auch in anderen Produktlinien und Unternehmen erfolgreich angewendet werden. Deren Nachhaltigkeitsbeitrag liegt allerdings nicht in dem offensichtlich nichtnachhaltigen Produkt- und Technologiepfad ineffizienter Geländewagen und Pick-up-Trucks, in dem sie erstmals eingeführt wurden, sondern in der Anwendung in neuen nachhaltigen Produkt- und Technologiepfaden.

Auch die Innovationsstrategie bei der Entwicklung der Coated-Coldset-Technologie entspricht dem Strategietyp der öko-effizienten Prozessoptimierung. Das innovative oberflächenveredelte, gestrichene Zeitungsdruckpapier wurde in einer wertschöpfungsketten-übergreifenden Innovationskooperation der Division Papierchemikalien der BASF AG, dem Axel Springer Verlag, der Flint Group (ehemals BASF Drucksysteme) als Druckfarbenspezialist und dem finnischen Papierkonzern UPM Kymmene entwickelt und umgesetzt. Die Innovation zielt schlussendlich auf die bessere Auslastung der sehr kapitalintensiven Offset-Druckmaschinen und optimiert damit bestehende Technologiepfade.

Strategietyp ‚Marktabsicherung und -differenzierung'

Innovation und Marktabsicherung erscheinen zunächst als Widerspruch. Die Innovationen beziehen sich hier auch nicht auf Produktinnovationen, sondern auf neue Formen der Stakeholderkommunikation, innovative Managementinstrumente und das bestehende Produktportfolio oder existierende Märkte, absichernde Serviceangebote wie z. B. Rücknahmekonzepte für Altchemikalien oder Beschaffungsstrategien wie die Sicherung von Rohstoffquellen. Dieser Typus erzielt eine Optimierung des eingeschlagenen Produkt- oder Technologiepfades.

Auch die innovative Marktdifferenzierung stellt eine Pfad-Optimierung unter Nachhaltigkeitsgesichtspunkten dar, da hier das existierende Produkt- oder Serviceportfolio im Kern nicht verändert, sondern durch Redesign-Maßnahmen oder flankierende Dienstleistungsinnovationen variiert und ergänzt wird. Das zentrale Motiv bei diesem Strategietyp ist die Differenzierung am Markt und die Absicherung bestehender Produkt- und Technologielinien.

Die Kampagne ‚Fahrtziel Natur' der *Deutschen Bahn* und diverser Umwelt-, Verkehrs- und Tourismusverbände kann als innovative Kooperations- und Kommunikationsmaßnahme gewertet werden, welche die Nutzung der Bahn als umweltfreundlichem Verkehrsträger fördert. Mit dem im April 2001 gestarteten Informationsprogramm soll für die Erschließung von Naturschutzgebieten für touristische Zwecke mit der Bahn geworben werden. Im Rahmen von ‚Fahrtziel Natur' werden insgesamt zehn deutsche Naturschutzgebiete beworben, diese reichen vom Biosphärenreservat Südost-Rügen bis zum Nationalpark Bayerischer Wald. Die vom Bahn-Umweltzentrum koordinierte Informationskampagne sieht keine neuen Zugverbindungen vor, sondern bündelt bestehende Verkehrs- und Naturschutzangebote zu einem ‚Produkt aus einer Hand'. Mit Blick auf die Deutsche Bahn darf die Kampagne als flankierende Marketing- und Imagemaßnahme zu den bestehenden Verkehrsdienstleistungen gewertet werden. Im Kern bezieht sich die Maßnahme für die Bahn also auf die Marktabsicherung bzw. auf die Differenzierung gegenüber dem Autoverkehr.

Strategietyp ‚Gesetzlich induzierte Anpassungsinnovation'

Bei diesem Typus handelt es sich um Anpassungsinnovationen, die aufgrund gesetzlicher Vorschriften zum Umweltschutz vorgenommen werden. Er ist defensiver bzw. reaktiver Natur, weil er nicht durch die Eigeninitiative von Unternehmen entsteht, sondern eine Reaktion auf sich abzeichnende oder bereits geltende gesetzliche Vorschriften ist. Im Mittelpunkt steht dabei die kostengünstige

Umsetzung gesetzlicher Vorschriften oder die Nutzung neuer Marktchancen aufgrund sich verändernder Marktrahmenbedingungen.

Ein Beispiel für Anpassungsinnovationen im Bereich der Abfall- und Kreislaufwirtschaft ist die Gründung der *Matsushita Eco Technology Center Co. Ltd.* (MET), einer Tochterfirma des japanischen Elektro- und Elektronikkonzerns Matsushita (Panasonic usw.). Die Gründung von MET erfolgte als Reaktion auf das japanische Gesetz zum Recycling elektrischer Hausgeräte, das am 01.04.2001 in Kraft trat. Geschäftszweck von MET ist die Organisation der Rücknahme von Altgeräten, der Aufbau von Recyclingzentren, die Zerlegung der Geräte und die Sicherstellung entsprechender Recyclingmaßnahmen. Die 50 Mitarbeiter zählende Firma, die seit 2008 unter Panasonic Eco Technology Center Co., Ltd. firmiert, hat dazu u. a. ein neues Netzwerk von Rücknahme- und Recyclingfirmen mit aufgebaut und eine neue maschinelle Zerlegetechnologie für Altgeräte entwickelt.

Strategietyp ‚Radikale Prozessinnovationen'

Dieser Strategietyp umfasst organisationale, instrumentelle und kulturelle Neuerungen im Prozess der Leistungserstellung, welche die Berücksichtigung von Nachhaltigkeitsanforderungen verbessert. Zumeist geht es dabei um grundsätzlich neue Verfahren, Organisations- und Kooperationsformen, aber auch um innovative Instrumente oder Methoden zur Nachaltigkeitsbewertung von Ideen, Materialien oder Produkten.

Ein Beispiel für diesen Strategietyp ist das oben bereits erwähnte Life Cycle Management, das bei der Firma *3M* im Rahmen der Produktentwicklung eingesetzt wird. 3M führt jedes Jahr rund 500 neue Produkte am Markt ein und sieht damit die Chance, einen Beitrag zu mehr Umweltschutz und Sicherheit zu leisten. Mit dem Life Cycle Management werden alle neuen Produktideen auf ihre potentiellen Auswirkungen auf Umwelt, Energie- und Ressourcenverbrauch, Gesundheit und Sicherheit in allen Produktlebensphasen überprüft. Das Life Cycle Management ist mittlerweile fester Bestandteil des formalen Produktentwicklungsprozesses bei 3M und wird durch abteilungs- und funktionsübergreifende Teams durchgeführt.

Strategietyp ‚Marktkreation und Marktentwicklung'

Beim Typ Marktkreation handelt es sich um radikale produkt- und servicebezogene Nachhaltigkeitsinnovationen, für die ein neuer Markt oder ein neues Marktsegment erst noch aufgebaut werden muss. Produktinnovation und Marktkreation stehen hier in einem engen Wechselverhältnis. Fragen der Produktzulassung, der Finanzierung, der Schaffung geeigneter wirtschaftlicher und rechtlicher Marktrahmenbedingungen, die Identifizierung von Kunden, die Marktsegmentierung und die Entwicklung geeigneter Vermarktungsformen spielen eine zentrale Rolle.

Ein Beispiel für diesen Strategietyp ist die Entstehung und Durchsetzung des Solon Movers. Bei diesem handelt es sich um eine zweiachsig nachgeführte Photovoltaikanlage, die als weltweit erstes Komplettsystem seit 2006 am Markt verfügbar ist und aufgrund ihres hohen Wirkungsgrades und der guten Skalierbarkeit ideal für den Einsatz in Großprojekten und solaren Kraftwerken ist. Die Entwicklung des Solon Movers geht über eine rein technische Innovation hinaus und besteht in der Zusammenführung einer Produktinnovation und eines für die Solarbranche völlig neuen Grades an Prozessautomatisierung in der Herstellung zu einem effizient arbeitenden Gesamtsystem. Mit dieser Kombination aus technischer Leistungsfähigkeit und effizienter Fertigung ist es Solon gelungen, bisherigen Angeboten an nachgeführten Photovoltaikanlagen, die zumeist in aufwendiger Werkstattfertigung entstehen, eine kostengünstigere Alternative entgegenzusetzen. Die industrielle Fertigung des Solon Movers als ‚schlüsselfertige' Anlage in Verbindung mit einer konstant hohen Produktqualität hat ihn zu einer konkurrenzfähigen Anlage, insbesondere für die Ausrüstung von solaren Kraftwerken, gemacht und lässt hier derzeit ein neues Marktsegment entstehen.

Eng verbunden mit der Marktkreation ist der Typ Marktentwicklung. Dieser Typ lässt sich bei bereits existierenden, aber noch jungen Produkten und Dienstleistungen beobachten. Im Vordergrund stehen hierbei nicht (mehr) die Produktentwicklung, sondern die offensive Marktdurchdringung und die Erschließung zusätzlicher Absatzmärkte (regional, national oder international) durch innovative Vermarktungs- und Kooperationsstrategien. Zu diesem Typ zählen auch Strategien, um ökologische Nischenmärkte zu Massenmärkten zu entwickeln (Villiger/ Wüstenhagen/ Meyer 2000: 18 ff.). Marktkreation und Marktentwicklung beziehen sich zwar auf unterschiedliche Zeitpunkte im Produkt- und Marktlebenszyklus, schließen jedoch unmittelbar aneinander an, so dass diese beiden Situationen zu einem Typus zusammengefasst werden können.

Strategietyp ‚Visionäre Alternativmodelle'

Dieser Typus umfasst den Aufbau und die Entwicklung alternativer Produktions- und Handelsstrukturen, insbesondere in Verbindung mit Entwicklungs- und Schwellenländern. In der Regel handelt es sich um ‚Public Private Partnerships', also der engen projektbezogenen Zusammenarbeit von Nicht-Regierungsorganisationen (NRO), Privatunternehmen sowie nationalen und internationalen staatlichen Einrichtungen. Die Initiative geht hier in der Regel von Nicht-Regierungsorganisationen aus und wird zumeist durch staatliche oder internationale Einrichtungen unterstützt. Die Projekte zielen auf die Verbesserung der wirtschaftlichen Situation einzelner Betriebe und Regionen und den Abbau von Armut durch umweltschonende Lösungen. Auslöser und Motiv sind im Kern gesellschaftspolitischer Natur. Im Mittelpunkt stehen hier der Technologietransfer und die Etablierung grundlegend neuer Kooperationsformen und Akteursnetzwerke. Insofern handelt es sich hier oftmals um organisationale und institutionelle Innovationen.

Diesem Strategietypus können auch solche Beispiele zugeordnet werden, bei denen die Initiative von visionären Unternehmerinnen und Unternehmern ausgeht. Im Vordergrund stehen bei diesen nicht betriebswirtschaftliche Überlegungen und gewinnorientierte Motive, sondern der Wunsch, Alternativ- oder Gegenmodelle für als nicht nachhaltig eingeschätzte Formen des Wirtschaftens zu entwickeln. Ökologische und gesellschaftliche Missstände werden offensiv angegangen und durch innovative Technologien, höhere ökologische Produktstandards oder Formen des fairen Handelns versucht zu verbessern. Bei diesem Typus spielen gesellschaftspolitisch engagierte Einzelpersonen (Initiatoren) eine zentrale Rolle.

Ein Beispiel für visionäre Alternativmodelle ist das Forschungs- und Entwicklungsprojekt zur Abfallverwertung und Kreislaufwirtschaft bei den *Namibia Brauereien* in Tsumeb, Namibia. Das Projekt verfolgt die Leitvision einer Null-Emissions-Produktion und wurde in Zusammenarbeit mit der Zero Emission Research Initiatives, einer internationalen Nicht-Regierungsorganisation mit Sitz in Genf, der UN Universität Tokio und der Universität von Namibia im Jahr 1996 gestartet. Die Brauerei produziert Biere und andere Getränke mit einem jährlichen Volumen von 15.000 hl. Das Nullemissionskonzept sieht eine Vielzahl von Maßnahmen zur Nutzung von Brauereiabfällen vor. Neben einer Abwasser- und Biogasanlage werden die Abfälle und Zwischenprodukte als Vieh- und Fischfutter und als Substrat für die Züchtung von Champignons und Shitake-Pilzen genutzt. Abfälle werden also zur Erzeugung anderer Naturprodukte verwendet. Damit umfasst das Beispiel neben einer gesellschaftspolitischen Vision und der Null-Emissions-Konzeption auch eine Strategie der Konsistenz, also der umweltverträglichen Kreislaufführung von Materialien und Stoffen. Durch diese Maßnahmen konnten auch neue Geschäftsfelder (Speisepilze, Brot) für das Unternehmen erschlossen werden.

3. Schlussfolgerungen

Was lässt sich nun auf Basis der untersuchten Nachhaltigkeitsinnovationen und der empirischen Befunde zusätzlich über die unternehmerische Verantwortung für eine nachhaltige Entwicklung sagen?

Zunächst zeigen die verschiedenen Entstehungspfade von Nachhaltigkeitsinnovationen, dass diese sich auf sehr unterschiedliche Weise entwickeln können und nicht zwangsläufig eine explizite Nachhaltigkeitsorientierung der involvierten Akteure erfordern. Die empirischen Befunde legen allerdings auch nahe, dass die Wahrscheinlichkeit einer Entdeckung und Realisierung nachhaltiger Innovationspotenziale mit dem Vorhandensein solcher Promotoren und Unternehmer steigt, die für Nachhaltigkeitsfragen sensibilisiert sind und Nachhaltigkeit als Teil ihrer Vision und Strategie verstehen. Diese Führungskräfte des Wandels haben Nachhaltigkeit also kulturell in ihre Wahrnehmungsmuster und Wertorientierungen integriert.

Die Erkenntnisse über die verschiedenen Entstehungspfade verweisen weiterhin darauf, dass in allen Phasen des Innovations- und Diffusionsprozesses nachhaltigkeitsorientierte Interventionen, Verbesserungen und Unterstützungen möglich sind, dass die Wahrscheinlichkeit, dass eine Innovationsidee am Ende tatsächlich (in großem Umfang) zur Nachhaltigkeit beiträgt, am höchsten ist, wenn Nachhaltigkeit von Anfang an eine feste Orientierungs- und Zielgröße für die involvierten Innovationsakteure darstellt und im Laufe des gesamten Innovations- und Diffusionsprozesse durch nachhaltigkeitsorientierte Promotoren und Unternehmer 'gesichert' wird. Die Entstehungspfade 1 und 2 können demnach als 'Königswege' der Nachhaltigkeitsinnovation gelten. Die unternehmerische Verantwortung besteht dann nicht nur darin, Neues zu wagen, sondern auch für einen unternehmenskulturellen 'Nährboden' und eine klare normative Ausrichtung von Innovationsaktivitäten zu sorgen.

Die verschiedenen Nachhaltigkeitsinnovationen zeigen weiter, dass diese das gesamte Spektrum von sehr kleinschrittigen Verbesserungen (inkrementellen Innovationen) bis zu sehr grundlegenden, radikalen Innovationen umfassen, und sowohl Pfad-optimierend als auch Pfad-generierend sein können. Sowohl die Verbesserung bestehender Organisations-, Technologie- und Produktpfade als auch Pfad-generierende Innovationen können einen wichtigen Beitrag zur Nachhaltigkeit leisten. Der Erzeugung nachhaltiger Pfade kann aber grundsätzlich das größere Nachhaltigkeitspotenzial zugeschrieben werden. Die untersuchten Innovationsfälle verweisen auch darauf, dass die Pfad-Generierung eine deutlich höhere Risikobereitschaft, mehr unternehmerischen Mut und vor allem einen deutlich höheren Gestaltungswillen verlangt als die Pfad-Optimierung. Dies sind allesamt aber gerade Eigenschaften, die das unternehmerische am Unternehmer charakterisieren (Pfriem 2004: 91).

Hieraus lässt sich schlussfolgern, dass die unternehmerische Verantwortung mit Blick auf Nachhaltigkeit weniger in der Optimierung bestehender, sondern vor allem in der Entdeckung, Erzeugung und Entwicklung grundsätzlich neuer Pfade im ‚Möglichkeitsraum' nachhaltiger Innovationspotenziale liegt. Die erste unternehmerische Pflicht wäre demnach, gezielt in diesem Möglichkeitsraum zu suchen und grundsätzlich Neues zu wagen, das (auch) zur Nachhaltigkeit beiträgt. Unternehmer und unternehmerische Gruppen werden damit zu ‚Pfadfindern' und Pionieren der Nachhaltigkeit. Durch die schöpferische Entwicklung eines neuen, für Kunden und Nutzer attraktiven Nachhaltigkeitspfades zerstören diese zwar nicht automatisch und unmittelbar bestehende nicht-nachhaltige Technologie- und Produktpfade oder Konsummuster, sie schaffen damit aber ein Bedrohungs- und Erodierungspotenzial. Die unternehmerische Verantwortung liegt also nicht in der Exnovation, sondern darin, Exnovation durch Innovation indirekt wahrscheinlicher zu machen. Die Exnovationskraft einer Innovation steigt mit ihrer Attraktivität für den Nutzer und deren technischer sowie sozialer Anschlussfähigkeit. Hierin liegt die unternehmerische Verantwortung für eine nachhaltige Entwicklung.

Fazit: Man übernimmt unternehmerische Verantwortung in erster Linie dadurch, dass man Nachhaltiges sucht, grundsätzlich Neues wagt und Nachhaltigkeit in die Welt bringt, also radikale Nachhaltigkeitsinnovationen kreiert und durchsetzt. Wer dies tut, ist im Schumpeterschen Sinne schöpferisch und zerstörerisch zugleich, weil dabei Innovation (Nachhaltiges in die Welt bringen) erzeugt und Exnovation (Nicht-nachhaltiges aus der Welt schaffen) wahrscheinlicher wird. Dass unternehmerisches Bemühen scheitern kann, ist bekannt, es sollte aber nicht davon abhalten, radikale Nachhaltigkeitsinnovationen zu versuchen.

„Ich kann freilich nicht sagen, ob es besser wird, wenn es anders wird; aber so viel kann ich sagen, es muss anders werden, wenn es gut werden soll." (Georg Christoph Lichtenberg)

Literatur

Beucker, Severin (2007). Die Innovation Solon-Mover der Solon AG. Stuttgart: Fraunhofer IRB Verlag.

Dyllick, Thomas (2001). Ökologische Wettbewerbsstrategien. In: Bundesumweltministerium/ Umweltbundesamt (Hrsg.), Handbuch Umweltcontrolling (S. 157-170). München: Verlag Vahlen.

Fichter, Klaus (2006). Das „e-place"-Konzept der IBM Deutschland. Stuttgart: Fraunhofer IRB Verlag.

Fichter, Klaus/ Arnold, Marlen (2004). Nachhaltigkeitsinnovationen, Nachhaltigkeit als strategischer Faktor, Nr. 38/2004. Berlin, Oldenburg: Schriftenreihe am Lehrstuhl für Allgemeine Betriebswirtschaftslehre, Unternehmensführung und Betriebliche Umweltpolitik.

Fichter, Klaus/ Beucker, Severin/ Noack, Torsten/ Springer, Stefanie (2007). Entstehungspfade von Nachhaltigkeitsinnovationen. Stuttgart: Fraunhofer IRB Verlag.

Gerybadze, Alexander (2004). Technologie- und Innovationsmanagement, Strategie, Organisation und Implementierung. München: Vahlen.

Kimberly, John R. (1981). Managerial Innovation. In: P. C. Nystrom/ W. H. Starbuck (eds.), Handbook of Organisational Design (pp. 84-104). Oxford: Oxford University Press.

Konrad, Willfried/ Nill, Jan (2001). Innovationen für Nachhaltigkeit. Ein interdisziplinärer Beitrag zur konzeptionellen Klärung aus wirtschafts- und sozialwissenschaftlicher Perspektive. Berlin: Schriftenreihe des IÖW 157/01.

Lehmann-Waffenschmidt, Marco/ Reichel, Markus (2000). Kontingenz, Pfadabhängigkeit und Lock-In als handlungsbeeinflussende Faktoren der Unternehmenspolitik. In: T. Beschorner/ R. Pfriem (Hrsg.), Evolutorische Ökonomik und Theorie der Unternehmung (S. 337-376). Marburg: Metropolis.

Paech, Niko (2005). Nachhaltiges Wirtschaften jenseits von Innovationsorientierung und Wachstum. Marburg: Metropolis.

Pfriem, Reinhard (2004). Jenseits von Böse und Gut, Ansätze einer kulturwissenschaftlichen Theorie der Unternehmung. In: R. Pfriem (Hrsg.), Unternehmen, Nachhaltigkeit, Kultur (S. 69-108). Marburg: Metropolis.

Pfriem, Reinhard (2005). Strukturwandel und die Generierung von Zukunftsmärkten als neue Wettbewerbsebene. In: K. Fichter/ N. Paech/ R. Pfriem (2005), Nachhaltige Zukunftsmärkte – Orientierungen für unternehmerische Innovationsprozesse im 21. Jahrhundert (S. 27-55). Marburg: Metropolis.

Schumpeter, Joseph A. (1991/1946). Comments on a Plan for the Study of Entrepreneurship. In: R. Swedberg (ed), The Economics and Sociology of Capitalism(pp. 406-428). Princeton: Princeton University Press.

Schumpeter, Joseph A. (1947). The Creative Response in Economic History. Journal of Economic History, 7 (2), 149-159.

Springer, Stefanie (2007). „Von der Faser bis zum Druck" – Das Coated-Coldset-Netzwerk. Stuttgart: Fraunhofer IRB Verlag.

Villiger, Alex/ Wüstenhagen, Rolf/ Meyer, Arnt (2000). Jenseits der Öko-Nische. Basel, Boston, Berlin: Birkhäuser.

Yin, Robert (1979). Changing Urban Bureaucracies: how new practices become routinized. Santa Monica: The Rand Corporation.

Innovationen im politischen Prozess als Bedingung substantieller Nachhaltigkeitsfortschritte

Hellmuth Lange

Überlegungen zur Art und Weise des Innovationsbedarfs, der mit dem Ziel der Beförderung von Nachhaltigkeit einhergeht, legen es nahe, sich zunächst einmal darüber zu verständigen, welche Besonderheiten der Nachhaltigkeitsproblematik für diesen Zusammenhang relevant sind. Im Vordergrund steht hier das Spannungsverhältnis von ‚messen und verhandeln' (Abschnitt 1). Die Frage des Innovationsbedarfs wird sodann in zwei Richtungen erörtert. Zum einen werden drei notwendige Erweiterungen des politischen Instrumentenkastens behandelt: intermediäre Institutionen des ‚science-policy interface', Achsen der Politikintegration und das Konzept des ‚transition-management' (Abschnitt 2). Der folgende Abschnitt diskutiert Nachhaltigkeit als eine verteilungspolitische Herausforderung (Abschnitt 3). Der Schwerpunkt liegt hier auf Befunden der empirischen Gerechtigkeitsforschung und der nachhaltigkeitspolitischen Notwendigkeit, etablierte Vorstellungen von Angemessenheit und Gerechtigkeit zu überwinden oder zumindest zu relativieren.

1. Nachhaltigkeit im Spannungsverhältnis von Messen und Verhandeln

Nachhaltigkeit[1] ist kein naturwissenschaftlicher Maßstab, mit dessen Hilfe sich mehr oder minder objektiv bestimmen ließe, was zu tun ist. Gewiss kommt wissenschaftlichen Analysen der künftigen Ressourcenverfügbarkeit und der Entwicklung relevanter ökosystemarer Kreisläufe eine Schlüsselbedeutung zu. Schon die Stockholmer ‚Declaration of the United Nations Conference on the Human Environment' der Vereinten Nationen von 1972 formulierte aber zugleich eine Reihe von elementaren gesellschaftlichen Zielsetzungen, insbesondere auch im Sinne der Notwendigkeit eines Ausgleichs zwischen dem Globalen Norden und dem Globalen Süden (UN 1972). Der Bericht der Brundlandt-

---

1 Knappe und umfassende Übersichten über die Geschichte, Ansätze und Teilaspekte der Nachhaltigkeitsdebatte finden sich bei Grunwald/ Kopfmüller (2006) und Lange (2008b).

Kommission des Jahres 1987 und das Aktionsprogramm der Konferenz für Umwelt und Entwicklung der Vereinten Nationen (UNCED) in Rio de Janeiro des Jahres 1992 (UN 1992) führt diese Tendenz weiter fort. Die Einigung der Vertragsstaaten auf die Agenda 21 als einem gemeinsamen Basisdokument der nationalen und internationalen Zukunftsentwicklung lässt sich daher, wenn auch zunächst nur auf der Programmebene, mit mindestens eben solcher Berechtigung als ein historischer Kompromiss zwischen Nord und Süd verstehen. Das Ziel der Beförderung von mehr Nachhaltigkeit ist aber noch umfassender. Es setzt eine grundlegende Veränderung des Koordinatensystems der Debatte über gesellschaftlichen Fortschritt auf die Tagesordnung. In diesem Sinne markiert es eine historische Zäsur. Bildete die Soziale Frage, als Gegensatz zwischen den ökonomischen Zielen der Unternehmen auf der einen Seite und den sozialen Bedürfnissen und Forderungen der Beschäftigten auf der anderen, das alle anderen Fragen durchdringende gesellschaftliche Grundthema des 19. und 20. Jahrhunderts, so verlangt das Nachhaltigkeitsthema, dass (a) der notwendige Interessenausgleich nicht nur in nationaler, sondern auch in der Nord-Süd-Dimension der internationalen Entwicklung zu einem Eckpunkt des politischen Entscheidens wird und dass der solchermaßen erweiterte und veränderte politische Bezugsrahmen (b) in systematischer und umfassender Weise mit den ressourcenspezifischen und ökosystemaren Voraussetzungen und Folgen des gesellschaftlichen Alltags verschränkt wird.

Das ist bekanntlich leichter gesagt als getan, und zwar aus zwei recht unterschiedlichen Gründen. Zum einen berührt diese Veränderung des Bezugssystems Macht- und Interessenfragen. Auf diesen Aspekt bezieht sich der dritte Abschnitt dieses Artikels. Darüber hinaus verlangt die erweiterte Zielstellung auch die Bewältigung eines vergleichsweise sachlichen Problems: während Macht- und Interessenfragen im Wechselspiel aus Konfrontation und Verhandlung bearbeitet werden, erfolgt die Analyse der Verfügbarkeit von Ressourcen und der Dynamiken ökosystemarer Zusammenhänge vorrangig im Modus des Messens und der Hypothesenprüfung im Rahmen experimenteller oder anderer Formen der Beobachtung.

Abbildung 1: Nachhaltigkeit als Verschränkung von Messen und Verhandeln

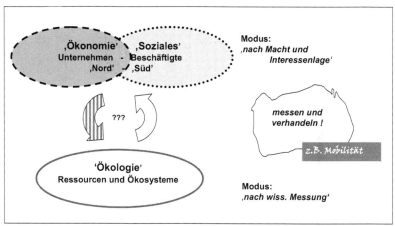

Quelle: Eigene Darstellung

Die Ergebnisse derartiger wissenschaftlicher Prozesse werden jedoch, wie nicht zuletzt die Debatte um den Klimawandel zeigt, unvermeidlich zum Politikum, sobald sie – ihrer Zielsetzung entsprechend – an die Öffentlichkeit gelangen (Weingart/ Engels/ Pansegrau 2002). Auch den beteiligten Wissenschaftlern fällt damit, gleichgültig ob gewollt oder nicht, eine politische Rolle zu, und das damit entstehende 'science-policy-interface' erweist sich immer aufs Neue als heftig umstrittenes Konfliktfeld (Gieryn 1995). Nachhaltigkeitsziele erhalten ihren Inhalt daher stets im Wechselspiel von Messen und Verhandeln, sie sind zugleich immer vorläufiger Natur. Neue Messungen und neue Verhandlungen können bestehende Ziele in Frage stellen und durch neue Ziele ersetzen. Insofern lässt sich Nachhaltigkeit auch nicht abschließend durch eine Ziellinie markieren. Mit anderen Worten: „The pursuit of sustainability is a long-term, indeed never-ending process." (Kemp/ Parto/ Gibson 2005: 16) Die Vorläufigkeit einzelner Zielsetzungen und deren Abhängigkeit von wissenschaftlichen Messungen *und* interessenpolitischen Konstellationen ist dabei nicht unbedingt von Nachteil: Positiv formuliert, können gerade diese Eigentümlichkeiten aus dem normativen Leitbild der Nachhaltigkeit (Grunwald/ Kopfmüller 2006: 7) ein gesellschaftliches Reflektionsinstrument erster Güte machen – zur Bestimmung der sachlichen Tragfähigkeit und der wirtschaftlichen, sozialen und ökologischen Kosten konkurrierender Zukunftskonzepte. Vielleicht liegt darin das größte Potenzial des Nachhaltigkeitskonzepts überhaupt.

2. Politische Innovationen 1: Erweiterungen des politischen Instrumentenkastens

Damit der Vergleich konkurrierender Konzepte auch zu praktischen Entscheidungen führt und damit solche Entscheidungen auch umgesetzt werden können, bedarf es neben den unverzichtbaren wissenschaftlich-technischen Innovationen (etwa im Bereich der erneuerbaren Energien) einer Reihe nicht weniger bedeutsamer nicht-technischer, nämlich politischer Innovationen. Zusätzlich, bzw. in Erweiterung der genannten Aspekte (Howaldt/ Kopp/ Schwarz 2008: 64), verlangt eine auf mehr Nachhaltigkeit ausgerichtete Entwicklung auch Innovationen der folgenden Art: (a) die Schaffung von intermediären Institutionen im Bereich des ‚science-policy interface', (b) die Eröffnung von Wegen zur Politikintegration und (c) die Entwicklung von Konzepten eines ‚transition-management'. Diese drei Herausforderungen werden im Folgenden kurz skizziert.

Intermediäre Institutionen des ‚science-policy interface'

Tatsächlich ist in den zurückliegenden Jahren in Deutschland, und in ähnlichen Formen auch in anderen Industrieländern, ein ganzes Spektrum von intermediären Institutionen entstanden, denen gemeinsam ist, dass sie Plattformen bilden, mittels derer wissenschaftliche Befunde zu Nachhaltigkeitsfragen zusammengestellt und der Öffentlichkeit vorgestellt werden. Von hier aus erreichen sie die verschiedenen Akteure des gesellschaftlichen Lebens – von den parlamentarischen und administrativen Akteuren über die gesellschaftlichen Interessengruppen und nicht zuletzt die Bürgerinnen und Bürger als Wahlvolk und als private Akteure.

Abbildung 2:   Intermediäre Institutionen des "science-policy interface"

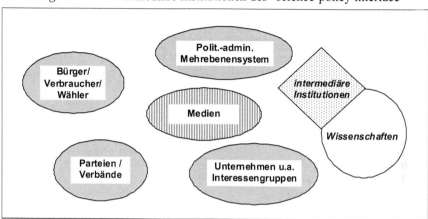

Quelle: Eigene Darstellung

Solche neuen Institutionen sind schon im Zusammenhang mit der Umweltthematik entstanden, so etwa der Sachverständigenrat für Umweltfragen; Enquête-Kommissionen des Deutschen Bundestages haben, beginnend mit der Kommission zum Thema „Schutz der Erdatmosphäre" (1987 ff.) und dann im Rahmen der Kommission „Schutz des Menschen und der Umwelt" (1994 ff.), wichtige Beiträge zur öffentlichen Würdigung und inhaltlichen Durcharbeitung der Nachhaltigkeitsproblematik übernommen. Der Wissenschaftliche Beirat der Bundesregierung für Globale Umweltveränderungen und der Nachhaltigkeitsrat sind hinzugetreten. Im internationalen Rahmen ist das Intergovernmental Panel on Climate Change (IPCC) der Vereinten Nationen zur prominentesten Körperschaft dieser Art geworden. Allen diesen Institutionen ist unbeschadet sonstiger Unterschiede gemeinsam, dass sie keinerlei politische Entscheidungsbefugnisse besitzen. Durch die Mobilisierung wissenschaftlicher Expertise haben sie gleichwohl erheblichen Einfluss auf die politische Verankerung der Nachhaltigkeitsthematik ausgeübt. Zu weiteren Dimensionen des Bedarfs nach institutionellen Reformen im Zusammenhang der Nachhaltigkeitsproblematik siehe Minsch/ Feindt/ Meister/ Schneidewind/ Schulz (1998) und Brand/ Fürst/ Lange/ Warsewa (2002).

Politikintegration

Das Erfordernis politischer Innovationen geht allerdings über die Gründung von intermediären Gremien der bezeichneten Art weit hinaus. Es erfordert daneben auch deutliche Fortschritte in der Überwindung herkömmlicher Grenzen politischer Konzepte durch Politikintegration, und zwar in Bezug auf Sektoren (Wirtschaftssektoren ebenso wie unternehmensinterne Bereiche und vor- und nachgelagerte Stufen des Entstehungs- und Lebenszyklus von Produkten sowie die diversen Ressorts öffentlicher Verwaltungen), in Bezug auf das Mehrebenensystem der öffentlichen und privatwirtschaftlichen Entscheidungsfindung, auf Integrationsprozesse in räumlicher Hinsicht (im lokalen, im regionalen, im nationalen und im internationalen Maßstab) und nicht zuletzt mit Blick auf künftige Erfordernisse wie sie vor allem durch diverse Folgen des Klimawandels und des sozialen Wandels zu gewärtigen sind (Benz 2004).

Diese Notwendigkeiten waren ebenfalls schon im Kontext der Umweltproblematik sichtbar geworden. Die Nachhaltigkeitsproblematik mit ihrem weitaus komplexeren Anspruch auf längerfristig tragfähige Verschränkungen von ökonomischen, ökologischen und sozialen Aspekten spitzt sie aber noch einmal erheblich zu.

Wie sehr die daraus erwachsenden Erfordernisse der Politikintegration auch für technische Produkte gelten, lässt sich etwa am Beispiel des Autos nachvollziehen. Gewiss ist ein Auto ein anspruchsvolles technisches Produkt, in dem sich das Können von Ingenieuren und Facharbeitern materialisiert. Es ist aber zugleich der Kern eines erheblich umfassenderen soziotechnisch gekoppelten Systems individueller und kollektiver Mobilität im privaten und öffentlichen Rahmen. Es umfasst in technischer Hinsicht ein Netz von Reparaturwerkstätten mit entsprechend ausgebildeten Fachkräften, ferner ausreichend verteilte Tankstellen, Raffineriekapazitäten und einen stabilen Zugriff auf Rohöl. Daneben bedarf es eines ausgebauten Straßennetzes. Dem folgen persönliche Entscheidungen für Wohnorte und spezielle – autogerechte – räumliche Verteilungen von Produktionsstätten, privaten und öffentlichen Dienstleistungseinrichtungen und Freizeiteinrichtungen; in der Summe kommt es zu Veränderungen des Charakters ganzer Stadtviertel, des Verhältnisses von Zentren und städtischer Peripherie und schließlich auch des ländlichen Raums. Mit der Entwicklung derartiger Siedlungsstrukturen gehen teilweise tiefgreifende ökonomische und soziale Veränderungsprozesse einher: räumliche Trennungen zwischen Wohnort und Arbeitsplatz mit Folgen für die Gestaltung des individuellen und familienspezifischen Tagesablaufs von Beschäftigten, angepasste Formen der häuslichen Arbeitsteilung und, in Abhängigkeit von den jeweiligen Mobilitätserfordernissen und -möglichkeiten, charakteristische Prägungen sozialer Rollen von Männern, Frauen und Kindern. Kaum weniger erheblich sind die umweltbezogenen Folgen in Gestalt von Emissionen, Lärmbelästigungen und mehr oder minder massiven Eingriffen in ökosystemare Zusammenhänge durch Flächenzerschneidung und Flächenversiegelung.

Technische Innovationen, etwa mit dem Effekt der Reduktion der CO_2-Abgasmenge von neuen Autos auf weniger als 130 Gramm pro Kilometer, verkörpern in diesem Rahmen ohne Zweifel nennenswerte Fortschritte im Vergleich zu älteren Modellen. Sie können dazu beitragen, die Nachhaltigkeitsbilanz in Bezug auf die Belastung des Klimas zu verbessern. Ob das tatsächlich der Fall ist, ist jedoch daran gebunden, dass nicht parallel die Gesamtzahl der in Betrieb befindlichen Autos und die Zahl der pro Auto gefahrenen Kilometer weiter ansteigen. Ob und wie weit das der Fall ist, entscheidet sich jedoch erst im Wechselspiel der unterschiedlichen Faktoren und Abhängigkeitsbeziehungen des soziotechnischen Gesamtsystems, das im vorangehenden Abschnitt kurz skizziert worden sind. Aus diesem Grund sind technische Innovationen als Beiträge zur Effizienzsteigerung zwar sehr wichtig, aber sie müssen in einen Gesamtprozess zur Steigerung der Konsistenz und der Suffizienz eingebunden werden (Huber 1995).

Mit anderen Worten: Die nachhaltigkeitspolitisch relevante Bezugsgröße ist letztlich nicht die einzelne technische Funktion, sondern das soziotechnische System, im Falle des hier gewählten Beispiels: das Mobilitätssystem – mit seiner Vielzahl an technischen Einzelaspekten und systemischen Strukturen, aber eben auch mit seiner Vielzahl an involvierten Akteurgruppen, an Sektoren des gesellschaftlichen Lebens, an hierarchischen Entscheidungsebenen und an räumlichen und zeitlichen Dimensionen, die bedacht werden müssen, wenn es zu einigermaßen stabilen nachhaltigkeitspolitischen Fortschritten kommen soll. Das bedeutet jedoch in umgekehrter Hinsicht, dass Veränderungen soziotechnischer Systeme nur denkbar sind, wenn alle relevanten Akteurgruppen einbezogen sind und wenn die Veränderungsperspektive umfassend genug ist. Insofern ist es angemessen, wenn die Agenda 21 der Vereinten Nationen nichts Geringeres fordert als „tiefgreifende Veränderungen der Verbrauchsgewohnheiten von Industrie, Staat, Haushalten und Einzelpersonen" (UN 1992: Teil I/4).

Dass ein derart komplexes Veränderungskonzept eine historisch unerhörte Herausforderung darstellt, unterliegt keinem Zweifel. Es unterliegt ebenso wenig einem Zweifel, dass dem Niveau dieser Herausforderung nicht zuletzt auch das Niveau der politischen Innovationen entsprechen muss, ohne die der erwünschte Prozess in Gang nicht gebracht und gesteuert werden kann. Um so erstaunlicher ist der Umstand, dass dieses Veränderungskonzept gleichwohl einen festen Platz in der Programmatik aller politischen Richtungen und nahezu aller gesellschaftlichen Interessengruppen erlangt hat, dass es sich dort erfolgreich behauptet und dass es – noch erstaunlicher – in immer mehr Politikbereichen in operative Konzepte und praktische Handlungsschritte übersetzt wird.

Governance, Partizipation und ‚transition management'

‚Governance', ‚Partizipation' und – in geringerem Maße – ‚Transition Management' sind diejenigen Begriffe und damit verbundene Konzepte, die in diesem Zusammenhang die stärkste Beachtung gefunden haben. Sie dienen freilich mehr als ein gemeinsamer Platz, auf dem man sich trotz fortbestehender tiefer Differenzen in inhaltlicher Hinsicht gemeinsam versammeln kann, als dass die breite Akzeptanz dieser Begriffe und Konzepte den Abschluss entsprechender Kontroversen über die Möglichkeiten und Grenzen der Umsetzung derart komplexer Veränderungsoptionen signalisieren würde.

Die Grundidee aller dieser Optionen besteht darin, der Komplexität der miteinander zu vermittelnden Akteure, Dynamiken und Teilziele dadurch Rechnung zu tragen, dass auf lineare Steuerungskonzepte verzichtet wird. Dies soll primär dadurch erreicht werden, dass gesellschaftliche Akteure aktiver und vor allem breiter als in der Vergangenheit in die Entwicklung und Umsetzung politischer Veränderungskonzepte eingebunden werden (Pierre/ Peters 2000; Schuppert 2005), und zwar gleichermaßen aus Gründen der Mobilisierung akteurspezifischer Kompetenzen als auch aus legitimatorischen Gründen. Tatsächlich bildet eine solche Veränderung des Verhältnisses von Regierung und zivilgesellschaftlichen Gruppen auch eine der expliziten Kernforderungen der Agenda 21. Allerdings fällt auf, dass sich die diesbezügliche Debatte gerade insoweit, wie sie sich auf das Ziel der Beförderung von Nachhaltigkeit bezieht, in Deutschland zum Teil deutlich von der Debatte in vergleichbaren Ländern wie den Niederlanden oder Großbritannien unterscheidet. Der unterscheidende Punkt liegt in den Antworten auf die Frage, welche Funktionen staatlichem Handeln sowohl zugetraut als auch zugebilligt werden.

Mit Blick auf die deutsche Debatte (dazu Lange 2008a) ist von einem regelrechten ‚Staatspessimismus' gesprochen worden, dem auf der anderen Seite eine ‚Zivilgesellschaftseuphorie' entspreche (Weidner 2005). Tatsächlich gehört die Diagnose des ‚Staatsversagens' zu jenen politologischen Beobachtungen, die heute vielfach den Charakter allgemeiner Überzeugungen angenommen haben. Als Gründe werden die gewachsene innere Differenzierung und Komplexität moderner Gesellschaften (Offe 1987; Jänicke 1987) und die besondere Komplexität des Nachhaltigkeitshorizonts (Voß 2008) benannt. Diese komplexitäts- und systemtheoretischen Begründungen setzen in der Sache frühere Diagnosen fort, die eher techniktheoretisch begründet waren, etwa als ‚Sachzwänge der wissenschaftlich-technischen Zivilisation' (Schelsky 1961). Solcherlei Deutungen nach dem Motto ‚der Staat kann nicht' steht in der deutschen Nachhaltigkeitsdiskussion ein Bündel von weiteren Überzeugungen zur Seite, die sich unter dem Motto ‚der Staat soll nicht' zusammenfassen lassen. Als Hauptgründe wird die Wünschbarkeit der Autonomie zivilgesellschaftlicher Gruppen gegenüber den Erwartungen des Staates und die größere Bürgernähe horizontaler Formen der Handlungskoordination im Vergleich zur vertikalen bzw. hierarchischen Handlungskoordination innerhalb des politisch-administrativen Systems genannt (verschiedene Beiträge in Voß/ Bauknecht 2004). Von hier aus gibt es (trotz überwiegend anderer Begründungen) inhaltliche Berührungspunkte zu generellen programmatischen Zurückweisungen staatlichen Handelns als bürokratieverdächtigem Handeln zugunsten autonomer Entscheidungen der unternehmerischen Akteure des Marktes. In der politischen Praxis der Auseinandersetzung um Wege zu mehr Nachhaltigkeit haben Lokale Agenda 21-Initiativen zeitweise die meiste Beachtung gefunden (de Haan/ Kuckartz/ Rheingans-Heintze 2000). Dabei haben sich ihre Wortführer gegenüber den Gemeinderäten und den Fachverwaltungen der Gemeinden vielfach als die wahren Repräsentanten genuinen Bürgerwillens profiliert (Brand/ Fürst/ Lange/ Warsewa 2002: 95; Weidner 2005).

Die Empirie zeigt allerdings, dass horizontale Akteurnetzwerke umso mehr Erfolg haben, je mehr sie sich auch auf die Unterstützung von Schlüsselakteuren der politisch-administrativen Hierarchie stützen können (Dippoldsmann 2000). Tatsächlich nimmt die Rolle der staatlichen Institutionen denn auch mit der Entfaltung partizipativer Momente in der politischen Willensbildung nicht ab, sondern zu (Theyss 2002: 224; Meadowcroft 2004: 187). Das gilt zum einen für die Unterstützung von Bürgerbeteiligungen (personell, finanziell, logistisch, legitimatorisch). Zum anderen stellt die bereits beschriebene Komplexität vieler Nachhaltigkeitsfragen nicht zuletzt besondere Anforderungen an die Entfaltung von horizontalen Kooperationsbeziehungen zwischen heterogenen Akteuren entlang der Stoffkreisläufe (Enquete-Kommission 1994) bzw. der Wertschöpfungsketten von Produkten (von Hauff/ Isenmann 2007). Solche Kreisläufe und Ketten gehen in aller Regel weit über lokale Dimensionen hinaus. Zu ihrer Unterstützung bedarf es daher auch übergreifend handlungsfähiger Akteure. Das politisch-administrative System verfügt hier – trotz seiner immanenten Beschränkungen durch das Ressortprinzip, seine Mehrebenenstruktur und die Fragmentierung von Handlungsressourcen durch räumlich verteilte Entscheidungskompetenzen – über besondere Möglichkeiten. Bezogen auf staatliches Handeln sind dies insbesondere die Legitimation, allgemeinverbindliche Handlungsrahmen durchzusetzen (Gesetzgebung, administrative Umsetzungen), das Budgetrecht und das Gewaltmonopol. Daher erscheint es sinnvoll, Gegenüber-

stellungen von Staat und Zivilgesellschaft im Sinne eines ‚entweder-oder' zu
überwinden und anstelle dessen zu versuchen, die spezifischen Möglichkeiten
jedes Akteurtyps zu nutzen und sie miteinander in einen möglichst produktiven
Bezug zu setzen.

Die Möglichkeiten eines solchen Vorgehens mit dem Ziel der Entwicklung
von nachhaltigeren soziotechnischen Systemlösungen stehen im Mittelpunkt der
Debatte, die in den Niederlanden, in Großbritannien und anderen Ländern unter
dem Begriff des ‚transition management' geführt wird. Als ein Beispiel kann das
von Rotmanns, Kemp und anderen vorgestellte (und in den Niederlanden praktisch erprobte) Konzept gelten (Rotmanns/ Kemp/ van Asselt 2001). Als sein
Hauptkennzeichen gilt der Bruch „with the old plan-and-implement model aimed
at achieving particular outcomes. It is based on a more process-oriented philoso-
phy." (Kemp/ Parto/ Gibson 2005: 24) Der Akzent liegt dabei auf grundlegenden
Innovationen: „Sustainability requires transitions involving system innovation."
Sie rechtfertigen sich als Elemente von relativ breit akzeptierten langfristigen
Visionen und Zielstellungen, werden jedoch nicht anders als mittels iterativer
und reflexiver Vorgehensweisen für erreichbar gehalten. Dabei werden partielle
Modifikationen der ursprünglichen Zielstellungen als unvermeidlich und tenden-
ziell produktiv angesehen.

Abbildung 3:   Governance als rekursiver Prozess (nach Kemp/ Parto/ Gibson
2005)

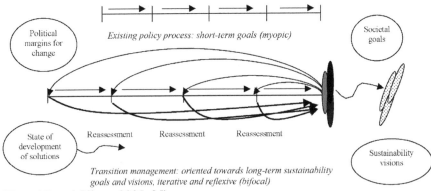

(Kemp/ Parto/ Gibson 2005: 25).

Bemerkenswert ist die Überzeugung, dass technische Innovationen stets auch
gesellschaftliche Entwicklungsprozesse erfordern: „Since technological innovations promise only some of the needed improvements, governance initiatives
must ensure that they are accompanied by co-evolving societal processes charac-

terised by continuous changes in formal and informal institutions." (Kemp/ Parto/ Gibson 2005: 22) Als Mittel zur Operationalisierung dieser relativ generellen Orientierung gelten den Autoren spezielle Zielstellungen, Einzelprogramme und Maßnahmekataloge. Und anders als in den erwähnten Abschnitten der deutschen Nachhaltigkeitsdebatte lassen sie keinen Zweifel daran, dass auch der Wandel ‚from government to governance' – im Sinne eines ausdrücklichen Wandels der politischen Entscheidungskultur in Richtung auf stärker konsultative und kooperative Verfahren – eine starke Rolle der Regierung nicht als ein Problem, sondern als eine absolute Notwendigkeit angesehen wird: „...government has remained, and is likely to remain, a powerful actor with a major role in discourses on governance for sustainability" (Kemp/ Parto/ Gibson 2005: 18). In vielerlei Hinsicht vergleichbar, aber weniger normativ und stärker problemorientiert sind die Überlegungen und Befunde in bzw. von Abaza/ Baranzini (2002); Smith/ Stirling/ Berkhout (2005); Geels/ Schot (2007); Voß (2008).

Allerdings bleibt zu bedenken, dass die hier vorgestellten Konzepte zwar im Kontext empirischer Fälle entstanden sind. Es bleiben dennoch Konzepte. Als solche sind sie nicht mit der politischen Praxis zu verwechseln. Das spricht nicht unbedingt gegen diese Konzepte, denn es lässt sich ja auch argumentieren, dass die politische Praxis noch nicht in hinreichendem Maße diesem Typus von Konzepten folgt. Wie weit sich substantielle Veränderungen eingefahrener gesellschaftlicher Handlungsmuster überhaupt politisch durchsetzen lassen, wurde mit Blick auf ausgewählte Handlungsfelder mit besonderer Relevanz für die Nachhaltigkeitsproblematik (Konsum, Unternehmen/ Organisation und Governance) anhand des Standes der Literatur untersucht. Die Bilanz fällt verhalten positiv aus (Lange 2008a).

3. Politische Innovationen 2: Mehr Nachhaltigkeit als verteilungspolitische Herausforderung

Die bisherigen Überlegungen beziehen sich auf Innovationen in den Verfahrensweisen des politischen Entscheidens im Rahmen von Strategien zur Beförderung von mehr Nachhaltigkeit oder – anders ausgedrückt – um Veränderungen des politischen Instrumentenkastens. Dies ist aber nur die eine Seite der Herausforderung. Die andere und mindestens ebenso wichtige Seite besteht darin, dem Gerechtigkeitsaspekt zu genügen, der unlösbar mit jedem politisch gesetzten Wandel verbunden ist und der im Kontext der Nachhaltigkeitsproblematik auch explizit thematisiert wird. Gemeint ist dabei nicht allein die intergenerationelle Dimension der Erhaltung von ressourcenpolitischen und ökosystemaren Spielräumen für die gesellschaftliche Daseinsgestaltung der nachfolgenden Generationen. Das Problem stellt sich bereits heute als Folge der Tatsache, dass Entscheidungen über Ressourcenfragen immer auch eine distributive Dimension besitzen. Im Unterschied zu ‚rein umweltpolitischen' Entscheidungen (Serret/ Johnstone 2006) ist dieser Sachverhalt im so genannten Nachhaltigkeitsdreieck auch explizit benannt, nämlich als ein Kernelement des Spannungsverhältnisses zwischen ökonomischen und sozialen Aspekten, mit denen ökologische Fragen vermittelt werden sollen, oder – im Sinne des eingangs dargelegten prozeduralen Verständnisses von Nachhaltigkeit – als Herausforderung zur Entwicklung tragfähiger Verschränkungen von messen und verhandeln.

Dieser Sachverhalt ist im Prinzip breit akzeptiert. Umso erstaunlicher erscheint die Tatsache, dass die Bearbeitung der darin eingeschlossenen gerechtigkeitstheoretischen und -politischen Herausforderungen noch immer sehr zu wünschen übrig lässt. Eines der Probleme besteht darin, dass ein großer Teil der Literatur zu Gerechtigkeitsfragen im Allgemeinen und zu umweltbezogenen und nachhaltigkeitsbezogenen Gerechtigkeitsfragen im Besonderen im Bereich normativer Überlegungen verbleibt. Auf dieses Problem hat in der deutschen Debatte vor allem Schmidt verwiesen (Schmidt 2000). Dabei geht es nicht darum, entsprechenden philosophischen Traditionen eine generelle Absage zu erteilen. Das Problem wird vielmehr darin gesehen, dass Gerechtigkeitsprinzipien, wie immer sie konzipiert und begründet sein mögen, in der gesellschaftlichen Praxis nicht ausreichend verankert werden können, zumindest nicht in einer solchen Weise, dass sie *im konkreten Fall* als ein allseits anerkanntes Maß akzeptiert würden, das ohne Weiteres zur Klärung strittiger Ansprüche im Rahmen von Verteilungskonflikten taugt, wie sie nicht zuletzt in nachhaltigkeitspolitischen Auseinandersetzungen unvermeidlich auftreten. Anstelle dessen treten einzelne Prinzipien immer wieder in Konkurrenz zueinander.

Es kommt hinzu, dass solche Prinzipien nicht allein von Interessengruppe zu Interessengruppe, sondern auch von Problemfeld zu Problemfeld unterschiedlich gehandhabt werden. Empirische Untersuchungen zu Maßstäben im Umgang mit knappen Gütern (in den von Schmidt betrachteten Fällen der Zuteilung von Organspenden an gesundheitlich Bedürftige einerseits und der Zuteilung von Studienplätzen andererseits) lassen eine entsprechend große Bandbreite von bevorzugten Kriterien erkennen, und zwar sowohl in der Begründung von Zuteilungserwartungen seitens Bedürftiger als auch in der tatsächlichen Entscheidung über die Zuteilung seitens dazu befugter Personen. Allgemeine Gerechtigkeitsprinzipien (wie etwa das Prinzip, ‚Gleiches nicht ungleich und Ungleiches nicht gleich zu behandeln' oder – vor allem im Umweltschutz – das ‚Verursacherprinzip') werden, so die Folgerung von Schmidt in Anlehnung an Elster (Elster 1992), stets kontextgebunden und in diesem Zusammenhang auch stets interessengebunden operationalisiert. Im Ergebnis begründen alle Interessenten ihre

Ansprüche immer auch gerechtigkeitstheoretisch, aber eben im Rückgriff auf unterschiedliche Begründungszusammenhänge. So hat Huber dargelegt, dass Gerechtigkeitsansprüche in nachhaltigkeitsbezogenen Verteilungskonflikten wahlweise mit so unterschiedlichen Prinzipien wie Besitz, Bedarf, Einsatz und Leistung, Fähigkeiten und Verfahrensregeln begründet werden (Huber 1995).

Da es in der Praxis nur begrenzte Möglichkeiten zu geben scheint, die dadurch entstehende Diversität, wenn nicht gar Beliebigkeit von Begründungen und praktischen Erwartungen, durch Rückgriff auf ein übergeordnetes gemeinsames Gerechtigkeitsprinzip zu überwinden, muss diese Konstellation wohl oder übel zunächst einmal akzeptiert werden – nicht zuletzt auch deshalb, weil es immer nur begrenzt möglich ist, zwischen gerechtigkeitsbezogenen Fakten und bloßen Behauptungen zu unterscheiden. Statt einer Entscheidung nach einem übergeordneten Prinzip liegt die Perspektive der Problemlösung daher letztlich immer in der Aushandlung eines Kompromisses, der von den Kontrahenten, bezogen auf ihre jeweiligen Interessen, als hinreichend gerecht angesehen und daher akzeptiert wird.

Mit anderen Worten: Gerechtigkeitspolitische Positionen, Gerechtigkeitserwartungen ebenso wie Gerechtigkeitsentscheidungen, sind immer in hohem Maße auch relationale Positionen: relational zu konkreten Kontexten, die sich – bildlich gesprochen – als ,lokale' Kontexte fassen lassen. In diesem Sinne liegt es nahe, keine allgemeingültigen Lösungen nach Maßgabe allgemeingültiger Prinzipien zu erwarten, sondern für konkrete Kontroversen begrenzte Lösungen nach Maßgabe spezieller ,lokaler' Gegebenheiten und Interessenkonstellationen zu versuchen. In dem Maße, wie solche Lösungen einen Ausgleich zwischen den widerstreitenden Erwartungen ermöglichen, haben sie die Chance, auch als gerecht akzeptiert zu werden – im Sinne von ,local justice'. Solche Lösungen sind im Kern stets Kompromisse unter gegebenen konkreten Umständen. Sie spiegeln darin stets auch gegebene Machtasymmetrien wieder, und sie sind nur so lange gültig, wie die Randbedingungen einschließlich dieser konkreten Machtasymmetrien Bestand haben. Insofern tragen sie den Keim ihrer Infragestellung unter veränderten Umständen immer schon in sich.

Was für strittige Einzelthemen zutrifft, trifft auch auf die gegebenen Rahmenverhältnisse zu: Tatsächlich gibt es zu fast jedem Zeitpunkt auch einen gemeinsamen Rahmen von Regeln und Bewertungsmaßstäben, der unbeschadet zum Teil harter Interessengegensätze breit akzeptiert wird. Er markiert die diffuse Grenzlinie zwischen solchen Forderungen, die zwar bekämpft werden mögen, aber letztlich doch noch als verhandelbar angesehen werden, und solchen Forderungen, die als schlicht abseitig und daher undiskutabel gelten. Aber auch akzeptierte Rahmungen repräsentieren stets nur Kompromisse. Sie sind dem entsprechend in ihrem Geltungsbereich begrenzt, und dies sowohl sachlich und räumlich als eben auch temporär. Ein banales, aber eindrückliches Beispiel für räumliche Grenzen sind die unterschiedlichen Akzeptanzniveaus von Geschwindigkeitsbeschränkungen auf Straßen im Ländervergleich, etwa USA – Deutschland. Beispiele für zeitliche Grenzen von Akzeptanzniveaus liefert die weitgehende Hinnahme von Löhnen und Mieten, Fahrkartenpreisen etc., die nur wenige Jahre zuvor noch als kaum denkbar erschienen. Das ist für die negativ Betroffenen unbefriedigend; es ist aber auch ein Spiegel gegebener Machtverteilungen.

Im Falle der Nachhaltigkeitsproblematik geht es nun gerade auch in gerechtigkeitspolitischer Hinsicht um nichts Geringeres als die Zumutung, mehr als bloß einzelne Positionen einzelner Akteure aufzugeben; anstelle dessen zielt die Forderung nach radikalen Veränderungen mehr oder minder fest verankerter Ansprüche und Routinen vom Bereich der Produktion bis zum Konsum auf nichts Geringeres als die Überschreitung des historisch gewachsenen Rahmens, innerhalb dessen unterschiedliche Angemessenheitsvorstellungen widerstreitender Akteure als letztlich vermittelbar gelten; anders ausgedrückt: nicht die Annäherung von Standpunkten innerhalb eines gegebenen Rahmens von Angemessenheitsvorstellungen, sondern gerade die Überwindung dieses Rahmens ist das Ziel. Eben das meint die Metapher, es sei bei der Nachhaltigkeitsproblematik nicht damit getan, die Geschwindigkeit des Zuges unserer westlichen Zivilisation zu verlangsamen. Es gelte ihn umzulenken. In sozialwissenschaftlicher Terminologie: Überwindung von Pfadabhängigkeit – ganz im Sinne von Zapfs Charakterisierung solcher Innovationen, die dazu beitragen, „neue Wege, Ziele zu erreichen (…), die die Richtung des sozialen Wandels verändern" (Zapf 1989: 177).

Wie ist das möglich? Als wichtigste Impulsgeber zur Destabilisierung etablierter Systeme von Ansprüchen und Routinen gelten externe Schocks. Im Falle der Nachhaltigkeitsthematik und dafür relevanter Angemessenheits- und Gerechtigkeitsvorstellungen wären das Naturkatastrophen, dramatische Knappheiten wichtiger Ressourcen, Hungersnöte, Epidemien und kriegerische Auseinandersetzungen, die direkt oder indirekt auf einen falschen Umgang mit den Ressourcen der Natur zurückgehen. So sie denn eintreten, könnten sie in der Tat zu einem Anstoß werden, bisherige Pfade und gesellschaftliche Arrangements zu verlassen, nicht zuletzt in gerechtigkeitspolitischer Hinsicht. Derartige Ereignisse so weit wie irgend möglich zu vermeiden, sollte nun aber das erste Ziel jeglicher Politik sein. Im Falle der Nachhaltigkeitsthematik kommt hinzu, dass sie ihre zentrale Legitimation aus eben dieser speziellen Zielstellung ableitet.

Da der Wandel zu mehr Nachhaltigkeit insofern nicht durch den externen Druck von Katastrophen erzwungen, sondern präventiv – zur Vermeidung von Katastrophen – möglichst planvoll und aus eigener Entscheidung erfolgen soll, läuft dies auf eine politische Herausforderung erster Ordnung hinaus. Sie ist unter anderem deshalb so groß, weil eines ihrer Kernprobleme darin besteht, die verteilungspolitische Seite des gewünschten Wandels so zu bewältigen, dass sie zu neuen Übereinkünften über das führt, was seitens der involvierten und/ oder betroffenen Gruppen als angemessen und gerecht gilt. Die im ersten Abschnitt dargelegte Eigentümlichkeit von Nachhaltigkeitspolitik als einer widersprüchlichen Einheit aus messen und verhandeln zeigt sich hier noch einmal in ihrer ganzen Bedeutung: Ohne intensive öffentliche Kommunikations-, Konsultations- und Aushandlungsprozesse und – wie im Abschnitt über die Erweiterung des politischen Instrumentenkastens dargelegt – ohne eine klare und andauernde politische Priorisierung und Legitimierung des erforderlichen Wandels durch die Akteure des politisch-administrativen Systems und die wichtigsten gesellschaftlichen Interessengruppen ist der Wandel zu nachhaltigeren Mustern der Produktion und des Konsums unmöglich. Insofern erfordert der von der Agenda 21 geforderte radikale Wandel ein Maß der Entfaltung demokratischer Prozeduren und neuer Arrangements des sozialen Ausgleichs, zu denen es historisch keine Vorbilder gibt. In diesem Sinne enthält das erforderliche ‚transition management' nicht allein eine umwelt- und ressourcenpolitische Herausforderung, sondern mindestens ebenso sehr eine politische und soziale Herausforderung, die eine substantielle Weiterentwicklung und Entfaltung der Demokratie selbst erfordert. Es versteht sich, dass diese Herausforderung nicht auf geradem Wege erreicht werden kann. Es würde aber ausreichen, ihr auf dem Wege näher zu kommen, für den Weyer (1993) den Ausdruck ‚erfolgreiches Scheitern' geprägt hat: im Zickzack und auf Umwegen, aber im Ganzen in die richtige Richtung.

In welchem Maße die „Kernkompetenz der Sozialwissenschaften" in diesem Zusammenhang tatsächlich in der „Gestaltung sozialer Kontexte" und in der Initiierung von „Lernprozesse[n]" liegt oder zumindest liegen könnte (Howaldt/ Kopp/ Schwarz 2008: 68), und in welchem Maße nicht gelegentlich auch schon Beiträge „zur Erhöhung der Selbstbeobachtung und Selbstreflexion der Gesellschaft" (Howaldt 2004: 44 f.) hilfreich sein können, mag von Fall zu Fall verschieden sein. Beide Optionen erscheinen mir als solche legitim. Es kommt in jedem Fall darauf an, dass sie ihren Teil zum notwendigen Wandel in Richtung auf mehr Nachhaltigkeit beitragen.

Literatur

Abaza, Hussein/ Baranzini, Andrea (eds.) (2002). Implementing Sustainable Development. Integrated Assessment and Participatory Decision-making Processes. Cheltenham, Northampton, Massachusetts: Elgar

Benz, Arthur (Hrsg.) (2004). Governance – Regieren in komplexen Regelsystemen: Eine Einführung. Wiesbaden: VS Verlag für Sozialwissenschaften.

Brand, Karl-Werner/ Fürst, Volker/ Lange, Hellmuth/ Warsewa, Günther (2002). Bedingungen einer Politik für Nachhaltige Entwicklung, In: I. Balzer/ M. Wächter (Hrsg.), Sozial-ökologische Forschung. Ergebnisse der Sondierungsprojekte aus dem BMBF-Förderschwerpunkt (S. 91-110). München: oekom.

Dippoldsmann, Peter (2000). Umsetzungen des Leitbildes Sustainable Development auf local-gesellschaftlicher Ebene. In: TA-Datenbank-Nachrichten, 9 (2), 25-29.

Elster, Jon (1992). Local justice: how institutions allocate scarce goods and necessary burdens, Russell Sage Foundation. New York: NY.

Geels, Frank W./ Schot, Johan (2007). Typology of sociotechnical transition pathways. Research Policy, 36 (3), 399–417.

Gieryn, Thomas F. (1995). Boundaries of Science. In: S. Jasanoff/ G. E. Markle/ J. C. Petersen/ T. Pinch (eds.), Handbook of Science and Technology Studies (pp. 393-444). Thousand Oaks, London, New Delhi: Sage.

Grunwald, Armin/ Kopfmüller, Jürgen (2006). Nachhaltigkeit. Frankfurt a.M., New York: Campus Verlag.

Haan, Gerhard de/ Kuckartz, Udo/ Rheingans-Heintze, Anke (Hrsg.) (2000). Bürgerbeteiligung in Lokale Agenda 21-Initiativen. Opladen: Leske + Budrich.

Howaldt, Jürgen (2004). Neue Formen sozialwissenschaftlicher Wissensproduktion in der Wissensgesellschaft. Forschung und Beratung in betrieblichen und regionalen Innovationsprozessen. Münster: Lit-Verlag.

Howaldt, Jürgen/ Kopp, Ralf/ Schwarz, Michael (2008). Innovationen (forschend) gestalten – Zur neuen Rolle der Sozialwissenschaften. WSI-Mitteilungen, 2008 (2), 63-69.

Huber, Joseph (1995). Nachhaltige Entwicklung. Strategien für eine ökologische und soziale Erdpolitik. Berlin: Sigma.

Isenmann, Ralph/ Hauff, Michael von (2007). Industrial Ecology. Mit Ökologie zukunftsorientiert wirtschaften. München: Elsevier.

Jänicke, Martin (1987). Staatsversagen: die Ohnmacht der Politik in der Industriegesellschaft. München, Zürich: Piper (2. Auflage, zuerst 1986).

Kemp, René/ Parto, Sayeed/ Gibson, Robert. B. (2005). Governance for sustainable development: moving from theories to practice. International Journal for Sustainable Development, 8 (1/2), 12-30.

Lange, Hellmuth (2008a). Nachhaltigkeit als radikaler Wandel. Die Quadratur des Kreises? Wiesbaden: VS Verlag für Sozialwissenschaften.

Lange, Hellmuth (2008b). Nachhaltigkeit- gesellschaftliche Zukunftsoptionen zwischen messen und verhandeln. Download von: artec Forschungszentrum Nachhaltigkeit (http://www.artec.uni-bremen.de/files/papers/paper_156.pdf, Abruf: 15.08.2009)

Meadowcroft, James (2004). Participation and Sustainable Development: Modes of Citizen, Community and Organisational Involvement. In: W. M. Lafferty (ed.), Governance for Sustainable Development. The Challenge of Adapting Form to Function (pp. 162-190). Cheltenham: Elgar.

Minsch, Jürg/ Feindt, Peter-Henning/ Meister, Hans-Peter/ Schneidewind, Uwe/ Schulz, Tobias (1998). Institutionelle Reformen für eine Politik der Nachhaltigkeit in Deutschland. Berlin: Springer.

Offe, Claus (1987). Die Staatstheorie auf der Suche nach ihrem Gegenstand. In: T. Ellwein/ J. J. Hesse/ R. Mayntz/ F. W. Scharpf (Hrsg.), Jahrbuch Staats- und Verwaltungswissenschaft, Bd. 1 (S. 309-320). Baden-Baden: Nomos.

Pierre, Jon/ Peters, B. Guy (2000). Governance, Politics and the State. Basingstoke: MacMillan.

Rotmanns, Jan/ Kemp, René/ van Asselt, Marjolein (2001). More evolution than revolution. Transition management in public policy. Foresight, 3 (1), 15-31.

Schelsky, Helmut (1961). Der Mensch in der wissenschaftlichen Zivilisation. Arbeitsgemeinschaft für Forschung des Landes Nordrhein-Westfalen. Köln, Opladen: Westdeutscher Verlag.

Schmidt, Volker H. (2000). Bedingte Gerechtigkeit: Soziologische Analysen und philosophische Theorien. New York: Campus Verlag.

Schuppert, Gunnar Folke (Hrsg.) (2005). Governance-Forschung. Baden-Baden: Nomos.

Serret, Ysé/ Johnstone, Nick (eds.) (2006). The distributional effects of environmental policy. Cheltenham: Elgar.

Smith, Adrian/ Stirling, Andy/ Berkhout, Frans (2005). The governance of sustainable socio-technical transitions. Research Policy 34 (8), 1491–1510.

Theys, Jacques (2002). Environmental Governance. From Innovation to Powerlessness. In: J. Grote/ B. Mbikpi (Hrsg.), Participatory Governance (S. 213-244). Opladen: Leske+Budrich.

UN (1972). Declaration of the United Nations Conference on the Human Environment. Download von: United Nations Environment Programme (http://www.unep.org/Documents.multilingual/Default.asp?DocumentID=97&ArticleID=1503, Abruf 15.08.2009)

UN (1992). Agenda 21. Download von: Bundesministerium für Umwelt, Naturschutz und Reaktorsicherheit (http://www.bmu.de/nachhaltige_entwicklung/agenda_21/doc/2560.php, Abruf 15.08.2009)

Voß, Jan-Peter (2008). Nebenwirkungen und Nachhaltigkeit: Reflexive Gestaltungsansätze zum Umgang mit sozial-ökologischen Ko-Evolutionsprozessen. In: H. Lange (Hrsg.), Nachhaltigkeit als radikaler Wandel. Die Quadratur des Kreises? (S. 237-260). Wiesbaden: VS Verlag für Sozialwissenschaften.

Voß, Jan-Peter/ Bauknecht, Dierk (2004). Steuerung und Transformation. Überblick über theoretische Konzepte in den Projekten der sozial-ökologischen Forschung. Diskussions-Papier 01. Berlin: BMBF.

Weidner, Helmut (2005). Nachhaltigkeitskooperation: vom Staatspessimismus zur Zivilgesellschaftseuphorie. In: van den Daele, W. (Hrsg.), Diskurs und Governance. Abschlussbericht der Forschungsabteilung Zivilgesellschaft und transnationale Netzwerke? (S. 59-75). WZB. Discussion Paper SP IV 2005-103.

Weingart, Peter/ Engels, Anita/ Pansegrau, Petra (2002). Von der Hypothese zur Katastrophe: der anthropogene Klimawandel im Diskurs zwischen Wissenschaft, Politik und Massenmedien, Opladen: Leske + Budrich.

Weyer, Johannes (1993). System und Akteur. Zum Nutzen zweier soziologischer Paradigmen bei der Erklärung erfolgreichen Scheiterns. Kölner Zeitschrift für Soziologie und Sozialpsychologie, 45 (1), 1-22.

Zapf, Wolfgang (1989). Über soziale Innovationen. Soziale Welt 40, (1-2), 170-183.

Teil 4
Soziale Innovation und Dienstleistungen

Dienstleistungsinnovation als soziale Innovation: neue Optionen für produktive Aktivität der NutzerInnen

Heike Jacobsen und Milena Jostmeier

1. Einleitung: Eine Definition von Dienstleistung[1]

Die wachsende Bedeutung von Dienstleistungen für Wirtschaft und Beschäftigung rückt Dienstleistungsinnovationen notwendigerweise zunehmend in das Zentrum des wissenschaftlichen und politischen Interesses. Wie entstehen neue Dienstleistungen, wie werden sie angenommen, wie setzen sie sich auf Dauer durch? Welche organisationalen, institutionellen und politischen Voraussetzungen stärken die Innovationsfähigkeit von Dienstleistungsunternehmen? Diese Fragen werden seit einigen Jahren lebhaft diskutiert.[2] Für die sozialwissenschaftliche Innovationsforschung stellt sich die Frage, ob die Tertiarisierung des Innovationsgeschehens neue Probleme aufwirft, die sich nicht grundsätzlich mit den bisher vorwiegend anhand technischer bzw. materieller Neuerungen entwickelten Kategorien zur Analyse von Entstehung, Durchsetzung und Stabilisierung von Innovationen bearbeiten lassen.

Wir umreißen im vorliegenden Beitrag eine erste Antwort auf diese Frage aus der Perspektive der sozialwissenschaftlichen Dienstleistungsforschung. Ausgangspunkt dafür ist zunächst eine Definition von Dienstleistungen sui generis, also nicht in Abgrenzung zur Produktion: Wir verstehen Dienstleistungen als Vermittlungsleistungen zwischen dem Kontext des Dienstleistungsangebots und dem Kontext der Dienstleistungsnutzung; Dienstleistungen existieren erst dann, wenn sie in der Praxis des Nutzungskontexts verwirklicht werden (vgl. Jacobsen 2009). Diese Definition bedarf noch der weiteren Präzisierung, insbesondere was

---

1 Wir danken Ellen Hilf, Jürgen Howaldt und Michael Schwarz für hilfreiche Hinweise zu einer früheren Version unseres Beitrages.
2 Wesentliche Anstöße dazu gehen in Deutschland von einem von der Bundesregierung geförderten Programm „Innovationen mit Dienstleistungen" (BMBF 2007) aus, in dem seit 2006 in vier Förderschwerpunkten gut 270 Forschungs- und Entwicklungsvorhaben gefördert werden. Überblicksdarstellungen einiger Ergebnisse dieser Projekte liegen vor in Reichwald/ Möslein/ Kölling/ Neyer (2008a) sowie in Reichwald/ Möslein/ Kölling/ Neyer (2008b).

220 Heike Jacobsen und Milena Jostmeier

die Begriffe Vermittlung und Kontext angeht. Vorläufig dienen sie als Annäherungen, die es ermöglichen sollen, über Dienstleistungen jenseits klassifizierender Rückgriffe auf Sektoren, Branchen oder Funktionen einer bestimmten Dienstleistung und jenseits von Negativ-Definitionen von Dienstleistungen als nicht-materiell, nicht-technisch, nicht lagerfähig usw. zu sprechen. Die lange Tradition, Dienstleistungen ex negativo aus der Abgrenzung zur Sachgutproduktion zu definieren (vgl. zum „endlosen Kampf um die Definition" Häußermann/ Siebel 1995: 148 ff.), zu überwinden, ist eine wichtige Voraussetzung dafür, um die oben aufgeworfene Frage, ob die Tertiarisierung der Ökonomie nach grundsätzlich neuen Instrumenten zur Analyse entsprechender Innovationen verlangt, überhaupt stellen zu können. Wenn man Dienstleistungen, wie weithin üblich, negativ durch Abwesenheit von Materialität usw. definiert, läge es sehr nahe, Dienstleistungsinnovation grundsätzlich anders als materiell-technische Innovation, nämlich z. B. als soziale Innovation, zu verstehen. Mit der hier vorgeschlagenen Definition von Dienstleistungen als Vermittlungsleistungen zwischen anbietenden und nutzenden Kontexten lässt sich ein solcher Kurzschluss nachhaltig vermeiden. Dienstleistungsinnovationen stellen also neue Möglichkeiten der Vermittlung zwischen diesen Kontexten dar, ob dies mit oder ohne Technik geschieht, ist nicht entscheidend. Entscheidend ist vielmehr, dass eine Dienstleistungsinnovation Neuerung nicht nur im Erzeugungskontext, sondern auch im Nutzungskontext voraussetzt: Im Nutzungskontext müssen die vom Erzeugungskontext angebotenen Neuerungen aktiv aufgenommen werden, damit eine neue Dienstleistung als Vermittlung zwischen beiden Kontexten entstehen kann. Die Innovation beruht also auf einer Veränderung des Handelns im Zuge der Nutzung einer neuen Dienstleistung.

Wir vollziehen damit einen Perspektivenwechsel von der Organisation, die eine neue Dienstleistung entwickelt und ‚am Markt durchsetzen' will, hin zu individuellen oder sozialen Systemen, die eine neue Dienstleistung in ihr Handeln einbeziehen müssen, damit sie als Innovation realisiert werden kann. Eine neue Dienstleistung ist also aus der Perspektive des Nutzers/ der Nutzerin bzw. des nutzenden sozialen Systems eine neue Handlungsoption. Beim Blick auf den Nutzungskontext steht nicht im Mittelpunkt, dass Innovation ‚rekursiv' zu verstehen ist, dass also wiederum die Erfahrung im Nutzungskontext im Erzeugungskontext genutzt werden kann, um weitere Innovation anzustoßen (vgl. z. B. Sauer 1999: 17). Das ist sicher richtig und wird in den aktuellen Strategien zur Innovation unter Einbezug von KonsumentInnen intensiv diskutiert (s. Chesbrough 2003; Reichwald/ Piller 2009). Für die hier von uns eingenommene Perspektive spielt diese Rekursivität aber keine tragende Rolle. Es geht uns also nicht um das Verfügbarmachen etwa von Kundenwissen u. ä. für weitere Unternehmensstrategien (s. Jacobsen 2002; Möll/ Jacobsen 2004), sondern um die relative Autonomie des Nutzungskontextes gegenüber dem Erzeugungskontext. Aus der Perspektive der die Leistung anbietenden Organisation sind damit vor allem die Grenzen des Machbaren benannt: Eine Dienstleistungsinnovation kann nicht hergestellt und durchgesetzt werden, sondern entsteht in der Vermittlung zwischen Erzeugungs- und Nutzungskontext. Es kommt für die Analyse von Dienstleistungsinnovationen darauf an, die Perspektive der NutzerInnen bzw. des nutzenden sozialen Systems näher zu betrachten. Dass die Unternehmen neue Angebote kreieren, ist keine hinreichende Voraussetzung für eine Dienstleistungsinnovation. Die NutzerInnen müssen anders – innovativ – handeln, um solche neuen Möglichkeiten praktisch werden zu lassen. Dies ist keine absolute Differenz zu Innovationen von Sachgütern, wohl aber eine relative. Im anhaltenden strukturellen Wandel zu Gunsten von Dienstleistungen rückt die Notwendigkeit innovativen Handelns durch die NutzerInnen in das Zentrum von Innovationsprozessen. Die Innovationsforschung braucht deshalb ein Konzept für die Analyse des Handelns der tatsächlichen oder möglichen NutzerInnen, das deren originären Beitrag zur Innovation von Dienstleistungen sichtbar macht. Unsere These ist, dass dies umso dringender ist, als die aktuellen Innovationsstrategien von Unternehmen darauf zielen, den Nutzungskontext sehr viel stärker als bisher zu aktivieren.

Wir erarbeiten im Folgenden in drei Schritten notwendige Elemente einer sozialwissenschaftlichen Analyse von Dienstleistungsinnovation: Zunächst skizzieren wir, wie in der aktuellen wirtschaftswissenschaftlichen Forschung über Dienstleistungsinnovation und die Aktivierung des Nutzungskontextes gedacht wird (Abschnitt 2). Anschließend diskutieren wir die Begriffe von sozialer Innovation in den Sozialwissenschaften und identifizieren die Anschlussmöglichkeiten für ein Konzept des Handelns im Nutzungskontext (Abschnitt 3). Abschließend fassen wir unsere Argumentation zusammen und ziehen Folgerungen für die weitere Forschung (Abschnitt 4).

2. Solutions und Co-Creation: NutzerInnen und Nutzungskontexte im Fokus aktueller Innovationsstrategien

Der Bezug auf den/ die NutzerIn bzw. auf den Nutzen einer Dienstleistung wird in der Betriebswirtschaftslehre als konstitutiv für jede Dienstleistung verstanden. In einer aktuellen mikroökonomischen Definition wird dies so ausgedrückt: Dienstleistungen seien „Leistungen (...), die durch eine Kombination interner und externer Produktionsfaktoren am externen Faktor erbracht werden, wobei diese Leistung aufgrund der zeitlichen (und räumlichen) Synchronität von Produktion und Absatz ex ante immateriell ist" (Ahlert/ Evanschitzky 2003: 28). Ein externer Faktor kann der/ die NutzerIn sein, es kann aber auch ein Gegenstand sein, an dem eine Dienstleistung vollzogen werden soll. In jedem Fall findet eine Vermittlung zwischen der anbietenden Organisation und einem nicht in den Verfügungsbereich der Organisation gehörenden und insofern externen ‚Faktor' statt. In dieser Definition wird weiter angesprochen, dass Dienstleistungen erst im Moment ihres Konsums erzeugt werden. Ein Dienstleistungsangebot, das nicht genutzt wird, wird als Dienstleistung nicht realisiert und existiert damit nicht. Das ist ein zumindest relativer Unterschied zu einem Sachgut, das i. d. R. natürlich auch nicht ohne die Aktivität eines Nutzers genutzt werden kann, welches aber trotzdem existiert – sei es auf einer Halde unverkäuflicher Autos zum Beispiel. Dienstleistungen erfordern also, dass sowohl auf Seiten des Anbietenden als auch auf Seiten des Nutzenden gehandelt wird.

Was bedeutet dies für die Voraussetzungen von Dienstleistungsinnovationen? Angesichts des strukturellen Wandels der Ökonomie zu Gunsten von Dienstleistungen gewinnen Antworten auf die Frage, wie neue Dienstleistungen entstehen und sich durchsetzen, große wirtschaftliche Bedeutung. Es ist deshalb nicht überraschend, dass sich die Wirtschaftswissenschaften und insbesondere die Betriebswirtschaftslehre seit einigen Jahren mit Dienstleistungsinnovation befassen (vgl. Gallouj 2002; Stauss/ Engelmann/ Kremer/ Luhn 2008; Gallouj/ Windrum 2009).

In einem aktuellen Überblick zieht *Jeremy Howells* (2010) eine vorläufige Bilanz der bisherigen Forschung. Er differenziert drei Traditionslinien des Verständnisses von Dienstleistungsinnovation: Ursprünglich seien neue Dienstleistungen als exogen initiiert, nämlich durch die Entwicklung neuer Technologien angestoßen – technikgetrieben – verstanden worden. In Gegenbewegung dazu sei versucht worden, die Besonderheiten von Dienstleistungen in den Mittelpunkt zu stellen und ihre Innovation auf endogene – servicegetriebene – Faktoren zurückzuführen, also etwa auf die größere Bedeutung der Integration von KundInnen für den Leistungsprozess. Schließlich setze sich z. Z. eine Mischinterpretation aus beiden Ansätzen durch – integriert. Integriert bedeutet, dass nicht nach grundsätzlichen Unterschieden zwischen Produktinnovation einerseits und Dienstleistungsinnovation andererseits gesucht wird wie im endogenen Ansatz, noch dass Dienstleistungsinnovation als von außen angestoßen verstanden wird, wie im exogenen Ansatz. Stattdessen werde angenommen, dass Innovationen sowohl von Sachgütern als auch von Diensten nicht mehr oder noch nicht hinreichend präzise erfasst würden. In beiden Fällen würden zunehmend Einflüsse eines Wandels „in the fundamental operation of the economy" (Howells 2010: 4) wirksam. Dieser Wandel, so Howells, habe den Fokus verlagert von Produkten und Diensten als solchen auf „Lösungen" (solutions). Im Zuge dieses Wandels seien Netzwerke und Wertschöpfungsketten gegenüber dem einzelnen Unternehmen bedeutsamer geworden – „Lösungen", so könnte man sagen, erfordern tendenziell Kompetenzen und Leistungen mehrerer Akteure. Der Stellenwert von Technologien werde relativiert zu Gunsten des Stellenwerts von Wissen (Howells 2010: 4). Auch die NutzerInnen der Lösungen könnten an entsprechenden Innovationen mitwirken, und zwar ohne die frühere „Demarkationslinie" („demarcation", Howells 2010: 4) zwischen Produktion und Dienstleistung zu beachten. Hier sei allerdings noch viel zu tun: Howells vermerkt, dass es bisher keine hinreichenden Konzepte gäbe, die den Rahmen bilden könnten, um „components" and „flows" im Innovationsprozess sowie die sie verbindenden organisationalen Routinen voneinander zu unterscheiden und zu verstehen: „(…) gaining a complete understanding of these processes, flows and interactions over time, producing an accepted definition of the elements and stages in each and then enabling this to be applied generically to all or at least parts of the service sector remain elusive" (Howells 2010: 7).

Festzuhalten ist, dass in diesen Forschungsdesideraten der Ökonomie die Perspektive des ‚innovierenden' Unternehmens als tonangebender durchsetzungsstarker Akteur weitgehend relativiert ist. Dienstleistungsinnovation wird hier als Prozess zwischen Anbietern bzw. Anbieternetzwerken und KonsumentInnen betrachtet. Dabei wird die Perspektive der KonsumentInnen zunehmend ernster genommen. Besonders weitgehend wird dies in einem neueren Ansatz zur Konzeptionierung neuer Dienstleistungen getan, der die KonsumentInnen zur ‚Co-Creation' neuer Dienstleistungserlebnisse gewinnen möchte:

Coimbatore Krishnarao Prahalad und *Venkatram Ramaswamy* fassen die Beteiligung der NutzerInnen an der Erzeugung ihres eigenen Dienstleistungserlebnisses mit dem Begriff der „Co-Creation" (Prahalad/ Ramaswamy 2002, aktuell auch Prahalad/ Krishnan 2009). An die Stelle der kategorialen Unterscheidung von Angebot und Nachfrage, von Unternehmen und KonsumentInnen im klassischen Marktmodell möchten sie ein Modell setzen, das den Markt als Ort der Interaktion, als Schnittmenge oder Integral zwischen der Seite des Angebots und der Seite der Nachfrage vorstellt (Prahalad/ Ramaswamy 2004: 8). Die neue und künftige Basis der ‚Wertschöpfung' läge darin, dass Anbietende und Nachfragende gemeinsam Erlebniswelten („Experience Environments") schaffen. Dies gehe über den Einbezug des Kunden/ der Kundin am Punkt des Verkaufs bzw. der Kundenbetreuung weit hinaus.

Abbildung 1: Experience Innovation

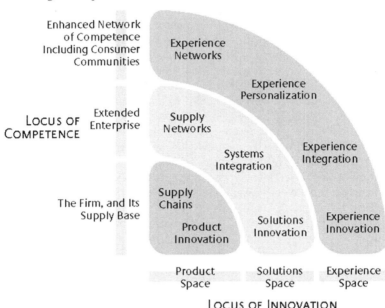

Quelle: Prahalad/ Ramaswamy 2003: 16

Anders als im ‚solutions based innovations'-Ansatz, der zwar ebenfalls schon die rein organisationszentrierte Sichtweise verlässt und eine integrierte Perspektive auf Produkte und Dienstleistunge betont, rückt im ‚Co-Creation'–Ansatz die Lebenswelt des Konsumenten/ der Konsumentin bzw. von zu Gemeinschaften zusammengeschlossenen KonsumentInnen (‚communities of consumers') in den Fokus der Innovationsstrategie: „Although products, services and solutions are, of course, all embedded, in an experiences based approach, managerial attention must shift dramatically to focus on the experience space (not products and servi-ces) as the locus of innovation and on the experience network (not just the com-pany and its suppliers) as the locus of competence." (Prahalad/ Ramaswamy 2003: 16) Gefragt ist hier v. a. eine im Sinne des Konsumenten/ der Konsumen-tin eingesetzte Vorstellungskraft, was den Einsatz neuer Technologien bzw. die Gestaltung neuer Erlebniskontexte angeht, wie folgendes Beispiel illustrieren soll:

Der Konsument/ die Konsumentin in seiner/ ihrer je spezifischen Situation zu einem bestimmten Zeitpunkt an einem bestimmten Ort übermittelt – gestützt von webbasierten Informations- und Kommunikationstechnologien – Daten über seinen/ ihren aktuellen Zustand (bspw. Gesundheitszustand), individuelle Präferenzen (etwa ästhetischer, kultureller oder kulinarischer Natur), Bedürfnisse, Interessen etc. an ein Anbieternetzwerk („Experience Networks"; z. B. Gesundheitsdienstleister, Freizeiteinrichtungen, Handwerker, Einzelhändler, Organisationsberater), von dem der gewünschte personalisierte Dienst oder ein entsprechendes Gut, also eine ‚Lösung', bereitgestellt wird. Prahalad und Ramaswamy (2003: 13 f.) führen etwa das Beispiel einer Gesundheitsdienstleistung technisch vermittelt über einen Herzschrittmacher an, der dem/ der behandelnden Arzt/ Ärztin kontinuierlich Daten über den Gesundheitszustand ihres Patienten/ ihrer Patientin sendet. Sollte es notwendig werden, diesen Patienten medizinisch zu versorgen oder fühlt er sich unwohl, kann ihm in seinem individuellen Kontext, an dem Ort, an dem er sich zu einem bestimmten Zeitpunkt befindet, das nächstgelegene Krankenhaus medizinische Hilfe schicken. Die Lösung, die gefunden wird, ist zum einen an seine individuelle Bedürfnislage angepasst, personalisiert („Experience Personalization"). Zum anderen entscheidet er selbst, ob, wann und wie er diesen Dienst erlebt („Experience Integration"). Es ist hier der Nutzer/ die Nutzerin bzw. der Konsument/ die Konsumentin, der/ die die Art und den Ablauf der Interaktion und damit auch die damit entstehende spezifische ‚Wertschöpfung' definiert („Experience Innovation").

Die Idee der Beteiligung von NutzerInnen oder Stakeholdern am Innovationsprozess ist auch in der aktuellen Diskussion um Open Innovation (Chesbrough 2003) und um Interaktive Wertschöpfung (vgl. Reichwald/ Piller 2009) zentral. Diese Konzepte stellen vor allem neue Infra- und Organisationsstrukturen zur Kommunikation (und Interaktion) mit den NutzerInnen oder Stakeholdern in den Vordergrund und streben an, deren (externes und oftmals implizites) Wissen zu integrieren und zur Entwicklung neuer oder zur Verbesserung bestehender Produkte und Dienstleistungen im Sinne rekursiver Innovation zu nutzen. Das Konzept der Co-Creation stellt jedoch die Gestaltung individueller Erlebniskontexte als Ziel an sich in den Mittelpunkt. Handlungsleitend ist auch in diesem Leitbild das ökonomische Interesse des Anbieters, auch wenn gefordert wird, von „Managing Efficiency" zu „Managing Experiences" (Prahalad/ Ramaswamy 2002) überzugehen. Die Autoren nehmen an, dass nicht zuletzt die KonsumentInnen selbst interessiert seien, Einfluss zu nehmen auf ‚Wertschöpfungsprozesse': „Armed with new tools and dissatisfied with available choices, consumers want to interact with firms and thereby ‚co-create' value." (Prahalad/ Ramaswamy 2004: 2)

Es muss hier offen bleiben, inwieweit das Konzept der Co-Creation in der Praxis relevant ist. Festzuhalten ist jedoch, dass in diesen teils ausgesprochen euphorischen Visionen von Unternehmen und KonsumentInnen gemeinsam

geschaffener Dienstleistungswelten dem Handeln der NutzerInnen entscheidende
Bedeutung zukommt. Es sind danach nicht mehr nur die Unternehmen, die aus
eigener Handlungsmacht den KonsumentInnen Angebote machen, sondern die
letzteren werden selbst aktiv, um die für sie passenden Angebote zu kreieren.
Ohne deren aktive Beteiligung kommt die spezifische Dienstleistung nicht zu-
stande. Die aktuellen Strategien, die in diesen Konzepten reflektiert werden,
zielen auf eine weitere Aktivierung des Nutzungskontextes.

3. Definitionen von sozialer Innovation und ihre Relevanz für das Verständnis von Dienstleistungsinnovation

Auch in der Soziologie wird über Co-Creation, interaktive Wertschöpfung und
die Einbeziehung von KonsumentInnen in Produktions- und Innovationsprozesse
lebhaft und auf Basis einer relativ langen Tradition vom „ProSumer" (Toffler
1980; Blättel-Mink/ Hellmann 2010) über den Arbeitenden Kunden (Voß/ Rieder
2005) bis zum Crowdsourcee (Papsdorf 2009) diskutiert. An dieser Stelle kann
die inzwischen relativ umfassende Auseinandersetzung mit solchen organisati-
onsübergreifenden Unternehmensstrategien und ihrer Bedeutung für die KonsumentInnen nicht angemessen reflektiert werden. Dies wäre natürlich sinnvoll, um
auch aus diesem Korpus an Konzepten und Analysen Anschlüsse herzustellen
zur oben aufgeworfenen Frage, ob die Innovationsforschung neue Ansätze
braucht, um Innovation in der tertiarisierten Ökonomie besser untersuchen zu
können. Dieser notwendigen sorgfältigen Rezeption soll hier nicht kurzschlüssig
vorgegriffen werden. Wir nehmen stattdessen eine andere Diskussion auf, die
historisch weiter zurückreicht und nicht zuletzt mit dem hier vorliegenden Her-
ausgeberband neue Aktualität gewinnt. Unser Zugang aus der Perspektive der
sozialwissenschaftlichen Dienstleistungsforschung legt es nahe, zunächst zu
prüfen, ob die aktuelle Neubewertung der Relevanz sozialer Innovation im Zusammenhang mit der weiteren Zunahme der ökonomischen und gesellschaftlichen Bedeutung von Dienstleistungen steht. Sind Dienstleistungsinnovationen
sinnvoll als soziale Innovationen zu verstehen? Auf der Basis unserer Definition
von Dienstleistung als Vermittlung zwischen Entstehungs- und Nutzungskontext
und im Anschluss an die oben skizzierte zunehmende Bedeutung der Aktivierung des Nutzungskontextes resümieren wir in diesem Abschnitt mögliche Bezüge zwischen sozialer Innovation und Dienstleistungsinnovation.

Bei *Joseph A. Schumpeter* ist Innovation die „Durchsetzung neuer Kombi-
nationen" der für die Produktion notwendigen Dinge und Kräfte durch einen
Unternehmer (1912: 100). Zentral für diese Definition ist also zum einen der
Vorgang des Erfindens (‚Invention') einer neuartigen Kombination und die ei-

geninteressierte, vorwiegend ökonomisch orientierte Handlungsmacht eines identifizierbaren Akteurs. *William F. Ogburn* identifizierte neben technischen auch nicht-technische Erfindungen, für ihn waren letztere jedoch von ersteren abhängig: „Wir verstehen (...) unter Erfindung die Kombination oder Modifikation von vorhandenen und bekannten materiellen und/oder immateriellen Kulturelementen zur Herstellung eines neuen Elements." (Ogburn 1969: 56) *Harvey Brooks* klassifiziert „nahezu rein technische Innovationen (z. B. neue Materialien) – sozio-technische Innovationen (z. B. die Infrastruktur für die private Motorisierung) – soziale Innovationen, mit den Untertypen der Marktinnovationen (z. B. Leasing), der Managementinnovationen (z. B. neue Arbeitszeitregelungen), politische Innovationen (z. B. Gipfeltreffen) und institutionelle Innovationen (z. B. Selbsthilfegruppen)" (Brooks 1982 zit. in Zapf 1989: 177).

Wolfgang Zapf (1989) befreit die soziale Innovation vom Technikdeterminismus, indem er sie – anders als Ogburn – nicht als technischer Innovation nachfolgend, sondern diese gleichermaßen bedingend betrachtet: Sie seien „Voraussetzungen, Begleitumstände oder Folgen technischer Innovationen" (Zapf 1989: 177). Zum anderen kann er sich aber offenbar auch soziale Innovation ohne unmittelbaren Technikbezug vorstellen, indem er folgende Definition vorschlägt: „Soziale Innovationen sind neue Wege, Ziele zu erreichen (...), die die Richtung des sozialen Wandels verändern, Probleme besser lösen als frühere Praktiken, und die deshalb wert sind, nachgeahmt und institutionalisiert zu werden." (Zapf 1989: 177) Soziale Innovation wird hier als Prozess der Problemlösung verstanden. Wenn dem sozialen Wandel eine Richtung zugeschrieben wird, ist es nahe liegend, dass diese Richtung auch verändert werden kann, wenn im Zuge des Wandels Probleme auftreten. Eine hier implizierte vernunftbegabte Gesellschaft oder zumindest eine Menge einsichtsfähiger Individuen kann dann entscheiden, diesen Richtungswechsel institutionell abzusichern. So verstanden bedeutet eine soziale Innovation also immer eine Verbesserung gegenüber einem vorangehenden Zustand. Dieser Meliorationsannahme liegt die Vorstellung eines evolutionären Prozesses der Gesellschaftsentwicklung zugrunde. Konflikte und Polarisierungen werden darin letztlich durch Einsicht überwunden. Wie bei Schumpeter der einzelne Unternehmer ein Interesse an der Durchsetzung einer (technischen) Innovation hat, so hat bei Zapf die Gesellschaft als Ganzes ein Interesse an der Durchsetzung einer sozialen Innovation. Allerdings endet die Parallele dort, woher für Schumpeter die schöpferische Zerstörung ihre Dynamik bezieht, nämlich aus der Konkurrenz der verschiedenen eigeninteressierten Akteure. Wie entsteht die Dynamik der sozialen Innovation, wenn das Motiv der Konkurrenz fehlt? Bei Zapf bleibt offen, woher soziale Innovationen ihre Dynamik beziehen, ob es treibende Akteure gibt und wer dazu gehören könnte.

Eine Antwort darauf sucht in direktem Anschluss an Zapf *Katrin Gillwald* (2000). Sie argumentiert ebenfalls modernisierungstheoretisch und hebt die Momente des Handelns, der Neuartigkeit und der Dauerhaftigkeit hervor. An erster Stelle ihrer Definition steht jedoch der gesellschaftliche Nutzen einer sozialen Innovation. Ihr differenzierterer Zugriff auf die Handlungsebene ermöglicht es, verschiedene Nutzendimensionen und Rationalitätsformen zu unterscheiden. Der Nutzen kann demnach ökologisch, kulturell, ökonomisch, sozial oder politisch sein. Rationalitäten können auf Schutz der Umwelt, Befriedigung ‚höherer' Bedürfnisse, Effizienz, Integration oder Erhalt politischer Handlungsfähigkeit gerichtet sein. Dieses Tableau rückt empirische Studien sozialer Innovation in den Bereich des Machbaren. Es beruht aber auf der schon von Zapf unterstellten Meliorationsannahme und unterstellt eine holistische Vorstellung von gesellschaftlicher Entwicklung bzw. gesellschaftlichem Fortschritt.

Alexander Kesselring und *Michaela Leitner* explizieren aktuell (2008) einen Begriff von sozialer Innovation, der auch für empirische Arbeiten nutzbar sein soll. Sie plädieren für eine „Parallelisierung" technischer und sozialer Innovation, sie möchten sie „gewissermaßen auf gleichem Niveau" (2008: 19 f.) halten. Dazu grenzen sie zunächst soziale Innovation von sozialem Wandel ab, indem sie der sozialen Innovation einen „konkreten praktischen Kontext, (...) Intendiertheit und daher auch das Vorhandensein einer bestimmten Infrastruktur (Organisationen, Institutionen, organisierte Gruppen) und verantwortlicher Akteure" (2008: 28) zuschreiben. Allerdings nehmen sie in ihrer Definition eine wichtige Einschränkung vor: „Soziale Innovationen sind Elemente des sozialen Wandels, die neue soziale Tatsachen schaffen, d. h. das Verhalten von einzelnen Personen oder bestimmten sozialen Gruppen in erkennbarer Weise beeinflussen und auf anerkannte – nicht primär ökonomischer Rationalität folgende – Ziele ausrichtet." (Kesselring/ Leitner 2008: 28) Sie stellen fest, dass soziale Innovationen „gesellschaftlichen Nutzen generieren" (Kesselring/ Leitner 2008: 29) müssten, wodurch sie auch in Konflikt zu anderen Rationalitätsformen – explizit nennen sie ökonomische Rationalität – treten könnten.

Dieser Überblick über die Diskussion zum Begriff soziale Innovation wirft drei grundlegende Fragen auf (vgl. Jostmeier 2008): Soziale Innovation wird meist in *Abgrenzung zu technischer Innovation* definiert. Am nächsten kommen einem Verständnis von sozialer Innovation sui generis Kesselring und Leitner. Allerdings grenzen sie wiederum soziale Innovation aus der Reichweite des Handlungsraums ökonomisch orientierter Akteure aus, indem sie den gesellschaftlichen Nutzen in den Mittelpunkt stellen. Dienstleistungsinnovationen können deshalb mit Kesselrings und Leitners Definition nicht hinreichend erfasst werden. Damit ist als zweites die *Wertbezogenheit* angesprochen, die sozialer Innovation in vielen Ansätzen zugeschrieben wird. Die Verständigung über wünschenswerte Veränderungen im Sozialen bildet den Bezugsrahmen für solche Definitionen, was sich auch an den von den AutorInnen verwendeten illustrativen Beispielen zeigt, die häufig im Kontext sozialer Institutionen angesiedelt sind. Grundlegend zu diskutieren ist in der theoretischen Betrachtung sozialer Innovation schließlich das Verhältnis zu *sozialem Wandel*. Ausgehend von Schumpeters Analyse der schöpferischen Zerstörung durch technologische Innovationen als conditio sine qua non des Kapitalismus kann man zu der Auffassung kommen, dass analog soziale Innovationen selbstverständliches und unverzichtbares Element des sozialen Wandels sind.[3] Dies ist unproblematisch, wenn in der jeweils unterlegten Auffassung von sozialem Wandel das Handeln interessierter Akteure oder die Selbstreflexion der vom Wandel erfassten Systeme systematisch berücksichtigt wird.

Dazu legten in jüngerer Zeit *Jens Aderhold* und *René John* (2005) einen Ansatz vor. Sie hinterfragen die Dichotomie von sozialer und technischer Innovation und stellen den Bruch mit bisher Gewohntem in den Mittelpunkt: „Innovation ist als Störung routinierter Abläufe in jedem Fall als sozialer Prozess zu charakterisieren (…); unabhängig von der jeweils betrachteten Objektspezifik." (Aderhold/ John 2005: 10) Erklärt werden soll also nicht, was eine Innovation ist, sondern wie eine Innovation stattfindet. Innovationen sind „überraschende Neuerung(en), (…) die durch soziale Akzeptanz und die kollektive Attribuierung von Neuheit gekennzeichnet sind" (Aderhold/ John 2005: 14). Voraussetzungen für das Vorliegen einer Innovation sind zum einen das entsprechende Urteil eines (soziologischen) Beobachters, zum anderen die praktische Bestätigung dieses Urteils durch die soziale Akzeptanz Vieler, weiter die Erfahrung eines materiellen oder immateriellen ‚Gewinns' durch die Neuerung und schließlich systemübergreifende strukturell bedeutsame Effekte für das hervorbringende und das nutzende System (Aderhold/ John 2005: 14). Die Prozessperspektive und die Berücksichtigung struktureller Effekte bei den beteiligten Systemen, die jeweils als Gewinn betrachtet werden, macht diese Definition von (sozialer) Innovation grundsätzlich anschlussfähig für weiter auszuarbeitende Konzepte zur Analyse von Dienstleistungsinnovation als Neuerung in der Vermittlung zwischen Erzeugungs- und Nutzungskontext (vgl. auch den Beitrag von Braun-Thürmann und John in diesem Band).

Aktuell haben *Jürgen Howaldt, Ralf Kopp* und *Michael Schwarz (2008)* die genannten Grundfragen neu aufgegriffen. Sie grenzen soziale Innovation von

---

3 Wobei Kesselring und Leitner (2008) an solchen Definitionsansätzen kritisieren, dass sie ‚zu hohe Ansprüche' an den Gegenstand der sozialen Innovation stellen und den Begriff v. a. für die Zwecke empirischer Forschung und praktischer Anwendung unbrauchbar werden lassen – nicht zuletzt in Ermangelung empirisch erfassbarer Parameter zur Messung sozialen Wandels.

technischer Innovation ab und weisen der Soziologie eine tragende Rolle nicht nur bei der Analyse von Innovationen und Innovationsprozessen, sondern auch bei ihrer Gestaltung zu. Sie identifizieren das Aufkommen eines neuen Innovationsparadigmas, in dem soziale Innovation zumindest gleichberechtigt neben technische Innovation tritt. Der Wandel zur Wissens- und Dienstleistungswirtschaft verlange nach einem solchen Paradigmenwechsel und die Soziologie könne und solle gestaltend eingreifen. Dienstleistungsinnovation verstehen sie als ein verändertes „Nutzungsregime" (Howaldt/ Kopp/ Schwarz 2008: 66) oder als „Systeminnovation" (2008: 66). Sie nehmen an, dass „soziale Innovationen (…) zum vorrangigen Zielpunkt von Innovationsprozessen werden" (2008: 65) und ihre Bedeutung für den „wirtschaftlich relevanten Verwertungsprozess weiter zunehmen wird" (2008: 65). Insofern sind bei ihnen Dienstleistungsinnovationen direkt angesprochen. Ihr Ansatz erscheint anschlussfähig für den hier unternommenen Versuch, die Perspektive der NutzerInnen in den Mittelpunkt zu stellen. Auffallend ist jedoch, dass sie als Beispiel wiederum auf gesellschaftlich nützliche Dienstleistungen, nämlich Dienstleistungen für mehr Nachhaltigkeit, zurückgreifen. Ist das Zufall oder liegt es nicht vielleicht doch daran, dass der Anschluss an „Nutzungsregime" und „Systeminnovation" am ehesten dann gelingt, wenn ein gesellschaftlich gewünschtes überindividuelles Ziel mitgedacht wird, während das viel schwieriger erscheint, wenn es um Dienstleistungen geht, die aus individuellen Nutzenerwägungen gewählt werden?

Als Zugang zum Begriff der sozialen Innovation und seiner möglichen Verwendung für die Analyse von Dienstleistungsinnovationen, der die bisher diskutierten Probleme vermeidet, ziehen wir einen Ansatz hinzu, den *Jonathan Gershuny* (1983) im Zusammenhang mit der Debatte über den Wandel von der Industrie- zur Dienstleistungsökonomie und -gesellschaft entwickelt hat. Er definiert soziale Innovation als „change in the mode of provision": „Over time, the relative desirabilities of two alternative modes of provision for a particular function may change (…) with the consequence that the household changes from one mode of provision to the other. This change in the mode of provision for particular functions (…) will be referred to as ‚social innovation'." (Gershuny 1983: 2) Diese Definition von sozialer Innovation stellt also das Handeln bzw. die Entscheidungen der NutzerInnen in den Mittelpunkt. Die Definition beruht auf der Vorstellung, dass es aus der Perspektive von Haushalten funktionale Notwendigkeiten gibt, die auf unterschiedliche Weise erfüllt werden können. Wie der Haushalt sich zwischen den Alternativen entscheidet, kann über die Zeit variieren. Der Wechsel von einer Option, die Funktion zu erfüllen, zu einer anderen wird als soziale Innovation bezeichnet.

Gershuny reflektiert, dass die jeweilige Funktion nicht quasi automatisch erfüllt wird, nachdem sich die Haushalte/ NutzerInnen für eine bestimmte Form entschieden haben, sondern dass sie über die Entscheidung hinaus auch noch entsprechend handeln müssen. Dieses Handeln im Dienste der Funktionserfüllung bezeichnet er als „produktive Aktivität" (1983: 32 ff.). Produktive Aktivität erzeugt einen direkten Nutzen, indem sie eine haushaltsbezogene Funktion erfüllt, wie z. B. Einkaufen dazu dient, Lebensmittel ins Haus zu holen. Gershuny grenzt produktive Aktivität ab von Arbeit, die nicht nur einen direkten, sondern auch einen indirekten Nutzen erzeuge, insbesondere ein Einkommen, das dem Haushalt als Tauschwert zur Verfügung stehe.

Gershuny stellt seinen Ansatz in den Kontext der sozioökonomischen Analyse der Tertiarisierung und konstatiert, dass mit zunehmender Technisierung die für die gesellschaftliche Reproduktion notwendigen Funktionen in sich wandelnden Formen der Arbeitsteilung wahrgenommen würden. Wenn Haushalte sich entscheiden, Sachgüter zu kaufen, mit denen sie selbst „produktiv aktiv" eine spezifische Funktion erfüllen, statt die relativ teurere finale Dienstleitung zu konsumieren, tragen sie damit statt zur Herausbildung einer von Dienstleistungen geprägten Gesellschaft zu einer Selbstbedienungsgesellschaft bei (Gershuny 1981; s. a. Jacobsen 2005).

Gegenüber den oben skizzierten Verwendungen des Begriffs der sozialen Innovation unterscheidet sich die Gershuny'sche Lesart in zweierlei Hinsicht grundlegend: Zum einen wird soziale Innovation hier ohne Abgrenzung von technischer oder organisatorischer Innovation, sondern *sui generis* konzipiert. Soziale Innovation findet danach im Handeln der Individuen statt und kennzeichnet Veränderungen ihrer Handlungsroutinen, nämlich den Wechsel von einer Form der Funktionsrealisierung zu einer anderen.

Zum anderen bricht Gershunys Begriff von sozialer Innovation mit der oben angesprochenen *Wertrationalität* im Sinne von gesellschaftlich für wünschenswert gehaltenen Zielen. Die Haushalte entscheiden nach ihren jeweiligen Nutzengesichtspunkten. Nutzen darf dabei nicht verkürzt als ökonomischer Nutzen, also etwa Kostenersparnis, verstanden werden. Nutzengewinne sind vielmehr ebenso in anderen Dimensionen denkbar, z. B. als Autonomiegewinne in Selbstbedienungsarrangements. Auch am Nutzen ausgerichtete Entscheidungen können damit nach wertrationalen Gesichtspunkten getroffen werden. Diese Werte rekurrieren aber nicht notwendig auf eine gesellschaftliche Wünschbarkeit, sondern sie sind in erster Linie am individuell Gewünschten ausgerichtet.

Diese Definition von sozialer Innovation ist für das soziologische Verständnis von Dienstleistungsinnovationen hilfreich, weil sie explizit das Handeln der NutzerInnen in den Mittelpunkt stellt. Der Ansatz am Wandel der Form, in der eine Funktion realisiert wird, geht vom Handeln des Einzelnen bzw. den im Haushalt getroffenen Entscheidungen aus. Im Unterschied zu den bisher genannten Definitionen ‚vollzieht' sich soziale Innovation dann nicht unabhängig von den Individuen, sondern diese setzen mit ihrem Handeln die Innovation in Gang und lassen sie praktisch werden.

Mit dieser Schwerpunktsetzung ist vor allem aber auch verbunden, dass soziale Innovation im Gershuny'schen Sinne nicht unmittelbar von interessierten Unternehmen ‚gemacht' werden kann. Die Bemühungen, durch Dienstleistungsinnovationen Einfluss auf das Erleben der NutzerInnen zu nehmen, mit ihnen neue Erfahrungswelten zu kreieren und diese dann ökonomisch profitabel zu nutzen, haben ihren Ursprung in den Verwertungsinteressen der Unternehmen. Ein Begriff von sozialer Innovation, der sich wie der Gershuny'sche auch auf kommerzielle Dienstleistungen beziehen lässt, die Durchsetzung entsprechender Dienstleistungsinnovationen jedoch nicht als weitgehend unidirektionalen Durchgriff der Unternehmen auf die Lebenswelt der NutzerInnen konzipiert, eröffnet neue Möglichkeiten, den Prozess der Tertiarisierung wie auch die Prozesse der Dienstleistungsinnovation besser zu verstehen.

Dies sei kurz am Beispiel von über das Internet angebotenen Dienstleistungen erläutert: Selbstbedienung im Internet kann einen qualitativen Sprung in der Angebotsvielfalt oder einen Gewinn an Autonomie des Nutzers darstellen (vgl. Jacobsen 2010). Die NutzerInnen werden produktiv aktiv, indem sie die Nutzung des Internets in ihren Alltag integrieren. Wenn der/ die NutzerIn nicht in den Buchladen oder in die Apotheke geht, sondern online ordert, ist das ein Wandel in der Form, in der er/ sie sich mit einer bestimmten Funktion versorgt (change in the mode of provision).

4. Resümee und Ausblick

Unsere Ausgangsannahme war, dass die Perspektive des Nutzungskontextes für die Analyse von Prozessen der Dienstleistungsinnovation von entscheidender Bedeutung ist. Die aktuelle betriebswirtschaftliche Diskussion zu einem angenommenen fundamentalen Wandel der wirtschaftlichen Logik, der verlange, dass sich Unternehmen aktiv mit den Erlebniswelten der KonsumentInnen befassen, betrachten wir als Hinweis darauf, dass hier neue Fragen entstehen, die auch für die sozialwissenschaftliche Forschung wichtig sind. In der sozialwissenschaftlichen Innovationsforschung wird seit langem darauf aufmerksam gemacht, dass die Engführung auf die Perspektive des ‚innovierenden' Unternehmens ein systematisches Hindernis auf dem Weg zum Verständnis von Innovationsprozessen sei (Sauer 1999: 11). Den Nutzungskontext ernst nehmen zu wollen, sollte jedoch nicht dazu verleiten, Dienstleistungsinnovation mit den vorliegenden Konzepten sozialer Innovation verstehen zu wollen. Darin läge die Gefahr, die in der Soziologie wie in der Ökonomie bereits nachhaltig in Frage gestellte Dichotomie von sozialer versus technischer Innovation zu reifizieren. Stattdessen sind neue Konzepte für die Analyse des Handelns im Nutzungskontext gefragt. Einen Anhaltspunkt dazu sehen wir bei Gershuny's Begriff von produktiver Aktivität. Er hebt zum einen die Entscheidungsfähigkeit der NutzerInnen für oder gegen bestimmte soziale Arrangements zur Gewährleistung einer benötigten oder gewünschten ,Funktion' hervor und ermöglicht es zum anderen, das Handeln im Nutzungskontext als auch wirtschaftlich orientiertes Handeln zu konzipieren.

Allerdings ist damit noch keine hinreichende Erfassung des im Zuge neuer Innovationsstrategien zunehmend aktivierten Nutzungskontextes möglich. Die funktionalistische Engführung des Gershuny'schen Konzepts wird der offensichtlichen Dynamik der Dienstleistungsexpansion nicht gerecht. Die Aktivität im Nutzungskontext im Fall von ,Co-Creation' und ,Solutions', also gemeinsam mit den NutzerInnen entwickelter und erstellter Dienstleistungen, kann mit dem polit-ökonomisch basierten Begriff von produktiver Aktivität nicht hinreichend erfasst werden. Sinnvoll erscheint hier vielmehr, nach weiteren Konzepten zu suchen, die das Handeln im Nutzungskontext als soziale Praxis konzeptualisieren. In der Wirtschaftssoziologie wird aktuell diskutiert, wo die Soziologie auf dem Weg zu einer „Ökonomie des Handelns" (Fley 2008: 180) steht. Für die sozialwissenschaftliche Dienstleistungsforschung wie für die sozialwissenschaftliche Innovationsforschung liegen hier interessante Anschlussmöglichkeiten.

Fragen in diesem Zusammenhang sind, wie die NutzerInnen sich die mit neuen Dienstleistungsangeboten eröffnenden Handlungsoptionen erschließen, auf welche Probleme sie stoßen, welche individuellen Chancen und Risiken und welche gesellschaftlichen Folgen damit entstehen. Daneben ist natürlich relevant, in welcher Weise die Nutzung neuer Angebote die Strukturen und Prozesse auf den jeweiligen Dienstleistungsmärkten und in den anbietenden Unternehmen und Organisationen verändert. Diese Fragen sollten in weiterer sozialwissenschaftlicher Forschung zur Innovation von Dienstleistungen untersucht werden.

Literatur

Aderhold, Jens/ John, René (Hrsg.) (2005). Innovation. Sozialwissenschaftliche Perspektiven. Konstanz: UVK.

Ahlert, Dieter/ Evanschitzky, Heiner (2003). Dienstleistungsnetzwerke. Berlin: Springer Verlag.

Blättel-Mink, Birgit/ Hellman, Kai-Uwe (2010). Prosumer Revisited: Zur Aktualität einer Debatte. Wiesbaden: VS Verlag für Sozialwissenschaften.

BMBF (2007). Innovationen mit Dienstleistungen. BMBF-Förderprogramm. Bonn, Berlin (veränderter Nachdruck 2009).

Chesbrough, Henry (2003). Open Innovation. The New Imperative for Creating and Profiting from Technology. Boston: Harvard Business School Press.

Fley, Bettina (2008). Wirtschaft und wirtschaftliches Handeln als Ökonomie der Praxis. In: A. Maurer, Handbuch der Wirtschaftssoziologie (S. 161-181). Wiesbaden: VS Verlag für Sozialwissenschaften.

Gallouj, Faiz (2002). Innovation in the Service Economy. The New Wealth of Nations. Cheltenham: Edward Elgar Publishing Ltd.

Gallouj, Faiz/ Windrum, Paul (2009). Services and Services Innovation. Editorial. Journal for Evolutionary Economics, 19 (2), 141-148.

Gershuny, Jonathan (1981). Die Ökonomie der nachindustriellen Gesellschaft. Produktion und Verbrauch von Dienstleistungen. Frankfurt a.M., New York: Campus.

Gershuny, Jonathan (1983). Social Innovation and the Division of Labour. Oxford: Oxford University Press.

Gillwald, Katrin (2000). Konzepte sozialer Innovation (Paper der Querschnittsgruppe Arbeit und Ökologie P00-519). Berlin: Wissenschaftszentrum Berlin für Sozialforschung.

Häußermann, Hartmut/ Siebel, Walter (1995). Dienstleistungsgesellschaften. Frankfurt a.M.: edition suhrkamp.

Howaldt, Jürgen/ Kopp, Ralf/ Schwarz, Michael (2008). Innovationen (forschend) gestalten – Zur neuen Rolle der Sozialwissenschaften. WSI Mitteilungen 2/2008, 63-69.

Howells, Jeremy (2010 i.E.). Services and Innovation: New Theoretical Directions. In: F. Gallouj/ F. Djellal (eds.), Handbook of Innovation and Services: A Multidisciplinary Perspective (Part I, Chapter 3). Cheltenham: Edward Elgar Publishing Ltd.

Jacobsen, Heike (2002). Dimensionen von Kundenorientierung im Einzelhandel. Ansatzpunkte für ein sektorspezifisches Verständnis von Dienstleistungsqualität. In: D. Sauer (Hrsg.), Dienst – Leistung(s) – Arbeit. Arbeit und Leistung in der tertiären Organisation (S. 181-198). München: Forschungsberichte des ISF.

Jacobsen, Heike (2005). Produktion und Konsum von Dienstleistungen: Konsumenten zwischen Innovation und Rationalisierung. In: H. Jacobsen/ S. Voswinkel (Hrsg.), Der Kunde in der Dienstleistungsbeziehung – Beiträge zur Soziologie der Dienstleistung (S. 15-36). Wiesbaden: VS Verlag für Sozialwissenschaften.

Jacobsen, Heike (2009). Soziologie der Dienstleistung. Unveröffentlichte Habilitationsschrift (Veröffentlichung in Vorbereitung).

Jacobsen, Heike (2010 i. E.). Selbstbedienung im Internet – eine soziale Innovation? In: Verhandlungen des Soziologie-Kongresses 2008. Wiesbecke: VS Verlag für Sozialwissenschaften.

Jostmeier, Milena (2008). Soziale Innovation. Begriffsbestimmungen. Dortmund: Unveröffentlichtes Arbeitspapier.

Kesselring, Alexander/ Leitner, Michaela (2008). Soziale Innovation in Unternehmen. Wien: Zentrum für Soziale Innovation.

Möll, Gerd/ Jacobsen, Heike (2004). Wissensarbeit als Medium vertikaler Kooperation zwischen Industrie und Handel. In: D. Bieber/ H. Jacobsen/ S. Naevecke/ C. Schick/ F. Speer (Hrsg.), Innovation der Kooperation – Auf dem Weg zu einem neuen Verhältnis zwischen Industrie und Handel (S. 153-176). Berlin: Edition sigma.

Ogb
urn, William F. (1969). Kultur und sozialer Wandel. Soziologische Texte. Band 56. Neuwied, Berlin: Luchterhand.

Papsdorf, Christian (2009). Wie Surfen zu Arbeit wird. Crowdsourcing im Web 2.0. Frankfurt a.M., New York: Campus.

Prahalad, Coimbatore Krishnarao/ Krishnan, M. S. (2009). Die Revolution der Innovation. Wertschöpfung durch neue Formen in der globalen Zusammenarbeit. München: Redline Verlag.

Prahalad, Coimbatore Krishnarao/ Ramaswamy, Venkatram (2002). The Co-Creation Connection. strategy + business, 27, 1-12.

Prahalad, Coimbatore Krishnarao/ Ramaswamy, Venkatram (2003). The New Frontier of Experience Innovation. MIT Sloan Management Review, 44 (4), 12-18.

Prahalad, Coimbatore Krishnarao/ Ramaswamy, Venkatram (2004). Co-Creation Experiences: The Next Practice in Value Creation. Journal of Interactive Marketing, 18 (3), 5-14.

Reichwald, Ralf/ Möslein, Kathrin M./ Kölling, Marcus/ Neyer, Anne-Katrin (2008a). Service Innovation, CLIC Executive Briefing Note No. 001, Leipzig 2008. Download von: CLIC – Center for Leading Innovation and Cooperation (http://www.clicresearch.de/fileadmin/user_upload/clicforen/publications/1Service-Innovation-fin.pdf, Abruf: 23.2.2010).

Reichwald, Ralf/ Möslein, Kathrin M./ Kölling, Marcus/ Neyer, Anne-Katrin (2008b). Services Made in Germany – Ein Reiseführer. Leipzig 2008, 2. Auflage, Download von: CLIC – Center for Leading Innovation and Cooperation http://www.clicresearch.de/fileadmin/user_upload/clicforen/publications/Ein%20Rei seführer%20-%20komplett.pdf, Abruf: 23.2.2010).

Reichwald, Ralf/ Piller, Frank (2009). Interaktive Wertschöpfung: Open Innovation, Individualisierung und neue Formen der Arbeitsteilung. Wiesbaden: Gabler (2. Auflage).

Sauer, Dieter (1999). Perspektiven sozialwissenschaftlicher Innovationsforschung – Eine Einleitung. In: D. Sauer, Dieter/ C. Lang (Hrsg.), Paradoxien der Innovation. Perspektiven sozialwissenschaftlicher Innovationsforschung (S. 9-24). Frankfurt a.M., New York: Campus.

Schumpeter, Joseph A. (1912). Theorie der wirtschaftlichen Entwicklung. Leipzig: Duncker & Humblot.

Stauss, Bernd/ Engelmann, Kai/ Kremer, Anja/ Luhn, Achim (eds.) (2008). Services Science. Fundamentals, Challenges and Future Developments. Berlin, Heidelberg: Springer Verlag.

Toffler, Alvin (1980). The third wave: the classic study of tomorrow. New York: Bantam Books.

Voß, G. Günter/ Rieder, Kerstin (2005). Der arbeitende Kunde: Wenn Konsumenten zu unbezahlten Mitarbeitern werden. Frankfurt a.M., New York: Campus Verlag.

Zapf, Wolfgang (1989). Über soziale Innovationen. Soziale Welt, 40 (1-2), 170-183.

Kooperative Dienstleistungssysteme zwischen technologischer und sozialer Innovation: Das Beispiel ‚Seltene Erkrankungen'

Bernd Bienzeisler, Walter Ganz und Michaela Klemisch

1. Zusammenfassung

Die Dienstleistungsforschung steht vor der Herausforderung, dass sich mit dem Begriff der ‚Dienstleistung' der eigene Forschungsgegenstand in einem Veränderungsprozess befindet. Zugleich zeichnen sich neue, systemische Formen der menschlichen Zusammenarbeit ab, die bislang nicht im Zentrum der Dienstleistungsforschung standen. Am Beispiel des Anwendungsfeldes ‚Seltene Erkrankungen' werden die Konturen solcher ‚Kooperativer Dienstleistungssysteme' nachgezeichnet. Dabei wird erkennbar, dass in Kooperativen Dienstleistungssystemen die Unterscheidung von technologischer und sozialer Innovation an Trennschärfe verliert.

2. Transformation des Dienstleistungsverständnisses

Es ist bemerkenswert, dass der Begriff des Systems im Kontext von Dienstleistungen bislang wenig Verwendung findet. Während die Organisationsforschung selbstverständlich von Organisationssystemen spricht (Kieser/ Kubicek 1992) und auch die Soziologie den Systembegriff sowohl auf Ebene der Gesellschaft (Luhmann 1996) als auch auf Ebene der Organisationen (Luhmann 2000) und der Interaktion (Kieserling 1999) für sich fruchtbar gemacht hat, existieren kaum Ansätze, Dienstleistungen unter systemischen Gesichtspunkten zu betrachten.[1]

---

[1] Erst in jüngerer Zeit scheint sich dies vor dem Hintergrund der Diskussion um eine ‚Service Science' zu ändern (vgl. insb. Spohrer/ Maglio/ Bailey/ Gruhl 2007).

Stattdessen nähert man sich dem Begriff Dienstleistung lieber über eine Abgrenzung zu dem, was Dienstleistung vermeintlich nicht ist – nämlich die Produktion eines materiellen Sachgutes. Dienstleistungen und demzufolge Dienstleistungstätigkeiten werden vor diesem Hintergrund als Residualkategorie konzipiert, die sich vom Rest der Wirtschaft unterscheidet, und die sich durch typische Merkmale auszeichnen. Als solche Merkmale werden vor allem die Intangibilität der Leistung, also die physische Nicht-Greifbarkeit, sowie die Integration des Kunden in den Prozess der Leistungserstellung angeführt (Rust/ Zahorik/ Keiningham 1996; Zeithaml/ Bitner 2000).

Auch unter Innovationsgesichtspunkten wurden Dienstleistungen bislang eher stiefmütterlich behandelt, da das gesellschaftliche und betriebliche Innovationsverständnis noch immer stark von Produktinnovationen dominiert ist (OECD 2005). Dienstleistungen hingegen werden selten eigenständige Innovationsbeiträge zugetraut; auch sind die Wirkungszusammenhänge von Dienstleistungsinnovationen großteils noch unerforscht. Demzufolge ist es wenig überraschend, dass es auf forschungspolitischer Ebene bislang nicht gelungen ist, eine Innovationspolitik für Dienstleistungen zu etablieren (Ernst 2009).

In jüngerer Zeit sind jedoch vermehrt Anstrengungen zu beobachten, die darauf abzielen, die analytische Unterscheidung zwischen Produkten und Dienstleistungen zu überwinden. Dies folgt der Einsicht, dass eine trennscharfe Differenzierung von Produkten und Dienstleistungen schwieriger wird und in vielen Fällen kaum noch sinnvoll scheint. Ein Grund dafür ist, dass im Zuge einer intensiveren sozialen und technologischen Arbeitsteilung auch immer mehr Produktionstätigkeiten den Charakter von Dienstleistungsarbeit bekommen.

Wolff (1990) hat frühzeitig darauf hingewiesen, dass durch Differenzierung industrieller Strukturen im Sinne einer ‚Umwegproduktion' der sektorale Anteil von Dienstleistungstätigkeiten wächst. Denn mit zunehmender Komplexität und wachsender Zahl von Abhängigkeiten steigt in ökonomischen und sozialen Systemen die Zahl möglicher Schnittstellen, Fehlerquellen und Koordinationsverluste, deren Vermeidung, Überwindung oder Umgehung über Dienstleistungsfunktionen organisiert werden muss (Wolff 1990: 66).

Zugleich führt eine stärkere Arbeitsteilung zu Produktivitätszuwächsen im verarbeitenden Gewerbe, sodass dieselbe Menge an Waren und Gütern mit immer weniger Arbeitskräften hergestellt werden kann. Damit verändert sich das Selbstverständnis moderner Ökonomien: Weil die Güterproduktion kaum noch als exponiertes sozioökonomisches Phänomen wahrgenommen wird, richtet sich die Aufmerksamkeit zunehmend auf Aktivitäten und Strukturen, die die Verteilung und den Konsum von Gütern und Produkten im Wirtschaftssystem betreffen (Sayer/ Walker 1992: 66). Diese Aktivitäten – von der Logistik über das Marketing bis hin zum Recycling – haben wiederum den Charakter von Dienstleistungen. Anders formuliert: Nicht die Produktion, sondern die Aufrechterhaltung der Konsumption stellt in modernen Gesellschaften die zentrale Herausforderung für das Wirtschaftssystem dar. In der Folge ist seit Längerem zu beobachten, dass Produkte und Dienstleistungen zu ‚hybriden' Produkten zusammenwachsen (Bienzeisler/ Ganz 2009). Produkte werden dabei zu Plattformen, auf denen Dienstleistungen aufsetzen, wobei sich nicht nur das Produkt-, sondern auch das Dienstleistungsverständnis verändert. Dienstleistungen werden verstärkt als ‚Produkte' betrachtet und entsprechend bepreist und vermarktet. Es wird nicht mehr das Mobiltelefon, sondern ein Vertrag über Kommunikation verkauft; es werden nicht mehr Maschinen, sondern Maschinenlaufzeiten in Rechnung gestellt. Der Fokus verschiebt sich von der ökonomischen Transaktion (dem Verkauf) zu einer relationalen Betrachtung der Kundenbeziehung über den Lebenszyklus der Leistung.

Diese Entwicklungen gehen einher mit einer nicht ganz unproblematischen Rekonzeptualisierung des Begriffes der ‚Dienstleistung', die von den typischen Merkmalen von Dienstleistungen abstrahiert. Nicht unproblematisch deshalb, weil Dienstleistungsmerkmale wie Intangibilität, Nichtlagerbarkeit etc. bislang dazu beigetragen haben, Dienstleistungen als Objekte und Aktivitäten anderer Art zu positionieren. Diese Kontrastierung hat zwar den Nachteil, dass mit Dienstleistungen ein Typus von Tätigkeiten assoziiert wird, der nicht gerade im Zentrum der ökonomischen Wertschöpfung steht. Die Kontrastierung bietet jedoch den Vorteil, dass der Gegenstand der Dienstleistungen konturiert erscheint und als eigenständiges Untersuchungsobjekt für die wissenschaftliche Debatte fruchtbar gemacht werden kann.

Nun aber fordern prominente Autoren wie Lusch und Vargo (2006, 2008) ein konzeptionelles Umdenken. Denn wenn Produkte und Dienstleistungen untrennbar integriert sind, kann das Verständnis von Dienstleistungen nicht länger am Ergebnis der Leistungserstellung (dem Output) festgemacht werden. Stattdessen rückt der *Prozess* der Leistungserstellung ins Zentrum der Betrachtung. Lusch und Vargo fordern daher, soziale, organisatorische und individuelle Wertschöpfung konsequent aus einer prozessualen Nutzer-Perspektive (‚value in use') zu betrachten. Die wesentlichen Kennzeichen einer solchen ‚Service Dominant Logic' lassen sich nach Lusch und Vargo (2008) wie folgt zuspitzen:

- Dienstleistungen werden selbst als Prozess betrachtet, statt wie bislang als Ergebnis eines Prozesses.
- Der Prozessfokus liegt auf der Transformation dynamischer Ressourcen wie Wissen, Know-how etc. und nicht auf statischen bzw. natürlichen Ressourcen.

- Der Wert einer Leistung ergibt sich aus einem kollaborativen Prozess zwischen Anbieter und Abnehmer und nicht allein aus dem, was an Leistung an den Kunden geliefert wird.

Produkte bleiben bedeutsam, sie dienen jedoch primär als Vehikel zur Übertragung oder zur Transformation von dynamischen Ressourcen wie Wissen, Information etc. Die Überlegungen von Lusch und Vargo liefern zugleich Anknüpfungspunkte für ein systemisches Verständnis von Dienstleistungen, in dessen Zentrum ein dynamischer Interaktions- und Aushandlungsprozess der Akteure des Dienstleistungssystems steht. Aus unserer Sicht bilden die prozessuale und die systemische Betrachtung von Dienstleistungen gegenwärtig die Hauptantriebsstränge für die Diskussion über die Neukonzeption von Dienstleistungen und dienstleistungsorientierten Wertschöpfungsformen.

Eine konsequente Betrachtung von Dienstleistungen als *soziales System* liefert Pinhanez (2009), der unterschiedliche Typen von Systemen unterscheidet (vgl. Abbildung 1). Dienstleistungssysteme zeichnen sich nach Pinhanez dadurch aus, dass es Menschen sind, welche die Systemelemente bilden, und dass die Inklusion in das System auf freiwilliger Basis erfolgt. Diese Konzeption ermöglicht es, Dienstleistungssysteme aus einer humanzentrierten Perspektive zu betrachten: „Because service systems have humans inside, service systems are perceived by their user as having human characteristics, treated as (partial) human beings, and expected to exhibit human-like behaviors. In simpler terms, unlike products, service systems are always anthropomorphized, often in quite complex and unexpected ways." (Pinhanez 2009: 522)

Abbildung 1: The Four Basic Types of Usable Systems

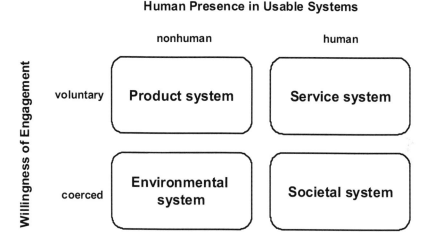

Quelle: Pinhanez (2009: 519).

3. Kooperative Dienstleistungssysteme

Wenngleich sich Gründe finden, die von Pinhanez aufgestellte Matrix kritisch zu hinterfragen und man längst nicht von einer in sich geschlossenen Systemtheorie für Dienstleistungen sprechen kann, möchten wir an dieser Stelle die Gedanken von Lusch und Vargo – Dienstleistungen als Kooperationsprozess zu verstehen – und die Überlegungen von Pinhanez – Dienstleistungen als humanzentriertes soziales System zu begreifen – im begrifflichen Konstrukt des *,Kooperativen Dienstleistungssystems'* zusammenführen. Der Begriff verweist auf neue Formen der menschlichen Kollaboration und Interaktion im System der Dienstleistungserbringung und macht den Systemgedanken gerade auch für Dienstleistungen zugänglich, die vielfach als ,personenbezogene Dienstleistungen' bezeichnet werden.

Bislang finden sich im Umfeld der Dienstleistungsforschung wenige Abhandlungen, die sich mit Kooperativen Dienstleistungssystemen beschäftigen. Eine Ausnahme bildet das sich dynamisch entwickelnde Gebiet des ,Service Designs' (vgl. z. B. Manzini 2009; Jegou/ Manzini 2008). Service Design beschäftigt sich mit der Gestaltung von Dienstleistungsprodukten und Dienstleistungsprozessen und knüpft u. a. an Frage- und Problemstellungen des Designs

von technischen Kommunikationsschnittstellen an (‚Human Computer Interaction'). Service Design rückt damit, ähnlich wie die sozialwissenschaftlich orientierte Dienstleistungsforschung, die Interaktion und Kommunikation der Akteure
in das Zentrum der Betrachtung. Zusätzlich interessiert sich Service Design vor
allem für die Gestaltung von informationstechnischen Schnittstellen, welche die
Kommunikation und Interaktion im Service-System beeinflussen.

Tatsächlich verändert die Entwicklung von Informations- und Kommunikationstechnologien in fundamentaler Weise unser Verständnis darüber, wie Menschen interagieren und durch wechselseitige Interaktion ‚Werte' generieren. Wer
hätte sich vor 20 Jahren vorstellen können, dass ein nutzerbasiertes Konzept wie
‚Wikipedia' die Wissensmonopole großer Verlage ins Wanken bringt? Das Verständnis von Kooperativen Dienstleistungssystemen erschließt sich jedoch erst,
wenn man die technisch basierten Kommunikations- und Vernetzungsmöglich-
keiten vor dem Hintergrund veränderter sozialer Bedürfnisse betrachtet. Denn
Kooperative Dienstleistungssysteme entstehen dort, wo sich Menschen in neuer
Weise organisieren, miteinander kommunizieren und interagieren, um Probleme
zu lösen, die über die Problemlösungskompetenz einzelner Akteure, ja selbst
über die Problemlösungskompetenz von Organisationen und Unternehmen hi-
nausgehen.

Im Kern adressieren Kooperative Dienstleistungssysteme die Entwicklung
von intelligenten Lösungen für die kleinen und großen Fragen des Lebens: Wissen und Bildung, Mobilität, Gesundheit, Erziehung, Kultur, Altenversorgung,
Energieversorgung, um nur einige zu nennen. Kooperative Dienstleistungssysteme entstehen, wenn Menschen sich vernetzen und durch Technologieeinsatz
neue Kommunikationsarrangements in Raum und Zeit schaffen und dezentrale
Problemlösungsstrukturen entwickeln, die leistungsfähiger sind als das, was
Einzelne zu leisten im Stande wären. „Car sharing on demand, micro-leasing
system for tools between neighbours, home restaurant, etc. – This sample of
solutions looks at how various daily procedures could be performed by struc-
tured services that rely on a greater collaboration of individuals amongst them-
selves." (Jegou/ Manzini 2008: 25)

Kooperative Dienstleistungssysteme stehen damit buchstäblich zwischen
sozialen und technologischen Innovationen; sie sind soziale und technische Innovation gleichermaßen. Mit ihnen wird die Differenz von sozialer und technologischer Innovation aufgehoben oder doch zumindest überbrückt. Zweifellos
treibt die technologische Entwicklung soziale Innovationen voran, aber in einem
Kooperativen Dienstleistungssystem werden auch soziale Innovationen zum
Ausgangspunkt für technologische Innovationen, z. B. wenn neue Standards für
die technische Vernetzung der Akteure entwickelt werden.

Noch ist das Feld Kooperativer Dienstleistungssysteme erst ansatzweise konturiert. Es zeichnet sich jedoch ab, dass Kooperative Dienstleistungssysteme sowohl im Hinblick auf Wertschöpfung als auch im Hinblick auf Innovation anderen Gesetzmäßigkeiten folgen, als wir dies aus der Produkt- und Dienstleistungsentwicklung gewohnt sind. Kooperative Dienstleistungssysteme haben kein
Zentrum und folglich keine zentrale Steuerungseinheit. Im Grunde variiert die
Betrachtung des Systems – und damit auch sein Zentrum – kontinuierlich mit der
Perspektive des Betrachters. Es gibt auch keine klar erkennbaren Forschungs-
und Entwicklungsstrukturen. Es gibt zwar Stellen, an denen sich die Kommunikation und die Vernetzung verdichten, aber letztlich handelt es sich um dezentrale Strukturen, die sich einer zentralen Koordinierung entziehen.

Ein wesentliches Kennzeichen Kooperativer Dienstleistungssysteme ist ihre
strukturelle Eigendynamik; sie sind allenfalls für kontextuelle Steuerungsformen
zugänglich (Willke 2001). Kruse (2000) hat darauf hingewiesen, dass sich in
vernetzten Dienstleistungssystemen immer die Macht- und Informationsasymmetrien zwischen den Akteuren verändern: „In vernetzten Systemen ändert sich
der Kunde. Er kann mit Ihnen genau das machen, was Sie mit dem Kunden machen können. Der Kunde holt sich nämlich auch Informationen über Sie ein."
(Kruse 2000: 20) Genau diese wechselseitigen Informationsasymmetrien werden
zu einem wichtigen Treiber für die Entwicklung Kooperativer Dienstleistungssysteme.

In Kooperativen Dienstleistungssystemen ist mitunter unklar, wer Anbieter und
Abnehmer einer Leistung ist. Kunden werden zu Anbietern von Informationen,
Anbieter konsumieren Wissen und Know-how von anderen Anbietern oder Kunden. Die Wechselwirkungen in Kooperativen Dienstleistungssystemen sind eher
nicht-linearer Art, und Strukturen bilden sich vielfach nach den Prinzipien der
Selbstorganisation. Technologisch vermittelte Kommunikation und Virtualisierung spielt eine wichtige Rolle, ersetzt jedoch nur partiell den persönlichen Kontakt der Akteure. Tatsächlich deutet vieles darauf hin, dass die persönliche Face-
to-Face-Interaktion und die Entwicklung persönlicher Beziehungen maßgeblich
die Selbstorganisationsprozesse des Systems beeinflussen.

4. Kooperative Dienstleistungssysteme am Beispiel ‚Seltene Erkrankungen'

Die Erforschung Kooperativer Dienstleistungssysteme erfordert ein ganzheitli-
ches und multidisziplinäres Vorgehen, welches die Wechselwirkungen zwischen
technologischen und sozialen Innovationsprozessen berücksichtigt, welches
zugleich aber auch die ökonomischen und sozioökonomischen Rahmenbedin-

gungen solcher Systeme reflektiert. Im Rahmen eines Forschungsprojektes, das vom Bundesministerium für Bildung und Forschung (BMBF) als ‚Prioritäre Erstmaßnahme' gefördert wird[2], analysiert das Fraunhofer-Institut für Arbeitswirtschaft und Organisation (IAO) gemeinsam mit ausgewählten Forschungspartnern die Zusammenhänge Kooperativer Dienstleistungssysteme anhand des speziellen Anwendungsfalls ‚Seltene Erkrankungen' (vgl. www.servcareprojekt.de).

Wie das Wort ‚Prioritäre Erstmaßnahme' erahnen lässt, handelt es sich nicht um ein klassisches Forschungs- und Entwicklungsprojekt, sondern um die Exploration eines Forschungsfeldes, welches für die Dienstleistungsforschung und angrenzender Disziplinen künftig an Relevanz gewinnen könnte. Ohne an dieser Stelle auf erste Ergebnisse eingehen zu wollen, skizzieren wir nachfolgend die Grundproblematik Kooperativer Dienstleistungssysteme entlang des Fallbeispiels der Behandlung seltener Erkrankungen und hier speziell entlang der seltenen Erkrankung der ‚Amyotrophen Lateralsklerose' (ALS). ALS steht für eine chronisch fortschreitende Erkrankung des zentralen und peripheren Nervensystems, das für das Funktionieren der Muskelbewegungen verantwortlich ist. Die Ursache der Erkrankung ist unbekannt, die Überlebenszeit beträgt im Mittel etwa drei bis fünf Jahre. Von 100.000 Menschen erkranken pro Jahr etwa ein bis drei neu an ALS. ALS gehört damit zu den ausgesprochen seltenen Krankheiten – allerdings verzeichnet die Statistik auch eine Vielzahl derartiger Erkrankungen. Allein in Deutschland summiert sich die Anzahl der Personen mit seltenen Erkrankungen auf rund vier Millionen. Die meisten davon sind wie ALS schwere Krankheiten, die eine aufwendige Behandlung und Betreuung erfordern. Dies aber bringt eine Reihe struktureller Probleme mit sich. Denn weil diese Krankheitsbilder vergleichsweise unbekannt sind, gibt es vielfache Brüche in den Informations- und Kommunikationsketten und vergleichsweise wenig standardisierte Versorgungsstrukturen.

Die Betrachtung des Dienstleistungssystems ‚ALS Behandlung' ist auch deshalb von Interesse, weil es sich bei genauerem Hinsehen um eine Modellerkrankung handelt, deren Krankheitssymptome sich den Therapiefeldern ‚Atmung, Ernährung, Kommunikation und Mobilität' zurechnen lassen (vgl. Abbildung 2), die in ähnlicher Form auch bei anderen chronischen Erkrankungen zu beobachten sind, deren Häufigkeit wiederum im Zuge des demographischen Wandels zunehmen wird (Demenz, Schlaganfall etc.).

---

2 Förderkennzeichen FK 01FG09005.

Abbildung 2: Wesentliche Symptomatiken der Amyothrophen Lateralsklerose
(ALS) und ihre Übertragung auf andere Erkrankungen.

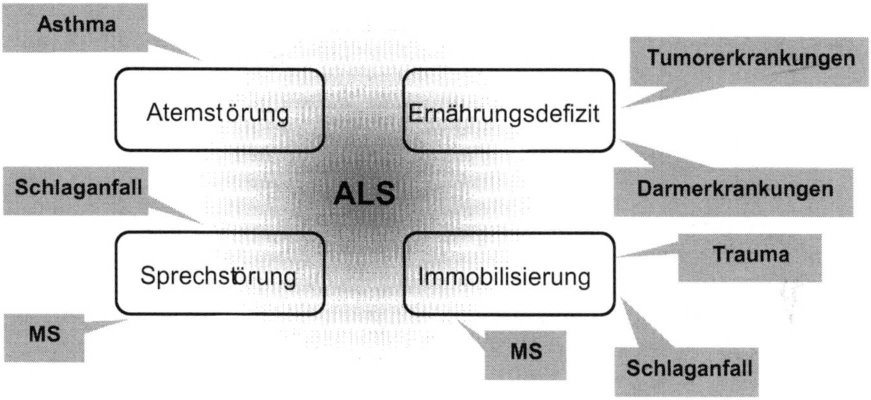

Quelle: Eigene Darstellung.

4.1 Betrachtungsdimensionen Kooperativer Dienstleistungssysteme

Die Komplexität des Dienstleistungssystems ‚ALS-Behandlung' ist aufgrund der
Vielfalt der individuellen, organisatorischen und institutionellen Einflussfaktoren
so facettenreich, dass sie an dieser Stelle nur angerissen werden kann. Jeder, der
sich mit Fragen von Innovationen in diesem System auseinandersetzt, sollte sich
jedoch dieser Komplexität bewusst sein. In jedem Fall greift ein Innovationsfo-
kus, der lediglich auf die Beziehung zwischen medizinischem Personal und Patient gerichtet ist, zu kurz. Wir skizzieren im Folgenden die Konturen des Dienstleistungssystems entlang von vier *Betrachtungsdimensionen*, die in engem
Wechselverhältnis zueinander stehen, und von denen wir annehmen, dass sie für
die Analyse und Gestaltung von Kooperativen Dienstleistungssystemen generell
von Bedeutung sind.

Prozesse

Die Herausforderung in der Betrachtungsdimension *‚Prozesse'* ergibt sich vor
allem durch die Vielzahl der involvierten Akteure. Eine effiziente und effektive
Behandlung der Krankheit ALS erfordert eine enge Zusammenarbeit unterschiedlichster Institutionen und Einrichtungen. Ärzte, Pflegedienste, Logopäden,
Sozialarbeiter, Selbsthilfegruppen, Medizintechnikhersteller und Kostenträger –

um nur die Wichtigsten zu nennen – müssen sich untereinander und mit Patienten und Angehörigen so abstimmen, dass eine optimale Behandlungsleistung sichergestellt wird. Hinzu kommt, dass in unterschiedlichen Phasen der Erkrankung unterschiedliche Bedarfe entstehen. So muss zu Beginn der Erkrankung erst einmal die richtige Diagnose gestellt werden, während es im späteren Krankheitsverlauf vor allem um die Organisation des Pflegealltages der Patienten geht. Die Gestaltung und Organisation effizienter Prozesse im Dienstleistungssystem wird auch deshalb erschwert, weil es sich um ein kooperatives System handelt, in dem kein fokaler Akteur die Hoheit über die Prozessdefinition besitzt, d. h. die Leistungserbringung wird nicht exklusiv von einer Organisation gesteuert. Unter systemischen Gesichtspunkten handelt es sich sogar um Aktivitäten, die unterschiedliche Funktionsbereiche der Gesellschaft adressieren. Denn neben medizinischen spielen ökonomische und juristische Fragen eine Rolle – etwa was die Übernahme von Kosten für teure, aber die Lebensqualität erhöhende Medizinprodukte, wie z. B. Rollstühle oder Kommunikationshilfen, betrifft.

Technologie

,Technologie', und hier hauptsächlich Informations- und Kommunikationstechnologie (IuK), spielt für die Entstehung und Organisation Kooperativer Dienstleistungssysteme eine entscheidende Rolle. Technologie ist Voraussetzung und Ergebnis eines Kooperativen Dienstleistungssystems zugleich. Technologie ist Ursache und Wirkung in einem. Sie ist ermöglichender Faktor, indem über Technologie neue Formen der Vernetzung und Kommunikation zwischen den Akteuren entstehen. Sie ist zugleich Ergebnis der Vernetzung, etwa wenn die Vernetzung neue Schnittstellen, Protokolle oder Datenformate hervorbringt. Technologie hat jedoch nicht nur unterstützende und vernetzende Funktionen, sondern sie verändert die Kommunikation im System. Sie hat damit systemkonstituierenden Charakter. Am Beispiel des Dienstleistungssystems ,ALS-Behandlung' wirkt Technologie auf unterschiedlichen Ebenen:

- Auf der ersten Ebene ermöglicht sie eine Neuorganisation von Informations- und Wissensflüssen zwischen den Betroffenen. Patienten informieren sich im Internet über die Hintergründe der Erkrankung, tauschen sich mit anderen Betroffenen in Foren aus oder beginnen selbst Informationen über ihren eigenen Krankheitsverlauf zur Verfügung zu stellen.
- Auf der zweiten Ebene ermöglicht Technologie eine Neuorganisation der Wissens- und Informationsflüsse zwischen den beteiligten Institutionen. Patientendaten werden elektronisch übermittelt, was neue Home-Care-

Konzepte und z. B. einen besseren Informationsaustausch zwischen Ärzten und Pflegediensten ermöglicht.

▪ Auf der dritten Ebene kann durch den Einsatz von Technologie die Lebens-qualität der Erkrankten verbessert und aufrechterhalten werden. So hilft Sprachtechnologie, die Kommunikationsfähigkeit selbst dann aufrecht zu erhalten, wenn der Erkrankte die Fähigkeit zu Sprechen eingebüßt hat.

Interaktion

,Interaktion' ist als Betrachtungsdimension schon deshalb wichtig, weil in Ko-operativen Dienstleistungssystemen Mehrwert und Nutzen durch Interaktion und Kommunikation zwischen den Beteiligten geschaffen wird. Im Kontext von seltenen Erkrankungen wirft dies die Frage auf, ob es legitim ist, von ,Mehrwert' zu sprechen. Letztendlich wird im System aber Mehrwert als individueller Nut-zen generiert. Von interaktivem Mehrwert ist auch deshalb zu sprechen, weil ein effizienter Informationsaustausch im System die Grundlage für eine gute Ver-sorgung bildet. Besondere Aspekte der Interaktion ergeben sich dann, wenn man die Wechselwirkung zwischen Interaktion und Technologie berücksichtigt. Weil Informationstechnologie zu einer räumlichen und zeitlichen Entgrenzung der Interaktion führt und computervermittelte Kommunikation soziale Differenzen im Interaktionsprozess verändert, sind im Dienstleistungssystem ,ALS-Behandlung' bemerkenswerte Interaktionsphänomene zu beobachten. So lässt sich feststellen, dass einzelne Erkrankte im Internet zu Meinungsführern avancie-ren, die zum Teil etablierte medizinische Wissensmonopole in Frage stellen.

Arbeit

Die Betrachtungsdimension *,Arbeit'* verdient besondere Aufmerksamkeit, weil Kooperative Dienstleistungssysteme Systeme sind, in denen Akteure an unter-schiedlichen Stellen Arbeit erbringen. Erforderlich ist jedoch ein erweitertes Verständnis von Arbeit, welches über das organisierter Erwerbsarbeit hinaus-geht. Im Umfeld von ALS-Erkrankten etwa wird Arbeit auch dort geleistet, wo sie nicht als Arbeit im engeren Sinne betrachtet und honoriert wird. Zu denken ist an Arbeit, die durch das soziale Umfeld der Betroffenen erbracht wird, und die unterschiedliche Formen annehmen kann (Pflege, emotionale Unterstützung, Bewältigung von Ängsten etc.). Hinzu kommt, dass sich der Charakter von Ar-beit – auch der organisierter Erwerbsarbeit, wie Pflege etc. – über den Verlauf der Dienstleistungserbringung verändert. So steht zu Beginn der Erkrankung die

Versorgung mit Informationen im Vordergrund, während im späteren Verlauf die Pflege- und Betreuungsarbeit dominiert. Selbst nach dem Tod der Betroffenen muss Arbeit geleistet werden. Diese reicht vom Umgang mit verbleibenden medizinischen Gerätschaften bis zur Frage, wie Angehörige, die oftmals ausschließlich mit Pflege und Betreuung beschäftigt waren, selber Anschluss an die Arbeitswelt finden. Erst ein solches erweitertes Verständnis von Arbeit bildet die Grundlage zur Gestaltung der im System erbrachten Erwerbsarbeit. Es geht dabei nicht darum, den Begriff der zielgerichteten Erwerbsarbeit aufzuweichen (Hacker 2006). Es geht vielmehr darum zu erkennen, wo eine zielgerichtete Gestaltung von Arbeit Wechselwirkungen und nicht intendierte Nebenfolgen generiert, um diese Effekte bei der Arbeitsgestaltung berücksichtigen zu können.

4.2 Forschungsfragen

Aus den Betrachtungsdimensionen lassen sich *Forschungsfragen* für das Kooperative Dienstleistungssystem ,ALS-Behandlung' ableiten. Im Fokus steht dabei neben der Verbesserung medizinischer Leistungen vor allem das Erkennen von Wechselwirkungen zwischen den Betrachtungsdimensionen (vgl. Abbildung 3).

- Entlang der Betrachtungsdimension *Prozesse* stellt sich die Frage, wie sich die Komplexität von Kooperativen Dienstleistungssystemen im Rahmen eines ,Service System Engineering' abbilden bzw. modellieren lässt. Notwendig erscheint dafür die Klärung der Frage, auf welcher Ebene eine Prozessmodellierung sinnvoll ist. Denn weite Teile der Leistungserbringung basieren auf interaktiven Bestandteilen, für die es bislang allenfalls rudimentäre Formen der Prozessmodellierung gibt. Dies verweist auf die Entwicklung einer geeigneten Notation bzw. Modellierungssprache, welche es ermöglicht, die Wechselwirkungen und Akteursbeziehungen und ihre individuellen Motivations- und Interessenslagen im Handlungssystem abzubilden.

- Forschungsfragen in der Betrachtungsdimension *Interaktion* ergeben sich vor allem aus den Fragen, wie durch Interaktion und Kommunikation Nutzen im System generiert wird, wie sich die Transparenz solcher Wertschöpfungsbeiträge darstellen lässt und wie dies unser Verständnis von personenbezogenen Dienstleistungen verändert. Von Interesse ist auch die Frage, in welchem Zusammenhang Interaktion und Innovation in Kooperativen Dienstleistungssystemen stehen. Gerade weil Kooperative Dienstleistungssysteme sich durch dezentrale Strukturen und fehlende Steuerungsmonopole auszeichnen, ist davon auszugehen, dass die Innovationsfähigkeit stark an die Gestaltung von Informations- und Kommunikationsflüsse gekoppelt ist. Dies wirft die Frage auf, wie dies wiederum durch Informations- und Kommunikationstechnologien beeinflusst wird.

- In der Betrachtungsdimension *Technologie* ergibt sich eine Vielzahl von Forschungsfragen. Eine davon bezieht sich darauf, wie die Leistungserbringung im Dienstleistungssystem durch den Einsatz von Technologie unterstützt und verbessert werden kann. Im Dienstleistungssystem ‚ALS-Behandlung' etwa fragen wir danach, wie medizinische Leistungen durch Virtualisierung (Internet, Web 2.0-Applikationen etc.) unterstützt werden können.

Abbildung 3: Betrachtungsdimensionen und ausgewählte Forschungsfragen im Dienstleistungssystem ‚ALS Behandlung'.

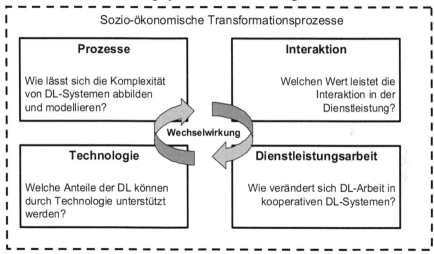

Quelle: Eigene Darstellung.

Die Betrachtungsdimension *Arbeit* schließlich verweist auf eine Veränderung von personenbezogener Erwerbsarbeit im Dienstleistungssystem, wobei erst ein erweitertes Verständnis von Arbeit die Voraussetzungen schafft, um darauf aufbauend Gestaltungsansätze für Arbeit in Kooperativen Dienstleistungssystemen entwickeln zu können.

5. Zusammenfassung und Ausblick

Innovationen in Kooperativen Dienstleistungssystemen – so unsere These – lassen sich kaum noch trennscharf in technologische und soziale Innovationen unterteilen. Kooperative Dienstleistungssysteme verweisen auf neue Formen der menschlichen Zusammenarbeit, die gemeinsame Interessen oder Problemstellungen bearbeiten, und die dafür neue Technologien einsetzen und weiterentwickeln, um die eigenen Kooperationsprozesse zu unterstützen.

Natürlich haben sich technische Innovationen und soziale Veränderungen schon immer wechselseitig beeinflusst. Gleichwohl scheint sich das Verhältnis von technologischer und sozialer Innovation heute in neuer Form zu präsentieren. Die wohl bemerkenswertesten Veränderungen lassen sich gegenwärtig dort ablesen, wo klassische Organisations- bzw. Systemgrenzen verschwimmen und wo wir so etwas wie kundenbasierte Innovationsprozesse (,user driven innovation') beobachten. Die aktive Einbeziehung bzw. das Eindringen von Kunden, Bürgern, Betroffenen oder Patienten in vormals abgeschottete Innovationssysteme verweist auf tiefgreifende Verschiebungen in den Strukturen, wie und wo Innovationen entstehen.

Natürlich gibt es auch Grenzen: Ein Verkehrsflugzeug lässt sich nicht über ,Open Innovation' entwickeln und produzieren. Denn wo Innovationen erst durch kapitalintensive Strukturen ermöglicht werden, finden Innovationen meist im Umfeld von abgrenzbaren Institutionen und Organisationen statt. Wo Innovationen aber in erster Linie durch wissensintensive Strukturen ermöglicht werden, können sich neue Formen der menschlichen Zusammenarbeit herausbilden, für deren Beschreibung wir den Begriff des Kooperativen Dienstleistungssystems vorschlagen.

Kooperative Dienstleistungssysteme stellen auch die Dienstleistungsforschung vor Herausforderungen, weil sich der Gestaltungs- und Optimierungsfokus von einer klar abgrenzbaren Kunden-Anbieter-Situation auf die verteilten Interaktions- und Kommunikationsprozesse im Dienstleistungssystem verschiebt. Dies könnte darauf hinauslaufen, dass sich die Dienstleistungsforschung künftig selbst als Kooperatives Dienstleistungssystem organisiert, etwa indem Technologien, wie z. B. SecondLife, genutzt werden, um neue Kooperationsformen zwischen Wissenschaft und Systemakteuren zu ermöglichen.

Literatur

Bienzeisler, Bernd/ Ganz, Walter (Hrsg.) (2010). Management hybrider Wertschöpfung. Stuttgart: IRB-Verlag (im Erscheinen).

Ernst, Gerhard (2009). Forschung und Innovation zu Dienstleistungen in Deutschland sowie im europäischen und internationalen Vergleich (unv. Manuskript).

Hacker, Winfried (2006). Interaktive/dialogische Erwerbsarbeit - zehn Thesen zum Umgang mit einem hilfreichen Konzept. In: F. Böhle/ J. Glaser (Hrsg.), Arbeit in der Interaktion - Interaktion als Arbeit. Arbeitsorganisation und Interaktionsarbeit in der Dienstleistung (S. 17-24). Wiesbaden: VS-Verlag.

Jégou, Francois/ Manzini, Ezio (eds.) (2008). Collaborative services. Social innovation and desgin for sustainability. Milano: Politdesign.net.

Kieser, Alfred/ Kubicek, Herbert (1992). Organisation. Berlin: de Gruyter (3. Aufl., zuerst 1977).

Kieserling, André (1999). Kommunikation unter Anwesenden: Studien über Interaktionssysteme. Frankfurt a. M.: Suhrkamp.

Kruse, Peter (2000). Lernen von Columbus - Veränderungen in unsicheren Situationen gestalten. In: Netzwerk-Report Nr. 2, Dokumentation der Fachtagung 'Soziale Kompetenz im Ingenieurberuf' (S. 18-29), 26./27.06.2000, Universität Bremen.

Luhmann, Niklas (1996). Soziale Systeme. Grundriß einer allgemeinen Theorie. Frankfurt a. M.: Suhrkamp (6. Aufl., zuerst 1984).

Luhmann, Niklas (2000). Organisation und Entscheidung. Opladen: Westdeutscher Verlag.

Lusch, Robert F./ Vargo, Stephen L. (eds.) (2006). The Service-Dominant Logic of Marketing. Digalog, Debate and Directions. Armonk: M.E. Sharpe.

Lusch, Robert F./ Vargo, Stephen L./ Wessels, Gunter (2008). Toward a conceptual foundation of service science: Controbutions from service-dominant logic. IBM Systems Journal, 47 (1), 5-14.

Manzini, Ezio (2009). Service Design in the Age of Networks and Sustainability. In: S. Miettinen/ M. Koivisto (eds.), Designing Services with Innovative Methods (pp. 44-57). Helsinki: University of Art and Design.

OECD (2005). Promoting Innovation in Services. Unclassified Paper of the Working Party on Innovation and Technology Policy [DSTI/STP/TIP(2004)4/FINAL].

Pinhanez, Claudio (2009). 'Humans Inside' as the Key Characteristic of Service Systems. In: OUIS 11 (pp. 515-524), Conference Proceedings.

Rust, Roland T./ Zahorik, Anthony J./ Keiningham, Timothy L. (1996). Service Marketing. New York: HarperCollins.

Sayer, Andrew/ Walker, Richard (1992). The New Socieal Economy. Reworking the Division of Labor. Cambridge: Blackwell.

Spohrer, Jim/ Maglio Paul P./ Bailey, John/ Gruhl, Daniel (2007). Steps Toward a Science of Service Systems. Computer, 2007 (1), 71-77.

Willke, Helmut (2001). Systemtheorie III: Steuerungstheorie. Stuttgart: Lucius & Lucius (3. bearb. Aufl., zuerst 1995).

Wolff, Heimfried (1990). Das Dienstleistungswachstum - eine moderne Umwegprodukti-
on. Mitteilungen aus der Arbeitsmarkt- und Berufsforschung, 23. (1), 63-67.
Zeithaml, Valarie A./ Bitner Mary J. (2000). Services Marketing. New York: McGraw
Hill.

Webseiten

Seltene Erkrankungen: www.servcare-projekt.de (Abruf: 26.11.2009)

Soziale Innovation in der Pflege – Vernetzung und Transfer im Fokus einer Zukunftsbranche

Kerstin Köhler und Monika Goldmann

1. Einleitung

In der Gesundheitsbranche gilt vor allem medizinische, pharmazeutische und medizintechnische Forschung als innovativ: Hier entstehen neue Therapien, Arzneimittel und Produkte. Pflege dagegen wird durch die starke Verknüpfung des Innovationsbegriffs mit High-Tech-Medizin im Allgemeinen nicht mit Innovation in Verbindung gebracht. Die Bedeutung von Innovationen im Bereich der Pflege und der nicht unmittelbar medizinischen Versorgung wird unterschätzt, kaum als solche wahrgenommen und selten wissenschaftlich untersucht. Dies verwundert umso mehr, als Gesundheit und Pflege einem dynamischen Wandel unterliegen, der Innovationen auf vielen Feldern unumgänglich macht.

Rasche Veränderungsprozesse im Gesundheitswesen regen gesellschafts-, sozial- und gesundheitspolitische Debatten an, beeinflussen die Gesetzgebung von Bund und Ländern und spielen auf Ebene der Organisationen eine zentrale Rolle bei Fragen zu Nachhaltigkeit, Wirtschaftlichkeit und Beschäftigung. Alle Handlungsbereiche sind dabei so eng miteinander verzahnt, dass für den einen Bereich relevante Aspekte stets in Interdependenz mit Herausforderungen der anderen stehen. Diese massive gegenseitige Abhängigkeit der Akteure auf allen Systemebenen macht jeden Innovationsansatz in der Pflege hoch komplex.

Gesellschaftspolitisch bedeutende Trends sind die zunehmende Singularisierung des Alters (BMFSFJ 2002: 121 ff.) sowie die sinkende Bereitschaft zu informeller Pflege in der Familie.[1] Die Sozialgesetzgebung wird in den kommenden Jahren und Jahrzehnten Lösungen zur Bewältigung dieses demografischen Wandels und dem damit verbundenen deutlichen Anstieg von Pflegebedürftigkeit entwickeln müssen (vgl. BMG 2009: 14; Statistisches Bundesamt

---

1 Aktuell werden knapp 70% aller Pflegebedürftigen im familiären Umfeld, meist von Frauen, 30% in stationären Einrichtungen versorgt (Statistisches Bundesamt 2008: 4). Ein wesentlicher Grund für die Abnahme der Bereitschaft zur Pflege in der Familie ist die steigende Erwerbsorientierung von Frauen (Sowarka/ Au 2007).

2008: 4). Bezahlbare und zugleich qualitativ hochwertige Pflege muss für immer mehr hilfebedürftige Menschen sichergestellt werden. Ein wichtiger Ansatz in diesem Zusammenhang ist das ebenso politisch gewollte wie sozial erwünschte Leitbild ,Ambulant vor Stationär'.[2] Um stationäre Pflege abzubauen, Hilfebedürftigen ein selbstbestimmtes Leben mit Assistenz ambulanter Dienstleister zu ermöglichen und so letztendlich auch Kosten zu senken, müssen neue innovative Strategien erarbeitet werden. Problematisch bei der Entwicklung solcher Versorgungskonzepte ist die Fragmentierung des deutschen Sozialsystems[3] mit zahlreichen fragilen Schnittstellen zwischen verschiedenen Leistungsträgern und -erbringern.

Die geschilderten Entwicklungen stellen an Organisationen in der Pflege hohe Anforderungen. Sie müssen auf gesellschafts- und sozialpolitische Vorgaben reagieren und zugleich ihre Unternehmen zukunftsfähig weiterentwickeln. Zwar ist das Gesundheitswesen ein enormer Wirtschaftsfaktor mit hohem Wachstumspotenzial[4], dennoch kämpfen Unternehmen in der Pflege mit großen Herausforderungen: zum einen konkurrieren im ambulanten wie im stationären Sektor unterschiedliche Leistungserbringer[5] in kommunaler, freigemeinnütziger und privater Trägerschaft um Patient/innen, Klient/innen und Marktanteile, zum anderen fordern akuter Nachwuchsmangel (BMFSFJ 2002: 262) und hohe Personalfluktuation (Backes/ Amrhein/ Wolfinger 2008: 50) neue beschäftigungspolitische Konzepte.[6] Um die hier beispielhaft skizzierten Herausforderungen zu lösen, sind innovative Akteure auf allen Ebenen des Systems gefragt.

Im folgenden Artikel prüfen wir zunächst, welche Ansatzpunkte die bisherige sozialwissenschaftliche Innovationsforschung für eine Auseinandersetzung mit sozialer Innovation in der Pflege bietet. Vor diesem Hintergrund entwickeln

---

2 Vgl. SGB XI §3.
3 Relevant sind in Bezug auf Pflege vor allem die Gesetzliche Krankenversicherung (SGB V), das Gesetz zur Rehabilitation und Teilhabe behinderter Menschen (SGB IX), die Pflegversicherung (SGB XI) sowie die Sozialhilfe (SGB XII).
4 Jeder 9. Beschäftigte in der Bundesrepublik arbeitet im Gesundheitswesen (Afentakis/ Böhm 2009: 9); rund ein Drittel davon in der Pflege (Metz/ Kunze/ Hamann/ Gehltomholt/ Urbach 2009: 12). Es gibt allein über eine Million Kranken- und Altenpflegerinnen und -pfleger (Afentakis/ Böhm 2009: 11). Zwischen 1993 und 2003 sind die Gesundheitsausgaben in der Bundesrepublik um rund 43% gestiegen (RKI 2006: 187), und Experten gehen davon aus, dass der Gesundheitsmarkt bis 2020 um weitere 70% wachsen kann (Kartte/ Neumann/ Kainzinger/ Henke 2005: 9).
5 Ambulante Pflegedienste, Pflegeheime, Kliniken, Rehabilitationseinrichtungen, Praxen, Beratungsstellen etc.
6 Pflegerische Berufe werden oft als wenig attraktiv empfunden. Beschäftigte beklagen ständigen Zeitdruck, die schwere körperliche Arbeit, hohe seelische Belastungen, geringe Aufstiegs-, Karriere- und Qualifikationschancen sowie schlechte Bezahlung und geringe soziale Anerkennung (BMFSFJ 2002: 261).

wir zentrale Thesen zu fördernden und hemmenden Rahmenbedingungen für die Innovationsfähigkeit der Pflege und stellen Praxisbeispiele vor, die sich durch sozial innovative Konzepte auszeichnen. Abschließend geben wir Hinweise auf weiteren Forschungsbedarf.

2. Pflege als Feld sozialer Innovationsforschung

Bisher hat die (sozialwissenschaftliche) Innovationsforschung das Feld Pflege kaum für sich entdeckt; vielmehr ist es traditionell Untersuchungsgegenstand der Versorgungsforschung. Daher identifizieren wir zunächst gemeinsame Themen und Interessen beider Disziplinen und hinterfragen, welchen spezifischen Beitrag die sozialwissenschaftliche Innovationsforschung für das Feld leisten kann.

Pfaff (2003: 13) beschreibt Versorgungsforschung „als ein fachübergreifendes Forschungsgebiet, das die Kranken- und Gesundheitsversorgung und ihre Rahmenbedingungen beschreibt und kausal erklärt, zur Entwicklung wissenschaftlich fundierter Versorgungskonzepte beiträgt, die Umsetzung neuer Versorgungskonzepte begleitend erforscht und die Wirksamkeit von Versorgungsstrukturen und -prozessen (...) evaluiert."

Versorgungsforschung ist ein heterogenes Feld, das von der Messung des Erfolgs einzelner Therapien bis hin zu Gesundheitssystemforschung und gesundheitsökonomisch orientierten Fragestellungen reicht (BMBF 2008: 3). Faktisch konzentriert sich die weit überwiegende Zahl der Untersuchungen allerdings auf medizinisch und pflegewissenschaftlich ausgerichtete Wirksamkeitsstudien.[7] Seit einigen Jahren wächst jedoch das Interesse an deutlich breiter angelegter, systemisch und ökonomisch ausgerichteter Forschung, um auch komplexe Prozesse und Zusammenhänge im Gesundheitswesen besser erklären zu können. In diesem Zusammenhang gewinnen neue Fragestellungen an Bedeutung wie beispielsweise die Versorgungskontinuität durch integrierte Versorgungsansätze, Einbeziehung neuer Berufsgruppen in die Versorgung, Vernetzung von Versorgungssektoren, nachhaltige Finanzierung von Versorgungssystemen, patientenzentrierte Versorgung etc. (BMBF 2008: 11). Dieser erweiterte Begriff von Versorgungsforschung bietet zahlreiche Anknüpfungspunkte für innovationsbezogene Fragestellungen.

In seinem Artikel zum Konzept sozialer Innovation entwickelt Zapf (1989: 175-177) sieben Ansätze zur Einordnung sozialer Innovationen, die sich aus-

---

7 D. h. häufig wird ein klar umrissenes Krankheitsbild (zum Beispiel Typ-2-Diabetes) betrachtet und nach spezifischen Lösungen (zum Beispiel Diagnostik, Pharmakotherapie, Pflegestandard) gesucht, um die Lebensqualität betroffener Patienten zu optimieren (Outcome, Ergebnisqualität).

nahmslos auf aktuelle Entwicklungen in Pflege und Versorgung beziehen lassen. Dazu einige ausgewählte Beispiele: (1.) Als *politische Innovationen* können die Einführung der Pflegeversicherung (SGB XI) im Jahr 1995 oder die Einführung der Integrierten Versorgung[8] im Jahr 2000 gelten. (2.) *Organisationsverände-rungen innerhalb von Unternehmen* werden relevant bei der Bewältigung von Personalmangel und -fluktuation, bei Ansätzen zu Akademisierung und neuen Spezialisierungen in der Pflege, oder durch den vermehrten EDV- und Technik-einsatz im Zusammenhang mit pflegerischen Tätigkeiten etc. (3.) Prägnante Beispiele für *neue Dienstleistungen* sind die Landesinitiative Demenz-Service NRW[9], die die Entwicklung einer umfassenden Versorgungsstruktur für Men-schen mit Demenz und deren Angehörige sicherstellen soll, oder das Projekt ‚Discovering Hands', das blinde Frauen darin ausbildet, Tastuntersuchungen im Rahmen der Brustkrebsfrüherkennung durchzuführen.[10] (4.) *Sozialtechnologien* stärken zum Beispiel durch Telemedizin oder Hausnotrufsysteme die Versor-gung im eigenen Zuhause. (5.) *Selbsterzeugte soziale Erfindungen* entstehen zum Beispiel in ambulanten Wohnprojekten, wo hilfebedürftige und gesunde Men-schen gemeinsam und – wo notwendig – mit Unterstützung professioneller Pfle-ge ihr Leben selbstbestimmt gestalten.[11] (6.) *Neue Muster der Bedürfnisbefriedi-gung* entwickeln sich, wo durch die steigende Zahl allein lebender Pflegebedürf-tiger sinkende familiäre Pflegebereitschaft durch vernetzte professionelle und ehrenamtliche Dienstleister aufgefangen werden muss, (7.) und *neue Lebensstile* bilden sich heraus, wenn Patienten nicht länger zurückgezogen mit ihrer Krank-heit leben, sondern ihre Teilhabe am Leben in der Gesellschaft offensiv einfor-dern und sich beispielsweise in der Selbsthilfe organisieren.

Jüngere Arbeiten der sozialwissenschaftlichen Innovationsforschung führen die konzeptuellen Überlegungen von Zapf (1989) weiter, indem sie soziale Inno-vationen gezielt mit Blick auf denkbare praktische Anwendungsfelder diskutie-ren. Besonders interessant sind hier die empirische Studie von Kesselring/ Leit-ner (2008), die nach dem Wesen sozialer Innovationen in (Industrie-)Betrieben

---

8 Vgl. SGB V § 140.
9 Die 2004 ins Leben gerufene Landesinitiative Demenz-Service NRW wird gefördert vom nord-rhein-westfälischen Landesministerium für Arbeit, Gesundheit und Soziales (MAGS NRW), der Stiftung Wohlfahrtspflege NRW und den Landesverbänden der Pflegekassen. Die Koordination liegt beim Kuratorium Deutsche Altershilfe (KDA). Landesweit engagieren sich 13 Demenz-Servicezentren und ein Dialog- und Transferzentrum für die Strukturentwicklung der Versorgungs-angebote für Menschen mit Demenz und deren Familien.
10 Für die teilnehmenden Frauen entstehen so qualifizierte Beschäftigungsperspektiven, ihre beson-dere taktile Begabung sichert Tastuntersuchungen von hoher Qualität. Vgl. auch www.discovering-hands.de.
11 Vgl. Praxisbeispiel ‚Bielefelder Modell' in diesem Artikel.

fragt, sowie der Literaturreview von Greenhalgh/ Robert/ Macfarlane/ Bate/ Kyriakidou (2004); einer der wenigen Artikel, die das Thema unmittelbar auf die Gesundheitsbranche beziehen. Obwohl beide Untersuchungen sich methodisch und vom inhaltlichen Bezugsrahmen her klar unterscheiden, formulieren sie ähnliche Ergebnisse mit hoher Relevanz für den Dienstleistungsbereich Pflege und Versorgung.

Greenhalgh/ Robert/ Macfarlane/ Bate/ Kyriakidou (2004: 1) definieren Innovationen als neue Handlungsmuster und Arbeitsroutinen mit dem Ziel, einerseits zu einer besseren Gesundheit der Bevölkerung beizutragen und andererseits gesundheitsbezogene Dienstleistungen effektiver und kostengünstiger zu gestalten. Kesselring/ Leitner (2008: 206) ergänzen weitere Aspekte: „Soziale Innovation in Unternehmen besteht in der intendierten Schaffung neuer Formen sozialer Organisation, die auf hoch bewertete Ziele und/ oder besondere Herausforderungen und Probleme bezogen sind."[12] Die hohe Wertbezogenheit, der gesellschaftliche Nutzen einer zukunftsorientierten Entwicklung des Gesundheitssystems sowie die großen Herausforderungen für die Branche sind unstrittig.

In beiden Artikeln werden Kriterien beschrieben, die Entstehung, Implementierung und Diffusion sozialer Innovationen beeinflussen. Hohe Innovationsfähigkeit haben demnach Institutionen mit einer offenen Unternehmenskultur, die gewisse Risiken sowie das Experimentieren mit neuen Ideen zulässt (Greenhalgh/ Robert/ Macfarlane/ Bate/ Kyriakidou 2004: 19; Kesselring/ Leitner 2008: 208). Dies erfordert flexible und anpassungsfähige Organisationsstrukturen sowie professionelles Wissensmanagement, vor allem aber visionäre Führungskräfte mit starkem persönlichen Engagement bei der Einführung neuer Konzepte (Promotoren), sowie qualifiziertes Personal, das auf neue Arbeitsanforderungen entsprechend vorbereitet wird oder diese bestenfalls partizipativ mitgestaltet (Greenhalgh/ Robert/ Macfarlane/ Bate/ Kyriakidou 2004: 19, 22; Kesselring/ Leitner 2008: 32, 151, 207). Unter diesen positiven Rahmenbedingungen arbeiten derzeit jedoch nur wenige Unternehmen in Pflege und Versorgung. Die stark politisch sowie durch die öffentliche Hand gesteuerte Branche mit meist traditionell gewachsenen Strukturen beginnt sich erst seit wenigen Jahren im Zuge von Marktöffnung und Privatisierung für neue Organisationsmodelle sowie Management- und Personalentwicklungsstrategien zu interessieren (vgl. Goldmann 2009a).

Beide Studien thematisieren ebenfalls, dass sozial innovative Konzepte häufig in Form von Modellprojekten erprobt werden. Auf der einen Seite bieten solche (in sich geschlossenen) Modelle die Chance auf eine gute Übertragbarkeit

---

12 Vgl. dazu auch Gillwald 2000: 14.

in andere Betriebe (Kesselring/ Leitner 2008: 209), auf der anderen Seite sind sie problematisch. Zwar wirkt sich eine gesicherte Finanzierung von Innovations-projekten positiv auf deren Entwicklung aus (Greenhalgh/ Robert/ Macfarlane/ Bate/ Kyriakidou 2004: 22), jedoch werden Modellprojekte nur befristet finan-ziert; und nicht selten scheitert im Anschluss an die Modellphase die Überfüh-rung in eine Regelfinanzierung. Um Innovationen breit umzusetzen, sind erstens engmaschige formelle und informelle Kooperationen und Vernetzungen von Personen und Organisationen und zweitens effektive Transferkonzepte essentiell (Greenhalgh/ Robert/ Macfarlane/ Bate/ Kyriakidou 2004: 15, 17, 21; Kessel-ring/ Leitner 2008: 32, 173-178, 208).

Probleme entstehen häufig auch an Systemschnittstellen (Kesselring/ Leit-ner 2008: 12). Diese haben gerade im – durch die Fragmentierung der deutschen Sozialgesetzgebung im höchsten Maße betroffenen – Gesundheitswesen große Relevanz; hier besteht großer Handlungsspielraum und -bedarf für eine zukunfts-fähige Gestaltung der Branche.

Generell haben politische Positionen hohen Einfluss auf das Entstehen sozi-aler Innovationen im Gesundheitswesen: Sie können einerseits die Umsetzung innovativer Ansätze pushen – indem sie zum Beispiel durch entsprechende Ge-setze zum verpflichtenden Standard werden –, andererseits können sie hemmend wirken, wenn Institutionen sich reaktiv den ständig wechselnden politischen Vorgaben anpassen müssen und so kein Spielraum für kreative Entwicklungen im eigenen Unternehmen bleibt (Greenhalgh/ Robert/ Macfarlane/ Bate/ Kyria-kidou 2004: 21).

Die skizzierten Anknüpfungsmöglichkeiten der sozialwissenschaftlichen Innovationsforschung an offene Fragen und zentrale Themen im Bereich Pflege und Versorgung verdeutlichen, dass das Gesundheitswesen ein hochinteressantes Forschungsfeld in Bezug auf soziale Innovationen ist und über klassische The-men der Versorgungsforschung hinaus neue Perspektiven beisteuern kann.

3.   Zentrale Thesen zu sozialer Innovation in der Pflege

Auf Basis und als Weiterentwicklung dieser Literaturanalyse sowie basierend auf Erfahrungen und Ergebnissen aus mehreren pflegebezogenen Forschungsprojek-ten[13] haben wir zwei zentrale Thesen zu sozialer Innovation in der Pflege entwi-

---

13 Folgende Projekte unter Beteiligung der Autorinnen und der Sozialforschungsstelle Dortmund (sfs) waren in diesem Zusammenhang relevant: ‚EVIDENT: Evaluation vernetzter Versorgungsstruk-turen für Demenzkranke und ihre Angehörigen: Ermittlung des Innovationspotenzials und Hand-lungsempfehlungen für den Transfer' (vgl. Goldmann/ Köhler/ Ehlers/ Leve/ Menke/ Meschkutat/

ckelt, die im Folgenden näher ausgeführt werden. Diese sind als erste Arbeits-hypothesen zu verstehen, die sicher noch zu ergänzen sind. Eine empirische Prüfung unserer Überlegungen steht ebenfalls bisher aus.

Vorab jedoch folgende Anmerkung: Unstrittig ist, dass für Organisationen, Insti-tutionen und Einrichtungen in der Pflege hohe Komplexität aus der historisch gewachsenen Fragmentierung des deutschen Gesundheits- und Sozialsystems entsteht. Diese wirkt sich merklich hemmend auf Innovationsbemühungen im Feld aus. Auf Bundes-[14] und Landesebene[15] spielt der Gesetzgeber die tragende Rolle bei der Ausgestaltung der Rahmenbedingungen für das Gesundheitswesen. Innovationen können hier entstehen in Zusammenhang mit der Weiterentwick-lung der Sozialgesetzgebung sowie durch gezielte Projekt- und Forschungsförde-rung. Beratend und (mit)gestaltend sind hier auch die Kranken- und Pflegekas-sen, Rehabilitations- und Sozialhilfeträger sowie der Medizinische Dienst der Krankenversicherung (MDK) engagiert. Auf Akteursebene erschweren das Ne-beneinander der verschiedenen Leistungssäulen und Verantwortlichkeiten den innovativen Umgang mit den Bedürfnissen von Patientinnen und Patienten. Pfle-gebedürftige Menschen selbst sind nur selten angemessen über ihre Rechte und Ansprüche informiert; Beschäftigte im Gesundheitswesen brauchen immer um-fassendere sozialrechtliche Kompetenzen, um sich im Dschungel der gesetzli-chen Vorgaben zu orientieren. Letztendlich behindern der hohe bürokratische Aufwand und die geringe Flexibilität beim Abruf von Pflegeleistungen sowie die überbordenden Dokumentationsanforderungen die Zusammenstellung innovati-ver Hilfesysteme für den einzelnen Klienten. Seit vielen Jahren fordern Experten in Wissenschaft und Praxis Lösungen, die die Integration der Leistungsbereiche fördern, mehr Transparenz schaffen und damit die Arbeit in der Versorgungs-landschaft erheblich erleichtern würden (vgl. auch Fraunhofer ISI 2009: 10-13). Positiv für die Zukunft innovativer Pflegedienstleistungen wäre es, die Fragmen-tierung der bundesdeutschen Sozialgesetzgebung kontinuierlich abzubauen – oder zumindest durchlässiger zu gestalten. In der Praxis steht die Umsetzung dieser Forderung in weiten Bereichen jedoch noch aus.

Reichert 2009); ‚Pflege auf dem Weg in die Integrierte Versorgung' (vgl. Goldmann 2009b); ‚GLOW Care: Elderly Care and Gender in the Knowledge Society: Japan, Germany and USA'.

14 Relevant sind in Bezug auf Pflege vor allem die Gesetzliche Krankenversicherung (SGB V), das Gesetz zur Rehabilitation und Teilhabe behinderter Menschen (SGB IX), die Pflegversicherung (SGB XI) sowie die Sozialhilfe (SGB XII).

15 Relevant sind hier u. a. die Landespflegegesetze sowie die Krankenhaus- und Heimgesetzgebung.

These 1: Vernetzung ist der Schlüssel für mehr soziale Innovation in der Pflege.

Soziale Innovationen sind insbesondere dort gefordert, wo komplexe Problemstellungen durch Akteure auf unterschiedlichen Ebenen des Gesundheitssystems gelöst werden müssen. Dabei ist in hohem Maße gelingende „Kommunikation, Kooperation und Wissensintegration zwischen heterogenen Akteuren" (Howaldt/ Kopp/ Schwarz 2008: 68) gefordert. Unsere erste These lautet daher, dass stärkere sektoren-[16] und berufsgruppenübergreifende[17] Vernetzung eine entscheidende Voraussetzung für die soziale Innovationsfähigkeit der Pflege ist (vgl. Fraunhofer ISI 2009: 10-13; Hilbert/ Evans 2009: 20). Diesbezüglich bestehen jedoch enorme Defizite.

Obwohl die Notwendigkeit von Vernetzung mit dem Ziel, höhere Pflegequalität bei einem rationelleren Ressourceneinsatz zu erreichen, unumstritten ist (vgl. z. B. BMFSFJ 2004: 29 ff.), gibt es bis heute nur wenige Akteure in der Pflege, die konsequent mit auf Vernetzung fokussierten Konzepten wie Integrierter Versorgung (IV)[18] oder patientenbezogenem Fallmanagement (Case Management) arbeiten.

Insbesondere die Integrierte Versorgung gewinnt mit Blick auf den demografischen Wandel, steigende Pflegebedürftigkeit, mehr chronisch kranke und multimorbide Menschen jedoch an Bedeutung und birgt Spielraum für innovative Pflegedienstleistungen, die derzeit weder auf gesundheitspolitischer noch auf organisationeller Ebene ausreichend entwickelt werden.

Um die Gründung integrierter Versorgungsverbünde zu unterstützen, sind eine angemessene personelle und finanzielle Ausstattung zentraler Koordinationsstellen sowie die Qualifizierung kompetenter Netzwerkmanagerinnen und -manager unabdingbar. Hier entsteht ein weiteres Problem. Eine Refinanzierung von Vernetzungstätigkeiten sowie Weiterbildung in diesem Bereich sind in der aktuellen Sozialgesetzgebung (noch) nicht vorgesehen.

Da vernetzte Versorgung vor allem auf lokaler Ebene wirksam wird, kommt den Kommunen eine Schlüsselfunktion bei der Initiierung, Organisation und Förderung einer angemessenen sozialen und pflegerischen Versorgung hilfebedürftiger Menschen zu (vgl. auch Ministerium für Arbeit, Soziales, Gesundheit,

---

16 Gemeint sind hier zunächst der ambulante, teilstationäre und stationäre Kranken- und Altenpflegesektor, ebenso aber die Konkurrenz zwischen kommunalen, freigemeinnützigen und privatwirtschaftlichen Organisationen, Institutionen und Unternehmen auf dem Pflegemarkt.
17 Gemeint sind hier Kranken-, Alten- und Heilerziehungspflegerinnen und -pfleger, Ärztinnen und Ärzte in Kliniken und im niedergelassenen Bereich, Therapeut/innen, Psycholog/innen, Sozialarbeiter/innen, Hauswirtschaftskräfte, Berater/innen, bürgerschaftlich Engagierte und viele mehr.
18 Vgl. SGB V § 140.

Familie und Frauen Rheinland-Pfalz 2009: 63-77).[19] Durch die Singularisierung des Alters und sinkende familiäre Pflegepotenziale wird das vom Gesetzgeber propagierte Leitbild ‚Ambulant vor Stationär' nur durch ein engmaschiges Versorgungsnetz im Sozialraum und unter stärkerer Beteiligung von bürgerschaftlichem Engagement realisierbar sein.[20] Um eine solche Pflege und Begleitung für möglichst viele Bürger/innen zu sichern, müssen entsprechende Netzwerke initiiert und aufgebaut werden. Hilbert & Evans (2009: 21) sprechen in diesem Zusammenhang von einer notwendigen „Revitalisierung kommunaler Gestaltungsverantwortung für innovative Gesundheitsdienste." Fraglich ist, ob Bund und Länder den Kommunen in Zukunft einen angemessenen Gestaltungsspielraum dafür einräumen.

Darüber hinaus nehmen Kommunen eine zentrale Position bei der Gestaltung von Vernetzung ein, weil sie von konkurrierenden Pflegeanbietern meist als ‚neutrale Stelle' anerkannt werden und somit für die Übernahme von Koordinationsaufgaben in trägerübergreifenden Netzwerken prädestiniert sind.

These 2: Die Diffusion sozialer Innovation in die Breite der Versorgungspraxis kann nur durch die Entwicklung von Nachhaltigkeits- und Transferkonzepten gelingen.

Unsere zweite These lautet, dass soziale Innovationen in der Pflege nur dann in der Breite der Versorgungspraxis wirksam werden und spürbare Effekte[21] erzielen können, wenn Nachhaltigkeit für innovative Ansätze stets mitgedacht wird, und vor allem, wenn systematische Transferkonzepte für soziale Innovationen erarbeitet werden. Beides geschieht jedoch nur sporadisch.

Innovative Versorgungsansätze im Pflegebereich entstehen heute häufig im Kontext von Modellförderungen.[22] Wie bereits beschrieben, gelingt es oft jedoch nicht, erfolgreiche Projekte nach Ablauf der Modellphase in die Regelfinanzierung zu überführen (vgl. Greenhalgh/ Robert/ Macfarlane/ Bate/ Kyriakidou 2004: 22). Sowohl Auftragnehmer als auch Auftraggeber von Modellförderungen führen in der Konzeptionsphase nur selten eine Diskussion zur Nachhaltig-

---

19 Kommunen haben auch eine gesetzliche Verpflichtung zur Daseinsvorsorge. Diese ist in den Landespflegegesetzen der jeweiligen Bundesländer geregelt. Vgl. zum Beispiel Landespflegegesetz Nordrhein-Westfalen (PfG NW) § 2.
20 Geführt wird in diesem Zusammenhang eine Teilhabe-Diskussion um die aktive Partizipation von Bürgerinnen und Bürgern bei der Gestaltung und Übernahme von Gesundheitsdienstleistungen im Sinne einer engagierten Zivilgesellschaft (vgl. auch Fraunhofer ISI 2009: 10-13).
21 Zum Beispiel im Hinblick auf Qualitätssteigerung und Wirtschaftlichkeit.
22 Vgl. auch Praxisbeispiel ‚Blaue Blume Schwaben' in diesem Artikel.

keit ihrer Ansätze. Mit Abschluss der Modellphase bricht häufig die Refinanzierung[23] ab, die Überleitung in den Regelbetrieb scheitert und auch erfolgreiche Modelle werden eingestellt (vgl. auch Fraunhofer ISI 2009: 10-13). Ein weiteres Problem ist, dass innovative Modelle zwar häufig zum Abschluss der entsprechenden Förderprogramme öffentlich vorgestellt werden. Die Projektergebnisse werden jedoch überwiegend in Form von Abschussberichten, Tagungen oder Fachpublikationen einem kleinen Fachpublikum präsentiert, aber eher selten für die breite Versorgungspraxis aufbereitet. Hier fehlen bis heute systematische Transferkonzepte unter Einbindung zentraler Multiplikatoren.

4. Praxisbeispiele zu sozialer Innovation in der Pflege

Um die bisherigen Überlegungen zu sozialer Innovation in der Pflege greifbarer zu machen, werden im folgenden Abschnitt drei Praxisbeispiele vorgestellt, die trotz der eher innovationsfeindlichen Rahmenbedingungen im Gesundheitswesen kreative Lösungen für aktuelle Problemlagen entwickelt haben: das Bielefelder Modell, die Seniorenbüros Dortmund[24] und die Blaue Blume Schwaben (vgl. Goldmann 2009b: 23-27). Alle drei fokussieren das gesellschaftspolitisch geforderte und sozial erwünschte Leitbild ‚Ambulant vor Stationär'.[25] Ziel dieses Konzepts ist es, pflegebedürftigen Menschen so lange wie möglich ein selbstbestimmtes Leben im privaten Wohnumfeld zu ermöglichen. Zu diesem Zweck sollen kleinräumig Strukturen für eine adäquate medizinische, pflegerische und psychosoziale Begleitung sowie zugehende Unterstützungsleistungen aufgebaut werden. Die ausgewählten Praxisbeispiele realisieren erfolgreich und auf ganz unterschiedliche Weise Konzepte zur ambulanten Versorgung verschiedener Zielgruppen.

---

23 Bei Netzwerkprojekten beispielsweise werden oft die koordinierenden Stellen aus der Modellförderung finanziert. Für eine Weiterfinanzierung von Netzwerkmanagement fehlt im Regelbetrieb dann die gesetzliche Grundlage.
24 Das Bielefelder Modell sowie die Seniorenbüros der Stadt Dortmund waren Praxispartner im BMG-Leuchtturmprojekt Demenz ‚EVIDENT: Evaluation vernetzter Versorgungsstrukturen für Demenzkranke und ihre Angehörigen: Ermittlung des Innovationspotenzials und Handlungsempfehlungen für den Transfer'. Durchgeführt wurde das Projekt durch einen Forschungsverbund der TU Dortmund, Soziale Gerontologie und Lebenslaufforschung, der Sozialforschungsstelle Dortmund (sfs) sowie dem Institut für Gerontologie an der TU Dortmund.
25 Vgl. SGB XI § 3.

4.1 Begleitung und Pflege im Stadtquartier – Bielefelder Modell

Das Bielefelder Modell löst die Anforderungen des Leitbilds ,Ambulant vor Stationär' durch den Aufbau gemeinwesenorientierter Quartiersprojekte. An deren Gestaltung wirken im Sinne von Partizipation und Teilhabe professionell im Gesundheitswesen Tätige, ehrenamtlich Engagierte sowie hilfebedürftige Menschen und Bürgerinnen und Bürger im Stadtviertel mit. Das Bielefelder Modell zeichnet sich darüber hinaus durch neuartige Kooperationen und Projektpartnerschaften, flexible Organisationsstrukturen, ein ungewöhnliches Personalkonzept, sowie den besonders virtuosen Umgang mit bestehenden Finanzierungsmöglichkeiten aus.

Die dem Deutschen Paritätischen Wohlfahrtsverband (DPWV) angeschlossenen Vereine Alt und Jung Süd-West e. V. und Alt und Jung Nord-Ost e. V.[26] sind seit 1978 im Bereich der Ambulanten Hilfen und der Gemeinwesenarbeit in Bielefeld tätig. Im Verein engagieren sich mittlerweile über 550 Mitglieder, die hilfe- und pflegebedürftige Menschen betreuen. Anders als bei ambulanten Pflegediensten üblich, sind die Mitarbeiter/innen von Alt- und Jung e. V. keine Angestellten des Vereins, sondern arbeiten freiberuflich und sehen sich damit in der jahrhundertealten Tradition der freien Gemeindepflege. Dieses Personalkonzept ermöglicht Alt und Jung e. V. eine schlanke zentrale Verwaltung, die vor allem Qualitätsstandards, Weiterbildung und soziale Absicherung der Mitglieder sicherstellt. Darüber wird die Arbeit in etwa 20 dezentralen Betreuungsteams geleistet, in denen alle Mitarbeiter/innen hohe Eigenverantwortung übernehmen. Alt und Jung e. V. hat gemeinsam mit der Bielefelder Gemeinnützigen Wohnungsgesellschaft (BGW) das bundesweit bekannt gewordene Bielefelder Modell entwickelt. Ziel dieses innovativen Versorgungskonzepts ist es, in kleinräumigen Stadtquartieren die Betreuung aller dort lebenden Menschen sicherzustellen, völlig unabhängig davon, welchen Hilfebedarf sie haben. Im Zentrum des Quartiers liegt in der Regel ein Wohnprojekt der BGW, in dem barrierefreie Wohnungen für interessierte Mieter/innen, ein Büro für den Pflegepartner Alt und Jung e. V. sowie ein Nachbarschaftscafé als zentraler Ort der Begegnung für Mieterschaft und Gäste aus dem Stadtviertel untergebracht sind. In den Wohnprojekten leben sowohl gesunde Menschen jeden Alters als auch junge und alte körperlich und geistig behinderte und/ oder pflegebedürftige Personen mit unterschiedlich hohem Unterstützungsbedarf.[27] Um das anspruchsvolle Konzept des Bielefelder Modells umzusetzen, arbeitet Alt und Jung e. V. mit multiprofessionellen Teams, bestehend aus Kranken-, Alten- und Heilerziehungspflegerinnen

---

26 Vgl. www.altundjung.org.
27 Die Mieterschaft reicht von Rollstuhlfahrern über Demenzkranke bis hin zu Wachkomapatienten.

und -pflegern (zum Teil mit Zusatzqualifikationen wie Intensivpflege, Gerontopsychiatrie etc.), Sozialarbeiter/innen, Pädagoginnen und Pädagogen, Fachkräften aus Handwerk und Hauswirtschaft sowie zahlreichen Ehrenamtlichen. So kann der Verein seiner Kundschaft ein umfassendes Leistungsportfolio anbieten (grundpflegerische Versorgung, häusliche und psychiatrische Krankenpflege, Eingliederungshilfe, niedrigschwellige Betreuungsangebote, Verhinderungspflege, Wohnraumanpassung, Beratungsdienstleistungen, Gemeinwesenarbeit etc.) sowie eine 24-Stunden-Präsenz im Quartier sicherstellen. Aktuell hat der Verein über 400 (!) Versorgungsverträge mit ganz verschiedenen Leistungsträgern (SGB V, IX, XI, XII) abgeschlossen und sichert sich damit hervorragende Refinanzierungsmöglichkeiten. Durch bewusste Transferanstrengungen macht Alt und Jung e. V. sein Konzept bundesweit in der Versorgungspraxis bekannt. Inzwischen interessieren sich zahlreiche Kommunen für das Bielefelder Modell und erhalten vom Verein Unterstützung durch einen umfassenden Informationstransfer in Form von Hospitationen, Schulungen und Beratungen.[28]

4.2 Sozialraumbezogene Beratung in allen Lebenslagen – Seniorenbüros in Dortmund

Auch die Dortmunder Seniorenbüros stellen eine soziale Innovation dar. Sie bieten flächendeckend im gesamten Stadtgebiet eine sozialraumbezogene Beratung für ältere Menschen in allen Lebenslagen an. Mit dem Ziel, Systemschnittstellen zu überwinden, fördern sie die kleinräumige Vernetzung aller Akteure, die für und mit Senioren arbeiten oder in Kontakt stehen. Bundesweit einzigartig ist, dass Kommune und Wohlfahrtsverbände gemeinsam die Trägerschaft der Büros innehaben, was zu einer besser abgestimmten Weiterentwicklung des Altenhilfeangebots beiträgt und den Abbau von Konkurrenzen fördert. Die Landesregierung und das Städtenetzwerk NRW haben die Seniorenbüros mit dem Robert Jungk Preis 2007 ausgezeichnet.

In den Jahren 2000 bis 2004 arbeitete die Stadt Dortmund an einer umfassenden Neuorientierung der kommunalen Altenhilfe. Zentrales Ergebnis dieses Prozesses war die Gründung der beim Fachdienst für Seniorenarbeit des Sozialamtes angesiedelten, hauptamtlich geführten Seniorenbüros. Jedes der zwölf Büros arbeitet mit einem Tandem aus je einer/einem Mitarbeiter/in der Stadt und einer/einem Mitarbeiter/in eines Wohlfahrtsverbandes. In den Seniorenbüros

---

28 Das Bielefelder Modell wird derzeit – zum Teil in leicht vom Originalkonzept abweichenden Formen – bundesweit in 18 Städten und Gemeinden umgesetzt; in rund 10 Kommunen ist es im Aufbau. Darüber hinaus gibt es zahlreiche weitere Anfragen.

können sich Ratsuchende kostenfrei und trägerneutral über Unterstützungsmöglichkeiten jeglicher Art informieren und – im Sinne von Case Management – Hilfe bei der Zusammenstellung eines individuellen Entlastungsnetzwerks in Anspruch nehmen (beispielsweise Beratung bei gesundheitlichen und finanziellen Problemen, Unterstützung bei Behördengängen und Anträgen, Suche nach Pflege- und Betreuungseinrichtungen, Mietfragen und vieles mehr). Im Jahr 2007 hatten die Seniorenbüros insgesamt 20.000 Kundenkontakte; davon rund 5.800 persönliche Beratungsgespräche (Stadt Dortmund 2008: 11). Neben dieser Informations- und Beratungstätigkeit ist es Aufgabe der Seniorenbüros, ein kleinräumiges Altenhilfenetzwerk im Quartier aufzubauen und die systematische Zusammenarbeit aller Praktiker/innen sowie bürgerschaftliches Engagement vor Ort zu fördern (Netzwerkmanagement). Daher suchen und etablieren die Büros Kontakte zu verschiedenen Akteuren: zu Hilfs- und Pflegediensten, Ärztinnen und Ärzten, Kliniken, Apotheken, Kirchengemeinden, Kultur- und Begegnungszentren, Vermietern, Einzelhandel, Polizei etc. Ein wichtiges Instrument dabei sind Runde Tische in jedem Stadtbezirk, zu denen Interessierte zum regelmäßigen Austausch und zur Entwicklung neuer Projekte eingeladen werden.

4.3 Integrierte Versorgung für Menschen mit Demenz – Blaue Blume Schwaben

Die Blaue Blume Schwaben fördert die Früherkennung gerontopsychiatrischer Erkrankungen[29], sie bündelt niedrigschwellige Versorgungsangebote, will pflegende Angehörige entlasten und der Notwendigkeit stationärer Aufenthalte der Patientinnen und Patienten vorbeugen. Im Rahmen Integrierter Versorgungsverträge (IV)[30] arbeitet die Blaue Blume in einem sektoren- und fachübergreifenden Netzwerk mit zahlreichen Gesundheitsdienstleistern vor Ort zusammen und konnte so die Versorgungsqualität und Effizienz wirksam erhöhen. Nicht zuletzt wurde durch die Überführung des ursprünglich als Modell gestarteten Projekts in ein IV-Konzept der Fortbestand des Angebots nach Auslaufen der Projektförderung gesichert.

Die Blaue Blume Schwaben gGmbH, Zentrum für seelische Gesundheit im Alter, bietet rund 150 Plätze für die ambulante Behandlung von älteren Menschen mit gerontopsychiatrischen Diagnosen. Zu den Angeboten des in der Innenstadt angesiedelten Zentrums gehören: Tagesstrukturierung, alltagsorientierte sozialpsychiatrische Grundversorgung, Gedächtnissprechstunde, Gruppen- und Einzeltherapie, kompetenzorientierte Behandlungsgruppen. Außerdem gibt es

---

29 Zum Beispiel Demenzen, Depressionen.
30 Vgl. SGB V § 140.

eine Seniorenwohngemeinschaft, eine Begegnungsstätte und einen Selbsthilfebereich. Nach einer vom BMG geförderten Modellphase (2001-2004) wurde die Blaue Blume Teil von IV-Verträgen, die das Bezirkskrankenhaus (BKH) Kaufbeuren mit vier Krankenkassen in der Region abgeschlossen hat. Zum Verbund gehören außerdem eine gerontopsychiatrische Institutsambulanz, ein Allgemeinkrankenhaus mit gerontopsychiatrischem Dienst, über 30 niedergelassene Haus- und Fachärztinnen und -ärzte (Neurologie, Psychiatrie, Psychotherapie), ambulante sozialpflegerische Dienste, eine Weiterbildungseinrichtung und fünf assoziierte ambulante Pflegedienste. Das Zentrum Blaue Blume selbst beschäftigt insgesamt acht Mitarbeiter/innen verschiedener Professionen (Gerontologie, Pflege, Sozialpädagogik, Psychologie, Verwaltung), die als Koordinierungsstelle verantwortlich sind für das Case Management der Klientinnen und Klienten sowie für das Netzwerkmanagement des Gesamtverbundes. Im Rahmen wissenschaftlicher Begleitforschung zeigte sich klar, dass durch die Arbeit der Blauen Blume geriatrische und gerontopsychiatrische Patientinnen und Patienten frühzeitig erreicht werden und die Krankheitsverläufe durch die ambulante Behandlung unterbrochen bzw. verzögert werden konnten. Außerdem wurden stationäre Behandlungen vermieden (Schäfer-Walkmann/ Nißl-Gambihler 2006). Mittlerweile hat das Konzept der Blauen Blume Schwaben ein hervorragendes Image, ist über die Region hinaus anerkannt und wird aktuell in anderen Regionen adaptiert.[31]

4.4 Resümee zu den Praxisbeispielen

In allen Praxisbeispielen ist es gelungen, innovative Lösungen für eine Realisierung des Leitbilds 'Ambulant vor Stationär' zu entwickeln und hilfe- und pflegebedürftigen Menschen die aktive Teilhabe am Leben in ihrem angestammten Umfeld zu sichern. Alle Modelle basieren auf wesentlichen Elementen für eine erfolgreiche Entwicklung und Implementierung sozialer Innovationen. Die Institutionen arbeiten konstruktiv mit den bestehenden Rahmenbedingungen und reagieren flexibel durch Anpassung ihrer Organisationsstrukturen und durch neuartige Personalkonzepte. Interessante Projektpartnerschaften sowie fach- und sektorenübergreifende Netzwerke fördern kreative Lösungen bei der Überwindung kritischer Systemschnittstellen. So entstehen innovative Dienstleistungen, die die spezifischen Bedürfnismuster der jeweiligen Zielgruppe befriedigen. Das klare Interesse der informierten Praxis an einem Transfer erfolgreicher Modelle

---

31 Vgl. Leuchtturmprojekt-Demenz „IDOB: Integrierte Demenzversorgung in Oberbayern",
www.leuchtturm-idob.de.

unterstützen die Akteure zum Teil bereits aktiv, wenn auch (noch) nicht mit strukturierten Transferkonzepten.

5. Fazit und Ausblick

Die sozialwissenschaftliche Innovationsforschung geht davon aus, dass man „soziale Innovationen als geeignete Mittel betrachten [kann, um] gesellschaftlichen Herausforderungen zu begegnen" (Gillwald 2000: 8). Solche Herausforderungen stellen sich im Gesundheitswesen besonders zwingend. Forschung und Entwicklung im Bereich der High-Tech-Medizin ist zweifellos wichtig, jedoch birgt insbesondere die Neugestaltung sozialer Prozesse ein darüber hinausweisendes enormes Innovationspotenzial. In diesem Zusammenhang erscheinen uns Vernetzung, integrierte Sozialgesetzgebung, Nachhaltigkeitsdiskussionen und Transferkonzepte besonders zentral.

Pflege ist ein hochinteressantes Anwendungsfeld für Forschung zu sozialer Innovation. Sie kann erstens – in Bezug auf die Versorgungspraxis – Ideen für die kreative Weiterentwicklung von Versorgungsstrukturen bieten und zweitens – in Bezug auf die Wissenschaft – ihren Beitrag zur Schärfung des Konzepts Soziale Innovation in den fachdisziplinären Debatten leisten.

Darüber hinaus bleiben für zukünftige Forschung viele offene Fragen: Es gilt, die Definition zu sozialer Innovation mit Blick auf das Feld Pflege und Versorgung weiter zu schärfen. Die beschriebenen Handlungsebenen und -felder sollten systematischer auf ihr (soziales) Innovationspotenzial und ihre Innovationsfähigkeit hin abgeklopft werden, um weitere Kriterien für innovationsfreundliches Denken und Handeln in diesem Dienstleistungssektor zu identifizieren. Wünschenswert wäre auch der Versuch, Erfolge sozialer Innovationen in der Pflege stärker auf Ergebnisqualität und Kosten-Nutzen-Effekte hin zu prüfen. Wenn positive Effekte konkret messbar werden, steigen die Chancen, dass soziale Innovationen auf Augenhöhe mit medizinischen, pharmakologischen und medizintechnischen Innovationen wahrgenommen werden.

Die Versorgungspraxis muss zwingend auf aktuelle Entwicklungen der Gesetzgebung reagieren; weitgehend unbekannt ist jedoch, ob und wie sozial innovative Modelle in der Praxis umgekehrt auch auf die Gestaltung politischer Leitlinien und die Gesetzgebung zurückwirken. Ebenso existiert bisher keine Forschung zu Transferkonzepten für modellhafte Innovationen im Feld Pflege.

Kurz: Auf soziale Innovationen bezogene Forschung im Gesundheitsbereich kann einen entscheidenden Beitrag dazu leisten, die öffentliche Wahrnehmung von Pflege und Versorgung als bedeutende Innovationsbranche zu stärken und damit auch den Weg zu einer stärkeren Berücksichtigung dieses Themas im Hinblick auf förderpolitische Debatten und Entscheidungen ebnen.

Literatur

Afentakis, Anja/ Böhm, Karin (2009). Beschäftigte im Gesundheitswesen. Gesundheitsberichterstattung des Bundes Heft 46, Berlin: Robert Koch-Institut.

Backes, Gertrud/ Amrhein, Ludwig/ Wolfinger, Martina (2008). Gender in der Pflege – Herausforderungen für die Politik. Bonn: Friedrich-Ebert-Stiftung.

Bundesministerium für Bildung und Forschung (Hrsg.) (2008). Versorgungsforschung. Ergebnisse der gemeinsamen Förderung durch das BMBF und die Spitzenverbände der gesetzlichen Krankenkassen (2000-2008). Bonn, Berlin: Bundesministerium für Bildung und Forschung.

Bundesministerium für Familie, Senioren, Frauen und Jugend (Hrsg.) (2002). Vierter Bericht zur Lage der älteren Generation in der Bundesrepublik Deutschland: Risiken, Lebensqualität und Versorgung Hochaltriger – unter besonderer Berücksichtigung demenzieller Erkrankungen. Berlin: Bundesministerium für Familie, Senioren, Frauen und Jugend.

Bundesministerium für Familie, Senioren, Frauen und Jugend (Hrsg.) (2004). Altenhilfestrukturen der Zukunft: Abschlussbericht der wissenschaftlichen Begleitforschung zum Bundesmodellprogramm. Lage: Hans Jacobs.

Bundesministerium für Gesundheit (Hrsg.) (2009). Zahlen und Fakten zur Pflegeversicherung (07/09). Download von: Webseite Bundesministerium für Gesundheit (www.bmg.bund.de/cln_179/nn_1168248/SharedDocs/Downloads/DE/Statistiken/St atistiken_20Pflege/Zahlen-und-Fakten-Pflegereform-Juli_2009,templateId=raw,property=publicationFile.pdf/Zahlen-und-Fakten-Pflegereform-Juli_2009.pdf, Abruf 05.01.2010)

Fraunhofer Institut für System- und Innovationsforschung (Hrsg.) (2009). Innovation für mehr Gesundheit. MetaForum „Innovation im Gesundheitswesen" 2007-2009. Download von: Webseite MetaForum Innovation im Gesundheitswesen (www.metaforum-innovation.de/wDefault_2/files/MetaForum2009_Memorandum_Innovationen-fuer-mehr-Gesundheit.pdf, Abruf 05.11.2009).

Gillwald, Katrin (2000). Konzepte sozialer Innovation. P00-519. Berlin: Wissenschaftszentrum Berlin für Sozialforschung.

Goldmann, Monika (2009a). Innovationen in der Pflege. Neue Anforderungen an Pflegedienstleistungen. In: L. Schröder/ E. Kutzner/ C. Brandt (Hrsg.), Innovation durch Chancengleichheit – Chancengleichheit als Innovation. Hamburg: VSA.

Goldmann, Monika (2009b). Pflege auf dem Weg in die Integrierte Versorgung – Beispiele aus der Praxis. Dortmund: Bundesanstalt für Arbeitsschutz und Arbeitsmedizin.

Goldmann, Monika/ Köhler, Kerstin/ Ehlers, Anja/ Leve, Verena/ Menke, Marion/ Meschkutat, Bärbel/ Reichert, Monika (2009). Evaluation vernetzter Versorgungsstrukturen für Demenzkranke und ihre Angehörigen: Ermittlung des Innovationspotenzials und Handlungsempfehlungen für den Transfer – das Leuchtturmprojekt EVIDENT. Zeitschrift für Allgemeinmedizin, Sonderausgabe: Hauptprogramm/Abstractband zum 8. Deutschen Kongress für Versorgungsforschung des Deutschen Netzwerks für Versorgungsforschung, 95.

Greenhalgh, Trisha/ Robert, Glenn/ Macfarlane, Fraser/ Bate, Paul/ Kyriakidou, Olivia (2004). Diffusion of Innovations in Service Organisations: Systematic Review and Recommendations. The Milbank Quarterly, 82 (4). Download von: Webseite Milbank Memorial Fund (www.milbank.org/quarterly/8204feat.html, Abruf 07.02.2009).

Hilbert, Josef/ Evans, Michaela (2009). Mehr Gesundheit wagen! Gesundheits- und Pflegedienste innovativ gestalten, Bonn: Friedrich-Ebert-Stiftung.

Howaldt, Jürgen/ Kopp, Ralf/ Schwarz, Michael (2008). Innovationen (forschend) gestalten. Zur neuen Rolle der Sozialwissenschaften. WSI-Mitteilungen, 61 (2), 63-69.

Kartte, Joachim/ Neumann, Karsten/ Kainzinger, Florian/ Henke, Klaus-Dirk (2005). Innovation und Wachstum im Gesundheitswesen. München: Roland Berger Strategy Consultants, Germany. Download von: Webseite Roland Berger Strategy Consultants (www.rolandberger.com/media/pdf/rb_press/RB_study_Innovation_and_growth_he althcare_D_20051102.pdf, Abruf 05.11.2009)

Kesselring, Alexander/ Leitner, Michaela (2008). Soziale Innovation in Unternehmen. Studie erstellt im Auftrag der Unruhe Privatstiftung. Wien: Zentrum für Soziale Innovation.

Metz, Anna-Maria/ Kunze, Daniela/ Hamann, Lucie/ Gehltomholt, Eva/ Urbach, Tina (2009). Demografischer Wandel in der Pflege – Konzepte für den Erhalt und die Förderung der Arbeits- und Beschäftigungsfähigkeit von Pflegekräften. Machbarkeitsstudie im Rahmen des Modellprogramms zur Bekämpfung arbeitsbedingter Erkrankungen. Dortmund: BAuA. Download von: Webseite Kompetenzzentrum Mensch Gesundheit Arbeit (www.komega.de/files/02_abschlussbericht_mbs_pflege.pdf, Abruf 05.01.2010)

Ministerium für Arbeit, Soziales, Gesundheit, Familie und Frauen Rheinland-Pfalz (Hrsg.) (2009). Expertise Pflege und Unterstützung im Wohnumfeld – Praxisbericht mit Beispielen und Empfehlungen für wohnortnahe Pflege- und Unterstützungsstrukturen. Reihe: Berichte aus der Pflege Nr. 13. Mainz: Ministerium für Arbeit, Soziales, Gesundheit, Familie und Frauen Rheinland-Pfalz.

Pfaff, Holger (2003). Versorgungsforschung – Begriffsbestimmung, Gegenstand und Aufgaben. In: H. Pfaff/ M. Schrappe/ K. W. Lauterbach/ U. Engelmann/ M. Halber (Hrsg.), Gesundheitsversorgung und Disease Management: Grundlagen und Anwendungen der Versorgungsforschung (S. 13-23). Bern: Hans Huber.

Robert Koch Institut (Hrsg.) (2006). Gesundheit in Deutschland. Gesundheitsberichterstattung des Bundes. Berlin: Robert Koch Institut.

Schäfer-Walkmann, Susanne/ Nißl-Gambihler, Michaela (2006). Integrierte Versorgung im Versorgungsverbund Kaufbeuren. Evaluationsbericht 2006. Rommelsried München: YSOP-Institut für Sozialwissenschaftliche Politikberatung.

Sowarka, Doris/ Au, Cornelia. (2007). Die Vereinbarkeit von Pflege & Erwerbstätigkeit. Informationsdienst Altersfragen, 34 (3), 2-8.

Stadt Dortmund, Sozialamt (Hrsg.) (2008). Seniorenbüros in Dortmund, 1. Geschäftsbericht 2008, Dortmunder Berichte. Dortmund: Stadt Dortmund.

Statistisches Bundesamt (Hrsg.) (2008). Pflegestatistik 2007. Pflege im Rahmen der Pflegeversicherung. Deutschlandergebnisse. Wiesbaden: Statistisches Bundesamt.

Zapf, Wolfgang (1989). Über soziale Innovationen. Soziale Welt, 40 (1/2), 170-183.

Webseiten

Alt und Jung Nord-Ost/ Süd-West e. V.: www.altundjung.org (Abruf 23.11.2009)

Discovering Hands: www.discovering-hands.de (Abruf: 13.12.2009)

Integrierte Demenzversorgung in Oberbayern (IDOB): www.leuchtturm-idob.de (Abruf: 04.01.2010)

Neue Technologien und soziale Innovationen im Sozial- und Gesundheitswesen

Barbara Klein

1. Einleitung

Das Sozial- und Gesundheitswesen steht schon seit einiger Zeit vor tief greifenden Veränderungen: soziodemographischer Wandel, zunehmender Mangel an qualifiziertem Personal und zunehmender Personalmix, die Anforderung stärker kundenorientierte und individualisierte Versorgungskonzepte zu entwickeln, die Vernetzung und integrierte Versorgung auszubauen sowie die technologischen Entwicklungen und ihre steigende Bedeutung auch in der sozialen und pflegerischen Arbeit sind die z. B. in ‚Pflege 2015' formulierten Entwicklungstrends, mit denen sich Sozial- und Gesundheitseinrichtungen auseinandersetzen müssen (Klein/ Gaugisch/ Stopper 2008).

Innovationen und soziale Innovationen können dazu beitragen, diese Veränderungen in einem positiven Sinne zu beeinflussen. In diesem Beitrag werden Definitionen sowie Kriterien für Innovationen und soziale Innovationen aufgestellt. Auf dieser Basis wird ein Erklärungsmodell für Innovationen entwickelt. Anschließend werden die momentanen technologischen und Dienstleistungsentwicklungen im Bereich der Informations- und Kommunikationstechnologien, Gebäudeautomation und der Robotik betrachtet, um dann das Potenzial dieser Entwicklungen hinsichtlich ihres Beitrags zu sozialer Innovation zu beleuchten. Daraus können mögliche (Handlungs-)parameter abgeleitet werden, die soziale Innovationen bei der praktischen Umsetzung fördern können.

2. Innovation, soziale Innovationen – ein Erklärungsmodell

Rund um den Begriff ‚Innovation' gibt es eine Reihe von Definitionen und Abgrenzungen. Jens Aderhold schlägt vor, Innovationen als „überraschende Neuerungen, die durch soziale Akzeptanz und die kollektive Attribuierung von Neuheit gekennzeichnet sind und damit einen Erfolg für das hervorbringende System zu generieren in der Lage sind" (Aderhold 2006), zu sehen. Unter der Prämisse

der Akzeptanz kann bei dieser Betrachtung eine ‚Innovation' immer erst nachträglich als solche gesehen und beurteilt werden.

Nach dem Oslo Manual kann Innovation als die Implementierung eines
neuen oder eines wesentlich verbesserten Produktes oder einer Dienstleistung
gesehen werden. Haupttypen der Innovation sind

- die Produktinnovation, bei der ein Produkt oder eine Dienstleistung mit
  neuen oder wesentlich verbesserten Merkmalen eingeführt wird;
- die Prozessinnovation, bei der neue oder wesentlich verbesserte Methoden
  der Produktions- oder Serviceerstellung implementiert werden;
- die Marketinginnovation, bei der neue Marketingmethoden mit signifikan-
  ten Veränderungen im Produktdesign, der Verpackung, Produktplacement,
  Produktpromotion oder dem Prizing eingeführt werden;
- die Organisationsinnovation, bei der neue organisatorische Methoden in
  Bezug auf die Geschäftserstellung, Arbeitsorganisation oder externe Beziehungen mit dem Ziel z. B. einer verbesserten Performanz durch Kostensenkung oder erhöhte Arbeitsplatzzufriedenheit oder Zugang zu immateriellen
  Ressourcen oder eine Reduzierung der Angebotskosten zu erreichen
  (OECD/ EUROSTAT 2005).

Howaldt/ Kopp/ Schwarz gehen davon aus, dass sich das Verhältnis sozialer zu
technologischer Innovation verschieben und die Bedeutung sozialer Innovationen zunehmen wird. Dies führt zu einem erhöhten Kompetenzbedarf, der in
erster Linie von den Sozialwissenschaften gedeckt werden kann (Howaldt/
Kopp/ Schwarz 2008: 63).

Soziale Innovationen sind nach Gillwald (zitiert nach Howaldt/ Kopp/
Schwarz 2008: 65) „gesellschaftlich folgenreiche, vom vorher gewohnten Schema abweichende Regelungen von Tätigkeiten und Vorgehensweisen. Sie sind
überall in gesellschaftlichen Systemen möglich, im Ergebnis Verhaltensänderungen und verwandt, aber nicht gleich, mit technischen Innovationen".

Kennzeichen sozialer Innovationen sind dabei, dass

- neue Wege entwickelt werden, um Ziele zu erreichen (nach Zapf in Ho-
  waldt/ Kopp/ Schwarz 2008: 65),
- die Richtung des sozialen Wandels sich verändert (nach Zapf in Howaldt/
  Kopp/ Schwarz 2008),
- sie Voraussetzungen, Begleitumstände oder Folgen technischer Innovationen sind (nach Zapf in Howaldt/ Kopp/ Schwarz 2008),
- sie auf wissenschaftlichen Fortschritt und praktische Erfahrungen beruhen
  (nach Zapf in Howaldt/ Kopp/ Schwarz 2008),

- soziale Arrangements neu konfiguriert werden (Howaldt/ Kopp/ Schwarz 2008),
- sie ein Prozess kollektiver Schöpfung sind, in dessen Verlauf die Mitglieder einer bestimmten Gesamtheit neue Spielwiesen für das soziale Spiel der Zusammenarbeit und des Konflikts erlernen, d. h. erfinden und festlegen, und in dessen Verlauf sie sich die dafür notwendigen kognitiven, relationalen und organisatorischen Fähigkeiten aneignen (Crozier/ Friedberg 1993: 19 nach Howaldt/ Kopp/ Schwarz 2008: 65).

Soziale Innovationen sind die Treiber der Dienstleistungswirtschaft und damit auch häufig eng verwoben mit Dienstleistungsinnovationen – vergleichbar mit dem produzierenden Gewerbe, bei dem die wesentlichen Impulse durch technologische Innovationen ausgehen (Howaldt/ Kopp/ Schwarz 2008: 65). Das Infragestellen der ausschließlich positiven sozial erwünschten Wirkungen wird hier nicht nur für die technologischen, sondern auch für die sozialen Innovationen gefordert. Bei komplexen Systeminnovationen sind technische, organisatorische und soziale Innovationen interdependent (Howaldt/ Kopp/ Schwarz 2008).

Maelicke (1987: 12) unterscheidet zwischen sozialen Innovationen und Innovationen in der sozialen Arbeit: Er definiert Innovation analog zu den vorhergegangenen Definitionen als „der möglichst von allen beteiligten oder betroffenen Menschen beeinflusste und gesteuerte Veränderungsprozess, der signifikante Neuerungen in bestehende Handlungsstrukturen und -bedingungen im sozialen System bewirkt aufgrund von ethisch begründeten Wertentscheidungen, Inhalten und Programmen".

Die Bestimmungsfaktoren der Innovation für die soziale Arbeit (Maelicke 1987: 15) sind für ihn

- die prozesshafte Gestaltung,
- die Einbeziehung der beteiligten und betroffenen Menschen als Subjekt in den Veränderungsprozess,
- dass sowohl die Veränderung der Bedingungen (Verhältnisse) als auch der Handlungsstrukturen (Verhalten) angestrebt sind,
- dass der Gesamtzusammenhang – das soziale System – in dem sich Problem- und Konfliktsituationen entwickeln, betrachtet wird.

Weitere Spezifika in der sozialen Arbeit (Maelicke 1987: 16) sind dabei

- der Anspruch, dass soziale Arbeit Probleme reduzieren soll,
- das häufig unklare Verhältnis zwischen Selbsthilfe, ehrenamtlicher Hilfe und professioneller Arbeit,
- dass die Organisationsform der sozialen Arbeit meist nicht den inhaltlichen Notwendigkeiten entspricht. Gemeint ist hier die interdisziplinäre Auseinandersetzung, der fachliche Austausch im Team und systematische Planung und Evaluation. Dieses kann heute – mehr als 20 Jahre später – nicht mehr flächendeckend behauptet werden,
- fehlende Akzeptanz von Forderungen und Veränderungsvorschlägen aus dem sozialen Bereich.

„Weitgehender Konsens besteht darin, dass ohne eine geplante Innovation die soziale Arbeit ihren gesellschaftlichen Auftrag immer weniger erfüllen kann." (Maelicke 1987: 19) Das heißt, dass gerade auch im Sozial- und Gesundheitswesen Innovationen und insbesondere soziale Innovationen vonnöten sind, um qualitative Veränderungen in der sozialen und pflegerischen Arbeit zu ermöglichen und den zukünftigen Anforderungen gerecht zu werden. Sieht man soziale Innovation als Begleiterscheinung bzw. Ergebnis von Produkt- und Dienstleistungsinnovationen, so soll die folgende Abbildung die Komplexität und Wirkungszusammenhänge sozialer Innovationen in einem Mehrebenen-Modell verdeutlichen.

Abbildung 1: Mehrebenen-Modell zu den Wirkungszusammenhängen sozialer Innovationen

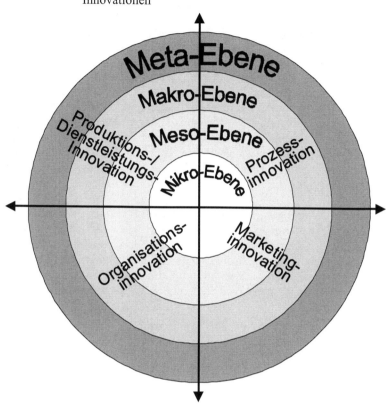

Quelle: Eigene Darstellung

Die vier Ebenen spielen eine große Rolle hinsichtlich der Durchsetzung von Innovationen in einer Gesellschaft. Auf der Mikroebene sind Einstellungen und das Verhalten von Bedeutung wie auch der Verbreitungsgrad der erforderlichen Qualifikationen. Eine positive Einstellung zu Neuerung und Veränderung, ein offenes Verhalten und entsprechende Qualifikationen öffnen den Weg für soziale Innovationen. Auf der Meso-Ebene spielen – wie auch beim Qualitätsmanagement – die Strukturen, Prozesse und Ergebnisse eine innovationsfördernde – oder auch hemmende – Rolle. Auf der Makro-Ebene sind bedeutende Einflussfaktoren die politische Regulation, eine entsprechende Gesetzgebung sowie die Förderpolitiken. Auf der Meta-Ebene geht es um Werte und Leitbilder sowie das gesellschaftliche Klima, das (sozialen) Innovationen zuträglich ist – oder auch nicht.

Auf Grund seiner hohen Abhängigkeit von der Meta- und Makroebene ist das Sozial- und Gesundheitswesen einem anderen Wirkungsmechanismus unterworfen als z. B. die freie Wirtschaft. Allerdings kann dieser Nachteil bei entsprechender politischer Förderung auch gerade ein Potenzial bieten, für einen Massenmarkt soziale Innovationen einzuführen, deren sekundärer (späterer) Nutznießer dann der soziale ‚Markt' sein kann.

Die Diffusionstheorie nach Everett M. Rogers bietet ein Erklärungsmodell für die Diffusion von Innovationen. Diffusion ist dabei als ein Prozess zu verstehen, als eine Entwicklung in Zeit, Raum und sozialer Sphäre. „Diffusion is the process by which an innovation is communicated through certain channels over time among the members of a social system. It is a special type of communication in that the messages are concerned with new ideas." (Rogers zitiert nach Müller 2004: 16)

Diffusionsrelevante Eigenschaften einer Innovation sind der relative Vorteil (wie z. B. finanzielle Vorteile, Statusgewinn, Vorteile in der Funktionalität/ Gebrauchswert), die Kompatibilität mit dem Vorhandenem (wie z. B. soziale Normen), die Komplexität der Innovation und des Umgangs mit ihr (frühe Nutzer wissen i. d. R. nicht, wie die Innovation funktioniert), die Möglichkeit, vor der Übernahme testen zu können sowie die Beobachtbarkeit der Innovation bzw. ihrer Übernahme.

Für die Verbreitung von Innovationen spielen Kommunikationskanäle eine wesentliche Rolle. Sie sind das Mittel, mit dem die Botschaft – also die Information über die Innovation – von einem Individuum zum anderen transportiert wird. Die Verbreitung kann dabei massenmedial, interpersonal, kosmopolitisch oder über lokale Kanäle erfolgen.

Sozialsystembedingte Einflussfaktoren auf die Diffusion sind dabei die Systemstrukturen, die im System benutzten Normen, das Auftreten bestimmter Schlüsselakteure und die Konsequenzen, die sich aus einer Übernahme oder Ablehnung der Innovation für das jeweilige System ergeben (Müller 2004: 27).

Auf der Grundlage dieser Definitionen wird in der folgenden Abbildung ein Erklärungsmodell für soziale Innovationen entwickelt:

Abbildung 2:   Innovationsmodell

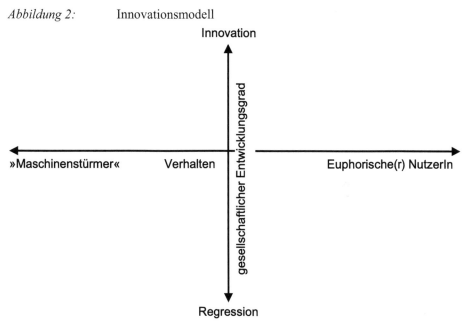

Quelle: Eigene Darstellung

Die x-Achse steht dabei für das Verhalten in Bezug auf neue Entwicklungen –
seien es technologische, organisatorische oder soziale Entwicklungen. Dieses
Verhalten in seiner extremen ,negativen' Ausprägung resultiert in Zerstörung
wie z. B. bei der Maschinenstürmerei; in seiner extremen positiven Auswirkung
ist es die euphorische Nutzung.

Die y-Achse steht für den gesellschaftlichen Entwicklungsgrad. In seiner
negativen Ausprägung bedeutet diese Regression; es ist kein Geld da, um neue
Entwicklungen zu fördern und die politische, gesellschaftliche Haltung ist neuen
Entwicklungen gegenüber ablehnend eingestellt. In seiner positiven Ausprägung
bedeutet dies Innovation; Innovationen – seien es technische, organisatorische
oder soziale Innovationen – setzen sich durch. Das gesellschaftliche Klima hinsichtlich Neuerungen ist positiv und damit eine weitestgehende Akzeptanz vorhanden. Auch von der politischen Seite erfahren neue Entwicklungen eine Förderung. Dabei geht es nicht um Innovation und Neuerung per se, sondern sie kann
i. d. R. einem Leitbild zugeordnet werden wie z. B. ,Nachhaltigkeit' im Ener-
giewesen oder ,Lebensqualität' und ,ambulant vor stationär' im Sozial- und
Gesundheitswesen.

Im Weiteren wird mit folgender Definition sozialer Innovation gearbeitet: Soziale Innovationen sind technologisch induzierte neue Angebote, die zu Verhaltensänderungen führen und Organisationsprozesse/ Arbeitsstrukturen grundlegend verändern. Steuerungselemente für ihre Diffusion sind gesellschaftliche Leitbilder und die daraus resultierenden Rahmenbedingungen auf der Makroebene. Soziale Innovation trägt zur Verbesserung der Lebens- und/ oder Arbeitsqualität bei. Zur Messung sozialer Innovationen können die oben beschriebenen Indikatoren von Howaldt/ Kopp/ Schwarz, Maelicke und Zapf herangezogen werden: neue Wege, um Ziele zu erreichen; Richtungsänderung des sozialen Wandels; technische Innovation als Voraussetzung; wissenschaftlicher Fortschritt und praktische Erfahrung; Neukonfiguration sozialer Arrangements/ Einbeziehung des Menschen; Prozess kollektiver Schöpfung; Prozessorientierung; Reduktion sozialer Probleme. Ergänzt werden sie um den Aspekt Förderung der Lebens- und/ oder Arbeitsqualität.

Ausgehend von dieser Definition kann soziale Innovation nur im rechten Quadranten des Innovationsmodells stattfinden. Die folgende Abbildung stellt ein vereinfachtes Modell für soziale Innovationen dar.

Abbildung 3:   Erklärungsmodell für soziale Innovationen

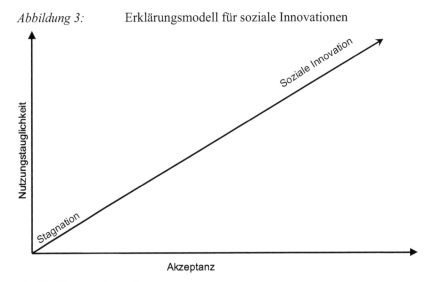

Quelle: Eigene Darstellung

Die x-Achse steht für die Akzeptanz sozialer Innovationen. Implizit fließen dabei die Faktoren des Mehr-Ebenen-Modells ein. Die y-Achse steht für die Nutzungstauglichkeit. In Anlehnung an den relativen Vorteil von Rogers sind dabei auch Aspekte wie der Gebrauchswert, Kosten/ finanzielle Vorteile, Statusgewinn etc. zu berücksichtigen.

Im Folgenden werden technologische Konzepte und daraus resultierende Anwendungen im Sozial- und Gesundheitswesen beleuchtet, um anschließend ihren möglichen Beitrag zur sozialen Innovation zu untersuchen.

3. Technologische Konzepte und daraus resultierende Anwendungen

Neue Technologien leisten einen entscheidenden Beitrag zu Innovation und Produktivität in der Arbeit – wie dieses in beinahe allen Branchen heute schon aufgezeigt werden kann. Auch im Sozial- und Gesundheitswesen gibt es eine Vielfalt von technologischen Entwicklungen und daraus resultierenden Anwendungskonzepten. Eine Ende 2006 durchgeführte Befragung der Einrichtungsleitungen aller stationären Pflegeeinrichtungen im Rahmen des Verbundforschungsprojektes ‚Pflege 2020' zeigte, dass der Nutzungsgrad neuer Technologien deutlich ausgebaut werden kann (Klein/ Gaugisch/ Stopper 2008). Anzunehmen ist, dass sich die Situation in Krankenhäusern ähnlich darstellt.

Im Folgenden wird eine Klassifikation der Technologien und ihres Einsatzgebietes im Sozial- und Gesundheitswesen unternommen:

- Informations- und Kommunikationstechnologien
  Hierunter werden Technologien und Anwendungen subsumiert, die in die Gebiete Information und Kommunikation fallen und die es ermöglichen, Informationen zu erstellen und zu archivieren oder auch zeitgleich oder zeitversetzt zu kommunizieren, z. B. PC, Laptops, Netbooks, E-Mail, Internet, Internet-Telefonie (Voice over IP), Videoconferencing…
- Gebäudeautomation / Ambient Assisted Living
  Zur Gebäudeautomation zählen alle Technologien zur Überwachung, Steuerung, Regelung und Optimierung von Gebäuden, die nach Möglichkeit über ein zentrales System gesteuert werden. So kann z. B. die Beleuchtung oder Heizung bedarfsabhängig und je nach Tages- oder Jahreszeit geregelt werden. Zugangskontrollsysteme können die Sicherheit erhöhen. Das Konzept Ambient Assisted Living wird als „altersgerechte Assistenzsysteme für ein gesundes und unabhängiges Leben" auf der offiziellen Webseite des BMBF definiert (www.aal-deutschland.de) und subsumiert dabei die Spannbreite der Technologien und Konzepte, die dieses unterstützen. Das heißt, neben

der Gebäudeautomation werden die Informations- und Kommunikationstechnologien und zukünftig wohl auch die Robotik nutzbar gemacht. Weitere Begriffe, die in diesem Zusammenhang verwendet werden, sind Smart Home, Ubiquitous Computing, Intelligentes (Da-)Heim.

- Robotik
  Der Bereich der Robotik erfährt zurzeit eine sehr dynamische Entwicklung. Im Sozial- und Gesundheitswesen spielen Serviceroboter und Personal Robots eine Rolle: „Ein Serviceroboter ist eine frei programmierbare Bewegungseinrichtung, die teil- oder vollautomatisch Dienstleistungen verrichtet." (Schraft 2007: 120) Im Gegensatz zum Industrieroboter steht ein Serviceroboter direkt im Kontakt mit den Menschen und muss deshalb wesentlich höhere Anforderungen erfüllen, was Sicherheit, Verlässlichkeit, Verfügbarkeit und Bedienbarkeit durch Laien angeht. Ein Personal Robot kann mit seiner Umwelt agieren, mit ihr und/ oder Personen und anderen Personal Robots in einem Netzwerk kommunizieren und interagieren (http://de.wikipedia.org/wiki/Personal_Robots) Serviceroboter und Personal Robots befinden sich noch in der Entwicklungs- und Erprobungsphase. Käufliche Produkte gibt es im Bereich Emotional Robots, z. B. die therapeutische Robbe oder im Bereich der Haushaltsunterstützung, z. B. Staubsauger- oder Rasenmähroboter (Klein/ Cook 2009b).

Diese beschriebenen technologischen Entwicklungen zeichnen sich durch eine weiter zunehmende Miniaturisierung von Endgeräten und durch eine Integration unterschiedlichster Funktionalitäten in einem Endgerät aus. Hierbei verwischen die Grenzen zwischen Hard- und Software, Gebäudeautomation, Robotik und Telekommunikation zusehends. Ein Beispiel ist der Einsatz von Sensorik und RFID-Chips in Kombination mit Telekommunikationsmöglichkeiten an einem Teppich, der infolge dieser ‚intelligenten' Ausstattung Stürze erkennt und einen Notruf auslösen kann.

Ein weiterer Ansatz ist die Klassifikation neuer Technologien hinsichtlich ihrer Einsatzgebiete. Folgende Einteilung orientiert sich an einem Vorschlag von Prof. Dr. Lou Zhiwei (gemäß Interview Prof. Dr. Lou Zhiwei Juli 2008 Japan):

- Prävention, um Fähigkeiten zu erhalten
- Rehabilitation, um Fähigkeiten wieder zu erlangen
- Unterstützung von Pflegebedürftigen für ein selbstständiges und autonomes Leben sowie
- Unterstützung der Beschäftigten aus den Bereichen Pflege und Soziales, um ihre Arbeit angemessen und gesundheitsgerecht ausüben zu können

Darüber hinaus schlägt die Autorin vor, Beschäftigung/ Edutainment als separate Kategorie aufzunehmen, da dieser Bereich insbesondere in der Alten- und Behindertenhilfe stark zur Lebensqualität der betroffenen Menschen beitragen kann.

Folgende Tabelle greift die beiden Klassifikationssysteme auf und ordnet exemplarisch die Technologien und potenzielle Anwendungen zu:

Tabelle 1:   Einsatzbereiche neuer Technologien

Einsatzgebiete	IuK-Technologien	Smart Home/ Gebäudeautomation	Roboter
Prävention	Telemonitoring bei chronischen Erkrankungen; Information und Beratung über Internet	Barrierefreie Umgebung, Sicherheitstechnologien, Notruf, Sturzsensoren, Herd mit Rauchmelder, intelligente Waschmaschinen	Haushaltshilfen wie Roboter-Staubsauger; Gang-Trainingsgeräte
Rehabilitation	Teletraining z. B. nach Schlaganfall	Sensorteppichboden, der Stürze erkennt und Notruf auslösen kann	Trainingsgeräte für bestimmte physiomotorische Erkrankungen, Exoskelett
Unterstützung von Pflegebedürftigen	Internet, Monitoring-Funktionen, Unterstützung über Foren z. B. der Selbsthilfegruppen	Zugangskontrollen z. B. für Menschen mit dementiellen Erkrankungen, Herd, der sich selbst abstellt	Care-O-bot zur Unterstützung der Mobilität, für Hol- und Bringedienste

Beschäftigung/ Edutainment	Netzwerk-Spiele; Foren, Wii-Konsole, Gedächtnisspiele wie Dr. Kawashima	Räume, die sich einzelnen Benutzerprofilen anpassen	Roboter zum Spielen und therapeutischen Einsatz: z. B. therapeutische Robbe, Katze, Dino
Unterstützung des Pflegepersonals	Telemonitoring/ Telecare-Anwendungen	Zugangskontrollen/ Weglaufsperren z. B. für dementiell erkrankte Menschen; Einsatz der Lichttechnik bei best. Krankheitsbildern	Hol- und Bringedienste, Exoskelett zur Unterstützung beim Heben und Transfer

Quelle: Eigene Darstellung

Die oben aufgeführten Beispiele umfassen sowohl die Technologie, häufiger aber noch eine Kombination aus Technologie und Anwendung, was auf soziale Innovation hindeuten kann. Im Folgenden werden vier Anwendungen herausgegriffen, beschrieben und im Hinblick auf ihr Potenzial zur sozialen Innovation untersucht.

Telemonitoring

Darunter wird die Fernuntersuchung und -diagnose eines Patienten/ einer Patientin vom behandelnden Arzt/ Ärztin verstanden. Technologisch werden beim Telemonitoring Informations- und Kommunikationstechnologien und medizinische Messgeräte eingesetzt, um Informationen über das Krankheitsbild auszutauschen und ein entsprechendes medizinisches Monitoring durchzuführen. Bislang bekannte Einsatzgebiete sind kardiologische Erkrankungen, Diabetologie und Pulmologie. Telemonitoring als Begriff wird eher für medizinische Aufgaben verwandt, da die Grenzziehungen zur Pflege in Deutschland sehr ausgeprägt sind.

Telecare bzw. Telepflege

Dieser Begriff ist in Deutschland noch nicht sehr verbreitet. Die englischsprachigen Definitionen sehen Telecare als ein Dienstleistungsangebot an, das mittels neuer Technologien alten und/ oder behinderten Menschen erlaubt, selbstständig in ihrer Wohnung zu leben. Technologisch werden bei Telecare eine Kombination von Gebäudeautomation und Informations- und Kommunikationstechnologien eingesetzt. Zukünftig ist bei entsprechenden Endgeräten eine Kombination mit der Robotik vorstellbar, z. B. als Gehhilfe mit Anbindung an ein Notrufsystem. Eine mögliche Umsetzung einer Telecare-Ausstattung kann eine Sensorik-Ausstattung sein, die die Minimierung unterschiedlicher Risiken ermöglicht. Sensoren werden z. B. als Sicherheitssysteme eingesetzt, um Wasserschäden oder Feuer zu verhindern, Herdplatten bei Nicht-Benutzung automatisch auszuschalten oder die Heizung aufzudrehen, um vor Unterkühlung zu schützen. Mit der Anbindung der Sensorik an ein Informations- und Kommunikationssystem z. B. über Videokonferenz ist das Monitoring unterschiedlichster Alltagsgewohnheiten möglich.

Um die Potenziale dieser neuen technologischen Entwicklungen in ihrer Vielfalt erschließen zu können, ist eine Anpassung und zum Teil auch völlige Neugestaltung der Arbeitsprozesse und der Arbeitsorganisation erforderlich, wie der niederländische Dienstleistungsanbieter ZuidZorg es bei seiner Gestaltung der pflegerischen und sozialen Versorgung zeigt (van der Looy/ van Glabbeek 2007).

Um auf die unterschiedlichen Bedürfnisse alter und behinderter Menschen ‚maßgeschneidert‘ eingehen zu können, bietet ZuidZorg eine breite Palette an technisch-unterstützten Dienstleistungen an. In der Region wurde ein privates Netzwerk realisiert, mit dem in Wohnungen vorhandene Kabel-Verbindungen genutzt werden können, aber auch drahtlos kommuniziert werden kann. Eingesetzt wird ein Zweiweg-Video-Audiokommunikationssystem, mit dem hilfebedürftige Menschen rund um die Uhr mit einem von Pflegekräften besetzten Callcenter kommunizieren können. Umgekehrt können die Pflegekräfte des Callcenters mit den hilfebedürftigen Menschen in der Wohnung kommunizieren. Berechtigungsfunktionen werden vorab vertraglich fixiert. Das Angebots- und Versorgungsspektrum ist auf den Bedarf und die Anforderungen der hilfebedürftigen Menschen angepasst. Eine zentrale Rolle spielen die Pflegekräfte im Callcenter, die täglich mindestens einmal in videobasierten Kontakt mit dem hilfebedürftigen Menschen sind. Dieser Kontakt spielt eine entscheidende Rolle für den Einsatz des ambulanten Dienstes, der wesentlich stärker bedarfsgesteuert eingesetzt werden kann.

Das genannte Beispiel verdeutlicht, dass für die Realisierung eines solchen Versorgungskonzeptes ein anderes Verständnis von ‚Pflege' und ‚Kommunikation' erforderlich ist, um wirksam greifen zu können.

Beschäftigung/ Edutainment

Mit dem Auftreten der emotionalen Robotik werden neue therapeutische Ansätze entwickelt, die international unter dem Begriff ‚Robotherapy' firmieren. Die therapeutische Robbe PARO, gehört zur ‚emotionalen' Robotik und wurde vom National Institute of Advanced Industrial Science and Technology AIST in Japan entwickelt. Ausgestattet mit taktilen, visuellen, auditiven und Lagesensoren reagiert sie auf Berührung, Geräusche, Licht und Veränderung der Position und ist lernfähig Alle diese Eigenschaften können dabei eine emotionale Beziehung durch soziale Interaktion auslösen (Klein/ Cook 2009a). Mit ihrem Einsatz könnten ähnliche Erfolge erzielt werden wie in der Tiertherapie, die positive psychologische, physische und soziale Effekte haben kann (KDA 2007). Die Fachhochschule Frankfurt am Main – University of Applied Sciences (FH FFM) und die Northumbria University in Newcastle, England führen zurzeit qualitative Explorationen bezüglich der Wirkungen auf soziale Interaktion und Kommunikation bei Kindern und Erwachsenen mit Behinderungen sowie Menschen mit dementiellen Erkrankungen durch (Klein/ Cook 2009a).

Edutainment – das unterhaltsame Lernen – richtet sich nicht speziell an alte, hilfe- und pflegebedürftige Menschen, bietet aber auch für diese eine Reihe von Potenzialen zur Verbesserung der Lebensqualität. Gedächtnisspiele wie Dr. Kawashimas Gehirn Jogging von Nintendo oder Unterhaltungsplattformen wie Wii-Konsole, Playstation etc. bieten mittlerweile Unterhaltung und Spiele unterschiedlichster Art für alle Altersstufen an. Diese Unterhaltungsplattformen sind Spielekonsolen, mit denen über entsprechende Eingabegeräte gespielt werden kann. Die Wii-Konsole von Nintendo hat ein neuartiges Eingabegerät, ein sog. Controller, der über Bewegungssensoren verfügt. Neben den ‚klassischen' Spielen ermöglicht ein Balance-Board die Ausübung verschiedener Sportarten. Dadurch, dass diese mittels des Eingabegeräts auch im Sitzen ausgeübt werden kann, können fragile und/ oder behinderte Menschen vertraute Sportarten wie z. B. Tennis, Golf oder Kegeln spielen.

4. Soziale Innovationen im Sozial- und Gesundheitswesen

Haben diese aufgeführten Konzepte das Potenzial zu einer sozialen Innovation? Folgende Abbildung stellt ausgewählte Kriterien einer sozialen Innovation nach Howaldt/ Kopp/ Schwarz, Maelicke und Zapf den beschriebenen Anwendungskonzepten gegenüber:

Tabelle 2: Anwendung neuer Technologien in der Pflege als soziale Innovation

	Telemonito-ring	Telecare	Edutainment	Robotherapy
Neue Wege, um das Ziel zu errei-chen	Ja / veränderte Aufgabentei-lung Arzt / Pflege	Ja, neue DL-Unterneh-men, neue Arbeitsor-ganisation	Ggf. vergleichbar mit Bingo Integrierte Bewe-gung ins Spiel / Potenzial für Prävention	Ggf. neue Zugänge zu Menschen mit kognitiven Beeinträchti-gungen FuE-Bedarf
Richtungs-änderung des sozialen Wandels	Unterstützung ambulant vor stationär		Veränderte Kommunikations-strukturen in der Altenhilfe (mit den anderen im Wettbewerb – Augenhöhe)	Ggf. neue Formen der sozialen Inter-aktion für und mit Menschen mit kognitiven Einschrän-kungen
Technische Innovation als Voraus-setzung	Trifft zu	Trifft zu	Trifft zu	Trifft zu

Wiss. For-schung/ prakt. Er-fahrung	FuE-Bedarf, Weiterentwick-lung der Technik, Bedien-barkeit, Ergonomie		FuE-Bedarf hinsichtlich der Aus-wirkungen z. B. auf soziale Interak-tion, physisches und psychisches Wohlbefinden, Akzeptanz	
Neukonfi-guration sozialer Arrange-ments/ Einbezie-hung des Menschen	Ja, veränderte Arbeitsabläufe und veränder-tes Zusam-menspiel der Professionen	Ja, verän-derte Ar-beitsabläu-fe und Arbeitsor-ganisation	Muss untersucht werden Denkbar: verän-derte Kommuni-kationsstrukturen in Pflegeeinrich-tungen	Muss unter-sucht werden FuE des AIST weist auf veränderte Kommunika-tionsstruktu-ren hin
Prozess kollektiver Schaffung	Neue logistische Konzepte erforderlich, veränderte Arbeitsorganisation, Entste-hung neuer Dienstleistungs-angebote		Neue beschäftigungstherapeutische Ansätze Erprobungsstadium hoher FuE-Bedarf	
Prozessori-entierung	vorhanden	vorhanden	FuE-Bedarf	FuE-Bedarf
Reduktion sozialer Probleme	Potenzial vorhanden: z. B. bessere Versorgung in ländlichen Gebieten	Potenzial vorhanden: z. B. quan-titativ und qualitativ an die Erforder-nisse ange-passte DL-Erbringung	FuE-Bedarf z. B. Spannungs-abbau durch Spaß und spielerische Wettbewerbssitu-ation	FuE-Bedarf Erste Ergeb-nisse: Reduk-tion von Stress und Aggressi-vität

| **Förderung der Lebens- und/ oder Arbeitsqua-lität** | FuE-Bedarf Förderung der Lebens- und Arbeitsqualität möglich z. B. längeres Verbleiben in der eigenen häuslichen Umgebung punktgenauer Einsatz der Hilfeerbringung der DL-Anbieter permanentes Monitoring möglich, das zum Sicherheitsgefühl beitragen kann | FuE-Bedarf Spielsituation kann zur Förderung der Lebensqualität beitragen | FuE-Bedarf Potenziell Erschließung von Interaktion mit kognitiv eingeschränkten Menschen Reduktion von Aggressivität führt zu Arbeitserleichterung in der pflegerischen und sozialen Betreuung |

Quelle: Eigene Darstellung

Diese Konzepte könnten prinzipiell positiv hinsichtlich der Anforderungen an eine soziale Innovation bewertet werden. Zur weiteren Bewertung sollen die Parameter Nutzbarkeit und Akzeptanz beleuchtet werden. Folgende Abbildung zeigt eine Einschätzung der oben beschriebenen technologisch-organisatorischen Konzepte hinsichtlich ihrer Bedeutung für soziale Innovationen.

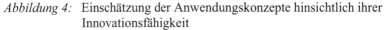

Abbildung 4: Einschätzung der Anwendungskonzepte hinsichtlich ihrer
Innovationsfähigkeit

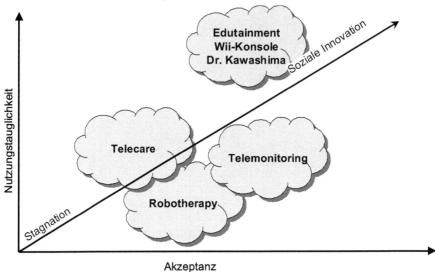

Quelle: Eigene Darstellung

Telecare und Telemonitoring sind neue Dienstleistungsangebote in der ‚ambulanten' Versorgung. Sie integrieren technische, organisatorische und soziale
Neuentwicklungen. Doch haben sie auch das Potenzial zu einer sozialen Innovation, die als Parameter die Nutzungstauglichkeit und Akzeptanz haben? Folgende
Bedingungen müssen offensichtlich weiter entwickelt werden:

- Nutzungstauglichkeit:
  Die vorhandenen Technologien zur Umsetzung von Telecare und Telemoni-
  toring-Lösungen sind in unterschiedlichen Entwicklungsstadien. Telemonitoring ist z. B. ein Produkt eines medizinischen Callcenters, das sich als
  „Schnittstelle zwischen Patient, Arzt, Krankenkasse und Rettungsdiensten"
  sieht (http://www.sanvartis.de/cms/?page_id=125). Das BMBF-Projekt SI-
  TE wiederum konstatiert auf der offiziellen Homepage, dass die positiven
  und vielfältigen Diskussionen um das Konzept sich in der Versorgungsreali-
  tät nicht wieder finden: Telemonitoring sei kaum verbreitet, was mit den
  fehlenden Vergütungsmöglichkeiten erklärt wird. „Brauchbare Handlungsempfehlungen (…) sind nicht verfügbar."
  (http://www.site-telemed.de/aktuell.php) Ähnlich sieht es bei Telecare aus.

Hier können auch nur eingeschränkt Aussagen getroffen werden, welche Technik und welches Gerät für welches Alter, Krankheits- oder Behinderungsbild zur Steigerung der Lebensqualität geeignet ist und es besteht großer Forschungs- und Entwicklungsbedarf. Der Bekanntheitsgrad zu den schon käuflichen Technologien ist bei den pflegerischen und sozialen Professionen und auch bei vielen der betroffenen alten, kranken oder behinderten Menschen deutlich ausbaubar. Da die Entwicklung von neuen Technologien international sehr schnell voran schreitet, bedeutet es für viele der relevanten Akteure wie z. B. Kassenvertreter, Politik, Ausbildung und Wissenschaft eine Herausforderung, ständig auf dem aktuellen Stand zu sein. In den sozialen und pflegerischen Studiengängen werden diese Themen häufig noch eher peripher behandelt. Die FH FFM versucht diese technologischen Entwicklungen mit der Etablierung eines Social and Health Care Labs systematisch in alle Bereiche der Lehre der entsprechenden Studiengänge zu integrieren und somit die qualifikatorischen Voraussetzungen für die Nutzung zu schaffen.

- Akzeptanz

Je nach Anwendung muss unterschieden werden zwischen der Akzeptanz der betroffenen Menschen, Akzeptanz beim pflegerischen und sozialarbeiterischen Personal, dem Träger und den politischen Akteuren. Viele betroffenen Menschen sind durchaus bereit, Verhaltensveränderungen vorzunehmen und sich auf Neues einzulassen, unter der Annahme, dass dadurch ihre Lebensqualität gesteigert wird bzw. eine deutliche Verbesserung ihrer Situation erreicht wird. Auf der professionellen Seite muss eine Reihe von Rahmenbedingungen erfüllt sein, damit Akzeptanz erreicht werden kann (Leitungsentschluss, entsprechende Qualifizierungsmaßnahmen etc.). Auf der politischen Seite gibt es gerade in diesem Bereich eine schon seit Jahren punktuelle Förderung von Anwendungsprojekten, die allerdings häufig nach der Laufzeit wieder eingestellt werden. Akzeptanzfördernd ist hier sicherlich auch die Gestaltung der finanziellen Ressourcen, damit solche Erprobungsprojekte langfristig laufen und ggf. auf eigene Füße gestellt werden können.

Im Bereich Beschäftigungstherapie/ Edutainment zeigen der Einsatz von Wii-Konsolen und die ersten Pilotprojekte zur Robotherapy positive Wirkungen hinsichtlich der Effekte.

- Nutzungstauglichkeit

Die Nutzungstauglichkeit z. B. der therapeutischen Robbe wurde international in Pilotprojekten untersucht. Die Ergebnisse aus Lehrforschungsprojekten an der FH FFM zeigen, dass die therapeutische Robbe ohne technische Kenntnisse in beschäftigungstherapeutischen Settings eingesetzt werden und sie für die soziale Interaktion förderlich sein kann. Restriktive Faktoren sind die zurzeit noch hohen Kosten, wobei mittlerweile ähnliche Produkte auf den Markt kommen, die dem Niedrigpreissegment zuzuordnen sind. Die Wii-Konsole ist eine sog. niedrigschwellige Technologie, die im Preissegment unter 500 Euro liegt, ohne große technische Voraussetzungen zu installieren und zu nutzen ist. Der Zugang ist für die unterschiedlichsten Nutzergruppen auf Grund ihrer Fernsehgebundenheit einfach. Der zunehmende Einsatz in Pflegeeinrichtungen und Psychiatrien und die überschaubaren Kosten deuten auf eine hohe Nutzungstauglichkeit.

- Akzeptanz
Die Akzeptanz der therapeutischen Robbe und des erprobten Konzepts 'Robotherapy' ist – insbesondere bei den betroffenen Angehörigen der behinderten Kinder und erwachsenen Menschen – vorhanden (Klein/ Cook 2009a; eigene Erfahrungen in den Lehrforschungsprojekten der FH FFM). Menschen, die die therapeutische Robbe und ihre Funktionen gesehen haben, beurteilen diese in der Regel positiv (z. B. Rückmeldungen bei Befragungen auf dem Hessentag 2009, Museumsuferfest der Stadt Frankfurt und Familienmesse der Stadtverwaltung Frankfurt) und können sich vorstellen, dass ihr Einsatz bei kranken und behinderten Menschen nützlich ist. Ist die Robbe lediglich aus Beschreibungen bekannt, können Vorbehalte hinsichtlich des Einsatzes auftauchen (Roboter, die die Pflege übernehmen, vereinsamte Menschen). Cosima Wagner führt dieses auf die unterschiedlichen kulturellen Voraussetzungen hinsichtlich der Wahrnehmung der Robotik zurück (Wagner 2008). Mittlerweile setzen Altenpflegeeinrichtungen und psychiatrische Anstalten die Wii-Konsole ein. Im Rahmen von Expertengesprächen in Australien im Sommer 2008 wurde z. B. von einer Einrichtungsleitung berichtet, dass bei einer Person mit Schlaganfall deutliche Verbesserungen in der Beweglichkeit des betroffenen Armes durch das Spiel erreicht werden konnte. Anlässlich einer Pressekonferenz in einer der Phönix-Altenpflegeheime in Frankfurt berichtete eine 82jährige Teilnehmerin über den Spaß und die Lebensfreude, die beim Spielen entstehen. Mit dieser Technologie scheint es möglich zu sein, dass nicht nur zwischen den Bewohnern und Bewohnerinnen kommuniziert, sondern dass darüber hinaus ein wettbewerbliches sportliches Erleben ermöglicht wird.

Sowohl bei der Robotherapy als auch beim Einsatz der Wii-Konsole gibt es allenfalls ansatzweise Untersuchungen zur Wirksamkeit und daraus abgeleiteten Handlungsempfehlungen. Hier fehlen gerade in Deutschland die entsprechende Förderung und Weiterentwicklung der Evaluationsforschung.

Das vorgestellte Innovationsmodell ermöglicht es, sowohl die jeweilige Technik bzw. technologischen, aber auch organisatorischen Konzepte zu bewerten, um damit einen Einblick in das Diffusionspotenzial zu erhalten und ggf. entsprechende Schritte zur Akzeptanzförderung oder der Nutzungstauglichkeit abzuleiten.

Während die Wii-Konsole nach dem beschriebenen Modell als soziale Innovation charakterisiert werden kann, bedeutet dieses für die betrachteten Konzepte Telemonitoring, Telecare und Robotherapy, dass sowohl die Nutzungstauglichkeit verbessert als auch die Akzeptanz erhöht werden muss, um von einer sozialen Innovation sprechen zu können.

Die Analyse der Nutzungstauglichkeit und Akzeptanz konzentrieren sich überwiegend auf die Meso- und Mikroebene. Doch wie sieht es mit der Meta- und Makroebene aus?

Metaebene

Nimmt man den Koalitionsvertrag als eine Dokumentation vorherrschender Leitideen und damit einen Indikator für die Metaebene, wird deutlich, dass Technologie eine bedeutende Rolle in Deutschland spielt. Eine Auszählung des Begriffes ‚tech' und ‚IKT' ergab 122 Nennungen in dem 133seitigen Papier zu einer Spannbreite unterschiedlichster Technologien. Folgende drei Zitate (Koalitionsvertrag) verdeutlichen beispielhaft die Bedeutung und Rolle neuer Technologien und der Akzeptanzförderung z. B. durch Dialogorientierung und Schutzbestrebungen.

„Deshalb geht es uns darum, dass in Deutschland, dem Land der Ideen, neue Technologien nicht nur entwickelt, sondern auch angewandt werden. Dazu brauchen wir auch einen umfassenden Dialog über Zukunftstechnologien mit und unter den Bürgerinnen und Bürgern. Wir stehen für eine zukunftsorientierte Kultur der Chancen. Wir wollen wieder eine optimistische und technik- und innovationsfreundliche Gesellschaft werden." (Koalitionsvertrag: 64)

„Die Fähigkeit zur Integration von IKT in Produkte und Prozesse ist für die deutsche Wirtschaft in allen Branchen von strategischer Bedeutung. Wir werden die Potentiale der IKT bei der Lösung der gesellschaftlichen Herausforderungen Gesundheit, Energieeffizienz / Klimaschutz, Sicherheit und Mobilität konsequent einsetzen. Wir

werden das Internet der Zukunft und die Telemedien auf der Basis unseres Rechts-
und Wertesystems weiter ausgestalten. Technische und rechtliche Aspekte werden
so frühzeitig zusammengebracht, dass Informationsfreiheit und Schutz vor rechts-
widrigen Inhalten gleichermaßen berücksichtigt werden." (Koalitionsvertrag: 103)

„Computerspiele sind ein selbstverständlicher Teil unserer Alltagskultur geworden.
Deswegen soll die Entwicklung hochwertiger, kulturell und pädagogisch wertvoller
Unterhaltungsmedien gefördert und der Deutsche Computerspielpreis aufgewertet
werden." (Koalitionsvertrag: 72)

Überraschend ist, dass der Begriff ‚Robotik' nicht erwähnt wird. Haben sich
diese Leitideen schon verbreitet? Eine Online-Befragung von Sozialarbeitern und
Sozialarbeiterinnen der hessischen Krankenhäuser, stationären Pflegeeinrichtungen und ambulanten Dienste Ende 2009 zeigt, dass Informations- und Kommunikationstechnologien durchgängig genutzt werden. 117 der 149 Personen, die
den Online-Fragebogen vollständig beantworteten, vervollständigten das State-
ment „Technik in der sozialen Arbeit bedeutet für mich ...". Die Antworten darauf waren durchweg positiv. Technikeinsatz bedeutet Arbeitserleichterung, Fortschritt, Unterstützung, große Hilfe und ermöglicht schnelle Information (Klein
2010). Geht man davon aus, dass diese Berufsgruppe in der Vergangenheit ähnlich wie die pflegerischen Berufe eher zu den technikverhaltenen Gruppen ge-
zählt werden konnte, so weisen die Ergebnisse auf eine deutliche Trendwende in
der Einstellung zur Technik hin. Sie wird mittlerweile als Produktionsmittel und
Arbeitsmethode gesehen.

Makroebene

Mit dem Innovationsfeld ‚Ambient Assisted Living' im Rahmenprogramm ‚Mik-
rosysteme (2004-2009)' wurden beträchtliche Aktivitäten zur Verbreitung und
Förderung angestoßen: ein Internet-Auftritt informiert über aktuelle Entwicklungen und Projekte, seit 2008 findet jährlich ein AAL-Kongress für Unternehmen
und Forschungseinrichtungen statt, und es werden 18 Projekte mit einem Volumen von 45 Mio. Euro gefördert. Hier muss sich allerdings auch zeigen, ob und
inwieweit diese Projekte über den Pilotstatus hinaus in eine Flächendeckung
kommen können.

Den Kostenträgern kommt bislang bei der Nutzung neuer Technologien für eine innovative Dienstleistungsgestaltung keine führende Rolle zu. Dieses eher verhaltene Vorgehen führt dazu, dass sowohl die Diffusion neuer Technologien als auch die innovative Dienstleistungsentwicklung von Trägern und Dienstleistungsanbietern gebremst wird. Das kann letztendlich dazu führen, dass auch die momentan geförderten Pilotprojekte nicht in eine Flächendeckung kommen.

5. Rolle der Hochschulen für die Förderung sozialer Innovationen im Sozial- und Gesundheitswesen

Die oben dargestellten Entwicklungen weisen darauf hin, dass sich nicht nur die Qualifikationsanforderungen verändern. Lebenslanges Lernen gilt auch für die pflegerischen und sozialen Berufe. Die berufliche Handlungsfähigkeit wird häufig eingeteilt in Fachkompetenz, Methodenkompetenz, Sozialkompetenz und personale Kompetenz (Oelke 1998: 44 zitiert nach Klein, Gaugisch, Stopper 2008). Es ist davon auszugehen, dass die Vermittlung dieser Kompetenzen in den einschlägigen Bachelor-Studiengängen erfolgt.

Die oben erwähnte Online-Befragung der hessischen Sozialarbeiter und Sozialarbeiterinnen im Gesundheitswesen zeigt, dass durchgängig insbesondere technologische Kompetenz als dringend erforderlich angesehen wird (Klein 2010).

Die Autorin schlägt deshalb vor (vgl. Klein/ Gaugisch/ Stopper 2008), Medienkompetenz neben den bisherigen Kompetenzen mit aufzunehmen und in den Studiengängen der sozialen und pflegerischen Arbeit als eine Art ‚Technik-Mainstreaming' zu etablieren. Medienkompetenz „bezeichnet dabei die Fähigkeit des Menschen, die Medien angemessen zu bedienen und für sich zu nutzen, beziehungsweise sich situativ konkretes Medienwissen souverän und eigenständig anzueignen" (Klein/ Gaugisch/ Stopper 2008: 67).

Das Prinzip Technik-Mainstreaming würde sich auf allen Entscheidungsebenen auswirken. Das Ziel des Technik-Mainstraming ist, in allen Entscheidungsprozessen die Perspektiven und Potenziale von Technik mit einzubeziehen. Bei einer durchgängigen Umsetzung könnte dieses bei den eher personenbezogenen Ausbildungsgängen in eine souveräne Nutzung neuer Technologien resultieren und damit verknüpft soziale Innovationen fördern und forcieren.

Die FH FFM plant ein Social and Health Care Lab mit dem eine Katalysatorenfunktion für soziale Innovationen geschaffen wird. Im Rahmen des Social and Health Care Labs sollen Technologie- und Anwendungskonzepte, die für die sozialen und pflegerischen Berufe relevant sind, in Studieninhalte und Qualifizierungsmaßnahmen integriert werden.

Die Katalysatorenfunktion kann sich dann wie folgt darstellen:

Abbildung 5:   Katalysatorfunktion des Social and Health Care Labs

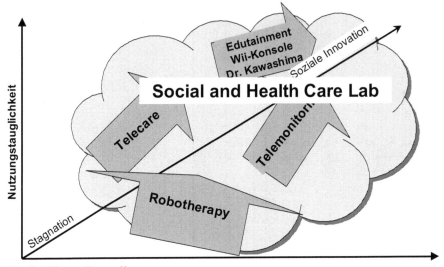

Quelle: Eigene Darstellung

Durch Aus- und Weiterbildungsinhalte wird das Verständnis neuer Technologien und ihrer Anwendungspotenziale gefördert und Ängste hinsichtlich der Nutzung abgebaut. Dieses Knowhow kann die Basis dafür sein, neue Anwendungsfelder für neue Technologien zu erschließen und innovative Dienstleistungsangebote zu entwickeln. Konzepte wie z. B. Telemonitoring, Telecare und Robotherapy können dadurch einen Akzeptanzschub erhalten und sich zur sozialen Innovation entwickeln. Durch die anwendungsorientierte Erprobung und im Kontext von Forschungs- und Entwicklungsarbeiten kann z. B. systematisch technisches und ergonomisches Feedback eingeholt sowie die Praxistauglichkeit überprüft werden. Die gewonnenen Erfahrungen können in die Verbesserung und Weiterentwicklung von technologischen Produkten und der Dienstleistungsgestaltung einfließen. Hier bietet sich die Chance, auch systematisch das Rollenverständnis der Akteure im Gesundheitswesen zu evaluieren und Konzepte für die Makro-Ebene zu entwickeln, die hemmende Verhaltensweisen für soziale Innovationen abbauen können.

Literatur

Aderhold, Jens (2006). Das kommunikative Spiel von Innovation: Provokation, Störung und Entwertung bewährter Werte. Powerpoint-Präsentation eines Vortrags anlässlich des Innovationsworkshops BDS-Regionalgruppe. Stuttgart, 29.03.2006.

Howaldt, Jürgen/ Kopp, Ralf/ Schwarz, Michael (2008). Innovationen (forschend) gestalten – Zur neuen Rolle der Sozialwissenschaften. WSI-Mitteilungen 2, 63-69.

KDA Kuratorium Deutsche Altershilfe (Hrsg.) (2007). Tiere öffnen Welten©. Ideen – Projekte – Leitlinien. Köln: KDA.

Klein, Barbara (2010). Zukunft der sozialen Arbeit – Veränderungen der Arbeitswelt und Anforderungen an die Ausbildung. Präsentation einer Online-Befragung der Sozialarbeiter und Sozialarbeiterinnen in den Krankenhäusern, Pflegeeinrichtungen und ambulanten Diensten Hessens. Powerpoint-Präsentation. Frankfurt am Main 15.01.2010.

Klein, Barbara/ Cook, Glenda (2009a). Ein Freund, ein guter Freund ... Was kann die elektronische Robbe. Dr. med. Mabuse, 180 (34), 34-36.

Klein, Barbara/ Cook, Glenda (2009b). Robotik in der Pflege? Entwicklungstendenzen und Potenziale. Public Health Forum, 17 (4), 23.

Klein, Barbara/ Gaugisch, Petra/ Stopper, Kathrin (2008). „Pflege 2015": Neue Arbeitsanforderungen und zukünftige Qualifizierungsbedarfe. Stuttgart: Fraunhofer IRB.

Koalitionsvertrag zwischen CDU, CSU und FDP. Wachstum. Bildung. Zusammenhalt. 17. Legislaturperiode.

Maelicke, Bernd (1987). Soziale Arbeit als soziale Innovation. In: B. Maelicke. Soziale Arbeit als soziale Innovation. Veränderungsbedarf und Innovationsstrategien (S. 9-21). Weinheim, München: Juventa Verlag.

Müller, Axel (2004). Zur Strukturgenese von und Kommunikation in Innovationsnetzwerken. Download von: (http://sundoc.bibliothek.uni-halle.de/diss-online/04/04H201/prom.pdf, Abruf: 5.10.2009)

OECD/ EUROSTAT (2005). Oslo Manual. Guidelines for Collecting and interpreting innovation data. Download (Abruf: 4.10.2009).

Schraft, Rolf Dieter (2007). Roboter in Industrie und Service. In: B.-M. Baumunk (Hrsg.), Die Roboter kommen: Mensch, Maschine, Kommunikation. Eine Publikation der Museumsstiftung Post und Telekommunikation anlässlich der Ausstellung „Die Roboter Kommen!" Mensch – Maschine – Kommunikation im Museum für Kommunikation Berlin (4. April – 2. September 2007) (S. 114-127). Heidelberg: Ed. Braus.

van der Looy, Toon/ van Glabbeek, Gerard (2007). ZuidZorg – VieDome. Ein neues Konzept für Sicherheit – Versorgung – Komfort und Wohlbefinden. Powerpoint-Präsentation auf der Jahrestagung Pflege 2020, Leipzig, 12.09.2007.

Wagner, Cosima (2008). Robotopia Nipponica. Recherchen zur Akzeptanz von Robotern in Japan. Johann Wolfgang Goethe Universität Frankfurt.

Webseiten

Ambient Assisted Living: http://www.aal-deutschland.de (Abruf: 04.10.2009)
BMBF-Projekt S.I.T.E.: http://www.site-telemed.de/aktuell.php (Abruf: 12.10.2009)
Sanvartis: http://www.sanvartis.de/cms/?page_id=125 (Abruf: 12.10.2009)
Wikipedia: http://de.wikipedia.org/wiki/Personal_Robots (Abruf: 04.10.2009)

Integration und Vernetzung – Soziale Innovationen im Bereich sozialer Dienste

Rolf G. Heinze und Gerhard Naegele

1. Zur Begründung der Fragestellung – Was sind *soziale* Innovationen bei sozialen Dienstleistungen?

Den nachfolgenden Überlegungen liegt ein Innovationsbegriff zugrunde, der über naturwissenschaftlich-technische Produkt- und Prozessinnovationen oder Marktinnovationen hinausgeht. Die zunehmende Bedeutung des Dienstleistungssektors und in unserem Kontext der sozialen Dienste erfordert die Erweiterung des Innovationsbegriffs um die Neukonfiguration sozialer Arrangements.

> „Eine soziale Innovation ist eine von bestimmten Akteuren bzw. Akteurskonstellationen ausgehende intentionale, zielgerichtete *Neukonfiguration sozialer Praktiken* in bestimmten Handlungsfeldern bzw. sozialen Kontexten, mit dem Ziel, Probleme oder Bedürfnisse besser zu lösen bzw. zu befriedigen, als dies auf der Grundlage etablierter Praktiken möglich ist. Angesichts der zunehmend offensichtlich werdenden Dysfunktionalitäten gesellschaftlicher Differenzierungsprozesse entfalten soziale Innovationen ihre besondere Leistungsfähigkeit insbesondere an den Schnittstellen der unterschiedlichen gesellschaftlichen (Teil-)Rationalitäten. Es handelt sich dann und insoweit um eine soziale Innovation, wenn sie – marktvermittelt oder ‚non- bzw. without-profit' – sozial akzeptiert wird und breit in die Gesellschaft bzw. bestimmte gesellschaftliche Teilbereiche diffundiert, dabei kontextabhängig transformiert und schließlich als neue soziale Praktiken institutionalisiert bzw. zur Routine wird". (Howaldt/ Kopp/ Schwarz 2008: 65; vgl. auch Howaldt/ Schwarz 2009 und Zapf 1989)

Grundlegend ist weiterhin ihre „Wertebezogenheit", da sie explizit an „gesellschaftlich hoch bewerteten Zielen" ausgerichtet sind, d. h. geeignet sind, „gesellschaftlichen Herausforderungen" zu begegnen. Die Diffusionschancen sozialer Innovationen sind dabei dort am größten, „wo etablierte Institutionen nicht oder nur marginal agieren bzw. unter dem Gesichtspunkt der Problemlösung versagen, wie z. B. in den Bereichen häusliche Pflege, umweltbewusstes Verhalten, nachhaltiger Konsum, aktives Altern, sozial verantwortliches Wirtschaften" (Howaldt/ Schwarz 2009: 7).

In dem hier verwendeten Innovationsbegriff werden somit soziale, organisatorische und institutionelle *Neuerungen* explizit integriert und der Blick auf heterogene Akteure, Interdisziplinarität und Reflexivität gerichtet. Soziale Innovationen werden auch nicht nur im Feld der Lösung sozialer Probleme, sondern aus gesamtgesellschaftlicher Perspektive weiter an Bedeutung gewinnen, was aber nicht impliziert, dass diese Prozesse überall erfolgreich verlaufen. Gelingen werden sie nur, wenn es zu Innovationsnetzwerken kommt, in denen die verschiedenen Akteursgruppen – fokussiert auf eine Thematik (wie z. B. im Bereich der hier behandelten integrierten Versorgung) – in einem interaktiven Prozess neue Wege im sozialen Wandel einschlagen. „[Soziale; d. V.] Innovationen entstehen demnach im Kontext interaktiver Lernprozesse systemisch vernetzter Akteure" (Blättel-Mink/ Ebner 2009: 11). Für uns gehört weiterhin zu den ‚Erfolgskriterien' sozialer Innovationen, wenn es zudem gelingt, in *gesellschaftlich nützlichen* Bereichen neue Wachstumsfelder für Wirtschaft und (nicht prekäre) Beschäftigung zu schaffen. Erst durch den Bezug auf *gesellschaftliche Nützlichkeit* wird aus unserer Sicht eine soziale Innovation zu einer wirklichen *Innovation* (in Abgrenzung z. B. zu den in der Innovationsliteratur viel zitierten ‚fastfood-Ketten').

Von je her gingen starke Impulse auf die Durchsetzung eines neuen Innovationsverständnisses vom Dienstleistungsbereich aus, nicht nur wegen der besonderen Arbeitsplatz- und Wachstumsdynamik hier, sondern insbesondere auch, weil es hier stets auch um die „Neukonfiguration sozialer Arrangements" ging und geht (Howaldt/ Kopp/ Schwarz 2008: 65). Dies wiederum gilt in ganz besonderer Weise für den Bereich der sozialen Dienste bzw. Dienstleistungen, die beide häufig synonym verwendet werden. Darunter werden im Allgemeinen professionell erbrachte personenbezogene soziale Dienste bei spezifischen immateriellen Hilfe- und Bedarfssituationen im Kontext sozialer Risiken und Probleme verstanden, d. h. „sozialpolitisch relevante personenbezogene Dienste" (so schon Badura/ Gross: 1976), zu deren Lösung die ‚Neukonfiguration sozialer Arrangements' und dabei insbesondere die Aushandlung von Verhaltensänderungen via Ko-Produktion geradezu eine ‚Geschäftsgrundlage' für positive outcomes bilden. Angesichts der Dynamik von Entstehung und Differenzierung von immateriellen Bedarfslagen im Kontext sozialer Risiken und Probleme hat es bei den sozialen Diensten immer schon soziale Innovationen gegeben und werden diese auch künftig erforderlich sein, um den veränderten Rahmenbedingungen (insbesondere neue soziale Risiken mit neuen und differenzierteren Bedarfslagen) fachlich angemessen und möglichst nachhaltig zu begegnen.

Dieser Beitrag fokussiert auf soziale Innovationen im Bereich sozialer Dienste und greift vor dem Hintergrund der demografischen Entwicklung und des kollektiven Alterns der Bevölkerung exemplarisch die gesundheitliche Versorgung in einer alternden Gesellschaft heraus. Dies aus zwei Gründen:

1. Zum einen ist der sozialpolitische Handlungs- und Gestaltungsbedarf und sind soziale Innovationen zur Lösung des gesellschaftlichen Megaproblems ‚Herausforderungen des demografischen Wandels' in diesem Politikfeld besonders dringend.

2. Zweitens ist hier die Bandbreite möglicher Formen und Ausprägungen sozialer Innovationen besonders stark ausgeprägt. Im Bereich der gesundheitlichen Versorgung in einer alternden Gesellschaft entwickeln sich zunehmend Möglichkeiten zu Vernetzungen von sozialen Innovationen und solchen im Technikbereich. Dabei werden wir uns auf selbstständiges Wohnen im Alter und auf den dieses fördernden Einsatz von Informations- und Kommunikationstechnologien konzentrieren (a). Wir konzentrieren uns zudem (b) auf neue Formen sozialer Arrangements verschiedener Akteursgruppen und greifen mit den ‚Pflegestützpunkten' eine aktuell in der Erprobungs- und Bewährungsphase befindliche soziale Innovation im Bereich der ambulanten Hilfen für chronisch kranke, pflegebedürftige ältere Menschen heraus.

2. Kollektives Altern der Bevölkerung, alterstypische Morbidität, sozialer Wandel und neue Bedarfe an sozialen Innovationen bei gesundheitlichen und sozialen Diensten

Die demographische Entwicklung in Deutschland ist im Wesentlichen gekennzeichnet durch das Zusammenwirken von folgenden Mega-Trends (vgl. Heinze/ Naegele 2010):

- Konstant niedrige Geburtenraten und wachsende Kinderlosigkeit.
- Rückgang in der Gesamtbevölkerung, insbesondere nach 2025 und 2030.
- Parallel dazu findet eine Fortsetzung des globalen Trends zur Alterung der Gesellschaft statt.
- Der Trend zur ethnisch-kulturellen Differenzierung der Bevölkerung hält an.

Das kollektive Altern der Bevölkerung ist neben dem Rückgang der Geburten insbesondere der Zunahme sowohl der mittleren wie der ferneren Lebenserwartung geschuldet. Dabei ist die Entwicklung hin zu einem immer längeren Leben vor allem Ausdruck und Ergebnis des medizinisch-technischen Fortschritts und

der besseren gesundheitlichen Versorgung der Bevölkerung, verbunden mit allgemeinen Verbesserungen in den Lebens- und Arbeitsbedingungen einschließlich eines gegenüber früher gesundheitsbewussteren Verhaltens in wachsenden
Teilen auch der älteren Bevölkerung. Dem entspricht der exponentiale Anstieg
sehr alter Menschen. So wird sich die Zahl der 80-jährigen und älteren, folgt man
hier der kürzlich vorgelegten 12. koordinierten Bevölkerungsvorausschätzung
des Statistischen Bundesamtes (mittlere Variante) – von heute über 3 Mio. auf
rund 9 Mio. in 2060 erhöhen, was einer Anteilssteigerung von jetzt über 4% an
der Gesamtbevölkerung auf dann etwa 14%, also gegenüber heute mehr als einer
Verdreifachung, entspricht (Statistisches Bundesamt 2009).

Änderung von Morbiditätsstrukturen im demografischen Wandel

Auch wenn Alter keineswegs gleichgesetzt werden kann mit Krankheit, Hilfe-,
Pflegebedürftigkeit, und auch nicht mit Isolation und Einsamkeit, so besteht
empirische Evidenz für ein strukturell altersgebundenes gesundheitliches Risiko-
und Problempotenzial mit infolgedessen steigendem Bedarf an professionellen
gesundheitlichen und sozialen Diensten sowie insgesamt an einer Neuausrichtung der bisherigen Politik und Praxis der gesundheitlichen Versorgung speziell
älterer Menschen (Naegele 2008, 2009; SVR 2009). Typische Kennzeichen der
Morbidität Älterer sind die Chronifizierung von Akuterkrankungen sowie die
Ko- bzw. *Multimorbidität*, d. h. das gleichzeitige Auftreten mehrerer Krankheiten. Nach neueren Studien ist Multimorbidität bei über 65-jährigen mit mehr als
vier Diagnosen der „Regelfall" (Kuhlmey/ Schaeffer 2008 sowie SVR 2009).
Vor allem im sehr hohen Alter kommt es infolgedessen zu einer exponentiellen
Zunahme von Hilfe- und Pflegebedürftigkeit. Mit fortschreitendem Alter wird
auch die *subjektive* Beurteilung des Gesundheitszustands schlechter. Dabei ist
essentiell, dass der *subjektiv empfundene Gesundheitszustand* für ältere Menschen eine eigenständige Bedeutung besitzt: Er ist nicht etwa ‚nur' eine Abbil-
dung der objektiv gegebenen Gesundheit, sondern vielmehr zu verstehen als eine
Bewertung aus subjektiver Sicht, in die sowohl Personenmerkmale (z. B. Bewäl-
tigungstechniken), Umweltmerkmale (z. B. social support, Wohnbedingungen,
Verfügbarkeit über soziale Netzwerke, Bewertung durch Dritte) sowie für ältere
Menschen zentrale Lebenslagemerkmale eingehen (wie ökonomische Lage,
Wohnbedingungen, Zugang zu gesundheitlichen, pflegerischen und sozialen
Diensten, gesundheitliche Versorgung). Nur eine in diesem Sinne mehrdimensi-
onale, die subjektive Gesundheit explizit einbeziehende Sicht, die zudem weit
über eine medizinische Perspektive hinausreichen muss, sowie eine darauf bezo-
gene *multiprofessionelle* und *integrierte* Handlungsweise ermöglichen eine

ganzheitliche Erfassung von Gesundheit und Krankheit im Alter, aber auch der Gesundheitspotenziale sowie übriger Potenziale der Gesundheitserhaltung und Möglichkeiten ihrer Aktivierung. Da Gesundheitsprobleme älterer Menschen somit vielschichtig und komplex sind, ist dies auch in den Strukturen der gesundheitlichen Versorgung explizit zu berücksichtigen.

Bedrohung selbstständiger Lebensführung als Risiko

Insbesondere in sehr hohem Alter nimmt das Risiko zu, die selbstständige Lebensführung nicht mehr aufrecht halten zu können. Dennoch gilt, dass der weitaus überwiegende Teil älterer Menschen *nicht* von typischen altersgebundenen sozialen Risiken betroffen und infolgedessen nicht mit gesundheitlichem und sozialem Dienstleistungsbedarf konfrontiert ist. Legt man z. B. das 65. Lebensjahr als Abgrenzungskriterium zugrunde, dann dürften von allen 65+ derzeit lediglich zwischen 15 und 20 % dazu gehören. Nimmt man jedoch die Altersgruppe 80+ in den Blick – hier werden die stärksten Zuwachsraten erwartet –, dann sind es bereits knapp ein Drittel, von den 90+ sogar deutlich über die Hälfte (vgl. Rothgang/ Borchert/ Müller/ Unger 2008). Insofern kann der demografische Trend zur Hochaltrigkeit als die eigentliche driving force des gesundheitlichen und sozialen Dienstleistungsbedarfs im Bereich der sozialen Dienste für Ältere gelten. Nach Angaben des Statistischen Bundesamtes liegt die Risikowahrscheinlichkeit von Pflegebedürftigkeit in der Altersgruppe 80+ derzeit bei über 28 %. Entsprechend konzentrieren sich auch die derzeit 2,3 Mio. Pflegebedürftigen (i. S. des SGB XI) zu 83 % auf die Altersgruppe 65+, dabei mit exponentiell steigenden Zuwachsraten in den oberen und höchsten Altersgruppen. Weitere mindestens 3 Mio., ebenfalls weit überwiegend (sehr) alte Menschen haben darüber hinaus einen vorrangigen häuslichen Hilfebedarf. Status-quo-Szenarien auf der Grundlage der vorliegenden demografischen Vorausberechnungen zeigen allerdings einen starken Anstieg der Zahl der Pflegebedürftigen, und zwar auf 2,9 Mio. in 2020 und 3,4 Mio. in 2030 mit zudem stark steigenden Anteilen sehr alter Menschen (41%) in der Altersgruppe 85+ in 2020.

Im Risiko, im höheren Lebensalter nicht mehr selbstständig leben zu können, spiegeln sich neben den spezifischen Morbiditätsrisiken vor allem sehr alter Menschen auch Konsequenzen des allgemeinen sozialen Wandels wider, die es in innovativen Versorgungskonzepten explizit zu berücksichtigen gilt. Dazu zählen u. a. Veränderungen in den Wohn- und Lebensformen der (nicht nur älteren Menschen), getrenntes Wohnen der Generationen, Zunahme von (freiwilligen) Single-Haushalten auch im Alter (z. B. Schulz 2009), steigende Frauenerwerbstätigkeit, Folgen von (dauerhafter) Migration oder insgesamt strukturelle

Veränderungen in den Familienbeziehungen. Typisch für das höhere (und insbesondere sehr hohe Alter) sind dabei kumulative Problem-Betroffenheiten.

*Gesundheitliche Versorgung in einer Gesellschaft des längeren Lebens –
Koordination und Integration*

In der Konsequenz meint gesundheitliche Versorgung in einer Gesellschaft des langen Lebens und speziell älterer Menschen heute weit mehr als nur die bedarfsgerechte Behandlung von Krankheiten. Mindestens ebenso bedeutsame Versorgungsziele sind

- der Erhalt und die Förderung von subjektiver Gesundheit und Lebensqualität im Alter – trotz objektiv vorhandener Einschränkungen und Krankheiten – sowie
- die Unterstützung des speziell im hohen Alter dominanten Wunsches nach Verbleib und Versorgung in der gewohnten häuslichen Umgebung selbst bei eingetretener Hilfe- und Pflegebedürftigkeit (vgl. Naegele 2009).

Als die auf die Multikomplexität von Gesundheit und Krankheit im Alter fachlich angemessene Antwort gilt die *integrierte Versorgung*. Darunter versteht man die auf den Einzelfall/ ein bestimmtes soziales Problem bezogene professions- und organisationsübergreifende Zusammenarbeit der jeweils beteiligten Dienste, Institutionen und Einzelakteure. Ziel ist, in koordinierter Weise auf multiple soziale Dienstleistungsbedarfe einer Person zu reagieren und somit Versorgungskontinuität jenseits institutioneller und unterschiedlich ‚verrechtlichter' Zuständigkeiten zu sichern. Es besteht weitgehend Einigkeit darüber, dass die bestehenden, primär auf Akutversorgung ausgerichteten Gesundheitssysteme mit zumeist fragmentierten Leistungsstrukturen und Handlungslogiken dafür in aller Regel nicht ausgerichtet sind (SVR 2005, 2007, 2009). So heißt es z. B. im Sondergutachten des Sachverständigenrates zur Begutachtung der Entwicklung im Gesundheitswesen von 2009 (vgl. auch Kuhlmey 2009):

„Der Gesundheitsversorgung stellt sich damit die in integrativer Hinsicht anspruchsvolle Aufgabe, hausärztliche und fachärztliche, ambulante und stationäre sowie pflegerische Behandlungsleistungen im Rahmen einer interdisziplinären Kooperation mit Präventionsmaßnahmen, der Rehabilitation, der Arzneimitteltherapie sowie mit Leistungen von sozialen Einrichtungen und Patientenorganisationen ziel- und funktionsgerecht zu verzahnen." (SVR 2009: 35)

Zwar kennt das SGB V bereits seit 2000 die Möglichkeit der integrierten Versorgung, diese konnte sich aber bislang nur schleppend durchsetzen, u. a. wegen institutioneller Barrieren und des Widerstandes der jeweils beteiligten Professionen. Zudem hat bislang der systematische Einbezug der Pflege gefehlt. Neben der mit dem GKV-Wettbewerbsstärkungsgesetz von 2007 gegebenen Möglichkeit, die integrierte Versorgung auf den Übergang in die verschiedenen Versorgungsbereiche (Krankenhaus, Rehabilitation, Pflege) auszudehnen, hat insbesondere die Novelle des SGB XI (Pflegeversicherungsgesetz) seit 2008 die Möglichkeit geschaffen, durch die Einrichtung von *Pflegestützpunkten* integrierte Versorgungsstrukturen im Bereich der Pflege zu implementieren (s. o.).

Wohnen gehört zum integrierten Versorgungskonzept!

Je älter ein Mensch wird, desto mehr Zeit verbringt er in der eigenen Wohnung. Der Bereich Wohnen nimmt damit im Alter eine zentrale Dimension der Lebenslage und eine noch zentralere Position der täglichen Lebensführung ein. Hier wird Kommunikation, soziales Leben und Freizeit erlebt, aber auch Versorgung bei insbesondere in sehr hohem Alter steigendem Hilfe- und Pflegebedarf. Die Wohnung wird zunehmend zum Lebensmittelpunkt, in sehr hohem Alter und bei chronischer Krankheit und Pflegebedürftigkeit oftmals zum alleinigen Lebensort. Damit verbunden steigen die Anforderungen und Ansprüche an die eigene Wohnqualität, vor allem in den Bereichen Sicherheit, Komfort, Bedienbarkeit und nicht zuletzt Bezahlbarkeit. Gestiegene Ansprüche bedeuten in diesem Falle auch eine marktwirtschaftliche Chance – nicht nur für Wohnungsunternehmen – z. B. durch barrierefreie Wohnungen, Wohnungen mit angebundenen Dienstleistungen oder neue Wohnformen wie Seniorenresidenzen (vgl. Heinze 2009, bes. 89 ff. sowie Schulz 2009).

Alle Untersuchungen zu Wohnwünschen älterer Menschen zeigen, dass die ganz überwiegende Mehrheit der älteren Menschen ihren Lebensabend in einer normalen Wohnung – und zwar am liebsten in der eigenen bzw. im angestammten Quartier verbringen möchte (neuere Umfragen sprechen von rund 85 Prozent). Dennoch ziehen auch ältere Menschen einen Umzug in Erwägung, wenn die vorhandene Wohnung nicht (mehr) den Bedürfnissen entspricht oder aber ein attraktives Alternativangebot bereitsteht. Die selbstständigkeitserhaltende bzw. -fördernde Gestaltung der Wohnung gilt heute als zentrales Merkmal von Wohnqualität. Eine adäquat gestaltete Wohnung kann – im Sinne eines präventiven Technik- und Dienstleistungseinsatzes – dazu beitragen, Hilfe- und Pflegebedürftigkeit zu vermeiden oder zumindest aufzuschieben. Die altengerechte Umgestaltung der individuellen Wohnung schafft nicht mehr nur individuelle

Sicherheit und Lebensqualität, sondern eröffnet auch neue wirtschaftliche Betätigungsfelder.

3. Neue Konzepte in der integrierten gesundheitlichen Versorgung im Alter – zugleich Beispiele für soziale Innovationen im sozialen Dienstleistungsbereich

Im Folgenden soll der Frage nachgegangen werden, ob und ggf. wie die integrierte gesundheitliche Versorgung Gestaltungspotenziale für soziale Innovationen hat. Dies soll an zwei neueren Konzepten belegt werden: Zum einen fragen wir nach der besonderen Bedeutung von Technik im Wohnbereich vor allem im Falle von Krankheit und Pflegebedürftigkeit im Alter und wollen damit zugleich den Bogen spannen zur Vernetzung von sozialen Diensten und Technik als einem zunehmend wichtigen Feld für soziale Innovationen. Zum anderen analysieren wir die Pflegestützpunkte als neue integrierte Option zur Sicherung der häuslichen Versorgung bei Pflegebedürftigkeit und fragen nach dem hier besonders bedeutsamen Innovationspotenzial, das in neuen Akteurskonstellationen liegt.

Wir werden dabei zunächst anhand der demografisch induzierten Versorgungsbedarfe und -erfordernisse im Gesundheitswesen die integrierte Anwendung von technischen und sozialen Unterstützungsangeboten als Strukturmerkmal von sozialen Innovationen diskutieren. Das zweite Beispiel für eine soziale Innovation steht für die einzelfallbezogene, integrierte Vernetzung von Trägern und Maßnahmen als neue Handlungskonfigurationen in der Diensterbringung für gesundheitsbedingt hilfe- und pflegebedürftige ältere Menschen. Dessen weitgehendes Nicht-Funktionieren kann aktuell noch als ein Strukturdefizit in der häuslichen Versorgung interpretiert werden. Innerhalb der dabei jeweils neu zu gestaltenden wohlfahrtsstaatlichen Arrangements im Rahmen integrierter Versorgungsmodelle ist es erforderlich, dass sich die Stärken und Schwächen der verschiedenen Träger sozialer Dienstleistungen im Sinne eines ‚Wohlfahrtsmix' sinnvoll ergänzen, anstatt gegeneinander zu konkurrieren (zum Konzept des ‚Wohlfahrtsmixes' vgl. Evers/ Olk 1996). Dieses gilt immer dann als angebracht, wenn es um die zielgerichtete Herstellung von mehr Ordnung und dann auch zu mehr Transparenz im allgemeinen sozialpolitischen ‚Versorgungsdickicht' führt. In einer engen Interpretation bezieht es sich zumeist auf die örtliche Ebene und meint hier die ‚richtige Mischung' der drei Trägergruppen Kommunen, Frei-Gemeinnützige und Privat-Gewerbliche – z. B. in der pflegerischen Versorgung der Bevölkerung. Wir verwenden dieses Konzept in einem weiter gehenden Sinne und dabei auch zur Charakterisierung einer sozialpolitisch gezielten und gewollten Koordination unterschiedlicher Akteure, Konzepte, Arbeitsweisen und

Instrumente in allen Bereichen sozialer Dienstleistungsproduktion, soweit sie systematisch und möglichst auch noch institutionell verknüpft sind. Erfolgreiche soziale Innovationen im Bereich sozialer Dienste liegen nur dann vor, wenn sie integrierter als die ‚etablierten Institutionen' mit ihren stark fragmentierten Eigeninteressen und Handlungslogiken agieren. So gesehen ist auch die integrierte gesundheitliche Versorgung eine erfolgreiche soziale Innovation, wenn es ihr gelingt, thematisch durchaus unterschiedlich involvierte Akteure mit ihren je spezifischen Maßnahmen, Instrumenten und Arbeitsweisen (besser als es einzelne Akteure könnten) gemeinsam bei der Bewältigung der multiplen und komplexen gesundheitlichen Versorgungsbedarfe bei älteren Menschen zu beteiligen. In der Konsequenz gehören dann auch Träger- und Akteursgruppen in Randfeldern der professionellen Versorgung (wie z. B. Wohnungsbaugesellschaften, bürgerschaftlich Engagierte oder Selbsthilfegruppen) zum ‚Wohlfahrtsmix' in der integrierten gesundheitlichen Versorgung Älterer.

3.1 Vernetzung von Wohnen, Dienstleistungen und Technik

Durch den demographischen Wandel und das kollektive Altern der Gesellschaft werden insofern Innovationspotenziale generiert, als für ältere Menschen entwickelte Produkte und Dienstleistungsarrangements sowohl neue Formen der technisch unterstützten selbstständigen Lebensführung auch im hohen Alter ermöglichen als auch schon heute positive wirtschafts- und beschäftigungspolitische Effekte zeitigen (Marktinnovationen), die an anderer Stelle schon seit längerem unter dem Label der ‚Seniorenwirtschaft' diskutiert werden. Als eine Innovation an der Schnittstelle zwischen Technik und Sozialem kann dabei das vernetzte Wohnen (auch: Ambient Assisted Living – AAL) bezeichnet werden. Vernetztes Wohnen meint in diesem Zusammenhang nicht nur die Einbindung von Informations- und Kommunikationstechnologien in der Wohnung, sondern auch die soziale Vernetzung unterschiedlicher Branchen, Technologien und der jeweiligen Akteure. Mit dem Wohnen konzentrieren wir uns dabei auf ein Handlungsfeld, für dessen Qualität der Einbezug verschiedener Sektoren (soziale und haushaltsbezogene Dienstleistungen, bauliche und technische Ausstattungsqualität) und Dimensionen konstitutiv ist (vgl. Heinze 2009; verschiedene Beiträge in Eberspächer/ Picot/ Braun 2006; Goldschmidt/ Hilbert 2009 und Heinze/ Naegele 2010).

Es besteht schon seit geraumer Zeit Einigkeit darüber, dass die Alten von morgen verstärkt technische Geräte zur Erleichterung ihres Alltags benutzen werden. Manches, was in diesem Zusammenhang noch vor einigen Jahren als reine Vision belächelt wurde, ist inzwischen Realität. Und dies liegt vor allem daran, dass sich die Technik immer stärker den Menschen anpassen kann (etwa die Sensortechnik, aber auch telemedizinische Optionen), und deshalb erscheint die These gerechtfertigt, dass in etwa 10 bis 15 Jahren die gesamte Kommunikations- und Informationstechnik ‚seniorenleicht' sein wird. Für die Wohnungswirtschaft, die bei der Bereitstellung von Wohnungen in größeren Zeitabständen denken muss, heißt dies: Heute müssen die entscheidenden Weichen hinsichtlich der technologischen Infrastruktur in den Wohnungen gestellt werden, um auf die Herausforderungen von morgen eingestellt zu sein.

Als entscheidender Faktor für Produkte und Dienstleistungen im Bereich des ‚Wohnens im Alter' hat sich herausgestellt, dass das gesamte Wohnumfeld mit in die Betrachtung einbezogen werden muss. ‚Wohnen im Alter' darf und wird sich deshalb künftig nicht mehr nur auf die Anpassung des unmittelbaren Wohnraumes beschränken können. Vielmehr gilt es, umfassende soziale Innovationen zu entwickeln, die auch eine Anpassung des Wohnumfeldes, der quartiersbezogenen Infrastruktur sowie der Versorgung mit Einkaufs- und sonstigen Dienstleistungsangeboten auf Stadtteilebene einschließen.

Im Zuge des demografischen Wandels wächst nicht nur die Zahl der chronisch Kranken, sondern generell der Bedarf an unterstützenden Dienstleistungen und intelligenten Assistenzsystemen für altengerechtes Wohnen und Leben (‚Ambient Assisted Living': AAL). Insbesondere die Einführung vernetzter Haushaltstechnologien – als soziale Innovation – erfordert allerdings die Steuerung einer branchenübergreifenden Kooperation. Ohne den konkreten Nachweis eines Zusatznutzens wird das Potenzial von AAL-Lösungen bzw. neuen Angeboten vernetzten Wohnens nicht gelingen. Deshalb muss auf eine Strategie der aktivierenden Kooperation gesetzt werden, um die tangierten Akteure schrittweise vom konkreten ‚Mehrwert' zu überzeugen. Die derzeit angebotenen Lösungen zum vernetzten Wohnen können technisch zumeist überzeugen, allerdings fehlt noch die soziale Bindungskraft, die gerade soziale Innovationen auszeichnen.

Empirische Erfahrungen zeigen, dass die neuen technischen Lösungen oft als unpersönlich wahrgenommen werden, und deshalb dürfen die ‚Mehrwertdienste' nicht zu technikzentriert sein (es sind soziotechnische Systeme). Trotz dieser unübersehbaren Umsetzungsprobleme haben wir in Deutschland inzwischen im Feld des vernetzten Wohnens eine ausgeprägte Experimentierlandschaft (vgl. Heinze/ Ley 2009), die sich dadurch ausbreiten kann, dass auch im hohen Lebensalter nur ein sehr kleiner Teil der Menschen in Heimen und dgl. lebt, die breite Mehrheit aber im privaten häuslichen Lebenszusammenhang bleiben möchte. Allerdings wird an dieser Präferenz einerseits auch der Anpassungsbedarf in baulicher Hinsicht und andererseits die Notwendigkeit zur Entwicklung neuer sozialer und technisch-assistierender Dienstleistungsangebote deutlich, ohne die ältere Menschen nicht in der eigenen Wohnung oder dem eigenen Haus versorgt werden können. Sicherheit im Alter als mehrdimensionaler Bedarf wird so zu einem zentralen Thema und bietet zahlreiche Anknüpfungspunkte für sozial-innovative Dienstleistungskonzepte. Bislang gelingt es jedoch nicht, die Angebote so zu dimensionieren, dass sie von Kostenträgern und Endkunden breitflächig akzeptiert werden. Die Ursachen können in einer zu starken Orientierung am technisch Machbaren und zu geringen Berücksichtigung der Präferenzen, Bedürfnisse und Interessen der potenziellen Nutzer liegen.

Diese Einschätzung korrespondiert auch mit grundlegenden gesellschaftstheoretischen Einordnungen aus der neueren Innovationsforschung, die auch für das Feld des ‚vernetzten Wohnens' immer bedacht werden müssen: „Markt und Bedarf unterliegen vielfältigen sozialen und kulturellen Definitionsprozessen; die Angebote und Optionen der Technikentwicklung sind selbst Resultate gesellschaftlicher Konstruktionen" (Rammert 2008: 305). Das bedeutet auch, dass es nicht ‚den' Innovationspfad für integrierte AAL-Lösungen gibt und sich automatisch die ‚bessere' Technik durchsetzt, sondern Nutzungskonzepte und Leistungserwartungen neuer Technikangebote (etwa im Bereich von Haushaltstechnologien, die einen längeren Aufenthalt von Senioren in ihrer Wohnung ermöglichen oder auch telemedizinischer Anwendungen für chronisch Kranke) umstritten sind, verschiedenen kulturellen Deutungen unterliegen und deshalb die Anwendung nicht klar prognostiziert werden kann. Am Beispiel der vernetzten Haushaltstechnologien, die hohe Potenziale zur Steigerung der Lebensqualität haben, wird deutlich, wie schwierig die Koordination und Gestaltung von sozialen Innovationen ist, da verschiedene Sektoren und unterschiedliche Organisations- und Lernkulturen miteinander verknüpft werden müssen (vgl. Peine 2007). Auch wenn die Herausforderungen des demographischen Wandels unbestritten sind, ‚Wohnen im Alter' und insbesondere die selbstständige Lebensführung mit Unterstützung vernetzter Technologien gesellschaftspolitisch höchste Priorität genießt, ist der Umsteuerungsprozess mit vielen Hürden ausgestattet.

Eine selbstständige Lebensführung im Alter ist angewiesen auf eine Innovationsstrategie, die sowohl technische Innovationen fördert als auch konkrete Unterstützungsnetzwerke aufbaut.

> „Innovationsnetzwerke können als eine angemessene institutionelle Antwort auf eine neue Situation interpretiert werden, die angesichts der hohen Unsicherheit gegenwärtiger Hochtechnologien und der damit verbundenen immensen Kapitalrisiken eine Verteilung von Wissensarbeit und Risiko auf verschiedene Akteure und zugleich eine lockere, aber verbindliche Kooperation zwischen ihnen erfordert." (Rammert 2008: 312 f.)

Eine flächendeckende Umsetzung leidet auch darunter, dass viele der neuen technologischen Optionen (etwa im Bereich der ambulanten Pflege und der Telemedizin für Risikopatienten oder bei einer ambulanten Rehabilitation) unter einer rein ökonomischen Betrachtung noch nicht profitabel sind (wenngleich ihr Beitrag zur Steigerung der Lebensqualität unbestritten ist). Deshalb müssen diese Prozesse optimiert werden (d. h. vor allem muss die Infrastruktur auf den neuesten Stand gebracht werden) und auch Unterstützungsleistungen von Seiten der klassischen professionellen Dienste (etwa der Pflegedienste und Ärzte) aktiviert werden.

3.2 Pflegestützpunkte – ein neues integriertes Konzept in der ambulanten pflegerischen Versorgung

Mehr noch als bei der gesundheitlichen Versorgung älterer Menschen ist die bei Pflegebedürftigkeit durch multiple und mehrdimensionale Versorgungsbedarfe gekennzeichnet. Diese betreffen zudem auch viele pflegende Angehörige – gleichsam als ,zweite Zielgruppe'. Im Falle von Pflegebedürftigkeit treten neben explizit pflegerischen häufig somatische, rehabilitative, psycho-soziale, hauswirtschaftliche, qualitätssichernde, beratende und/ oder weitere leistungserschließende Versorgungsbedarfe zusammen auf, häufig noch überlagert durch Bedarfslagen im Kontext von Einkommen, Wohnen, der neuen Vereinbarkeitsproblematik (Beruf und Pflege) sowie insgesamt von professioneller Beratung oder gruppenspezifischen Sondersituationen (vgl. Naegele/ Reichert 2009). Beim Zugang dazu bzw. der Suche danach sind die Hilfesuchenden allerdings häufig mit problem- bzw. aufgabenspezifisch parzellierten Angebotsstrukturen konfrontiert und überfordert, es gibt eine Vielzahl von Ansprechpartnern und Leistungsanbietern, die zumeist unkoordiniert nebeneinander arbeiten, mit häufigen Folgen wie Schnittstellen-, Übergangsfriktionen und Versorgungsdiskontinuitäten (Lang 2007), die nicht selten in Unter- oder Fehlversorgung münden (Rothgang/ Borchert/ Müller/ Unger 2008; KDA 2009). Im konkreten Einzelfall können verschiedene gesundheitliche, pflegerische, sozial-pflegerische sowie hauswirtschaftliche Dienste gleichzeitig zuständig sein, ohne sich gegenseitig abzustimmen. Dieses Problem ist zwar seit Jahren bekannt, lediglich NRW ist aber mit den *Pflegekonferenzen* den Weg einer geregelten institutionellen Abstimmung der wichtigsten, an der pflegerischen Versorgung vor Ort beteiligten Akteure gegangen.

Mindest ebenso schwierig zu überwinden waren/ sind bislang Schnittstellenprobleme mit solchen sozialen Diensten für hilfe- und pflegebedürftige ältere Menschen, die – zumindest bis zur Pflegereform 2008 – lange Zeit gar nicht verrechtlicht waren/ sind, weil ihren Bedarfslagen kein offiziell anerkanntes ('verrechtlichtes') soziales Risiko zugrunde lag/ liegt; die nur einer Final- und keiner Kausalmotivation folgten/ folgen und deshalb auch nur begrenzt sozialstaatlich refinanziert waren/ sind. Häufig handelte/ handelt es sich auch um freiwillige Leistungen der Kommunen, waren/ sind infolgedessen finanziell nicht regelhaft abgesichert und überdies regional sehr unterschiedlich ausgestattet. Dies betraf/ betrifft insbesondere Dienste zur Bewältigung des praktischen Lebensalltags und zur Förderung des Alltagsmanagements (wie Haushaltshilfen oder Mobilitätsdienste), Dienste zur Verbesserung der Problemlösungskompetenz, die sog. komplementären vorpflegerischen bzw. stützenden Dienste sowie auf den Bedarf spezifischer Personengruppen bezogene Dienste (wie kultursensible Dienste, besondere Wohnangebote oder Dienste der sozial-psychiatrischen Beratung und Versorgung).

An der bisherigen Verrechtlichungspraxis sozialer Dienste lässt sich dabei ein wichtiges Wesensmerkmal sozialer Dienstleistungsproduktion (nicht nur für ältere Menschen) in Deutschland verdeutlichen: Soziale Dienste entwickeln sich stets in dem Maße, in dem die ihnen zugrunde liegenden Bedarfslagen sozialstaatlich 'anerkannt', 'verrechtlicht' und infolgedessen auch refinanziert sind.

Mit den beiden Pflegereformen 2002 und 2008 sind einige der erwähnten, bislang nicht verrechtlichten Bedarfe von Menschen mit multiplen pflegerischen Problemlagen einer gesetzlichen Regelung zugeführt worden. Dies betrifft z. B. neben Hilfen für Menschen mit eingeschränkter Alltagskompetenz insbesondere den Rechtsanspruch auf Pflegeberatung, der mit einem klaren *Fallmanagement* verbunden ist (Naegele 2007). Seit 2008 besteht in diesem Zusammenhang für die Länder die Möglichkeit, *Pflegestützpunkte* mit dem Ziel der Herstellung von *integrierten Versorgungsnetzwerken* und darauf bezogene Case-Management-Aufgaben bei besonders komplexem Hilfebedarf einzuführen. Insofern ist nun auch auf der Ebene des SGB XI den Vorgaben des SGB V zur integrierten Versorgung gefolgt worden. In das neue Pflegestützpunkte-Konzept explizit mit einbezogen sind das Übergangs- und Schnittstellenmanagement sowie die bedarfsgerechte ganzheitliche Pflegeberatung und Fallbegleitung, die insbesondere auf die Überwindung der zahlreichen Schnittstellenprobleme zielt. Da Pflegestützpunkte nicht nur die Anforderungen an Wertebezogenheit ihres Auftrags erfüllen, sondern zugleich auf neue soziale (Handlungs- und Verantwortungs-) Arrangements unterschiedlich beteiligter Akteure zielen, dabei versuchen, die trägerspezifischen Eigenlogiken zu überwinden und zudem neue Stellen für hierzulande kaum bekannte case-manager schaffen, erfüllen sie – zumindest von ihrer Konzeptualisierung her – wichtige Kriterien einer sozialen Innovation.

Zu den bisher angelaufenen 20 Modellpflegestützpunkten liegen verständlicherweise erst sehr fragmentarische Evaluierungsbefunde vor, die zudem darunter leiden, dass die Nutzerperspektive nicht untersucht worden ist. Die folgenden, ausgewählten vorläufigen Ergebnisse (KDA 2009) können dabei – allerdings nur in verallgemeinerbarer Form – zugleich der Ableitung von Evaluationskriterien für soziale Innovationen im Bereich der sozialen Dienste insgesamt dienen:

▪ Die föderalistische Ordnung der Bundesrepublik hat den Ländern in vielen Punkten die Organisationshoheit überlassen. Eine flächendeckende *einheitliche* Versorgungslandschaft ist nicht in Sicht.
▪ Mit Ausnahme der Länder und Kommunen, die bereits Erfahrungen mit institutionalisierten Vernetzungsstrukturen kennen (wie z. B. NRW (Pflegekonferenzen) und Baden-Württemberg (IAV-Stellen)), fehlt es derzeit noch an einem konsistenten Ansatz für die wohnortnahe Organisation der Dienstleistungen und Pflegeinfrastruktur. Der Einbezug von bereits bestehenden Vorstrukturen scheint sich als essentiell für nachhaltige Erfolge zu erweisen.
▪ Der Beratungs- und Case-Management-Auftrag bezieht sich immer noch zu stark auf die verrechtlichten Leistungsansprüche und auf ihre anerkannten Träger. Nicht verrechtlichte Bedarfe und deren jeweilige Zuständigkeiten bleiben folglich weniger beachtet.
▪ Die Schnittstellenproblematik (insbesondere mit Angeboten des SGB V, IX und XII) bleibt die ‚offene Flanke' für Erfolge/ Misserfolge.

Auch am Beispiel der Pflegestützpunkte lässt sich die These belegen, dass soziale Innovationen herzustellen eine hochvoraussetzungsvolle Aufgabe ist, die sich nicht im Selbstlauf löst, sondern politisch arrangiert werden muss. Schon das Föderalismusprinzip legt Steine in den Weg, wenn es darum geht, flächendeckend einheitliche Konzepte zu realisieren. Noch größere Probleme aber sind auf örtlicher Ebene zu lösen, wo es um die Überwindung von traditionellen Abgrenzungen im Zuständigkeitsbereich zwischen den Trägern geht, hier vor allem der Kranken-, Pflegekassen, Kommunen und den Dienstleistungsanbietern. Die reibungslose Zusammenarbeit hier ist eine Grundvoraussetzung für die erfolgreiche Implementierung integrierter Versorgungsmodelle. Dazu bedarf es mehr als nur des guten Willen der jeweils Beteiligten. Am besten wären verbindliche Vorgaben, die im Rahmen örtlicher Aushandlungsprozesse vereinbart werden.

4. Ausblick

Wenngleich es hinsichtlich der Realisierung von sozial-innovativen Dienstleistungen im Feld der integrierten gesundheitlichen Versorgung und des vernetzten Wohnens noch Umsetzungsprobleme gibt, haben sich neue Angebote im sozialen Dienstleistungssektor rund um die alternde Gesellschaft bereits schrittweise etabliert. Es fehlt aber noch an Umsetzungsmodellen in der Regelanwendung und an sozial-innovativen Allianzen. Hierfür müssen neue Kooperationsformen, so vor allem zwischen Wohnungsunternehmen, sozialen und Gesundheitsdiensten und -anbietern (u. a. niedergelassene Ärzte und Krankenhäuser), Informations- und Kommunikationswirtschaft, den Kommunen, den Krankenkassen sowie den Selbsthilfeverbänden und bürgerschaftlich Engagierten entwickelt werden. Um eine Breitenwirkung zu erzielen, müssen gerade auch die Kostenträger von den Vorteilen der neuen Optionen des ‚zu Hause Alterns' und der integrierten Versorgung überzeugt werden, müssen ggf. neue Leistungstatbestände in die jeweils berührten Gesetze aufgenommen werden.

Es gibt aber keinen ‚one best way' bei der Schaffung sozialer Innovationen, auf soziale Konfigurationen und den Eigensinn der beteiligten Akteure ist Rücksicht zu nehmen. Das Gelingen von Innovationsnetzwerken basiert auf institutionellen Voraussetzungen und dem Willen zur Kooperation, was allerdings in einem hoch fragmentierten und entsprechend unterschiedlich verrechtlichten System wie der deutschen Gesundheitswirtschaft schwer zu realisieren ist. Dort, wo bereits Gesundheits- und/ oder Pflegekonferenzen bestehen, dürfte dies einfacher sein und umgekehrt. Vernetzte Wohnlösungen für ältere Menschen werden nur dann erfolgreich sein und sich am Markt durchsetzen, wenn für die Nutzer ein deutlicher Mehrwert entsteht, der in der Verbesserung der Lebensqualität und in einer leichteren Bewältigung alltäglicher Verrichtungen liegen kann. Darüber hinaus müssen die Lösungen abgestimmt und verknüpft werden mit den Angeboten und Dienstleistungen der traditionellen Anbieter aus der Gesundheitswirtschaft.

Literatur

Badura, Bernhard/ Gross, Peter (1976). Sozialpolitische Perspektiven. München: Piper Verlag.

Blättel-Mink, Birgit/ Ebner, Alexander (2009). Innovationssysteme im wissenschaftlichen und gesellschaftlichen Diskurs. In: B. Blättel-Mink/ A. Ebner (Hrsg.), Innovationssysteme (S. 11-23). Wiesbaden: VS Verlag.

Eberspächer, Jörg/ Picot, Arnold/ Braun, Günter (Hrsg.) (2006). eHealth: Innovations- und Wachstumsmotor für Europa. Berlin, Heidelberg: Springer Verlag.

Evers, Adalbert/ Olk, Thomas (Hrsg.) (1996). Wohlfahrtspluralismus. Opladen: West-deutscher Verlag.

Goldschmidt, Andreas J. W./ Hilbert, Josef (Hrsg.) (2009). Gesundheitswirtschaft in Deutschland. Wegscheid: Wikom Verlag.

Heinze, Rolf G. (2009). Rückkehr des Staates? Politische Handlungsmöglichkeiten in unsicheren Zeiten. Wiesbaden: VS Verlag.

Heinze, Rolf G./ Naegele, Gerhard (Hrsg.) (2010). EinBlick in die Zukunft. Gesellschaft-licher Wandel und Zukunft des Alterns. Münster, Hamburg: LIT Verlag.

Howaldt, Jürgen/ Kopp, Ralf/ Schwarz, Michael (2008). Innovationen (forschend) gestal-ten – Zur neuen Rolle der Sozialwissenschaften. WSI Mitteilungen 2/2008, 63-69.

Howaldt, Jürgen/ Schwarz, Michael (2009). Soziale Innovation – Konzepte, Forschungs-felder und -perspektiven. Unveröffentlichtes Manuskript.

KDA Kuratorium Deutsche Altershilfe (Hrsg.) (2009). Werkstatt Pflegestützpunkte. Aktueller Stand der Entwicklung von Pflegestützpunkten in Deutschland und Emp-fehlungen zur Implementierung und zum Betrieb von Pflegestützpunkten. Köln: Vervielfältigter Bericht.

Kuhlmey, Adelheid (2009). Spezielle Versorgungsanforderungen bei älteren und alten Menschen im Spiegel des neuen Sachverständigengutachtens. Zeitschrift für Geron-tologie und Geriatrie 42 (6), 425-431.

Kuhlmey, Adelheid/ Schaeffer, Doris (Hrsg.) (2008). Alter, Gesundheit und Krankheit. Bern: Huber Verlag.

Lang, Armin (2007). Pflegestützpunkte: Eine neue Form der wohnortnahen Beratung und Versorgung. Vorschläge zur Umsetzung und Finanzierung des integrierten Konzep-tes. Soziale Sicherheit, 10/2007, 330-337.

Naegele, Gerhard (2007). Pflege(versicherungs-)politik – Bilanz und Erwartungen. In: G. Igl/ G. Naegele/ S. Hamdorf (Hrsg.), Reform der Pflegeversicherung – Auswirkun-gen auf die Pflegebedürftigen und Pflegepersonen (S. 18-34). Münster, Hamburg: LIT Verlag.

Naegele, Gerhard (2008). Sozial- und Gesundheitspolitik für ältere Menschen. In: A. Kuhlmey/ D. Schaeffer (Hrsg.), Alter, Gesundheit und Krankheit (S. 46-63). Bern: Huber Verlag.

Naegele, Gerhard (2009). Perspektiven einer fachlich angemessenen, bedarfs- und be-dürfnisgerechten gesundheitlichen Versorgung für ältere Menschen. Zeitschrift für Gerontologie und Geriatrie 42 (6), 432-440.

Naegele, Gerhard/ Reichert, Monika (2009). Das Pflegerisiko im Alter – Die Situation Pflegebedürftiger. In: Deutsche Rentenversicherung Bund (Hrsg.), Die Lebenslagen Älterer: Empirische Befunde und zukünftige Gestaltungsmöglichkeiten (DRV-Schriften, Bd. 85) (S. 97-108). Berlin.

Peine, Alexander (2007). Innovation und Paradigma. Epistemische Stile in Innovations-prozessen. Bielefeld: Transcript Verlag.

Rammert, Werner (2008). Technik und Innovation. In: A. Maurer (Hrsg.), Handbuch der Wirtschaftssoziologie (S. 291-319). Wiesbaden: VS Verlag.

Rothgang, Heinz/ Borchert, Lars/ Müller, Rolf/ Unger, Rainer (2008). GEK-Pflegereport 2008. Medizinische Versorgung in Pflegeheimen. In: GEK – Gmünder ErsatzKasse (Hrsg.), Schriftenreihe zur Gesundheitsanalyse (Bd. 66). Schwäbisch-Gmünd.

Schulz, Erika (2009). Wohnen im Alter. Bedeutung, Anpassungserfordernisse, Markt-chancen. In: Deutsche Rentenversicherung Bund (Hrsg.), Die Lebenslagen Älterer: Empirische Befunde und zukünftige Gestaltungsmöglichkeiten (DRV-Schriften, Bd. 85) (S. 49-64). Berlin.

Statistisches Bundesamt (Hrsg.) (2009). Bevölkerung Deutschlands bis 2060. 12. Koordi-nierte Bevölkerungsvorausberechnung. Wiesbaden: Vervielfältigung.

SVR (2005). Sachverständigenrat zur Begutachtung der Entwicklung im Gesundheitswe-sen: Koordination und Qualität im Gesundheitswesen. Jahresgutachten. Berlin.

SVR (2007). Sachverständigenrat zur Begutachtung der Entwicklung im Gesundheitswe-sen: Kooperation und Verantwortung – Voraussetzungen einer zielorientierten Ge-sundheitsversorgung. Jahresgutachten. Berlin.

SVR (2009). Sachverständigenrat zur Begutachtung der Entwicklung im Gesundheitswe-sen: Kooperation und Integration – Gesundheitsversorgung in einer Gesellschaft des längeren Lebens. Sondergutachten. Download von: Sachverständigenrat Gesundheit (www.svr-gesundheit.de/Startseite/Startseite.htm, Abruf: 14.7.2009).

Zapf, Wolfgang (1989). Über soziale Innovationen. Soziale Welt, 40 (1-2), 170-183.

Innovationsförderung als soziologisches Projekt – das Beispiel ‚Dienstleistungswettbewerb Ruhrgebiet'

Edelgard Kutzner

1. Einleitung

Im Übergang von der Industrie- zu einer Wissens- oder Dienstleistungsgesellschaft rücken auch Dienstleistungsinnovationen in das Blickfeld. Wenn es um öffentliche, aber auch die betriebliche Förderung ging, führte der Dienstleistungsbereich lange eher ein Schattendasein. Nicht zuletzt auch deshalb, weil es sich um einen stark frauendominierten Bereich handelt. Das hat allerdings nichts damit zu tun, dass es in diesen Bereichen bislang keine Innovationen gab, sie wurden und werden nur allzu häufig nicht zur Kenntnis genommen. Hinzu kommen etliche regionale Besonderheiten in der Nutzung und Verbreitung und damit auch in der Kreativität bei der Entwicklung neuer Dienstleistungen. Mit Kehrbaum (2009) wird im Folgenden davon ausgegangen, dass Innovationen in komplexe soziale Prozesse eingebettet sind. „Menschen machen Innovationen", hieß es kurz und treffend im Titel einer Veranstaltung der Gewerkschaft Verdi (Bsirske/ Endl/ Brandl/ Schröder 2005). Die Auseinandersetzung mit Innovationsprozessen stellt somit auch im Dienstleistungsbereich eine Herausforderung für die Soziologie dar.

Wettbewerbe gewinnen bei der Vergabe von öffentlichen Fördermitteln an Bedeutung. Einen Schwerpunkt stellt hier die Innovationsförderung dar. Ein Beispiel, wie Politik und Wissenschaft Innovationen fördern können, ist der von der Autorin an der Sozialforschungsstelle Dortmund im Auftrag des Wirtschaftsministeriums NRW durchgeführte ‚Dienstleistungswettbewerb Ruhrgebiet' (DLWR)[1]. Ziel des Wettbewerbs war es, zur Entwicklung von innovativen und marktfähigen Dienstleistungsangeboten beizutragen, um damit langfristig neue Wachstumsfelder und Beschäftigungsmöglichkeiten im Ruhrgebiet zu erschließen.

---

1 Am Konsortium beteiligt waren die Sozialforschungsstelle Dortmund (Dr. Edelgard Kutzner), das vero projektkontor (Jan Richter) und die Soziale Innovation GmbH (Silke Senft).

Im folgenden zweiten Abschnitt werden zunächst kurz der hier zugrundeliegende Innovationsbegriff sowie die dem Projekt zugrundeliegenden soziologi-schen Annahmen erläutert. Am Beispiel des Projekts ‚Dienstleistungswettbewerb Ruhrgebiet' soll dann im dritten Abschnitt skizziert werden, wie soziologisches Wissen in die Gestaltung eines Wettbewerbs einfließen kann. Dabei wird erkennbar, dass auch Wettbewerbe sich nicht nur an ökonomischen Kennziffern ausrichten können, sondern soziale Kriterien berücksichtigen müssen. Beim DLWR beispielsweise spielte der Sozialraum Ruhrgebiet eine entscheidende Rolle – u. a. bei der Definition dessen, was unter Innovationen zu verstehen ist. Ein weiterer Faktor war das Thema Chancengleichheit – in Innovationskonzepten ein nicht sehr verbreitetes Thema (vgl. die Beiträge in Schröder/ Kutzner/ Brandt 2009). Die Aufgabe des Projekts bestand hier also weniger in der Analyse stattfindender Innovationsprozesse, sondern vielmehr in der Beteiligung an der Konzeptionierung, Durchführung und Auswertung eines Wettbewerbs zur Initiierung von (politisch und ökonomisch wünschenswerten) Innovationen. Der abschließende vierte Abschnitt befasst sich schließlich verallgemeinernd mit der gestaltenden Rolle von Sozialwissenschaft in Innovationsprozessen.

2. Entwicklung von Gestaltungsanforderungen aus soziologischer Perspektive

Neben den formalen politisch festgelegten Kriterien zur Förderung innovativer Dienstleistungsideen, auf die ich in Abschnitt drei etwas näher eingehe, sollen zunächst die aus einer soziologischen Perspektive entwickelten Anforderungen an die Gestaltung des Dienstleistungswettbewerbs skizziert werden. Damit werden einige Überlegungen zur Relevanz sozialwissenschaftlicher Interventionen in Innovationsprozessen angestellt.

Zunächst einige Anmerkungen zum hier verwendeten Verständnis von Innovationen. Im DLWR wurde eine recht breite einfache Definition von Innovation zu Grunde gelegt, durchaus angelehnt an Braun-Thürmann: „Als Innovationen werden materielle oder symbolische Artefakte bezeichnet, welche Beobachterinnen und Beobachter als neuartig wahrnehmen und als Verbesserung gegenüber dem Bestehenden erleben" (2005: 6). Verwiesen wird hier auf die soziale Konstruktion von Innovationen, auf die Wahrnehmung der Neuartigkeit und auf den Doppelcharakter bestehend aus Neuheit und Optimierung. Der Begriff der Innovation wurde auf dieser Basis im hier beschriebenen Projekt begrifflich und inhaltlich bewusst allgemein gehalten. Die Innovationstypen wurden ähnlich wie bei Schumpeter (1964) unterschieden in Produktinnovation, Prozessinnovation, organisatorische Innovation, Verwendung neuer Ressourcen, Eroberung neuer Märkte.

Neben den ökonomischen Kriterien spielten im DLWR soziale Kriterien eine Rolle bei der Innovationsentwicklung. Die Dienstleistungsinnovationen sollten zur Verbesserung der Dienstleistungsangebote, zur Steigerung der Beschäftigung und zu mehr Chancengleichheit beitragen. Es gab also klare Interessenbezüge sowohl seitens der beteiligten Ministerien als auch seitens der Projekte. Die Dienstleistungsinnovationen waren zudem auf den Sozialraum Ruhrgebiet zu beziehen. Mit anderen Worten, Innovation wurde hier als ein relativer Begriff gesehen, indem die Projektideen als innovativ – vorwiegend bezogen auf die sozialen Beziehungen vor Ort – bewertet wurden. Als innovativ galt, was neu für die Region war. Damit flossen zugleich auch bestimmte lokale und regionale Interessen in die Bewertung ein. Das heißt aber nichts anderes, als dass die Gesellschaft im Ruhrgebiet den Innovationsbegriff selbst mit hervorbringt. Dies war in der wissenschaftlichen Gestaltungsperspektive zu berücksichtigen.

Innovationen werden – wie bereits eingangs erwähnt – als das Ergebnis komplexer sozialer Prozesse angesehen, die Wirkungen auf die Gesellschaft haben. Dementsprechend stehen neben den strukturellen Rahmenbedingungen auch die handelnden Menschen im Vordergrund. Es wird ein handlungsbezogener Blick auf Innovationen bzw. den Innovationsprozess geworfen. Hier interessiert nicht nur das Innovationsergebnis, sondern auch der Innovationsprozess.

> „Wer die sozialen Prozesse – die Innovationen hervorbringen – besser und umfassender versteht, ist auch in der Lage, Einfluss auf entsprechende Handlungen zu nehmen – Innovationen aktiv zu fördern oder Innovationshemmnisse zu identifizieren und zu beseitigen" (Kehrbaum 2009: 53).

Mit dieser Sichtweise ist eines der Kernthemen der Soziologie angesprochen. Im DLWR bedeutete das, bei der Entwicklung der Beurteilungskriterien u. a. zu berücksichtigen, wie das Innovationsvorhaben geplant wird, wer daran beteiligt wird, wie sich die geplante Dienstleistungsinnovation im Sozialraum Ruhrgebiet verortet, welche ökonomischen und welche gesellschaftlichen Wirkungen mit der Dienstleistung verbunden sein werden. Es wurde Bezug genommen auf wissenschaftliche Erkenntnisse aus dem Bereich der Dienstleistungsforschung (z. B. wenn es darum ging, um welchen Dienstleistungstypus es sich bei der geplanten Dienstleistung handelt), aus dem Bereich der Arbeits- und Organisationsforschung (z. B. wenn es um die vorhandenen und geplanten Formen der Arbeitsorganisation und Managementkonzepte ging), aus dem Bereich der Geschlechterforschung (z. B. wenn es um die Beteiligung von Frauen und Männern am Innovationsprozess oder eine möglicherweise geschlechterdifferente und eine Geschlecht benachteiligende Wirkung der Innovation ging) sowie aus dem Bereich der Regionalforschung (z. B. wenn es um die speziellen Gegebenheiten der Region Ruhrgebiet ging).

Die spezifische (Innovations-)Kompetenz von Soziologie liegt darin, Wissen darüber zu haben und zu erzeugen, wie die gesellschaftliche Ordnung, wie soziale Gerechtigkeit, letztlich wie sozialer und organisatorischer Wandel entsteht und gestaltbar wird. Sozialwissenschaftliches Wissen ist eine gute Grundlage für praxisorientierte Projekte – wie die Gestaltung von Innovationsprozessen im hier vorgestellten Sinn.

Nachfolgend wird das Projekt ‚Dienstleistungswettbewerb Ruhrgebiet' näher beleuchtet. Im Mittelpunkt stehen dabei die analysierten wirtschaftlichen und gesellschaftlichen Hintergründe, die zu diesem Wettbewerb führten, ebenso wie die daraus entwickelten Ziele. Es werden Einblicke in die konkrete Gestaltung und Umsetzung gegeben. Abschließend werden einige Ergebnisse präsentiert sowie kurze Einblicke in innovative Dienstleistungen gewährt.

3. Der ‚Dienstleistungswettbewerb Ruhrgebiet'

Die Dienstleistungswirtschaft ist zu einem Motor für Wachstum und Beschäftigung geworden, auch im Ruhrgebiet. Zukunftsträchtige Branchen bringen den Strukturwandel voran und schaffen neue, qualifizierte Arbeitsplätze. Die erfolgreiche Reaktion der Wirtschaft auf die zunehmenden Ansprüche und Bedürfnisse der Menschen bestimmt die Leistungs- und Wettbewerbsfähigkeit innovativer Unternehmen. Dabei spielt auch die Verknüpfung von Produkten und Dienstleistungen zu einem integrierten Gesamtkonzept eine entscheidende Rolle[2]. Den Kundinnen und Kunden werden auf diese Weise innovative Dienstleistungspakete in Kombination mit komplexen Technologien und Produkten angeboten. Beispiele aus dem Bereich mittelständischer Produktionsunternehmen der Investitionsgüterindustrie sowie des Fahrzeug- und Maschinenbaus belegen dieses (Kreibich/ Oertel 2004). Reichte es lange Zeit aus, ein hochwertiges Produkt herzustellen, so verspricht die stärkere Orientierung an den Wünschen der Kundinnen und Kunden mit produktbegleitenden Dienstleistungen mehr Erfolg. Im Dienstleistungssektor finden sowohl technische als auch soziale Innovationen[3] statt.

---

2 Dieser Zusammenhang wird auch in etlichen Aktivitäten der Bundesregierung sichtbar, wie beispielsweise die Kampagne „Zukunft gestalten mit Dienstleistungen. Aktionsplan Dienstleistungen 2020" im Rahmen der Hightech-Strategie zeigt.
3 Es gibt ein breites Verständnis von technischen Innovationen, weniger bekannt ist der Terminus soziale Innovationen. Die Definitionen von sozialen Innovationen variieren (vgl. u. a. Gillwald 2000). So werden unter sozialen Innovationen neue Konzepte und Maßnahmen verstanden, die von betroffenen gesellschaftlichen Gruppen angenommen und zur Bewältigung sozialer Herausforderun-

Das Ruhrgebiet bildet auch vor diesem Hintergrund einen der größten europäischen Dienstleistungsmärkte für Menschen und Unternehmen. Statistisch ist das Ruhrgebiet zwar längst eine Dienstleistungsregion, dies allerdings weniger aufgrund der Wachstumsprozesse im tertiären Sektor, als durch den Rückgang in der Industriebeschäftigung (u. a. Bosch 2002).

Das Ruhrgebiet definiert sich in der – internen wie externen – Wahrnehmung auch heute noch vorwiegend über seine industrielle Tradition. Die Bereitschaft zur Ausübung wie auch zur Inanspruchnahme von Dienstleistungstätigkeiten kann als relativ gering eingeschätzt werden. Es handelt sich bildlich gesprochen um eine ‚Affäre ohne Leidenschaft'. Dazu tragen einerseits Beschäftigungscharakteristika von Dienstleistungen bei (z. B. geforderte Qualifikationen, Flexibilität, nicht selten befristete Verträge), andererseits aber auch die Vermutung, dass es sich bei Arbeitsplätzen im Dienstleistungssektor überwiegend um schlecht bezahlte ‚Jobs' mit niedrigen Qualifikationsanforderungen handele. Auch im Bereich der sog. B2B-Dienstleistungen[4] sind durchaus Chancen vorhanden, die allerdings noch nicht entsprechend realisiert werden. Gerade zuliefernde Unternehmen, die sich z. B. in den nördlichen Regionen des Ruhrgebietes in existentiellen Problemlagen befinden, könnten mit einer Ausweitung ihrer Angebote im Servicebereich neue Märkte öffnen. Auch hier ist aber häufig noch eine starke Produkt- und Produktionsbindung festzustellen.

Der arbeitsmarkt-, struktur- und wirtschaftspolitische Handlungsbedarf liegt also nicht zuletzt darin, Vorurteile abzubauen, Motivationsgrundlagen für nötige Anpassungsleistungen auf individueller wie betrieblicher Ebene zu legen und anhand konkreter Beispiele Vorbilder zu schaffen. Daneben ist es aber auch von zentraler Bedeutung, Lösungen für die Probleme zu finden, denen sich Dienstleistungen zunehmend stellen müssen – wie etwa Internationalisierung, wach-

---

gen eingesetzt werden. Das Zentrum für Soziale Innovation um Josef Hochgerner meint beispielsweise: „Soziale Innovationen sind Ideen und Maßnahmen zur Lösung sozialer Herausforderungen mit zwei zusätzlichen Merkmalen: Neuheit zur Bewältigung von entweder schon bekannten oder im Zug des sozialen Wandels neu entstandenen Problemen sowie Annahme und Anwendung seitens der betroffenen sozialen Gruppen. Ähnlich wie neue Produkte und Verfahren erst als Innovationen gelten, wenn Erfindungen marktfähig werden, müssen soziale Innovationen nachhaltigen Nutzen für Zielgruppen erbringen. Sie erweisen sich somit als Methoden, die wirksam werden und besser funktionieren als andere Konzepte (Dienste, Regeln und Verfahren). Wenn daher aus einer sozialen Idee prozesshaft eine soziale Innovation wird, trägt diese zur Bewältigung konkreter Problemstellungen und zur Befriedigung eines in der Gesellschaft vorhandenen Bedürfnisses bei." (http://www.zsi.at/de/institut/index.html, Abruf: 8.2.2010)

4 B2B ist die Abkürzung für Business-to-Business und steht allgemein für Kundenbeziehungen zwischen (mindestens zwei) Unternehmen, im Gegensatz zu Beziehungen zwischen Unternehmen und Privatpersonen.

sender Innovationsdruck oder neue Zielgruppen (etwa durch die demografische Entwicklung)[5]. Der Innovationsdruck ist mithin erheblich.

Innovationen im Dienstleistungsbereich erfordern ein gutes Gespür für sich neu entwickelnde Bedürfnisse der Kundinnen und Kunden, artikulierte wie nicht artikulierte. Eichener und Heintze (2005) stellten fest, dass sich etablierte Dienstleistungsunternehmen oft kaum noch für die Entwicklung neuer Dienstleistungen interessieren – und sogar die entsprechenden Budgets dafür kürzen. Der Dienstleistungswettbewerb sollte hier also einen Beitrag leisten, um die nötige Innovationsdynamik in Gang zu halten bzw. zu setzen.

Weiterer Handlungsbedarf besteht im Bereich der Erwerbsarbeit von Frauen. Grundsätzlich ist anzumerken, dass die Erwerbsarbeit von Frauen im Ruhrgebiet mit knapp 38 % deutlich geringer ausgeprägt ist als in anderen Regionen mit durchschnittlich 44 % (Regionalinformation Ruhrgebiet Mai 2004 des RVR). Die Gründe liegen in den häufig schlechten Arbeitsmarktbedingungen, aber auch nach wie vor in einem teilweise noch recht traditionellen Rollenverständnis und den damit verbundenen kulturellen Widerständen gegen die Erwerbsarbeit von Frauen. Bezogen auf die Steigerung der Frauenerwerbsquote zeigen Dienstleistungen zwar einerseits erhebliche Vorteile gegenüber anderen Bereichen. So schaffen etwa die häufig flexibleren Arbeitsorganisationen Raum für die immer noch mehr Frauen als Männer betreffende Notwendigkeit der Vereinbarkeit von Familie und Beruf. Auf der anderen Seite sind Frauen aber häufig in geringer bezahlten und schlechter qualifizierten Arbeitsverhältnissen beschäftigt – und dies überwiegend in Dienstleistungsberufen (87 % der etwa 920.000 erwerbstätigen Frauen). Bei den Männern liegt dieser Anteil nur bei rund 47 % der rund 1,2 Mio. Erwerbstätigen (Regionalinformation Ruhrgebiet Mai 2004 des RVR).

3.1 Der Dienstleistungwettbewerb

Ziele und Umsetzung

Vor diesem Hintergrund wurde 2004 vom Ministerium für Wirtschaft, Mittelstand und Energie NRW gemeinsam mit dem Ministerium für Generationen, Familie, Frauen und Integration NRW der ,Dienstleistungswettbewerb Ruhrgebiet' ins Leben gerufen. Ziel war es, vor allem den strukturellen Wandel der Region voranzutreiben.

---

5 Der demografische Wandel macht nicht nur soziale, sondern auch technische Innovationen erforderlich. Dies wird auch an der Vielzahl der eingereichten Innovationsideen im DLWR sichtbar.

Der Wettbewerb verfolgte fünf definierte Kernziele im Hinblick auf die Dienstleistungswirtschaft des Ruhrgebiets:

- Erschließung neuer Wachstumsfelder
- Steigerung der Beschäftigungschancen
- Förderung von Netzwerken und Kooperationen
- Stärkung der Dienstleistungsmentalität
- Verbesserung der Chancengleichheit für Frauen und Männer (Querschnittsziel)

Mit dem Dienstleistungswettbewerb wurde das letztgenannte Ziel erstmals zum zentralen Kriterium eines Projektwettbewerbs gemacht. Vor allem der Zugang von Frauen zu qualitativ hochwertiger Beschäftigung sollte verbessert werden, um wirtschaftliches Wachstum auch nachhaltig und gerecht zu gestalten. Damit sollte der ,Dienstleistungswettbewerb Ruhrgebiet' nicht nur zur Erschließung neuer Zielgruppen und Märkte, sondern auch zu mehr Gerechtigkeit in der Arbeitswelt beitragen.

Der ,Dienstleistungswettbewerb Ruhrgebiet' war als Förderwettbewerb im Rahmen des NRW-EU Ziel 2-Programms angelegt. Unternehmen sollte die Chance gegeben werden, Ideen für innovative Dienstleistungen zu entwickeln und – im Falle einer Prämierung – eine Förderung zur Umsetzung dieser Ideen in Leistungsangebote zu erhalten. Das mit der Umsetzung des Dienstleistungswettbewerbs beauftragte Konsortium um die Sozialforschungsstelle Dortmund entwickelte hierfür ein Konzept. In zwei Bewerbungsrunden konnten Unternehmen dann, soweit sie die Fördervoraussetzungen des NRW-EU Ziel 2-Programms erfüllten, Wettbewerbsbeiträge einreichen. Im Anschluss an die Einreichungsfristen begann das Bewertungsverfahren mit Fachgutachten und unter Beteiligung einer Fachjury. Alle Wettbewerbsbeiträge wurden nach vier gleichwertigen Kriterien bewertet:

- Im Schwerpunkt *Innovativität des Vorhabens* wurden beurteilt: die Analyse der Ausgangslage und der Innovationsgehalt des Vorhabens sowie der Innovationsgehalt für den Dienstleistungsanbieter, die Region und die gesamte Dienstleistungsbranche. Die Innovativität bzw. Neuartigkeit konnte sich dabei auf verschiedene Aspekte beziehen: auf neue Angebote, neue Zielgruppen, neue Kooperationen, neue Arbeitsorganisationen, neue Marktzugänge etc.
- Bei der *Umsetzungsreife des Vorhabens* wurde beurteilt, wie fundiert und plausibel die ,Time to Market' Abschätzungen sind, wie die Qualität der Projekt- bzw. Umsetzungsplanung (also Schritte der Umsetzung, Beteiligte

etc.) zu beurteilen ist, wie vorhandene Ressourcen, Kompetenzen und die
Umsetzungsfähigkeit der Antragstellenden einzuschätzen sind.

- Im Schwerpunkt *erwartbare Ergebnisse und potenzieller Nutzen* wurde
beurteilt, wie plausibel und wie spezifisch die Angaben zu den Ergebnis-
und Nutzenaussichten sind, inwieweit positive Auswirkungen und Nutzen-
effekte auf (einzel-)betrieblicher Ebene zu erwarten sind, welche positiven
Effekte für den regionalen Arbeitsmarkt sowie für die Dienstleistungswirtschaft in der Region und im Ruhrgebiet zu erwarten sind. Auch die geforderten Einschätzungen zum Transferpotenzial der Innovation für andere Unternehmen, Branchen oder auch Regionen wurden beurteilt.

- Beim Querschnittsthema Chancengleichheit durch *Gender Mainstreaming* [6]
wurden die innovativen Ideen danach beurteilt, wie geschlechtersensibel die
Analyse der Ausgangslage erfolgte, ob und wie geschlechterbezogene Aspekte in den Zielen und Konzeptionen berücksichtigt sind, inwieweit im
unmittelbaren Interventionsbereich (und auch darüber hinaus) des Vorhabens ein Beitrag zur Förderung der Chancengleichheit von Frauen und
Männern zu erwarten ist. Konkret ging es also um Fragen wie: Was heißt
das für Frauen, was für Männer? Werden neue Zielgruppen angesprochen?
Verändern sich Arbeitsbedingungen für Frauen und Männer? Welche Effekte wird die Innovation im Hinblick auf die Mitarbeiterinnen und Mitarbeiter, das Unternehmen oder das Leistungsangebot haben? Werden die Potenziale von Frauen und Männern genutzt? Inwiefern leistet die Innovation einen Beitrag zum Abbau der Ungleichheiten zwischen Frauen und Männern?
In diesem Sinn kann Gender Mainstreaming selbst als soziale Innovation
bezeichnet werden. Sie verändert routinisiertes Handeln und soziale Praktiken im Innovationsprozess und -ergebnis.

Ergebnisse

Das Interesse der Wirtschaft im Ruhrgebiet am Dienstleistungswettbewerb war
sehr groß. Insgesamt reichten 238 Unternehmen – teilweise im Verbund – 259
Wettbewerbsbeiträge ein, die zu 167 Projektvorschlägen führten. In der regionalen Verteilung der eingehenden Beiträge ist eine annähernd gleiche Streuung zu

---

6 Das Konzept des Gender Mainstreaming, zu dem sich alle EU-Staaten im Amsterdamer Vertrag
verpflichtet haben, ist in Deutschland erst in den letzten Jahren bekannt geworden. Es soll dazu
beitragen, die Potenziale von Frauen und Männern konsequent einzubeziehen, für die Entwicklung
der Region, für die Verbesserung der Wettbewerbsfähigkeit. Im Ergebnis soll dieses Vorgehen zu
mehr Geschlechtergerechtigkeit führen.

beobachten. Die Fachjury prämierte aus 167 eingegangenen Projektideen insgesamt 32, somit war in etwa jeder fünfte Vorschlag erfolgreich. Die von einer Jury ausgewählten Unternehmen und ihre Dienstleistungs- bzw. Projektideen wurden im Rahmen von Prämierungsveranstaltungen ausgezeichnet. Parallel wurden die Antragsverfahren für die Förderung aus dem NRW-EU Ziel 2-Programm eingeleitet. Die inhaltliche Auswertung der eingereichten innovativen Dienstleistungsideen führt zu folgenden Erkenntnissen:

- Die Wettbewerbsbeiträge können fünf *Dienstleistungsbereichen* zugeordnet werden[7]: Organisations- und Personalentwicklung (28 %), Gesundheits- und Seniorenwirtschaft (18 %), Technik und IT (14 %), Touristik, Freizeit und Kultur (13 %), andere Bereiche (27 %). In der Gruppe ‚andere Bereiche' wurde eine Vielzahl von Bezügen zusammengefasst, wobei ein erkennbarer Schwerpunkt bei den sozialen Dienstleistungen sowie arbeitsmarktbezogenen Dienstleistungen zu sehen ist. Die wirtschaftspolitisch definierten Kompetenzfelder der Region (Gesundheitswirtschaft, IT, Touristik), wie auch aktuell diskutierte ökonomische Trends (Seniorenwirtschaft), spiegeln sich in den Inhalten der eingereichten Projektideen deutlich wider.
- Der weit überwiegende Teil der geplanten Maßnahmen soll der Entwicklung neuer betrieblicher *Dienstleistungsangebote* (77 %) dienen. Organisations- und vertriebsbezogene Zugänge zum Thema ‚Innovative Dienstleistungen' finden sich eher selten.
- In der Verteilung auf die *Projekttypen* wird deutlich, dass Modellprojekte den größten Anteil aller Projektideen (43 %) stellen, gefolgt von Konzeptentwicklungen (33 %) und Verbundprojekten (24 %).
- Im Hinblick auf die *Dienstleistungsfelder*, d. h. die Orientierung auf Unternehmen bzw. Personen und Haushalte, ergibt sich ein eindeutiges Bild. Über beide Wettbewerbsrunden betrachtet dominieren die unternehmensbezogenen Dienstleistungen mit rund 59 %. Haushalts- und personenorientierte Projektideen verzeichneten einen Anteil von 23 %, während Vorhaben mit beiden Bezügen insgesamt 10 % ausmachten.
- Hinsichtlich der geplanten *Projektlaufzeit* lag der Durchschnitt bei knapp unter 17 Monaten. Der relativ hohe Anteil eher kurz angesetzter Projektlaufzeiten deutet auf erhebliches Interesse an einem schnellen Markteintritt hin, wohl nicht zuletzt bedingt durch die häufig kurzzyklischen Entwicklungen der Zielmärkte und der Zielgruppenwünsche.

---

7 Ausschlaggebend für die Zuordnung der Projektideen war hierbei nicht die Branchenzugehörigkeit der teilnehmenden Unternehmen, sondern der aus dem Vorhaben erkennbare Bezug.

- Hinsichtlich des *Unternehmensalters* ist festzustellen, dass der überwiegende Teil der teilnehmenden Betriebe (60 %) die Gründungs- und Konsolidierungsphase zum Teilnahmezeitpunkt mit einem Alter von über drei Jahren bereits überwunden hatte. Rund 25 % der Unternehmen nahmen im Jahr ihrer Gründung teil, 14 % waren ein bis drei Jahre alt (keine Angaben: 2 %). Das Durchschnittsalter der Unternehmen betrug über beide Wettbewerbsrunden hinweg neun Jahre.

- Der weitaus größte Teil der teilnehmenden Unternehmen ist dem Typus *Mikrounternehmen* (zwei bis zehn Beschäftigte) zuzuordnen. Über die Hälfte der Beiträge wurde von Unternehmen dieser Größenklasse eingereicht (52 %), während sich der Rest gleichmäßig auf Ein-Personen-Firmen (25 %) und kleine bzw. mittelständische Unternehmen mit mehr als zehn Beschäftigten (23 %) verteilt. Insgesamt liegt der Mittelwert bei elf Beschäftigten je Unternehmen.

- Die inhaltliche Analyse zeigt auch: Vor allem kleinere Unternehmen betrachten Innovation noch weitgehend als ‚*Chefsache*'. Durch die Sensibilisierung für die verstärkte Einbeziehung von Zielgruppen und Beschäftigten würden sich hier unter Umständen noch erhebliche Marktpotenziale erschließen lassen. Gleiches gilt für die Anwendung systematischerer Entwicklungsverfahren, die in der produzierenden Wirtschaft eher üblich sind.

- Im Hinblick auf die Frage der *Geschlechtergerechtigkeit* bzw. *Chancengleichheit* wurden für alle Projektvorschläge auch das Geschlecht der Geschäftsführungen sowie der Anteil von Frauen an den Beschäftigten ausgewertet. Im Hinblick auf den gesamten Wettbewerb wird deutlich, dass etwa doppelt so viele Ideen von Unternehmen mit männlicher Geschäftsführung eingereicht wurden wie von solchen unter weiblicher Führung. Durchschnittlich betrug der Frauenanteil an den Beschäftigten in den Unternehmen, die Wettbewerbsbeiträge eingereicht haben, rund 44 %. Im gesamten Ruhrbiet arbeiten dagegen 87 % aller erwerbstätigen Frauen im Dienstleistungsbereich (Regionalinformation Ruhrgebiet Mai 2004 des RVR). Als Erklärung hierfür kann die Dominanz unternehmensorientierter Dienstleistungsanbieterinnen und Dienstleistungsanbieter im Wettbewerb herangezogen werden, hier sind Frauen nach wie vor unterrepräsentiert.

Zusammenfassend kann festgehalten werden, dass durch den DLWR sowohl verschiedene Branchen wie auch Regionen zur Teilnahme motiviert werden konnten. Viele hochwertige Beiträge zeugen durchaus vom vorhandenen Potenzial der Region, innovative Dienstleistungen zu entwickeln. Es wurden aber auch Defizite bei der Methodenkompetenz zur Dienstleistungsentwicklung und im Verständnis von Chancengleichheit festgestellt, trotz etlicher Unterstützungsleistungen[8]. Der DLWR hat in den Feldern der Dienstleistungswirtschaft und Chancengleichheit Impulse für die weitere Entwicklung der Region geben können. Festgehalten werden muss aber auch, dass es sich um einen Förderwettbewerb mit öffentlichen Mitteln handelte. ‚Freigeistigen' Erfindungen sind dadurch Grenzen gesetzt. Deutlich wird dies in den oben beschriebenen Beurteilungskriterien. Die Förderbedingungen und die Innovationspolitik des Landes wirken im DLWR quasi als strukturelle Rahmenbedingungen und beeinflussen den Innovationsprozess.

Um den Initialeffekt des Dienstleistungswettbewerbs auch längerfristig nutzbar zu machen, wäre eine weitere Sensibilisierung von Unternehmen, Politik, Wissenschaft und Öffentlichkeit ratsam, z. B. durch Veröffentlichung der prämierten Dienstleistungsideen, auf Veranstaltungen während und nach Abschluss der Förderung, durch projektbegleitende Evaluationen. Dadurch wäre es möglich, das Vorgehen der Unternehmen bei der Umsetzung der innovativen Dienstleistungsideen zu begleiten und Dienstleistungsinnovationen anhand anschaulicher Beispiele praktisch voranzutreiben. Im Bereich Gender Mainstreaming bestehen noch erhebliche Informations- und Sensibilisierungsdefizite. Die Verbesserung der Chancengleichheit für Frauen und Männer hat bei der Entwicklung von Dienstleistungsinnovationen in Unternehmen noch nicht den Stellenwert, den er auch mit Blick auf die Erschließung neuer Zielgruppen und Märkte haben könnte. Hier bietet sich auch der erweiterte Blick auf Diversity an, also die Perspektive von Vielfalt bezogen auf Kundinnen und Kunden, Nutzerinnen und Nutzer, Arbeitnehmerinnen und Arbeitnehmer.

3.2 Einige prämierte innovative Dienstleistungsideen im Portrait

Die nachfolgenden kurzen Portraits sollen einen kleinen Einblick in die prämierten innovativen Dienstleistungsideen geben.[9]

---

8 Bei der Bearbeitung der verschiedenen Punkte, insbesondere bei Fragen zum Gender Mainstreaming, gab es etliche unterstützende Materialien und Hilfsangebote.
9 Aus datenschutzrechtlichen Gründen können hier nur prämierte Projektideen vorgestellt werden, da sie auch an anderer Stelle veröffentlicht wurden. Sie spiegeln von daher auch stark die Sichtweise der Jury über innovative Dienstleistungen wieder. Die Darstellung erfolgt in alphabetischer Reihenfolge.

Flexibilisierung von Hotels in NRW für Seniorinnen und Senioren

Im Mittelpunkt dieses Vorhabens steht die Entwicklung und Erprobung eines wertschöpfungskettenbezogenen Beratungskonzepts, das Leistungen im Bauwesen mit Angeboten von Hotels verknüpft. Ziel ist es dabei, das Angebot von Hotels an den Bedürfnissen älterer Menschen und weitergehend an den Auswirkungen des demografischen Wandels zu orientieren. Durch das mit Frauen und Männern besetzte Beratungsteam sollen von Anfang an möglicherweise unterschiedlich vorhandene Bedürfnisse und Sichtweisen einbezogen werden. So könnten alleinreisende ältere Frauen andere Interessen haben als Männer etc. Wenn die erwähnten Aspekte auch in die Handbücher, Weiterbildungen und anderen Projekte einfließen, besteht hier eine Chance, innovative Lösungsansätze für den Markt zu produzieren.

Frauenzimmer

Ein Handwerksverbund entwickelt gewerkeübergreifende Pakete zur Renovierung einzelner Zimmer, die sich vor allem an den Wünschen und Anforderungen von Frauen orientieren. Angeboten werden Renovierungsarbeiten für jeweils ein Zimmer – gestaltet, realisiert und koordiniert von Frauen. Entstehen sollen Komplettangebote in drei Preiskategorien, die in einem Musterzimmer präsentiert werden. Mit diesem spezifischen Zuschnitt ist die Dienstleistung in der Region bislang einzigartig und – soweit zum Zeitpunkt der Bewerbung bekannt war – deutschlandweit erst die Nummer zwei am Markt. Der Verbund besteht ausschließlich aus Unternehmerinnen. Frauen sind im Handwerk und Baugewerbe immer noch unterrepräsentiert und können als Zusammenschluss ganz neue Zielgruppen ansprechen. Mit dem Angebot sollen aber auch zusätzliche Arbeits- und Ausbildungsplätze für Frauen geschaffen werden.

Freiflächenmanagement für die Wohnungswirtschaft

Das Angebot eines qualitätsorientierten und die gesamte Wertschöpfungskette abdeckenden Flächenmanagements für die Wohnungswirtschaft soll Pflege, Entwicklung und Neugestaltung von Außenanlagen miteinander verbinden. Attraktive Außenanlagen sollen Mieterinnen und Mieter binden und dazu beitragen, Wohnungsleerstände sowie Stadtflucht zu vermeiden. Von der breiten Masse der vorhandenen Angebote hebt sich der Vorschlag durch seinen ganzheitlichen, langfristigen und qualitätsorientierten Ansatz ebenso ab wie durch eine gute, zielgruppenorientierte Problemorientierung. Der Innovationssprung im Unternehmen des Antragstellenden besteht in einer Rekombination, Ergänzung und klaren Ausrichtung bestehender Dienstleistungsangebote.

Medizinische Dienstleistungen für PatientInnen aus dem Ausland

Ziel des Vorhabens ist es, die Angebote von Krankenhäusern im Ruhrgebiet international zu vermarkten. Neben der Sondierung relevanter Märkte und Nachfragen sollen auch die entsprechenden Entwicklungsbedarfe (Kompetenzen, Angebotsformate) ermittelt und vernetzte Lösungsmodelle konzipiert werden. Hiermit ist auch eine Höherqualifizierung vor allem von Frauen in den Pflegeberufen verbunden. Mehrere Kliniken aus dem Ruhrgebiet hatten ihr Interesse an diesem Projekt bekundet. Die hier vorgeschlagene Dienstleistungsidee konnte zum Zeitpunkt der Bewerbung als neuartig für die Region Ruhrgebiet eingeschätzt werden.

Minimierung von Arzneimittelkontaminationen

Über ein integriertes Serviceangebot sollen gesundheitliche Risiken für Beschäftigte mit Arzneimittelkontakten verringert werden. Bestandteile sind ein systematisches Umgebungs- bzw. Biomonitoring, die Anwendung leistungsfähiger Reinigungsverfahren und spezielle Schulungen der Mitarbeiterinnen und Mitarbeiter. Das Vorhaben hat dabei das Ziel, die Forschungsergebnisse des Antragstellenden im Bereich der Schutzmaßnahmen bei Medikamenten mit Hilfe eines Servicekonzeptes in Kliniken und Arztpraxen in praktische Lösungen umzusetzen.

Mobile Pflegebegleitung unterwegs

Ziel ist die Erschließung des Ruhrgebiets als Besuchsziel für Menschen mit Behinderungen und Pflegebedürftigkeit durch kurzfristige, örtlich und zeitlich nicht gebundene Pflegeleistungen. Es soll ein Netzwerk mit Unternehmen aus den Bereichen Touristik, Kultur und Sport aufgebaut werden. In die Konzeptentwicklung werden beide Geschlechter eingebunden. Im Sinne des Gender Mainstreaming sollen die unterschiedlichen Bedarfslagen genau erfasst und Angebote so nah wie möglich am Markt orientiert werden.

Spezial – Logistik Gesundheitswesen

Ziel ist die Etablierung einer Transportdienstleistung für medizinische Produkte, v. a. der Transport von Produkten, welche einen besonderen Service und/ oder besondere Kenntnisse im Umgang erfordern (Zugang OP-Bereiche, kontaminierte Produkte, mikrobiologische Proben, Blutpräparate etc.). Innovativ für die Region ist das ganzheitliche Konzept integrierter Dienstleistungen für den Transport aller Nicht-Standard-Produkte im Gesundheitswesen bis direkt an die Verbrauchsstelle (Operation, Sterilisation, Endoskopie, Stationen etc.). Die Förderung der beruflichen Chancengleichheit von Frauen und Männern ist als Ziel in der betrieblichen Personalpolitik verankert. Aus diesem Projekt könnten zudem werbewirksame Beispiele guter Praxis für die gesamte Logistik-Branche resultieren.

4. Innovationsförderung als soziologisches Projekt

Der vorliegende Beitrag stellt den Versuch dar, Erfahrungen eines anwendungsbezogenen Projekts vor dem Hintergrund der Praxistauglichkeit soziologischer Erkenntnisse zu reflektieren. Dabei handelt es sich auf keinen Fall um umfassende oder abschließende Ergebnisse. Grundlage ist die Vorstellung, dass auch anwendungsorientierte Projekte wissensbasiert vonstatten gehen. Im ‚Dienstleistungswettbewerb Ruhrgebiet' stellen sich soziologische Erkenntnisse in den Anwendungsbezug von Wirtschaft und Gesellschaft.

Die Erfahrungen mit dem Dienstleistungswettbewerb weisen darauf hin, dass Innovation nicht nur ein komplexer, sondern auch ein ‚geschmeidiger' Begriff ist, dem seine Bedeutung erst kommunikativ verliehen wird. Aus einer soziologischen Betrachtung sind Innovationen somit interaktive Produkte sozialer Prozesse. Kein so genialer Erfinder kann eine Innovation allein hervorbringen, es bedarf immer einer zweiten Person, die diese Erfindung als Novum erkennt. Geklärt werden müsste also, ob sich durch die geförderten Projekte wirklich (wie beabsichtigt) für bestimmte Zielgruppen neue Nutzungsroutinen erschlossen haben (wie dies bei etlichen Gesundheits- und Seniorenprojekten beabsichtigt war) bzw. eine Neukombination sozialer Praktiken erfolgt ist (wie dies am Beispiel des Frauenzimmers beabsichtigt war).

Im DLWR ging es um mehr als die verstehende Erklärung des Auftauchens von Innovationen (Blättel-Mink 2006) – es ging um die Mitgestaltung von Dienstleistungsinnovationen. Ziel des Wettbewerbs war die Förderung der Entwicklung von innovativen und marktfähigen Dienstleistungsangeboten mit der Intention, neue Wachstumsfelder und Beschäftigungsmöglichkeiten im Ruhrgebiet zu erschließen. Damit rückten auch die nicht-technischen Innovationen in den Mittelpunkt.[10] Es wurden Projektideen prämiert, die u. a. auf die Verbesserung der Wohn- und Lebensqualität im Alter, auf Integration psychisch kranker Migranten und Migrantinnen oder den Aufbau von bestimmten Kindertagesstätten zielten. Bei diesen Ideen handelt es sich um soziale Innovationen, die in konkrete Geschäftsideen gegossen, entwickelt und erprobt wurden, um anschließend als innovative Dienstleistungen vermarktet zu werden. Es handelt sich hierbei um Innovationen, die neben ökonomischen auch gesellschaftliche Ziele verfolgen, wie die Verbesserung der Beschäftigung und der Lebensqualität.

Der Gedanke, dass eine Soziologie nicht nur die Produkt- und Dienstleistungsinnovation in den Blick nimmt, sondern auch die sozialen und kulturellen Voraussetzungen und Folgen berücksichtigt (hier speziell bezogen auf den Sozialraum Ruhrgebiet und auf das Geschlechterverhältnis), drückt sich darin aus, dass die Soziologin als Mittlerin zwischen Politik, Wirtschaft und Wissenschaft agiert, im Prinzip auch als Mittlerin zwischen Innovationsexperten und -expertinnen sowie Innovationslaien (zumindest bezogen auf die öffentlich geförderten Innovationen). Insofern kann hier von einer Gestaltung des Wettbewerbs durch eine (reflexive) Mitgestaltung sozialer Prozesse gesprochen werden.

Mit der Rolle der Soziologie im Innovationsprozess, zu den Möglichkeiten und Herausforderungen haben sich in jüngster Zeit u. a. auch Howaldt, Kopp und Schwarz (2008) befasst. Sie sehen in der aktuellen Debatte um die Bedeutungszunahme sozialer Innovationen auch Chancen für die Sozialwissenschaften. Zentrale Elemente eines soziologisch aufgeklärten Innovationsverständnisses sind nach ihrer Auffassung

> „der systematische und soziale, nicht allein auf technische und organisatorische Neuerungen zu reduzierende Charakter von Innovationen sowie die Aspekte Komplexität, Risikohaltigkeit und Reflexivität, Nichtplanbarkeit und nur eingeschränkte Steuerbarkeit, zunehmende Vielfalt und Heterogenität der beteiligten Akteure, nichtlineare Verlaufsmuster sowie hochgradige Kontext- und Interaktionsabhängigkeit." (2008: 64)

Die Erfahrungen mit dem Dienstleistungswettbewerb zeigen, dass die Sozialwissenschaften Potenziale bereit halten, um gesellschaftliche Veränderungen (und darunter fallen Innovationen) nicht nur zu analysieren, sondern auch mitzugestalten. Im Projekt DLWR waren die soziale Dimension und die Komplexität des Innovationsgeschehens stets im Hinterkopf. In diesem Sinn kann das hier vorge-

---

10 Es soll hier nicht detailliert auf den Diskurs zum Verhältnis von technischen und sozialen Innovationen eingegangen werden (vgl. hierzu u. a. Hirsch-Kreinsen 2005, Howaldt/ Kopp/ Schwarz 2008).

stellte Projekt als aktiver Beitrag zur Entwicklung und Gestaltung von Innovationen angesehen werden, es geht damit über die herkömmliche Innovationsforschung hinaus bzw. verfolgt ein anderes Ziel. Praktisch gesehen stellt Innovation, auch soziale Innovation kein Ziel bzw. keinen Wert an sich dar, wie beispielsweise die Humanisierung der Arbeit oder die Herstellung von Chancengleichheit. In der Analyse wie bei der Gestaltung ist immer der gesellschaftliche Bezugsrahmen zu berücksichtigen, um einschätzen zu können, ob und für wen eine Innovation wünschenswert ist. Hier schließt sich der Kreis zu den eingangs genannten Zielen des Dienstleistungswettbewerbs. Durch die Einbeziehung gesellschaftlicher, institutioneller, prozessbezogener und sozialer Bedingungen in die Innovationsförderung wird deutlich, dass und wie Innovationsprozesse selbst innovativ gestaltet werden können. Im DLWR war es insbesondere die Berücksichtung des Sozialraums Ruhrgebiet sowie die Einbeziehung von Frauen bzw. die Berücksichtigung des Geschlechterverhältnisses. Beides soll zu einem erweiterten Innovationsverständnis führen. Die Fragestellung ließe sich aber auch ausweiten auf die Einbeziehung weiterer Beschäftigtengruppen, die ebenfalls bislang eher außerhalb des Innovationsgeschehens stehen. Und sie ließe sich ausweiten auf eine detaillierte Betrachtung von Innovationen mit anderen als den traditionellen Managementkonzepten. Hiermit setzen sich aktuell etliche Projekte im Förderprogramm des Bundesministeriums für Bildung und Forschung (BMBF): „Arbeiten - Lernen - Kompetenzen entwickeln. Innovationsfähigkeit in einer modernen Arbeitswelt" auseinander. Eines dieser Projekte wird von der Autorin im Förderschwerpunkt „Innovationsstrategien jenseits traditionellen Managements" bearbeitet und befasst sich mit dem Zusammenhang von Innovation und Diversity[11]. Hier geht es darum zu erkunden, wie es gelingen kann, die gesamte Vielfalt und Heterogenität der Beschäftigten für einen sozial wünschenswerten Innovationsprozess zu nutzen. Die Innovationsergebnisse – so lässt sich bereits jetzt vermuten – werden dadurch nicht nur anders, sondern auch besser.

---

11 Im aktuell an der Universität Bielefeld laufenden BMBF und ESF geförderten Projekt „Innovation und Diversity" wird u. a. eine Befragung zum Innovationsklima in Unternehmen durchgeführt. Drei Fragen stehen dabei im Zentrum: Wie entstehen Innovationen in Unternehmen? Gibt es eine innovationsförderliche Kultur, ideale Prozesse oder besondere Strukturen, welche das Entstehen von Innovationen unterstützen und fördern? Unter welchen Bedingungen sind Menschen innovativ, können sie innovativ sein und vor allem dürfen sie innovativ sein? Das Projekt ist im Förderschwerpunkt „Innovationsstrategien jenseits traditionellen Managements" angesiedelt.

Literatur

Blättel-Mink, Birgit (2006). Kompendium der Innovationsforschung. Wiesbaden: VS Verlag für Sozialwissenschaften.

Bosch, Gerhard (2002). Der Arbeitsmarkt im Ruhrgebiet. In: Institut Arbeit und Technik: Jahrbuch 2001/2002 (S. 197-209). Gelsenkirchen: IAT-Selbstverlag.

Braun-Thürmann, Holger (2005). Innovation. Bielefeld: transcript Verlag.

Bsirske, Frank/ Endl, Hans-L./ Brandl, Karl-Heinz/ Schröder, Lothar (Hrsg.) (2005). Menschen machen Innovationen. Hamburg: VSA-Verlag.

Bundesministerium für Bildung und Forschung (2009). Zukunft gestalten mit Dienstleistungen. Aktionsplan DL 2020. Bielefeld: Bertelsmann Verlag.

Eichener, Volker/ Heinze, Rolf G. (Hrsg.) (2005). Beschäftigungspotenziale im Dienstleistungssektor. Düsseldorf: Hans-Böckler-Stiftung.

Gillwald, Katrin (2000). Konzepte sozialer Innovation. Querschnittsgruppe Arbeit und Ökologie. Discussion Paper P00-519. Download von: Wissenschaftszentrum Berlin für Sozialforschung (http://bibliothek.wzb.eu/pdf/2000/p00-519.pdf, Abruf: 8.2.2010).

Hirsch-Kreinsen, Hartmut (2005). Wirtschafts- und Industriesoziologie. Weinheim, München: Juventa.

Howaldt, Jürgen/ Kopp, Ralf/ Schwarz, Michael (2008). Innovationen (forschend) gestalten – Zur neuen Rolle der Sozialwissenschaften. WSI Mitteilungen 2/2008, 63-69.

Kehrbaum, Tom (2009). Innovation als sozialer Prozess. Die Grounded Theory als Methodologie und Praxis der Innovationsforschung. Wiesbaden: VS Verlag für Sozialwissenschaften.

Kreibich, Rolf/ Oertel, Britta (Hrsg.) (2004). Erfolg mit Dienstleistungen. Stuttgart: Schäffer-Poeschel Verlag.

Regionalinformation Ruhrgebiet (Mai 2004) des Regionalverbandes Ruhr RVR.

Schröder, Lothar/ Kutzner, Edelgard/ Brandt, Cornelia (2009). Innovation durch Chancengleichheit – Chancengleichheit durch Innovation. Hamburg: VSA-Verlag.

Schumpeter, Joseph A. (1964). Theorie der wirtschaftlichen Entwicklung. Berlin: Duncker & Humblot.

Zentrum für Soziale Innovation. Praxiswirksame Sozialwissenschaft: (http://www.zsi.at/de/institut/index.html, Abruf: 8.2.2010).

Teil 5
Soziale Innovation in der Management- und Organisationsforschung

Qualitäts-Management als soziale Innovation

Hans-Werner Franz

Die Einführung von Systemen zur Verbesserung der Managementqualität, verstanden als Verbesserung der Organisationsqualität, ist eine soziale Innovation der späten achtziger Jahre des 20. Jahrhunderts, die sich durchgesetzt hat. Sie basiert auf früheren sozialen Innovationen, darunter die der ‚wissenschaftlichen Betriebsführung'. Sie alle sind zugleich sozialwissenschaftlich basierte Innovationen (gewesen). Dabei verhalten sich die Verbesserung der Qualität des Managements und Qualitätsmanagement zueinander wie die Einführung von Gruppenarbeit und die Rationalisierung nach den Taylorschen Prinzipien von Arbeitszerlegung und Arbeitsteilung. Beide haben sehr viel miteinander zu tun, bauen u. U. gar aufeinander auf, gehören aber zwei ursprünglich sehr unterschiedlichen Denkwelten an. Zwischen beiden liegt jeweils eine von sozialen Innovationen gespickte Entwicklung. Und beide waren ursprünglich selbst originäre soziale Innovationen. Das ist, in wenigen Worten, die These, die hier entwickelt werden soll. Eingebettet ist diese These in die vorgängige Erörterung des Charakters nur sozialer Innovation, will sagen, von sozialer Innovation, die nicht an technische Innovationsprozesse gebunden ist. Das schließt nicht aus, dass sie durch technische Innovationen erleichtert, in ihrer Ausbreitung beschleunigt oder gar modifiziert werden könnten.

1. Soziale Innovation

In einer ersten Näherung gibt es zumindest zwei Auslegungen des Begriffs soziale Innovation. Bei der einen wird das ‚Soziale' an Innovation im engeren Sinne als sozial im Gegensatz zu asozial verstanden. Es geht hierbei meistens um neue Entwicklungen bei der Befriedigung (alter und neuer) sozialer Bedürfnisse von Bevölkerungsgruppen, die in irgendeiner Form schwächer, benachteiligt oder behindert sind. Naturgemäß handelt es sich hierbei i. d. R. um normativ geladene Innovationen im Bereich sozialer Dienstleistungen, häufig im gemeinnützigen Bereich.

Die andere, breitere Auslegung kommt ohne normative Ladung aus, ohne ihr auszuweichen. Sie versteht ‚sozial' als gesellschaftlich, vereinfacht gesagt als das, was auch Gegenstand der Sozialwissenschaften ist. Das schließt ‚sozial' im

engeren Sinne ebenso ein wie den ebenfalls weit verbreiteten Begriff der organisatorischen und/ oder Infrastruktur-Innovation. Soziale Innovation in diesem
weiteren Sinne kann, muss aber nicht mit technischen Innovationsprozessen
verbunden sein; sie ist oft

- in vielfacher Weise Voraussetzung für technische Innovation,
- notwendige oder zufällige Begleitung, nicht selten auch Voraussetzung für
  die effektive Diffusion von technischen Innovationen,
- sowie ihre mögliche Folge (Zapf 1989: 177 f.).

Dieses Verständnis verweist darauf, dass Innovation grundsätzlich als sozialer
Prozess zu verstehen ist (vgl. Howaldt/ Kopp/ Schwarz 2008: 64), der sich unter
bestimmten gesellschaftlichen Verhältnissen vollzieht (oder nicht vollzieht) und
in seiner räumlichen und zeitlichen Reichweite (Sombart 1909) von diesen abhängig ist. Soziale Innovation hat so entscheidenden Einfluss darauf, ob eine
technische Invention (Erfindung) zur verbreiteten Innovation wird (so die Unterscheidung von Schumpeter 2006), auf welchen Wegen und Kanälen sie sich
ausbreitet (diffundiert) und welche Wirkung sie entfaltet. In manchen Fällen
kann man sich sogar trefflich darüber streiten, ob eine Innovation sozialer oder
technischer Natur ist, weil beides so eng miteinander verwoben ist, dass eine
eindeutige Zuordnung schwer bis unmöglich wird. Hier sei nur auf das Beispiel
Internet verwiesen (web1 und web2). Seine ursprüngliche Entwicklung ist gut
belegt aus dem Bedürfnis effizienterer globaler Kommunikation von Wissenschaftlern des Forschungszentrum CERN in Genf heraus zu erklären, seine exp-
losionsartige Ausbreitung samt seiner technischen Weiterentwicklung nur durch
die Befriedigung vielfältiger sozialer Kommunikations- , Beziehungs- und Ko-
operationsbedürfnisse. Herausgekommen sind völlig neue Formen und Möglichkeiten der technisch gestützten Kommunikation und Kooperation von Menschen.
Ganz nebenbei hat dieser Diffusionsprozess seinerseits die Ausbreitung der technischen Innovation PC massiv beschleunigt.

Damit soll keineswegs gesagt werden, jegliche Innovation sei soziale Innovation, noch weniger, soziale Innovation sei immer an technische gebunden.
Soziale Innovation findet auch ganz ohne Technik statt. Als sozial innovativ
bezeichnet das in Berlin angesiedelte Netzwerk Active Philantropy „neue Ideen,
seien es Produkte, Services oder Modelle, die entwickelt wurden, um unberück-
sichtigten sozialen Bedürfnissen nachzukommen. Sozial innovative Ideen sind
die Bausteine, aus denen sozialer Wandel entsteht." In erkennbarer Analogie zur
Schumpeterschen Definition von Innovation sei ein Projekt sozial innovativ,

„wenn es

- ein neu erkanntes oder neu beleuchtetes Problem adressiert,
- ein bekanntes Problem mithilfe eines neuen „Hebels" oder einer neuen Methode adressiert,
- ein bekanntes Handlungsmuster auf eine neue Zielgruppe oder in einer anderen geographischen Umgebung anwendet,
- auf vorhandene, bisher ungenutzte Ressourcen zurückgreift (sowohl materielle als auch menschliche Ressourcen),
- neue Synergieeffekte nutzt" (Active Philantropy).

Bei dieser Definition steht die Intention im Vordergrund, das Projekt der sozialen Innovation in seiner Nützlichkeit für eine bestimmte Zielgruppe. In der Tat ist die Intentionalität eine relevante Eigenschaft von sozialer Innovation, durch die sie sich unterscheidet von sozialem Wandel, der nicht nur die Gesamtheit sozialer Veränderung betrachtet und damit soziale Innovation einschließt, sondern auch emergente Prozesse sozialer Veränderung im Blick hat. Soziale Innovation kann so

„als ein Prozess kollektiver Schöpfung verstanden werden, in dessen Verlauf die Mitglieder einer bestimmten Gesamtheit neue Spielweisen für das soziale Spiel der Zusammenarbeit und des Konflikts, mit einem Wort eine neue Praxis, erlernen, das heißt erfinden und festlegen, und in dessen Verlauf sie sich die dafür notwendigen kognitiven, relationalen und organisatorischen Fähigkeiten aneignen" (Crozier/ Friedberg 1993: 19).

Es gilt der alte Marxsche Satz (1960: 115): „Die Menschen machen ihre eigene Geschichte, aber sie machen sie nicht aus freien Stücken, nicht unter selbstgewählten, sondern unter unmittelbar vorgefundenen, gegebenen und überlieferten Umständen." Sie tun es mit ihren übereinstimmenden und konkurrierenden Bedürfnissen und Interessen, Freiheiten und Zwängen und im Rahmen jeweils zu berücksichtigender Verhältnisse von Macht und Herrschaft. Und was sich schließlich als Innovation durchsetzt oder nicht durchsetzt, hängt von den Bedingungen und Ereignissen dieses kontingenten Prozesses ab. Man kann also unter Rückgriff auf Crozier/ Friedberg formulieren, bei sozialer Innovation handele es sich um die Herausbildung und Durchsetzung neuer Formen und Prozesse von Kooperation und Konflikt, neue soziale Praktiken. Hierbei wird der Prozess in den Vordergrund gestellt.

Das Wiener Zentrum für Soziale Innovation definiert soziale Innovationen als „neue Konzepte und Maßnahmen, die von betroffenen gesellschaftlichen

Gruppen angenommen und zur Bewältigung sozialer Herausforderungen genutzt werden" (ZSI 2008: 2). Wichtig an dieser knappen Definition ist dreierlei:

- erstens, dass, wie bei Schumpeter, auch bei sozialen Innovationen unterschieden wird zwischen der Invention, die immer mit der Absicht verbunden ist, ein Problem zu lösen oder eine neue Herausforderung anzunehmen, und ihrer Verbreitung. Als Innovation kann sie erst gelten, wenn sie sich innerhalb bestimmter gesellschaftlicher Gruppen durchgesetzt hat, weil sie „nachhaltigen Nutzen für Zielgruppen erbringen", „wenn im Prozess der Umsetzung und Verbreitung aus einer sozialen Idee eine soziale Innovation wird" (ZSI 2008: 7).
- Damit wird zugleich die Reichweite sozialer Innovationen in den Blick genommen. Das bedeutet auch, dass nicht die gesamte Gesellschaft vom Nutzen einer neuen Praxis überzeugt sein muss. Innovation, technische wie soziale, muss nicht von Allen als vorteilhaft betrachtet werden. Sie bleibt umstritten und hat erst recht nichts mit gut oder schlecht zu tun. Der Blick auf sie ist Interessen und Standpunkt geleitet.
- Implizit wird damit auch gesagt, dass soziale Innovationen sich gegen andere soziale Praktiken durchsetzen müssen. In Anlehnung an Schumpeters Definition von Innovation als „schöpferische Zerstörung" (2006: 101) betont das ZSI (2008: 7), soziale Innovationen seien „Methoden, die wirksam werden und besser funktionieren als ältere oder andere neue Konzepte (Dienste, Regeln und Verfahren)." Sie setzen sich also im Wettstreit mit anderen existierenden Ansätzen durch und werden in diesem Durchsetzungsprozess auch modifiziert.

Aus sozialwissenschaftlicher Perspektive ist es schließlich von Bedeutung, diesen Prozess zu periodisieren, denn der Begriff der Innovation schließt automatisch ein, dass etwas Neues irgendwann im Zuge seiner Durchsetzung und Verbreitung aufhört, etwas Neues zu sein. In lockerer Anlehnung an Kondratjews lange Wellen (1926) schlagen wir hier daher vor, von vier Phasen im Lebenszyklus einer sozialen Innovation auszugehen, wobei die beiden ersten den Aufschwung und die beiden letzten den Abschwung des langen Konjunkturzyklus bilden. Diese sind:

- die *Anfangs- oder Inventionsphase* der Entstehung oder Schöpfung, in der die spezifische Lösung entsteht oder als Lösung erkannt bzw. geschaffen und propagiert wird, weil sie Ressourcen bietet, die für die Bewältigung neuer Problemlagen besser genutzt werden können;

- die *Expansions- oder Diffusionsphase*, während der sich die gefundene und propagierte Lösung in bestimmten Bevölkerungsgruppen, die am ehesten davon profitieren, ausbreitet, in der sie praktisch angereichert, evtl. auch modifiziert, und in die jeweiligen Kontexte eingepasst wird und dabei andere und/ oder ältere Praktiken ablöst bzw. verdrängt; hierbei handelt es sich um Marktprozesse, d. h. um individuelle und öffentliche Entscheidungen, wofür Geld ausgegeben wird, und zugleich um Prozesse des sozialen Lernens, Aushandelns und Handelns, deren Ausbreitungsmechanismen jeweils der empirischen Untersuchung bedürfen (Marktmechanismen, soziale Bewegungen, Medien, politische Debatten und Programme usw.), nicht zuletzt, um sie optimieren zu können;
- die *Konsolidierungsphase*, in der die schon verbreitete neue Handlungsweise verallgemeinert, zumindest aber zum allgemein anerkannten Handlungsmodus wird, sei es durch öffentliche Anerkennung in Form von Erlassen oder Gesetzen, sei es durch Standardsetzungen oder formale Vereinbarungen oder Setzungen mächtiger Handlungsträger (Arbeitsagenturen z. B.) und in der sie quasi aufhört, Innovation, also neu zu sein. Damit setzt
- die *Erosions- oder Auflösungsphase*, eine Phase abnehmender Wichtigkeit, ein, in der die nunmehr selbstverständlich gewordene gesellschaftliche Praxis durch neue oder andersartige Praktiken verwässert, in Frage gestellt und allmählich abgelöst wird. Für methodische Neuerungen mag jedoch gelten, dass sie dauerhaft in den Bestand zivilisatorischen oder kulturellen Wissens und Handelns Eingang finden, ohne noch als ehemals eigenständige Innovation erkennbar zu sein. Unser Bezug auf Taylors Methode gehört hierhin.

Wir verwenden hier soziale Innovation in diesem zweiten, weiteren Sinne, wobei wir uns einem Feld des Sozialen zuwenden, das gerne auch von der Betriebswirtschaft als das ihre betrachtet wird: der Organisation und dem Management von Organisationen. Neben der Organisationssoziologie beschäftigen sich auch die Organisationspsychologie und die Arbeitswissenschaft mit diesem Feld. Dabei wird von vielen Betriebswirtschaftlern gerne ausgeblendet, dass Organisationen gleich welcher Art zuallererst distinkt strukturierte soziale Kooperationsformen sind, die einem jeweils definierten Sach- und einem ökonomischen Zweck dienen. Im folgenden Kapiteln soll nunmehr gezeigt werden,

- dass und wie European Foundation for Quality Management (EFQM), das Excellence-Management-Modell der Europäischen Stiftung für Qualitätsmanagement, eine bedeutende soziale Innovation darstellt,
- dass es dabei auf einer Reihe weiterer sozialer Innovationen der Vergangenheit aufbaut, die auch für sich durchaus noch wirksam sind,

- dass und wie sozialwissenschaftliche Erkenntnisse und Methoden hierbei eine grundlegende Rollen gespielt haben und spielen.

2. Managementqualität und Qualitätsmanagement

2.1 *European Foundation for Quality Management (EFQM)*

Die European Foundation for Quality Management würde gerne ihren Titel ändern. Nur der Umstand, dass er so gut eingeführt ist, hält sie davon ab. Der Grund für diesen Änderungswunsch liegt darin, dass das EFQM Excellence-Modell immer noch gerne als eine Alternative unter einer Vielzahl von unterschiedlichen Qualitätsmanagement-Modellen wahrgenommen und eingeordnet wird. Mit Qualitätsmanagement will man jedoch nicht verwechselt werden. Aus eben diesem Grunde wurde für die Überschrift dieses Artikels die vordergründig falsche Rechtschreibweise ‚Qualitäts-Management' gewählt. Bei EFQM geht es nicht um Qualitätsmanagement, sondern um Managementqualität.

Abbildung 1: EFQM Excellence-Modell

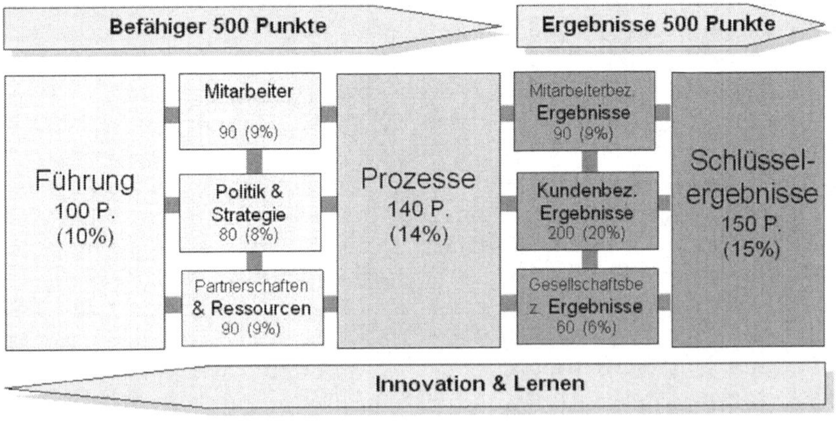

Quelle: Eigene Darstellung

Das EFQM Excellence-Modell ist ein Modell für exzellentes Management. Es versteht sich selbst als Regelkreis eines permanenten Innovationsprozesses, als Prozess der kontinuierlichen Verbesserung der Organisation bei der Verfolgung ihrer Ziele. Als solches wurde es 1989 erstmals propagiert und seitdem kontinuierlich weiterentwickelt (Eskildsen/ Kristensen/ Juhl 2000). Es funktioniert im

Kern auf der Basis regelmäßiger Selbstbewertung mit anschließender (Selbst-) Verbesserung. Bestehend aus neun Basiskriterien, geht es von folgender Funktionslogik aus: „Exzellente Ergebnisse im Hinblick auf Leistung, Kunden, Mitarbeiter und Gesellschaft werden durch eine Führung erzielt, die Politik und Strategie mit Hilfe der Mitarbeiter, Partnerschaften, Ressourcen und Prozesse umsetzt." (EFQM) Wie dies im Einzelnen zu tun und zu erreichen ist, bleibt den entscheidenden und handelnden Personen der jeweils konkreten Organisation überlassen.

Management wird dabei nicht nur so verstanden, wie es im deutschen Sprachraum oft verstanden wird, als ‚die Leitung', sondern als Verantwortung für erfolgreiches Funktionieren einer Organisation. Wo diese Verantwortung innerhalb der Organisation angesiedelt ist, wie sie verteilt und verbunden ist, wird in der Organisation selbst ausgehandelt und festgelegt. Und diese liegt keineswegs nur bei ‚der Leitung'. Man könnte mit Malik (2005: 19) sagen: „Es geht um die Führung von Menschen in Organisationen, und es geht um die Gestaltung von Organisationen mit Menschen." Auch wenn dies in der Praxis dieses Managementsystems nicht immer realisiert werden mag, so ist in seiner Funktionslogik dennoch eine Systematik erkennbar, die (erneut mit Malik 2005: 39) beschrieben werden kann mit dem Muster: „Organisiere das Unternehmen so, dass es sich so weit wie möglich selbst organisieren und regulieren kann." Aus dieser Denkweise heraus zielt das Excellence-Modell auch nicht in erster Linie auf eine Zertifizierung, sondern auf selbstgesteuertes Lernen und Verbesserung. Die Basis dafür bilden in regelmäßigen Abständen durchgeführte Selbstbewertungen der eigenen Leistung, die gemessen wird an selbst gesteckten und messbar definierten Zielen. Diese Organisationsqualität kann, muss man sich aber nicht bescheinigen lassen.

Nicht wenige Organisationen, die EFQM praktizieren, haben daher für bestimmte Teile ihrer Organisation Zertifizierungen nach den für diese spezifischen Produkte und Prozesse erforderlichen, weil marktgängigen Qualitätsmanagement-Standards, meistens DIN EN ISO 2001, immer häufiger auch Six Sigma, im deutschen Gesundheitswesen KTQ, im deutschen Weiterbildungswesen immer öfter LQW. So praktiziert beispielsweise BMW in der Produktion ISO 2001 mit eigenen Leistungsstandards, weil diese Norm für die Produktionsabläufe und ihre Abstimmung mit den Zulieferern die am weitesten verbreitete internationale Industrienorm ist. Die ISO-Norm deckt jedoch allenfalls 40 Prozent der Aspekte ab, die EFQM in seinem Fragenkatalog berührt. Die umfassendste (und nicht zertifizierbare) Norm der DIN EN ISO-Normenreihe 9000 in der 2000 reformierten Fassung, die 9004 „Qualitätsmanagementsysteme – Leitfaden zur Leistungsverbesserung", stellt „eher eine ‚Managementphilosophie' als ein Managementsystem dar. Die konkrete Umsetzung der EN ISO 9004 ist das EFQM-Modell", so formuliert in der von der Deutschen Gesellschaft für Qualität gepflegten wiki-pedia-Seite zur ISO 9001.

Daher ist BMW, wie viele andere Unternehmen auch, schon Ende der 90er Jahre zu der Erkenntnis gekommen, dass ein umfassendes Qualitätsverständnis alle Organisationsaspekte einbeziehen muss. Ähnlich sieht das bei anderen gro-ßen Automobilherstellern aus. Die ungeheure Komplexität der Autoproduktion in Zeiten hochgradig differenzierter Massenproduktion verlangt derlei komplexe Managementsysteme. Es gibt, so sagte mir einmal ein VW-Manager, ca. 42.000 Kombinationsmöglichkeiten, einen VW-Passat zu produzieren. Diese Komplexi-tät ist nicht, zumindest nicht alleine, durch rigide Systeme der Statistical Process Control beherrschbar. Auch wenn diese Qualitätsmanagement-Systeme mittler-weile oft von einer ähnlichen systemischen Philosophie gespeist werden, so sind sie doch sämtlich weniger umfassend in ihrem Anspruch und in ihrer Reichwei-te. EFQM wird oft und kann jederzeit mit einem jeden dieser Systeme unterfüt-tert und verbunden werden. Auch die Verdichtung der Zielorientierung durch eine Balanced ScoreCard kann bruchlos auf EFQM aufgesetzt werden. Darüber hinaus sind alle in Qualitätsmanagementsystemen üblichen Methoden und In-strumente des Zählens, Messens, Vergleichens und Verbesserns, sämtlich sozi-alwissenschaftliche Methoden des Evaluierens, mit der EFQM-Praxis vereinbar und kombinierbar. Es ist eine Entscheidung der praktisch verantwortlichen Men-schen in einer konkreten Organisation, welche dieser Instrumente sie wie für welche Zwecke einsetzen.

Man kann also sagen, das Excellence-Modell von EFQM sei die bislang am höchsten entwickelte Systematik der Führung einer Organisation. Da es als sich selbst organisierendes, lernendes System angelegt ist, das zugleich Lernen in den einzelnen Organisations- und Tätigkeitsbereichen einer Organisation verlangt und stimuliert, könnte man es auch als Meta-System bezeichnen, als Etablierung einer organisationsweiten Lern- und Kooperationskultur, die der dritten Schleife von Argyris' (in Rückgriff auf Bateson) dreischleifigem Modell des Handlungs-lernens entspräche (Argyris/ Schön 1978). Demgegenüber liefern die meisten anderen Qualitätsmanagement-Systeme bestenfalls Anleitung zu zweischleifi-gem Lernen, das der Problembehebung (Schleife 1) und der Veränderung der Arbeitsweise dient (Schleife 2), die zum ursprünglichen Problem geführt hat. Das Excellence-Modell will erreichen, dass alle Subsysteme ebenso wie die Organisation als Gesamtsystem nach diesem Lern- und (Selbst-)Verbes-serungsmodus funktionieren.

Dem oft geäußerten Argument, Selbstbewertungen seien im Vergleich zu externen Zertifizierungen doch ein sehr weiches Instrument, das sich leicht ma-nipulieren lasse, kann man entgegenhalten, dass Organisationen erfahrungsge-mäß erst beginnen, sich und andere zu belügen, wenn sie unter hohem Erfolgsdruck stehen. Zertifizierungsaudits sind solche Termine, zu denen der Erfolgsdruck tief in die Organisation hinein stark wächst. Vom Besitz eines ISO-Zertifikats können große Aufträge und die Marktposition eines Unternehmens abhängen. Hingegen gibt der Selbstverbesserungsprozess einer Organisation, wie er im EFQM-Modell angelegt ist, keinen Anlass, sich selbst zu belügen. Er schafft vielmehr kritisches Selbstbewusstsein als Voraussetzung für eine selbstbewusste Bestimmung des Termins, wann man sich mit guter Aussicht auf Erfolg einer externen Bewertung durch EFQM-Assessoren oder auch durch ISO-Auditoren stellen kann bzw. wann man sich zum European Excellence Award-Wettbewerb anmeldet.

Man kann hier also festhalten, dass EFQM eine soziale und sozialwissenschaftlich basierte Innovation ist:

- Das EFQM-Excellence-Modell liefert einen innovativen Managementansatz, der allen modernen Anforderungen an ein systemisches und prozessorientiertes Verständnis einer lernenden Organisation entspricht.
- Damit ist zugleich gesagt, dass der aktuelle Stand der sozialwissenschaftlichen Diskussion über Organisation Berücksichtigung findet und auch laufend eingearbeitet wird.
- Zudem verwendet dieses Modell ebenso wie alle Qualitätsmanagement-Systeme durchgängig sozialwissenschaftliche Methoden des Zählens, Messens, Vergleichens und Verbesserns, kurz des Evaluierens.

Anhand empirischer Befunde zuverlässiger wissenschaftlicher Studien[1] lässt sich zudem auch feststellen,

---

1 Damit hier nicht der Eindruck entsteht, hier werde über eine kaum verwendete, idealistische Managementphilosophie gesprochen, deren Erfolg ohnehin kaum messbar sei, sei auf drei einschlägige Studien hingewiesen, die Verbreitung und/ oder Erfolg der TQM-basierten Praxis untersucht haben. Hendricks und Singhal (2001) haben für den Zeitraum 1983 bis 1994 nachgewiesen, dass TQM-Unternehmen in allen ökonomischen Messgrößen erfolgreicher abschnitten. Eine britische Studie (CQE 2005) einer renommierten internationalen WissenschaftlerInnengruppe verglich für elf Jahre die finanziellen Leistungswerte von 120 Excellence-Preisgewinnern mit denen von weiteren 120 Firmen des gleichen Marktsegments und gleicher Größe und kam zu dem Schluss, dass die Excellence-Unternehmen in allen Vergleichsgrößen wirtschaftlich weitaus erfolgreicher gewesen waren. Eine Studie des Fh ISI (Lay/ Schat/ Jäger 2009) vergleicht für 2006 die Innovationseckdaten der EFQM-Betriebe mit denen der anderen Unternehmen und kommt zu dem Schluss, dass EFQM in etwa der Hälfte des Verarbeitenden Gewerbes praktiziert wird und dass Betriebe mit EFQM solchen ohne in allen relevanten Belangen zum Teil weitaus überlegen sind, dass sie wirtschaftlich erfolgreicher, kundenorientierter, innovativer, sozialer und ökologischer arbeiten. Dabei ist es wichtig anzumerken, dass die meisten der Nicht-EFQM-Betriebe durchaus irgendeine andere Form des Qualitätsmanagements betreiben.

- dass Total Quality Management in der produzierenden Wirtschaft eine große Verbreitung gefunden hat,
- dass Betriebe mit einem umfassenden Qualitätsverständnis in Anlehnung an das Excellence-Modell von EFQM solchen ohne dieses in allen relevanten Belangen z. T. erheblich überlegen sind,
- dass es sich hierbei um eine soziale Innovation handelt, die mit ihren neuen Praktiken nachhaltig die Formen sozialer Kooperation und Konflikte in und von Organisationen verändert und
- dass hierbei sozialwissenschaftliche Erkenntnisse über das Funktionieren von Organisationen und sozialen Lernprozessen ebenso wie eine Vielzahl sozialwissenschaftlicher Methoden und Instrumente, die dabei zur Anwendung kommen, zur Herausbildung einer ganz und gar eigenständigen neuen Praxis von Management beigetragen haben.

2.2 Taylor-System, nicht Taylorismus

Es hat schon einmal eine soziale Innovation auf dem Gebiet der Organisation gegeben, die höchst erfolgreich war und bis heute in vielfacher Weise gültig und wirksam ist. Die Rede ist von Frederick Winslow Taylors ‚Scientific Management', das man nach dessen eigenen Aussagen (in The Principles of Scientific Management) als ‚systematic management' zu verstehen hat (1972: 7). Die hier vorgestellte Lesart Taylors sowie seine historische Einordnung unterscheiden sich fundamental von der ansonsten sozialwissenschaftlich üblichen. Taylors ‚systematische Betriebsführung' beruht auf dem Prinzip, dass nicht Willkür und Widerstand, sondern Wissen, das Wissen der Planungsabteilung, die betriebliche Organisation bestimmen solle, dass dieses Wissen auf mit wissenschaftlichen Methoden erhobenen Fakten aufbauen, heute würde man sagen: evidenz-basiert sein sollte und dass (An-)Lernen eine in die Organisation eingebaute Funktion sein sollte. Für die Errichtung der Herrschaft des Wissens, das für den Ingenieur Taylor in erster Linie technisches und Arbeitswissen war, hielt er die Trennung von Planung und Ausführung für erforderlich. Für das Lernen, die schrittweise Qualifizierung der Arbeiter, hatte er die Funktionsmeister auserkoren, deren erste und wichtigste Rolle die der Lehrer für die Arbeiter sein sollte (Hebeisen 1999: 37). Die Zerlegung der Arbeit in ihre kleinsten Handlungseinheiten war für Taylor eine analytische Aufgabe mit dem Ziel, aus diesen Einzelabläufen eine Arbeitsverrichtung so zu entwickeln, dass die Verausgabung der geringst möglichen Menge von Energie erreicht werde. Ihre analytische Zerlegung und genaue Beobachtung oder Messung war dafür eine Voraussetzung. Spezialisierung war nicht das Ziel, sondern die Methode, um gering qualifizierte Arbeiter Lohn und Gewinn steigernd einsetzen zu können.

Es ging Taylor nicht um die Etablierung von Herrschaftswissen, so dass die Arbeiter ungebildet und damit abhängig bleiben sollten, wie so manche ideologisierte Interpretationsweise es gerne verstanden haben möchte (vgl. Frieling 1998). Umgekehrt wird eher ein Schuh draus; Taylor stand vielmehr vor dem Problem, massenhaft mit Arbeitern arbeiten zu müssen, die zwar in traditioneller Weise auf dem Wege der Anlernung in die Verrichtung ihrer jeweiligen Tätigkeit eingewiesen und eingearbeitet worden waren, die aber weder ein Gesamtverständnis eines industriellen Produktionsprozesses erlangten noch in irgendeiner Weise Interesse an dessen Rentabilität und Konkurrenzfähigkeit entwickeln konnten, weil das existierende Zeitlohnsystem so funktionierte, dass langsam arbeiten mehr Arbeit haben bedeutete. Taylor hingegen versprach durch die Umstellung der Arbeit auf sein Arbeits- und Entlohnungssystem weitaus höhere Löhne für die allermeisten Arbeiter – und zwar ohne bis zur völligen Erschöpfung arbeiten zu müssen – und eine höhere Rentabilität für das Unternehmen. Sein Motto lautete: „Hohe Löhne bei niedrigen Herstellungskosten", so sein Zeitgenosse und zeitweiliger Partner Wallichs (o.J.). Da wo er das einführte, trat dieser doppelte Effekt auch ein, wie er wiederholt eindrucksvoll nachgewiesen hat (vgl. etwa Taylor ‚Principles' 1972: 94 ff.; deutsch bei Hebeisen 1999: 45 ff.).

Aus *systemischer* Sicht bestand die eigentliche Neuerung Taylors darin, ein Lohnsystem entwickelt zu haben, welches die höhere Leistung der Arbeiter belohnte und zugleich die organisatorische und wirtschaftliche Leistungsfähigkeit des Betriebs steigerte. Dieser Nexus wird heute von keiner Seite bezweifelt, auch nicht von denjenigen, die etwa Gruppenarbeit in erster Linie aus humanethischen Gründen für wünschenswert halten. Auf seinen Methoden beruht zu nicht geringen Teilen der Wohlstand der wirtschaftlich erfolgreichen Teile der Welt, wie immer man das etikettieren möchte.

Aus *methodischer* Sicht neu war der Grundsatz Taylors, dass man Arbeitsabläufe zumindest analytisch in ihre Einzelschritte zerlegen muss, um sie nach ökonomischen ebenso wie nach anderen Gesichtspunkten wieder sinnvoll zusammensetzen und strukturieren zu können. Auch dieser Grundsatz ist bis heute anerkannt. Nur so lassen sich praxistüchtige Gruppenarbeitssysteme entwickeln. Der Grad der Aufgabenintegration horizontal wie vertikal beruht auf den Entscheidungen der beteiligten Personen, er hat nichts mit Taylors Methoden zu tun. Taylor würde sich nicht einmal von der heutigen Praxis der Organisationsentwicklung, die Beschäftigten aktiv an diesem Prozess zu beteiligen, unterscheiden. Wo immer er konnte, hat er dies getan, weil er für seine Beobachtungen,

Studien und Messungen nämlich auf realistische Abläufe und Leistungswerte und damit auf die Mitwirkung der Beschäftigten angewiesen war. Man kann also sagen, dass Taylor sich mit seinen Ideen durchgesetzt hat (Invention). Wie sich seine Ideen durchgesetzt haben (Diffusion), hat nichts mehr oder nur noch wenig mit Taylor zu tun, sondern sagt mehr über die Kontextbedingungen, die darin mächtigen Interessen und Kräfteverhältnisse aus, unter denen seine Ideen sich durchgesetzt haben. Das Problem der Herren Ford und Sloan (zunächst Fords Partner, später Chef von General Motors) etwa war es, mit Heerscharen von un- und angelernten Arbeitern, die aus den ländlichen Regionen Europas in die amerikanische Industrie strömten und von denen keiner ein Auto bauen, viele nicht einmal Auto schreiben konnten, eine so große und zudem schnell wachsende Industrie der Massenherstellung zu organisieren. Sie mussten gleichzeitig gewährleisten, dass die Gestehungskosten des Produkts hinreichend niedrig und der Verdienst der Arbeiter ausreichend hoch ist, um sich letztlich auch ein Auto leisten zu können. Massenmobilität durch Massenproduktion und Massenkonsum, das war (und ist) die Formel des ,Fordismus', auch wenn sie heute im Zeitalter relativ gesättigter Märkte zur differenzierten und diversifizierten Massenproduktion geworden ist.

Taylor hielt seine arbeitsorganisatorischen Prinzipien und Methoden für universell anwendbar. Daher arbeitete er nach seinen ersten Erfolgen in Unternehmen (Stahlproduktion, Papierherstellung) auch bald als erfolgreicher Berater. Und sein Erfolg machte bald Schule. Das ,Taylor-System', wie im Englischen (statt Taylorismus) gesagt wird, breitete sich zunächst in den USA, aber auch in Europa, als Fachberatung aus (Mohe/ Birkner 2008: 75), wurde allmählich zum Grundbestand betriebswirtschaftlicher Ausbildung (Seubert 1919/ Wallichs o. J./ Hebeisen 1999), fand aber bald auch institutionalisierte Verbreitungsformen.

Als Beispiel für diese institutionalisierte Verbreitung, an der sich die vier Lebensphasen der sozialen Innovation Taylors gut festmachen lassen, sei hier die deutsche REFA-Organisation, die Fachingenieure für Betriebs- und Arbeitsorganisation ausbildet, herangezogen (vgl. hierzu die (Selbst-)Darstellung der REFA-Entwicklung in wikipedia). Am REFA-Beispiel kann man recht gut erkennen, dass der Diffusionsprozess schon relativ schnell (spätestens mit ihrer Eingliederung in die Arbeitsfront der Nazis) in seine Konsolidierungsphase überging und sich seit den späten sechziger Jahren des vergangenen Jahrhunderts neben der weiteren Ausbreitung, die auch in Deutschland durch das Vordringen in Handwerk und Kleinbetrieben noch anhält, mit konkurrierenden und erodierenden Elementen auseinandersetzen musste. Gleichwohl bleibt festzuhalten: Taylors Methoden sind heute keiner gesonderten Erwähnung mehr wert, weil sie in mehr oder weniger abgewandelter oder kombinierter Form Bestandteil des grundlegenden Methodenkanons von jeglicher Form der Arbeitsgestaltung geworden sind. Aus heutiger Sicht und aus der Perspektive der Verbesserung der Organisationsqualität durch die Verbesserung der Managementqualität kann man Taylor ohne Weiteres einreihen in die Entwicklung des Qualitätsgedankens, wobei Taylor vor allem das Gesamt der Organisation im Blick hatte, wenn auch noch nicht so systematisch, wie dies heute der Total Quality-Ansatz verfolgt. Für Taylor stand die Bewältigung industrieller Komplexität bei gering qualifizierten Arbeitskräften und nicht weniger gering qualifiziertem Management im Vordergrund. Allerdings hat die starke Produktivitätsorientierung der Praxis des Taylor-Systems zu der unerwünschten Nebenwirkung sinkender Qualität vieler Produkte geführt, wie sie lange Zeit für die Massenproduktion kennzeichnend war und heute dort, wo im Zeichen der reinen Preiskonkurrenz produziert wird, noch ist. Die Nachrichten zu fehlerhaften oder gar gesundheitsschädlichen Produkten aus China und anderen ostasiatischen Ländern reißen nicht ab.

2.3 Die Entwicklung des Qualitätsgedankens

Will man in ähnlicher Weise eine Periodisierung der Qualitätsbewegung vornehmen, ist es ratsam, sich dabei an dem Dreischritt vorindustrielle Produktion, industrielle Produktion, nachindustrielle Produktion und Dienstleistungen zu orientieren.

In der vorindustriellen Produktion, dem Handwerk, wurde Qualitätssicherung seit dem ausgehenden Mittelalter teils zur Kennzeichnung von individuellen Produkten oder Meisterschulen (etwa im Bauhandwerk), vor allem aber als gesellschaftlicher Monopolisierungsprozess von Qualifikation betrieben. Die Institution des Meisters erfüllte diesen Zweck in den Handwerksstuben und Betrieben. Um Meister zu werden, mussten zahlreiche Bedingungen erfüllt werden, u. a. je nach Beruf eine bestimmte Zahl von Ausbildungsstationen durchlaufen werden, wozu die Gesellen auf die Wanderschaft gehen mussten. Zünfte und Gilden dienten einerseits diesem Zweck der Qualitätssicherung durch Qualifikationssicherung, waren aber zugleich zentrale Mechanismen der Sicherung und Verteilung von Aufträgen und damit von Macht und Einfluss in der niedergehenden feudalen Ständegesellschaft. Dieses System mit dem Beruf als zentraler Instanz ist in Mitteleuropa (den deutschsprachigen Ländern und Skandinavien) nicht nur erhalten geblieben, sondern in angepasster Weise auf die Industrie ausgeweitet worden und hat dort zu einem im Vergleich zu den USA merkwürdig gebrochenen Durchsetzungsprozess des Taylorismus gesorgt.

Das Taylor-System hingegen ist, wie schon ausgeführt wurde, ein typisches Kind des Industriezeitalters, und zwar nicht nur des kapitalistischen, wenn man sich die diversen Ökonomisierungsdebatten im nachholenden Industrialisierungswettlauf des realen Sozialismus ins Gedächtnis ruft. Die Entwicklung der großen Industrie war sein Geburtskontext ebenso wie sein Diffusionskontext. In der vorindustriellen Wirtschaftsordnung mit ihren beruflichen Orientierungen und Zugangsbarrieren hätte jemand wie Taylor keine Chance gehabt. Ähnliches gilt für das klassische Qualitätsmanagement, für das lange Zeit vor allem die ISO-Normenreihe 9000, stand, heute zunehmend auch Six Sigma.

Erst die konsequentere Kunden- und Dienstleistungsorientierung, die sich, massiv verstärkt durch die Verfolgung des Qualitätsgedankens, schrittweise durchsetzte, ließ in vielen Bereichen die Erkenntnis reifen, dass die Konzentration auf den Produktions- oder Dienstleistungsprozess als organisatorischem Ablauf ungenügend sein könnte. Damit ebenso wie mit der Diffusion in viele Dienstleistungsbereiche, deren Analogien zur industriellen Produktion nur schwer herstellbar waren, stieg das Interesse an einem ganzheitlichen Modell, das nicht nur das Organisieren, sondern auch den Sinngehalt des Organisierens einfangen konnte, stark an. Die Total Quality-Modelle, zunächst der Malcolm Baldrige Award in den USA, rasch mit sehr großem Erfolg auch das EFQM-Modell und von ihm stark inspirierte Branchenmodelle (vgl. Dalluege/ Franz 2008; Zech 2006), konnten sich zunehmend durchsetzen. Sie erst machten die Qualität von Management in seiner doppelten Bestimmung von Organisation und Führung zum Gegenstand der Beschäftigung mit dem Ganzen der Organisation.

Geprüfte Qualität

Auch das Qualitätsmanagement als selbständiges System entwickelte sich erst mit der lang anhaltenden Wachstumsphase der Nachkriegsära als Ergebnis relativ gesättigter Märkte. Die Notwendigkeit eines organisierten Qualitätsmanagements war historisch zunächst Ausfluss der US-amerikanischen Vorbereitungen auf den widerwillig akzeptierten Einstieg in die Anti-Hitler-Koalition und damit in World War II. Bis dahin reichte es völlig aus, wenn die existierenden US-Waffen- und Munitionshersteller sich direkt oder gar nicht abstimmten. Nun mussten in kurzer Frist so viele Rüstungsaufträge abgewickelt werden, dass die Munitionsproduktion für die hergestellten Waffen verteilt erfolgen, daher standardisiert und Gebrauchsfähigkeit der Produkte, auch im Interesse der Sicherheit der Waffenbenutzer, der Soldaten, geprüft werden musste.

„The armed forces initially inspected virtually every unit of product; then to simplify and speed up this process without comprising safety, the military began to use sampling techniques for inspection, aided by the publication of military-specification standards and training courses in Walter Shewhart's statistical process control techniques." (Quality Oasis)

(Quality Oasis) Quality assurance, also die Versicherung des Herstellers an den Kunden, dass es eine systematische Form der Produktprüfung gebe, war der Einstieg. Sie beschränkte sich denn auch ausschließlich darauf zu prüfen, ob die schon produzierten Güter bestimmungsgemäß funktionierten. Verantwortlich dafür waren ganze Prüfabteilungen, die Produkte und Produzenten inspizierten. Entsprechend hoch waren die Kosten für den Inspektionsaufwand, die hohen Ausschussquoten und die oft aufwendigen Nacharbeiten. Diese erste Phase der organisierten Qualitätsprüfung beruhte also auf einer eher spontanen Entwicklung.

Eher anekdotenhaft kann man die Bedeutung dieser Aussage ermessen, wenn man erwähnt, dass noch Ende der 1980er Jahre zum Zeitpunkt der Erhebungen für die Publikation des sozialwissenschaftlichen Weltbestsellers über „die zweite Revolution in der Automobilwirtschaft" (Womack/ Jones/ Roos 1992) Daimler-Benz ebensoviel Geld in die Nachbesserung seiner Autos durch höchstqualifizierte Meister stecken musste, wie Toyota damals schon für die Herstellung ganzer Autos aufwandte.

Produzierte Qualität

Darüber hinaus hatten die aktiven Betreiber eines stärker auf die Verbesserung des gesamten Produktionsprozesses gerichteten Qualitätsmanagements in den USA in den 50er Jahren des vergangenen Jahrhunderts noch kein leichtes Spiel. Juran, Deming und Crosby, die großen ,Propheten' eines systematischeren und umfassenderen Verständnisses von Qualität als kontinuierlichem Verbesserungsprozess, mussten nach Japan ausweichen, dessen Unternehmer und Politiker im Rahmen einer staatlichen Industriepolitik mit dem Ziel der nachholenden Industrialisierung und des Umbaus der Kriegswirtschaft mangels eigener Rezepte große Offenheit für diese Ratschläge zeigten. Deming und Juran wurden in den USA zunächst ausgelacht, wenn sie verkündeten, Japan werde die amerikanische Industrie in wenigen Jahren unter Druck setzen und sie teilweise verdrängen, denn die japanischen Produkte der frühen 50er Jahre waren wie heute viele chinesische Produkte dafür bekannt, dass sie billig und schlecht waren. Da man sich der Preiskonkurrenz ohnehin nicht stellen konnte, setzte man in den USA ebenso wie in Europa darauf, dass ,billig *und* gut' niemals möglich sei. Ende der 70er

Jahre sah das schon ganz anders aus. Ganze Industriezweige (Unterhaltungs-elektronik, Optik, Fahrzeuge usw.) gerieten unter Druck durch japanische Impor-te, die überwiegend ein mittleres Qualitätsniveau bei deutlich günstigeren Prei-sen als einheimische Produkte boten. Toyotas US-Werk NUMMI in Freemont (California), 1983 gebaut, wurde zum Maßstab für erfolgreiche Fabrikorganisa-tion. Während der 80er bis weit in die 90er Jahre entwickelte sich dann geradezu ein Managementtourismus nach Japan, um sich dort japanische Organisations-praktiken anzusehen (vgl. Toyota-Geschichte).

Es ist kein Zufall, dass der British Standard, das Pendant zur deutschen DIN-Norm, mit der Nummer 5750 1979 veröffentlicht wurde und 1983 einer großen National Quality Campaign bedurfte, um ernst genommen zu werden, nachdem 1982 ein Bericht des Wirtschaftsministeriums (DTI) für Aufsehen gesorgt hatte, der prophezeite, der Lebensstandard in Großbritannien werde sich aufgrund insbesondere der japanischen Konkurrenz dramatisch verschlechtern. BS 5750 wurde zum wichtigsten Vorläufer der 1987 erstmalig veröffentlichten Normenreihe 9000 der International Organization for Standardization (ISO), der auch von der Europäischen Normierungsorganisation (EN) und dem Deutschen Institut für Normung (DIN) übernommen wurde. Innerhalb weniger Jahre, im Grunde im Verlauf der 90er Jahre, wurden die ISO-Qualitätsnormen weltweit zum verallgemeinerten Industriestandard, zumindest für die gesamte Exportin-dustrie.

Dennoch war die Norm in dieser Phase bis in ihren Aufbau (Design, Pro-duktion, Vertrieb) noch wesentlich davon bestimmt, dass der Produktionsprozess im Mittelpunkt stand, nicht aber die gesamte Organisation mit allem, was sie nach innen und außen ausmacht. Menschen sind darin bis heute Ressourcen. Hier ging (und geht) es um Qualitätsmanagement, nicht selten als parallele Linie zum eigentlichen Produktionsmanagement organisiert, noch nicht um Management-qualität.

Qualität von Führung und Organisation

Der Gedanke, dass klassisches Qualitätsmanagement mit seiner starken Produk-tionsprozessorientierung nicht ausreichend sei, entstand zur gleichen Zeit wie die ISO-Norm. Der US-amerikanische Malcolm Baldrige Award wurde ebenfalls 1987 ins Leben gerufen – vom US Congress. Zwar darauf aufbauend, aber kon-sequenter und als offenes systemisches Modell angelegt, verkörperte der nur zwei Jahre später von einigen europäischen Großunternehmen und der Europäi-schen Kommission initiierte European Quality Award von EFQM die Idee des umfassenden Qualitätsmanagements, heute: die Idee der Excellence von Organisationen. Die ISO-Norm in ihrer völlig veränderten Fassung von 2000 versuchte, den Regelkreis der kontinuierlichen Verbesserung, der in das EFQM-Modell eingebettet ist, zu reproduzieren. Sie kann, konsequent angewendet, eine große Bereicherung für jeden Betrieb sein; dennoch deckt sie nur max. 40 Prozent des Anspruchs ab, der in dem Excellence-Modell von EFQM abgebildet wird, und erweist sich so als unzureichende systemische Modernisierung des alten QM-Modells. Das liegt daran, dass bei der ISO-Norm nach wie vor allein die anforderungsgemäße Produktion von Waren und Dienstleistungen im Vordergrund steht. EFQM hingegen zielt darauf ab, die bewusste und verantwortliche Verwirklichung selbst gesteckter Ziele durch die verständige Kooperation von lernenden und handelnden Menschen in allen Bereichen einer Organisation samt ihrem Verhältnis zur Umwelt zu steuern und den Erfolg zu messen, wobei sie sich gemeinsam auf die erfolgreiche Bewältigung des sachlichen und ökonomischen Zwecks der Organisation konzentrieren. Sie ist Selbst-Evaluation in Permanenz.

3. Schluss

Wir haben historisch periodisierend und empirisch darstellen können,

▪ dass systematisches Qualitätsmanagement betriebliche Organisation in ihrer Funktionsweise zu ihrem Vorteil verändert und erfolgreicher macht,

▪ dass insbesondere Betriebe mit einem umfassenden Qualitätsverständnis in Anlehnung an das Excellence-Modell von EFQM solchen ohne dieses in allen relevanten Belangen z. T. erheblich überlegen sind,

▪ dass es sich hierbei um eine soziale Innovation handelt, die mit ihren neuen Praktiken nachhaltig die Formen sozialer Kooperation und Konflikte in und von Organisationen verändert und

▪ dass der Qualitätsgedanke sich nach wie vor auf dem Vormarsch und damit überwiegend in der Phase der Expansion befindet, auch wenn es durchaus schon zahlreiche Anzeichen für Institutionalisierung und damit Konsolidierung gibt, und

▪ dass hierbei sozialwissenschaftliche Erkenntnisse über das Funktionieren von Organisationen und sozialen Lernprozessen ebenso wie eine Vielzahl sozialwissenschaftlicher Methoden und Instrumente, die dabei zur Anwendung kommen, zur Herausbildung einer eigenständigen neuen Praxis von Management beigetragen haben, man könnte sagen, ein evidenz-basiertes Management von Organisationen wenn nicht geschaffen, so doch massiv erleichtert und unterstützt haben.

Dabei verhält die ISO-Norm 9001 sich zum TQM-Gedanken, d. h. dem heutigen systemischen Excellence-Modell von EFQM, wie das Taylor-System zum Gedanken der ganzheitlichen Arbeitsgestaltung. So wie die ‚Systematisierung der Betriebsführung' unverzichtbare und dauerhaft gültige Methoden der arbeitsorganisatorischen Analyse und Gestaltung geschaffen hat, die ursprünglich vergleichsweise einseitig der Produktivitätssteigerung dienten und mit Fug und Recht als Sozialtechnologie bezeichnet werden konnten, repräsentiert die ursprüngliche ISO-Normenreihe 9000 quasi die tayloristische Form des Qualitätsmanagements, wie sie aus der Epoche der Massenproduktion überkommen ist, deren sozialwissenschaftliches Methodenset jedoch nach wie vor wichtiger Bestandteil des Handwerkzeugs für die Wahrnehmung einer systemisch verstandenen Verantwortung für Lernen, Verbesserung und Zielerreichung, kurz: den Erfolg, einer Organisation ist.

Literatur

Argyris, Chris/ Schön, Donald A. (1978). Organizational Learning: A Theory of Action Perspective. Reading, Mass.: Addison Wesley.

CQE University of Leicester (2005). Report on EFQM and BQF funded study into the impact of the effective implementation of organisational excellence strategies on key performance results, done by Dr Louise Boulter, The Centre of Quality Excellence, The University of Leicester; Professor Tony Bendell, The Centre of Quality Excellence, The University of Leicester; Ms Hanida Abas, The Centre of Quality Excellence, The University of Leicester; Professor Jens Dahlgaard, Linköping University, Sweden; Professor Vinod Singhal, Georgia Institute of Technology, US.

Crozier, Michel/ Friedberg, Erhart (1993). Die Zwänge kollektiven Handelns. Über Macht und Organisation. Frankfurt a.M.: Hain.

Dalluege, C. Andreas/ Franz, Hans-Werner (2008). IQM – Integriertes Qualitätsmanagement in der Aus- und Weiterbildung. Selbstbewertung für EFQM, DIN EN ISO 9001 und andere QM-Systeme. Bielefeld: wbv.

EN ISO 9004:2000 (2000). Qualitätsmanagementsysteme – Leitfaden zur Leistungsverbesserung. Berlin: Beuth Verlag.

Eskildsen, Jacob K./ Kristensen, Kai/ Juhl, Hans J. (2000). The causal structure of the EFQM excellence model. Download von: http://www.rahbaransystem.com/21.pdf, (Abruf: 20.05.2009).

Frieling, Ekkehart (1998). Drei Jahre in der Praxis. Arbeit 7 (1), 7-20.

Hebeisen, Walter (1999). F. W. Taylor und der Taylorismus. Über das Wirken und die Kritik am Taylorismus. Zürich: vdf Hochschulverlag.

Hendricks, Kevin B./ Singhal, Vinod R. (2001). The Long-Run Stock Price Performance of Firms with Effective TQM Programs. Management Science 47 (3), 359-368.

Howaldt, Jürgen/ Kopp, Ralf/ Schwarz, Michael (2008). Innovationen (forschend) gestalten – Zur neuen Rolle der Sozialwissenschaften. WSI Mitteilungen 2/2008, 63-69.

Lay, Gunter/ Schat, Hans-Dieter/ Jäger, Angela (2009). Mit EFQM zu betrieblicher Exzellenz. Verbreitung, Ausgestaltung und Effekte des Qualitätsmanagementmodells der European Foundation for Quality Management. Mitteilungen aus der Produktionsinnovationserhebung, PI-Mitteilung 49, Fraunhofer-Institut System- und Innovationsforschung.

Kondratjew, Nikolai D. (1926). Die langen Wellen der Konjunktur. Archiv für Sozialwissenschaft und Sozialpolitik, 56 (3), 573-609.

Malik, Fredmund (2005). Management. Das A und O des Handwerks (Bd. 1). Frankfurt a.m.: Frankfurter Allgemeine Buch.

Marx, Karl (1960). Der achtzehnte Brumaire des Louis Bonaparte. In: K. Marx/ F. Engels. Werke (Bd. 8) (S. 111-207). Berlin: Dietz.

Mohe, Michael/ Birkner, Stephanie (2008). Internationale Perspektiven der systemischen Beratung oder: Ist die systemische Beratung internationalisierungsfähig? OrganisationsEntwicklung 3/2008, 74-79.

Schumpeter, Josef Alois (2006). Theorie der wirtschaftlichen Entwicklung. Eine Untersuchung über Unternehmergewinn, Kapital, Kredit, Zins und den Konjunkturzyklus. Berlin: Duncker & Humblot (Nachdruck der 1. Auflage von 1912).

Seubert, Rudolf (1919). Aus der Praxis des Taylor-Systems. Berlin: Julius Springer (3. berichtigter Neudruck).

Sombart, Werner (1909). Der kapitalistische Unternehmer. In: Archiv für Wirtschafts- und Sozialpolitik (Bd. XXV) (S. 689-758).

Taylor, Frederick Winslow (1972 Reprint). Scientific Management. Comprising Shop Management. The Principles of Scientific Management, Testimony before the Special House Committee. Westport: Greenwood Press.

Wallichs, Adolf (o. J.; um 1920, HWF). Taylor-System und Achtstundentag, Sonderdruck aus der Schweizer Monatsschrift „Der Organisator", Zürich.

Womack, James P./ Jones, Daniel T./ Roos, Daniel (1992). Die zweite Revolution in der Autoindustrie: Konsequenzen aus der weltweiten Studie aus dem Massachusetts Institute of Technology. Frankfurt a.M., New York: Campus.

Zapf, Wolfgang (1989). Über soziale Innovationen. Soziale Welt 40 (1-2), 170-183.

Zech, Rainer (2006). Lernerorientierte Qualitätstestierung in der Weiterbildung (LQW). Grundlagen – Anwendung – Wirkung. Bielefeld: wbv.

ZSI Zentrum für Soziale Innovation 2008. Impulse für gesellschaftliche Entwicklung. Wien: Institutsbroschüre.

Webseiten

Active Philantropy: http://www.activephilanthropy.org/socialinnovation.html (Abruf: 19.05.2009)

DTI (Department of Trade and Industry): www.dti.gov.uk/quality/evolution (Abruf: 05.05.2009)

EFQM: http://www.deutsche-efqm.de/inhseiten/247.htm (Abruf: 19.05.2009)

Fachhochschule München: http://www.doktus.de/dok/26512/studiengang-soziale-innovation.html (Abruf: 19.05.2008)

Quality Oasis, A Brief History of Quality Management, written by ASQ.org:
    http://www.qualityoasis.com/content/view/31/31/ (Abruf: 04.05.2009)
REFA: http://de.wikipedia.org/wiki/REFA (Abruf: 06.08.2009)
Toyota-Geschichte: http://www.toyo-rulez.de/Toyota_Geschichte.html   (Abruf:
    07.08.2009)

Innovationsmanagement im Enterprise 2.0 – Auf dem Weg zu einem neuen Innovationsparadigma?

Jürgen Howaldt und Emanuel Beerheide

Die organisations- und managementbezogene Forschung spielt im Hinblick auf die Analyse und Gestaltung sozialer Innovationen traditionell eine wichtige Rolle. So gehen Moulaert, Martinelli, Swyngedouw und Gonzalez davon aus, dass soziale Innovationen als Thema der internationalen sozialwissenschaftlichen Literatur der 1990er Jahre fast ausschließlich der *management- und unternehmensbezogenen* Literatur vorbehalten war:

> „In this literature, emphasis is put on the role of ‚improvements' in social capital which can subsequently lead to better-working (more effective or efficient) organisations in the economy and thereby generate positive effects in terms of social innovation across the sector." (Moulaert/ Martinelli/ Swyngedouw/ Gonzalez 2005: 1974)

Angesichts einer zunehmenden Bedeutung von Innovationen in Wirtschaft und Gesellschaft sowie einer Erhöhung der Innovationsgeschwindigkeit rückt die Frage nach einem angemessenen Innovationsmanagement verstärkt in den Mittelpunkt des Interesses von Wissenschaft und Praxis (vgl. Lazonick 2005; Stock-Homburg/ Zacharias 2009). Für Hermann Simon sind „Innovationen (...) eines der Fundamente, auf denen die Marktführerschaft der Hidden Champions[1] beruht." (Simon 2008: 221) Er geht davon aus, dass zu Beginn des 21. Jahrhunderts diese Unternehmen in eine Phase massiver Innovationen eingetreten sind und die Fähigkeit zur Innovation immer mehr zu einer zentralen Voraussetzung für den Erhalt und Ausbau ihrer Wettbewerbsfähigkeit wird. In der managementbezogenen wissenschaftlichen Diskussion tritt die bewusste Organisation der Innovationsprozesse im Sinne einer die Unternehmerfunktion ablösenden bzw. ergänzen-

---

1 Als 'Hidden Champions' bezeichnet H. Simon mittelständische Unternehmen, die 70 bis 90 Prozent der Weltmarktanteile halten und ihre eigenen Märkte meist weltweit dominieren. Sie ziehen es vor, im Verborgenen zu agieren und ihren eigenen – erfolgreichen – Weg zu gehen, statt sich an den ganz großen Unternehmen zu orientieren.

den „Veralltäglichung von Innovationen" (Blättel-Mink 2006: 81) in den Mittelpunkt des Interesses.

Wir vertreten die These, dass diese Entwicklungen als Ausdruck eines Paradigmenwechsels des Innovationssystems im Zuge der Herausbildung der Wis-
sens- und Dienstleistungsgesellschaft zu betrachten sind (vgl. hierzu Howaldt/
Schwarz i. d. Band). Dabei bestimmen neue Wirtschaftszweige und Branchen
zunehmend das Bild von Wirtschaft und Gesellschaft und verändern die Modi
von Produktion und Innovation. So haben sich beispielsweise im Bereich der IT-
Industrie neue Produktions- und Innovationsstrukturen im globalen Maßstab
herausgebildet, in dessen Mittelpunkt das „Partnermanagement als eine strategische Funktion von Unternehmen" (Boes/ Trinks 2007: 86) steht. In neuen ‚Leitbranchen' lassen sich zentrale Fragen des modernen Innovationsmanagements
von Unternehmen wie auch der Innovationspolitik entwickelter Volkswirtschaften untersuchen (vgl. Boes/ Trinks 2007). In diesem Transformationsprozess
spielen insbesondere Konzepte der ‚Open Innovation' eine wichtige Rolle (vgl.
Reichwald/ Piller 2006 sowie Rode-Schubert 2006: 215). Allerdings müssen
diese Konzepte als Teil umfassender Veränderungsprozesse interpretiert werden.
So öffnet insbesondere die Diskussion um das ‚Enterprise 2.0' den Blick auf die
sozialen Dimensionen dieses Wandels und ihre grundlegende Bedeutung für die
Gestaltung und das Management von Organisationen (vgl. Hamel 2009).

Diese Veränderungsprozesse lassen sich nicht durch oberflächliche Anpassungen bewältigen, sondern erfordern eine tiefe Durchdringung der Wert-
schöpfungs- und Innovationsprozesse bis hin zu den Ebenen der Arbeitsorganisation, Kommunikations- und Kooperationsstrukturen, Unternehmenskultur und -
führung, Kompetenzanforderungen. Funktionalitäten und Arbeitsaufgaben lassen
sich dabei nicht mehr sinnvoll nach dem hierarchischen Muster Steuern (Zentrum) und Ausführen (Peripherie) ‚splitten', sondern sind als duale Einheit, welche sich in spezifischen Mischungen aus Innovationsaufgaben und Alltagsaufga-
ben reorganisieren, zu sehen (vgl. Wohland/ Wiemeyer 2006). Damit wird eine
Suchrichtung eröffnet, die künftige Anforderungen und Kompetenzen vom Management bis hin zum/ zur ‚einfachen' MitarbeiterIn im Innovationsgeschehen
nicht nur aus organisationalen Binnenstrukturen ableitet, sondern die Interaktion
mit externen Wissensträgern mit in den Blick nimmt. Die Umsetzung eines neu-
en Innovationsmanagements und die daraus folgenden Veränderungen und Anpassungen in Unternehmen bedeuten eine tiefgreifende soziale Innovation.

Vor dem Hintergrund ausgewählter Ergebnisse der ersten Projektphase eines laufenden Forschungsprojektes[2] diskutiert der vorliegende Beitrag aktuelle

---

2 Das Projekt integro zielt auf eine empirische Analyse der Strukturen, Prozesse und Arbeitsbedingungen in Wertschöpfungs- und Innovationsnetzwerken von KMU der High-Tech-Branchen, exem-

Konzepte im Bereich des Innovationsmanagements von Unternehmen der High-Tech-Branchen. Im Mittelpunkt steht dabei eine Auseinandersetzung mit den Konzepten der Open Innovation und des Enterprise 2.0, die vor dem Hintergrund der These des Paradigmenwechsels des Innovationssystems auf ihre Leistungsfähigkeit zur Analyse der Veränderungsprozesse hin untersucht werden. Ein besonderes Augenmerk wird dabei auf die Rolle der Wissensarbeit im Innovationsprozess gelegt.

1. Open Innovation in High-Tech-Branchen

Wissensintensive Dienstleistungen und Produkte führen zu veränderten Bedingungen der Formierung und Integration geeigneter Expertise und setzen die gängigen Innovationsstrategien und -konzepte selbst unter Veränderungsdruck. Das Modell wissenschaftsgetriebener Innovation wird durch ein Modell relativiert, in dem Akteure unterschiedlicher gesellschaftlicher Subsysteme relevante Innovationsbeiträge leisten. Bullinger spricht von einem „Paradigmenwechsel des Innovationssystems", den er folgendermaßen charakterisiert: „An die Stelle der traditionellen großen Unternehmen und staatlichen Forschungseinrichtungen treten flexible Innovationsnetzwerke." (Bullinger 2006: 14) Die klar strukturierte und abgegrenzte Organisation der Vergangenheit wird Teil eines ökonomischen Netzes, welches den unidirektionalen Charakter traditioneller Kooperationsbeziehungen (Zulieferer – Abnehmer) aufhebt. Lieferanten werden zu gleichwertigen Wertschöpfungspartnern und Kunden verwandeln sich in Innovationspartner: „Ein großer Teil industrieller Innovation wird nicht von den Herstellern geschaffen, sondern durch die Nutzer der Produkte initiiert." (Bullinger 2006: 14) Wollen Unternehmen der Hightech-Branche vor diesem Hintergrund dauerhaft eine ausreichend hohe Innovationsgeschwindigkeit erreichen und das insgesamt hohe Risiko des Scheiterns reduzieren, sind sie schlecht beraten, schlicht ihr FuE

---

plarisch der IT-Branche und der Mechatronik. Im Rahmen des Projektes werden Funktionsmechanismen elaborierter Innovationskonzepte untersucht und Maßnahmen zur breiten Unterstützung der Innovationstätigkeit sowie zur Kompetenzentwicklung zentraler Beschäftigtengruppen erarbeitet. Ein besonderer Fokus liegt darauf, wie Innovations-, Wissens- und HR-Management sowie Kompetenzentwicklung optimal verzahnt und integriert werden können, um die Innovationsfähigkeit von Unternehmen und Beschäftigen zu stärken und externes Wissen nutzbar zu machen. Dabei führt das Projekt unterschiedliche Aspekte der aktuellen Veränderungen zusammen. integro steht für „Integriertes Innovations-, Wissens- und HR-Management in Unternehmen und Innovationsnetzwerken der High-Tech-Branchen am Beispiel der Informationstechnik und Mechatronik". Das Projekt wird aus Mitteln des Bundesministeriums für Bildung und Forschung und aus dem Europäischen Sozialfonds der Europäischen Union gefördert und vom Projektträger Arbeitsgestaltung und Dienstleistungen im Deutschen Zentrum für Luft- und Raumfahrt e.V. betreut. Laufzeit: 04/08 bis 04/11.

Budget zu erhöhen. Wissensintensive Branchen sind vielmehr gezwungen, ihre Innovationsstrategie zu verändern, um ihr Innovationspotenzial durch Einbeziehung der Außenwelt zu erhöhen. In diesem Kontext erfährt u. a. das Konzept der 'Open Innovation' wachsende Aufmerksamkeit. Es geht begrifflich auf den Berkeley-Professor Henry Chesbrough zurück, der einen offenen Innovationsprozess mit dem klassischen geschlossenen Prozess ('closed innovation') kontrastiert, in dem Unternehmen nur die Ideen und technischen Kompetenzen nutzen, die in ihrer eigenen Domäne oder einem Netzwerk eng integrierter bekannter Partner vorhanden sind (vgl. Chesbrough 2003). Es umfasst die Öffnung des Innovationsprozesses von Unternehmen – teilweise technologisch unterstützt durch das Internet – nach außen und damit die strategische Nutzung der Außenwelt zur Vergrößerung des Innovationspotentials der Organisation:

> „Der Begriff der ‚Open Innovation' drückt die Einbindung externer Akteure, beispielsweise von Kunden und Abnehmern, aber auch unbekannten Dritten, in den Innovationsprozess in Form eines offenen Aufrufs zur Mitwirkung aus. ‚Open Innovation' bedeutet dabei als besondere Form der interaktiven Wertschöpfung nicht einfach das ‚Outsourcen' von Aufgaben an den externen Partner, sondern verlangt vielmehr auch eine aktive Beteiligung durch den Anbieter, der hierfür bestimmte Ressourcen und Fähigkeiten besitzen muss." (Piller 2008: 4)

Unternehmen, welche die Vorteile des Ansatzes nutzen wollen, sind gezwungen ihre Interaktionskompetenz auszubauen. Interaktionskompetenz bezeichnet hierbei die Gesamtheit der Kompetenzen und Fähigkeiten einer Organisation, die Prinzipien der ‚Open Innovation' erfolgreich umzusetzen. Sie konkretisiert sich sowohl in den Organisations- und Anreizstrukturen als auch in den Systemen und Werkzeugen der Information und Kommunikation (vgl. Piller 2004; Piller/ Freund/ Lüttgens 2007). Dieses Konzept basiert darauf, dass innovative Produkte und Dienstleistungen immer stärker branchenübergreifend durch die Integration unterschiedlicher Technologien geprägt sind, und dass ihre Entwicklung vernetztes Zusammenwirken unterschiedlicher Kompetenzen und Spezialwissen erfordern. Daraus erwächst die Notwendigkeit, die jeweils eigenen Kompetenzen mit dem komplementären Wissen und Handeln Anderer zu verknüpfen. In einem weiten Sinne ist ‚Open Innovation' also ein interaktiver Innovationsprozess, der in Kooperation mit einem breiten und relativ offenen horizontalen oder vertikalen Netzwerk, bestehend aus externen Partnern wie beispielsweise Universitäten, Start-ups, Lieferanten, Kunden oder auch Wettbewerbern, stattfindet. Ziel ist die Überwindung der Grenzen lokalen Wissens und der effiziente Zugang zu externer Bedürfnis- und Lösungsinformation für den Innovationsprozess. Allerdings ist die Nutzung solcher offenen Innovationsprozesse hoch voraussetzungsreich und setzt die Fähigkeit der Unternehmen voraus, den Transfer externen Inputs in

die internen Wertschöpfungsprozesse zu organisieren. Reichwald/ Piller sprechen in diesem Zusammenhang von der notwendigen Interaktionskompetenz
(Reichwald/ Piller 2006), die allerdings vielen Unternehmen fehlt. Wichtiger
noch erscheint uns die Tatsache, dass Konzepte der ,Open Innovation' eingebunden werden müssen in eine umfassende Innovationsstrategie von Unternehmen.[3] Mit einer zu starken Fokussierung auf einen spezifischen Einzelaspekt der
Entwicklung läuft man Gefahr, die grundlegenden sozialen Dimensionen der
aktuellen Veränderungsprozesse aus dem Blick zu verlieren. Im Hinblick auf die
Unternehmenspraxis droht hier eine Neuauflage einer Entwicklung der neunziger
Jahre, in der wechselnde Managementmoden die Unternehmen überfluteten ohne
zu nachhaltigen Veränderungen der gelebten Unternehmenspraxis beitragen zu
können (Kieser 1996). Angesichts der Tiefe und Dynamik der Veränderungen
erscheint es uns daher sinnvoll, das Konzept der ,Open Innovation' als *ein* (zentrales) Element eines neuen Innovationsparadigmas[4] zu betrachten, welches die
Transformation von der Industrie zur Wissens- und Dienstleistungsgesellschaft
auszeichnet (vgl. Rode-Schubert 2006: 215ff).

2. Enterprise 2.0 und das neue Innovationsparadigma

Zielte Innovation bisher primär auf die natur- und ingenieurwissenschaftlich
geprägte und getriebene Hervorbringung neuer Produkte und Verfahren, werden
soziale Innovationen stärker in den Fokus rücken (vgl. Howaldt/ Kopp/ Schwarz
2008). Zugleich werden Innovationen – ausgehend von Entwicklungen im Bereich der Wirtschaft – ein allgemein gesellschaftliches Phänomen, welches immer stärker alle Lebensbereiche berührt und durchdringt (vgl. Rosa 2005). Zentrale Aspekte eines daraus abgeleiteten ,soziologisch aufgeklärten' Paradigmas

---

3 So betont Reichwald in einem Interview in der Zeitschrift innovare (innovare 01 07): „Man sollte
aber nicht vergessen, dass es sich bei 'Open Innovation' um eine Ergänzung bewährter Ansätze und
Instrumente des Innovationsmanagements handelt. Die alten Prinzipien haben weiter Bestand, die
neuen aber schaffen eine Grundlage für neue Wege zu Wettbewerbsvorteilen."
4 Diese grundlegenden Veränderungsprozesse, mit denen das industriegesellschaftlich geprägte,
technologieorientierte Innovationsparadigma zunehmend an Funktionsfähigkeit verliert, spiegelt sich
auch in der Innovationsforschung wieder. So fordert der renommierte Techniksoziologe Werner
Rammert vor dem Hintergrund der erkennbar werdenden Schwächen des bundesdeutschen Innovationsmodells eine „Innovation der Innovation" im Sinne eines „post-Schumpeterianischen Innovationsregimes" (2000: 2). Der Präsident der Fraunhofer-Gesellschaft, Hans-Jörg Bullinger, analysiert – wie
oben beschrieben – die Herausbildung eines neuen Innovationsparadigmas, zu dessen zentralen
Bausteinen Netzwerke gehören (Bullinger 2006: 14). Die Münchner Arbeits- und Industriesoziologen
Sauer und Lang verweisen auf die Paradoxien im aktuellen Innovationsgeschehen (Sauer/ Lang
1999).

lassen sich auf folgende Weise zusammenfassen (vgl. Howaldt/ Kopp/ Schwarz 2008: 64):

- Verschiebung von einem produktorientierten (auf technische Artefakte fokussierten), FuE getriebenen Innovationsverständnis hin zu einem umfassenden Innovationsverständnis, welches produkt-, prozess- und unternehmensbezogene Perspektiven umfasst
- Veränderung von rein technologiegetriebenen (und FuE-Innovationen) zu markt- und technologiegetriebenen Innovationen
- Heterogenität, Rekursivität und Reflexivität der Prozesse
- Betonung geschichtlicher, kultureller, organisatorischer (sprich: sozialer) Voraussetzungen
- Verstärkte Einbeziehung der NutzerInnen, AnwenderInnen und BürgerInnen (social pull/ public policy driven) in das Innovationsgeschehen
- Bedeutungszunahme von Netzwerken
- Wachsende Bedeutung von sozialen Innovationen und Dienstleistungsinnovationen
- Verstärkte Einbindung aller MitarbeiterInnen (nicht nur der FuE-ExpertInnen), insbesondere solcher mit KundInnenkontakt an der Peripherie der Unternehmen.

Ein zentrales Kennzeichen des neuen Innovationsparadigmas ist die *Öffnung der Innovationsprozesse hin zur Gesellschaft und die Diffundierung innovationsrelevanter Prozesse in die Gesellschaft.* Nicht nur andere Unternehmen, Hochschulen und Forschungseinrichtungen sind relevante Akteure im Innovationsprozess, sondern auch BürgerInnen und KundInnen. Sie dienen nicht länger nur als LieferantInnen für Bedürfnisinformationen, wie im klassischen Innovationsmanagement, sondern tragen – wie im letzten Abschnitt dargestellt – im Prozess der Entwicklung neuer Produkte zur Lösung von Problemen bei (vgl. Powell/ Grodal 2005). Vor diesem Hintergrund ist ein zentrales Erkenntnisinteresse des integro-Projektes (s. Fußnote 2), den damit verbundenen Veränderungen auf der Ebene des Managements von Innovationen nachzuspüren und ihre Bedeutung für die Innovationsfähigkeit von Unternehmen zu hinterfragen. Im Mittelpunkt des Projektes steht eine empirische Analyse der Strukturen, Prozesse und Arbeitsbedingungen in Wertschöpfungs- und Innovationsnetzwerken von KMU der High-Tech-Branchen, exemplarisch der IT-Branche und der Mechatronik. Außerdem werden im Rahmen des Projektes Funktionsmechanismen elaborierter Innovationskonzepte untersucht und Maßnahmen zur breiten Unterstützung der Innovationstätigkeit sowie zur Kompetenzentwicklung zentraler Beschäftigtengruppen erarbeitet. Ein besonderer Fokus liegt darauf, wie Innovations-, Wissens- und

HR-Management sowie Kompetenzentwicklung optimal verzahnt bzw. integriert werden können, um die Innovationsfähigkeit von Unternehmen zu stärken und externes Wissen durch KundInnenintegration und beispielsweise durch open innovation für die Unternehmen nutzbar zu machen. In der inzwischen weitgehend abgeschlossenen ersten Erhebungsphase erfolgte die Analyse der Innovationsstrategien, Arbeitsstrukturen und Arbeitsplatzbedingungen entlang von Wertschöpfungs- und Innovationsnetzwerken auf Basis von (explorativen) Experteninterviews und Fallstudien. Dabei mussten wir feststellen, dass selbst in diesen ,neuen Leitbranchen' die Veränderungen der unternehmensbezogenen Innovationsstrategien im Sinne einer partiellen Abkehr von traditionellen Managementstrategien *nicht* systematisiert und explizit zum Gegenstand eines integrierten Innovationsmanagements gemacht werden. Zwar besteht ein Einvernehmen im Hinblick auf die Dysfunktionalitäten traditionellen Managements: Langsamkeit und Eingeschränktheit von Entscheidungsstrukturen, rigide misstrauensbasierte, wenig wertschätzende Kontrollstrukturen, starke Binnenorientierung und die Fesselung dynamischer marktnaher Bereiche. Umgekehrt erfolgt bei der Konturierung eines alternativen Ansatzes die Betonung der Bedeutung von Freiräumen (vgl. Buhse/ Stamer 2008), von Vertrauenskultur sowie von einer Aufwertung der Kompetenz an der Peripherie, der Schnittstelle zu den KundInnen (vgl. Wohland/ Wiemeyer 2006). In der Praxis ist jedoch auch eine Orientierung an traditionellen Formen des Managements feststellbar[5], während avancierte Konzepte des Innovationsmanagements rar ,gesät' sind.

Allerdings gibt es – wie die von uns durchgeführten Fallstudien zeigen – durchaus Unternehmen, welche den veränderten Rahmenbedingungen mit grundsätzlich neuen Unternehmensmodellen und Managementpraktiken begegnen. Wichtiger Bezugspunkt dieser Veränderungen bildet dabei u. a. die Diskussion um das *Enterprise 2.0*[6] *als ein grundlegend neues Unternehmenskonzept.* Dessen Entwicklung ist eng verknüpft mit der Entstehung des Web 2.0 (vergleiche Pelka/ Kaletka in diesem Band) und der damit einhergehenden Nutzung von Social Software und der vielfältigen Vernetzung und Web-basierten Zusammenarbeit von Personen und Organisationen. Enterprise 2.0 beschreibt die Adaption von Social Software auf der Unternehmensebene zur Unterstützung der Zusammenarbeit von MitarbeiterInnen bei der Koordination von Projekten, Wissens-

---

5 Verstärkt wird dieser Konservatismus dadurch, dass die Krise der new economy eher von traditionell strukturierten Unternehmen überdauert wurde. Möglicherweise befeuern die aktuellen weltwirtschaftlichen Probleme (die zum Zeitpunkt der Erhebung noch nicht in voller Schärfe präsent waren) diese Tendenz zusätzlich. Dem entgegen erscheinen die traditionellen Strukturen als belastendes Erbe, welches die Innovationsfähigkeit im Vergleich zu jungen Unternehmen eher erschwert.
6 Synonym werden in diesem Zusammenhang auch Begriffe wie ,enterprise social software' und ,enterprise web 2.0' usw. genutzt.

und Innovationsmanagement sowie bei der Innen- und Außenkommunikation. Der freie Austausch von Wissen, unabhängig von Funktion und Hierarchie, ist dafür Voraussetzung und Mittel zum Zweck in einem. Enterprise 2.0 ist daher nicht auf den Einsatz von bestimmter Technik beschränkt, sondern beschreibt eine Entwicklung hin zu einer Unternehmenskultur, die formale Hierarchien überwindet, teilautonome Selbststeuerung von Einzelpersonen und Teams fördert und in der das Management verstärkt eine moderierende Funktion einnimmt. Der Begriff Enterprise 2.0 ist von Andrew McAfee geprägt worden, der ihn mit einer starken technischen Fokussierung wie folgt definiert: "Enterprise 2.0 is the use of emergent social software platforms within companies, or between companies and their partners or costumers." (McAfee 2006)

Social Software umfasst im Allgemeinen alle Anwendungen, die menschliche Interaktionen unterstützen, d. h. „internetbasierte Anwendungen, die Informations-, Identitäts- und Beziehungsmanagement in den (Teil-) Öffentlichkeiten hypertextueller und sozialer Netzwerke unterstützen" (Schmidt 2006: 2) und so die Akteure dazu befähigen, „die Potentiale und Beiträge eines Netzwerks von Teilnehmern" (Back/ Gronau/ Tochtermann 2008: 4) zu nutzen. Auf der Unternehmensebene kann der Einsatz von Social Software dazu dienen, Wissen der MitarbeiterInnen durch die Vernetzung, Kommunikation und Zusammenarbeit zwischen den MitarbeiterInnen nutzbar zu machen. Dieses Ziel ist nicht grundsätzlich neu und wurde in der Vergangenheit unter Schlagwörtern wie Computer-Supported Cooperative Work (CSCW) oder Groupware diskutiert, richtet sich jedoch (mit zunehmender Auflösung der Grenzen) an unterschiedliche Anwendergruppen, nämlich an Communities und Netzwerke statt festgelegte Teams. Grundvoraussetzungen für Enterprise 2.0 sind nach McAfee (2006: 26 ff.) und Koch/ Richter (2009a: 15 f.):

- die Schaffung einer offenen Unternehmenskultur (Create a receptive cultur),
- die Bereitstellung einer Plattform (im Intranet), auf der Zusammenarbeit möglich ist (A common platform most be created to allow for a collaboration infrastructure),
- Change management, das auf die Bedürfnisse der NutzerInnen eingeht, statt an formalen Prozessen festzuhalten (an informal rollout of the technologies may be preferred to a more formal procedural change) sowie
- Commitment von der Unternehmensführung (managerial support and leadership is crucial).

Koch/ Richter (2009a: 15 f.) verweisen in diesem Zusammenhang explizit darauf, dass es nicht ausreicht, technische Tools zu implementieren, sondern Unternehmen sich auf ihrem Weg zum Enterprise 2.0 intensiv mit ihren Stärken und

Schwächen in Bezug auf die bestehenden Kooperations- und Kommunikationsstrukturen im Unternehmen auseinander setzten müssen. Zugleich besteht die Notwendigkeit die eigene Unternehmenskultur ständig weiter zu entwickeln. Unternehmen auf dem Weg zum Unternehmen 2.0 müssen also Technik, Unternehmensorganisation und Unternehmenskultur aufeinander abstimmen, um Umwandlungsprozesse erfolgreich zu gestalten, denn: „Web 2.0 is an attitude, not a technology." (O'Reilly 2005). Die Diskussion über Enterprise 2.0 geht somit weit über den reinen Einsatz von Web 2.0 Technik in Unternehmen hinaus. Für Tapscott und Williams sind diese Entwicklungen Bestandteil einer veränderten Form der Wirtschaft, die sie als ‚Wikinomics' (Tapscott/ Williams 2009) bezeichnen:

> „Wikinomics ist mehr als Open Source, Social Networking, Crowdsourcing, Smart Mobs, Weisheit der vielen und andere Vorstellungen, die das Thema berühren. Wir sprechen vielmehr über tief greifende Veränderungen bei den Strukturen und den Verfahrensweisen von Unternehmen und unserer Wirtschaft insgesamt, die auf neuen Wettbewerbsprinzipien wie Offenheit, Gleichrangigkeit, Teilen und globalen Handeln beruhen." (Tapscott/ Williams 2009: 3)

Zentrales Element dieser neuen Form von Innovation ist die „peer production: Produktion unter Gleichgestellten" (Tapscott/ Williams 2009: 11). Durch die Möglichkeiten der neuen webbasierten Technologien, die sie als ‚Massenkooperationswaffen' bezeichnen, entstehen neue Kooperations- und Geschäftsmodelle, die auf eine umfassende Nutzung des vorhandenen Wissens in und außerhalb der Unternehmen setzen:

> „Erfolgreich werden die Organisationen (und Gesellschaften) sein, die aus der Fülle des menschlichen Wissens schöpfen und es in neue, nützliche Anwendungen übersetzen (...). In einer Zeit, in der die Massenkooperation eine Branche über Nacht völlig verändern kann, erbringen die alten hierarchischen Formen, in denen Arbeit und Innovation organisiert wurden, nicht das Maß an Beweglichkeit, Kreativität und Konnektivität, das Firmen brauchen, damit sie in der heutigen Umwelt konkurrenzfähig bleiben können."(Tapscott/ Williams 2009: 30)

Die neuen Kollaborationstechnologien bilden somit eine Voraussetzung für umfassende soziale Innovationen, in deren rekursivem Prozess sich management- und organisationsbezogene soziale Praktiken grundlegend zu verändern beginnen.[7] Eingebettet sind diese Entwicklungen in eine Diskussion, welche die her-

---

7 So ziehen die Autoren Parallelen zu anderen technologischen Umbrüchen, die eine Gesellschaft durchdringen und ihre Kultur und Wirtschaftsweise revolutionierten (Tapscott/ Williams 2009: 30).

kömmlichen Strukturen und Organisationsformen von Unternehmen in Frage
stellt und grundsätzlich nach dem Aussehen der ‚nächsten Gesellschaft' fragt,
deren Gesicht – nach Einschätzung von Dirk Baecker – maßgeblich durch die
Entwicklung des Computers und den daraus entstandenen Technologien geprägt
ist: „Wir haben es mit nichts Geringerem zu tun als mit der Vermutung, dass die
Einführung des Computers für die Gesellschaft ebenso dramatische Folgen hat
wie zuvor nur die Einführung der Sprache, der Schrift und des Buchdrucks."
(Baecker 2007: 7) Die damit verbundene Zunahme der Bedeutung von Wissen,
die digitale Vernetzung unterschiedlichster Akteure und die Möglichkeit zum
schnellen Austausch sowie zur zeitnahen Verbreitung von Informationen kann
dazu führen, dass sich Machtstrukturen in und von Organisationen grundlegend
verändern, „weil die alles umwälzende Macht des Internets auf seiner Fähigkeit
beruht, die Beiträge vieler Menschen ohne die lähmenden Nebenwirkungen einer
Hierarchie und Bürokratie zu koordinieren" (Klotz 2008: 11). Im Gegensatz zur
Nutzung des privaten Internets, das eher durch informelle Strukturen (vgl. Jahnke 2009) gekennzeichnet ist, müssen die Beteiligten in den Unternehmen verschiedene unternehmensspezifische Herausforderungen meistern, wie beispielsweise die Anpassung des Handelns auf die Organisationsstruktur und Prozesse
der Organisation (vgl. Koch/ Richter 2009b). Bewährte Geschäftsmodelle, Arbeitsweisen, Strukturen und eingefahrene Handlungsweisen werden dabei in
Frage gestellt und Unternehmen müssen in diesem Zusammenhang lernen mit
erhöhter Transparenz umzugehen, sowie ein erhöhtes Maß an Selbstorganisation
und Vernetzung zuzulassen und zu fördern. Statt Verantwortungsbereiche durch
Abteilungszugehörigkeit und -grenzen zu definieren, orientieren sich die Verantwortlichkeiten am gesamten Wertschöpfungsprozess. Nicht Standorte, Abtei-
lungen und Länge der Unternehmenszugehörigkeit entscheiden dabei über Zusammenarbeit und Entscheidungshoheit, sondern Kompetenzen und gemeinsame
Interessen (vgl. Buhse/ Stamer 2008). Das Ziel besteht darin, Netzwerke zwischen MitarbeiterInnen, PartnerInnen und KundInnen gezielt und sinnvoll zu
nutzen. Vor dem Hintergrund der sich verändernden technischen und organisationalen Rahmenbedingungen nimmt die Bedeutung der menschlichen Arbeit als
ein zentraler Faktor im Innovationsgeschehen zu.

3. Wissensarbeit – Zentraler Faktor im Innovationsprozess

Werden die Diskussion um Enterprise 2.0 und die daraus resultierenden Konsequenzen, wie die grundlegende Neuorganisation von Innovationsprozessen –
auch in IT-ferneren Unternehmen – ernst genommen, so gehört es zu den größten
aktuellen Managementherausforderungen, den Arbeitskrafteinsatz rund um diese

Kernprozesse hochgradig interaktiver Wertschöpfung und Innovation wirksam zu organisieren und zu gestalten. Standen die 90er Jahre im Zeichen der Einbeziehung der Beschäftigten in Rationalisierungs- und Optimierungsprozesse (Stichwort KVP), stehen wir aktuell an der Schwelle einer Entwicklung, in der es um die breite Erschließung der Humanressourcen zum Zwecke der Innovation geht. Wissensintensive Branchen scheinen zunehmend gezwungen, ihre *Innovationsstrategie zu ändern, um ihr Innovationspotential durch Einbeziehung der Außenwelt und Einbindung aller Beschäftigten zu erhöhen.* Tapscott und Williams gehen in ihren Ausführungen immer wieder auf die Bedeutung der MitarbeiterInnen als „eigentliches Erfolgsgeheimnis" (2009: 243) der neuen Unternehmen ein. So verwundert es nicht, dass sie dem ‚Wiki-Arbeitsplatz' besondere Aufmerksamkeit widmen. Sie gehen davon aus, dass mit der Entwicklung der Wikinomics auch tiefgreifende Veränderungen in Kultur und Ökonomie der Arbeit verbunden sind:

> „Die Entwicklung geht von geschlossenen, hierarchisch organisierten Unternehmen mit starren Arbeitsverhältnissen zu zunehmend selbst organisierten, dezentralen und kooperativen Netzwerken von Humankapital, die Wissen und Ressourcen von innerhalb *und* außerhalb der Firma beziehen." (2009: 242)

Genau in diesen Strukturen liegt nach Ansicht der beiden Autoren auch die eigentliche Herausforderung:

> „Ein Faktor ist die Trägheit der Institutionen. Organisationen haben ihre interne Logik, ihre eigenen Regeln, Routinen, Normen und Machtkämpfe. Die Erfahrung lehrt, dass diese immateriellen sozialen Elemente eines Betriebes viel schwerer zu ändern sind als das IT-System." (2009: 269)

Der Einzug von Innovationsarbeit und umfangreicher Vernetzung und Kollaboration in den Arbeitsalltag der Beschäftigten konfrontiert diese mit neuen Qualifikations- und Kompetenzanforderungen, neuen Arbeitsformen, neuen psychischen Belastungen, Flexibilitätszumutungen und Motivationserfordernissen. Die bisher bekannten Auswirkungen auf die Beschäftigten sind ambivalent zu beurteilen (vgl. Latniak/ Gerlmaier 2006) und bedürfen gerade deshalb einer entsprechenden Arbeitsgestaltung. Auf der einen Seite gibt es für die Beschäftigten eine Reihe durchaus positiver Entwicklungen, wie erweiterte Flexibilität und Subjektivität, zu verzeichnen. Andererseits markieren Stichworte wie Vermarktlichung, prekäre Arbeitsverhältnisse, wachsende Unsicherheit, burn-out und der Verlust gesellschaftlicher Bindungen bedrohliche Tendenzen eines Umbruchs der Arbeitswelt, in der sich die alten industriegesellschaftlich geprägten Strukturen und Regelsysteme aufzulösen beginnen. Arbeiten und Innovieren in interaktiven

Wertschöpfungs- und Innovationsnetzwerken implizieren eine in jeder Hinsicht fordernde Beanspruchungs- und Belastungszumutung an die MitarbeiterInnen. Die arbeitswissenschaftlich unterfütterten Orientierungsmuster (bspw. Beteiligung und Partizipation, Lernförderlichkeit, Ganzheitlichkeit von Arbeitsvollzügen, Prinzip der Selbstorganisation), die aus der Kritik an tayloristisch deformierter Arbeit gewonnen wurden (vgl. beispielsweise Ulich 1994), bieten wichtige Ansatzpunkte zur Beantwortung der Frage nach guter Arbeit, reichen aber nicht aus, um Maßstäbe für die Qualität der Arbeitsplätze heutiger WissensarbeiterInnen im Kontext von Wertschöpfungs-, Innovations- und Wissensnetzwerken und unter veränderten technischen Rahmenbedingungen abzuleiten. Dies hat vor dem Hintergrund, dass schon heute bspw. die IT-Branche hohe Fluktuationsraten und drohenden Arbeitskraftmangel beklagt (vgl. Beerheide/ Howaldt 2008), eine besondere Bedeutung. Mit dem ‚Nachrücken' einer Generation in die Unternehmen, die mit dem Internet aufgewachsen sind und für welche die Nutzung von Social Software zur Normalität gehört[8], wird sich auch sukzessiv der Umgang mit diesen Tools und die Erwartungen an die eigenen Arbeitsweisen ändern. Dazu bedarf es neuer Funktionserfordernisse an Wissens- und Innovationsarbeit in wissensintensiven Kontexten und adäquater Gestaltungsperspektiven. So formuliert beispielsweise ein ‚Young Professional' in einem Videobeitrag zur DNAdigital 2008:

„Ich wünsche mir keine festen Arbeitszeiten, ich wünsche mir viel Mitbestimmung, flache Hierarchien, ich möchte nicht, wenn ich eine kreative Idee habe über vier Instanzen gehen, einen Monat lang, bis dann jemand sagt, nee, da fehlen uns aber gerade die Gelder, oder sonst irgendwas. Ich will Schnelligkeit, ich will mehr Kommunikationsmittel als E-Mail, ich möchte Twitter, ich möchte Blogs, ich möchte Wikis, die in der Kommunikation untereinander einfach viel sinnvoller sind. Und ich will Vertrauen." (DNAdigital 2008)

Gleichwohl dürfen die Risiken der Subjektivierung von Arbeit nicht unterschätzt werden. Denn hohe Arbeitsautonomie, intrinsische Arbeitsmotivation, Entfaltungsmöglichkeiten und persönliche Freiheitsgrade stehen erheblichen persönlichen Risiken und Belastungen der Beschäftigten gegenüber.

---

8 Digital Native oder NetGeneration (vgl. Tapscott/ Williams 2009: 249 ff).

4. Fazit und Ausblick

Innovation und eine angemessene Gestaltung der hierzu notwendigen Prozesse wird immer mehr zu einem Leitthema für alle Unternehmen. Die Wissensgesellschaft kennt keine nachhaltigen Wettbewerbsvorteile, sondern lediglich das ewige Rennen um immer wieder neu herzustellende temporäre Wettbewerbsvorteile: „Unsere Definition eines TOP-Unternehmens ändert sich folglich von einem, das über sehr lange Zeiträume eine kontinuierliche Performance zeigt, (…) zu einem, dem es gelingt, viele temporäre Wettbewerbsvorteile in Folge zu erringen" (Beinhocker/ Bertheau 2007: 349). Insofern werden Innovationsprozesse verstärkt zum Gegenstand eines expliziten Innovationsmanagements. Dabei geht es um grundlegende Veränderungsprozesse, die alle Bereiche eines Unternehmens betreffen. Es müssen die Art und Weise, wie Innovationen gestaltet werden, unternehmens- und produktspezifisch neu überdacht werden und vorhandene Innovationskonzepte mit neuen Ansätzen kombiniert werden. Und es bedarf neuer Wege, wie Innovationsfähigkeit verbessert werden kann. Deshalb muss sich der Innovationsprozess auf alle Facetten der Geschäftstätigkeit beziehen (vgl. Simon 2008: 221) und alle Bereiche der Unternehmen erfassen. In diesem Sinne ist die Einführung eines Innovationsmanagements eine soziale Innovation, da hier neue Strukturen, Regelsysteme und kulturelle Aspekte, welche die Grundlage für veränderte Handlungspraktiken der Akteure bilden, im Mittelpunkt stehen. Die Möglichkeiten neuer Technologien werden hierbei nicht ausgeblendet, ihr Einsatz wird aber durch die konkreten Zielstellungen und Konzeptionen eines neuen sozialen Kooperations- und Kommunikationszusammenhangs bestimmt. Wenn Technologienutzung und -entwicklung nicht ins Leere laufen soll, muss sie ihre Anschlussfähigkeit an konkrete soziale Praxen sicherstellen. So müssen beispielsweise Unternehmen auf dem Weg zum ‚Unternehmen 2.0' die Aspekte: Technik, Unternehmensorganisation und Unternehmenskultur, aufeinander abstimmen, um Umwandlungsprozesse erfolgreich zu gestalten. Zugleich deuten sich bei einigen weitsichtigen Unternehmen – wie in Fallstudien im Rahmen des integro-Projektes deutlich geworden ist – geänderte Praxen und Umgangsformen des Managements an, die insbesondere auf eine umfangreiche Nutzung der vorhandenen Humanressourcen abzielen (erweitere Form des Enterprise 2.0). Der Traum von der menschenleeren Fabrik ist heute weitgehend ausgeträumt (vgl. Schmauder 2007: 22). Erfolgreiche Innovationsprozesse sind nicht mehr in erster Linie Resultate des Handelns einer einzelnen Unternehmerpersönlichkeit, sondern vielmehr „Ensembleleistungen" (Volkholz 2007: 48). Und gerade am Beispiel arbeits- und managementbezogener Veränderungsprozesse in Unternehmen lässt sich die Tragweite und Bedeutung des Konzeptes sozialer Innovationen für die erfolgreiche Gestaltung solcher Prozesse erkennen (vgl. Kesselring/ Leitner 2008; Howaldt/ Kopp/ Schwarz 2008).

Literatur

Back, Andrea/ Gronau, Norbert/ Tochtermann, Klaus (2008). Web 2.0 in der Unternehmenspraxis. Grundlagen, Fallstudien und Trends zum Einsatz von Social Software. München: Oldenbourg Verlag.

Baecker, Dirk (2007). Studien zur nächsten Gesellschaft. Frankfurt a.m.: Suhrkamp.

Beerheide, Emanuel/ Howaldt, Jürgen (2008). Zukunft der Arbeit in Dortmund. Abschlussbericht. Dortmund.

Beinhocker, Eric D./ Bertheau, Nikolas (2007). Die Entstehung des Wohlstands. Wie Evolution die Wirtschaft antreibt. Landsberg am Inn.

Blättel-Mink, Birgit (2006). Kompendium der Innovationsforschung. Wiesbaden: VS-Verlag.

Boes, Andreas/ Trinks, Katrin (2007). Internationale Innovationspartnerschaften in der IT-Branche. In: J. Ludwig/ M. Moldaschl/ M. Schmauder/ K. Schmierl (Hrsg.), Arbeitsforschung und Innovationsfähigkeit in Deutschland (S. 85-94). München, Mering: Rainer Hampp Verlag.

Buhse, Willms/ Stamer, Sören (2008). Enterprise 2.0 – Die Kunst, loszulassen. Berlin: Rhombos Verlag.

Bullinger, Hans-Jörg (2006). Verdammt zur Innovation. RKW-Magazin, 57, 12-14.

Chesbrough, Henry W. (2003). Open Innovation: The New Imperative for Creating and Profiting from Technology. Boston: Harvard Business School Press.

DNAdigital – das Video für den IT-Gipfel. Zusammenschnitt für die Präsentation auf dem 3. IT-Gipfel in Darmstadt. Download von: DNAdigital (http://www.dnadigital.de/networks/iframe/index.5, Abruf am 05.11.2009)

Hamel, Gary (2009). Moon Shots for Management. Harvard Business Review, 78 (2), 91-98.

Howaldt, Jürgen/ Kopp, Ralf/ Schwarz, Michael (2008). Innovationen (forschend) gestalten – Zur neuen Rolle der Sozialwissenschaften. WSI-Mitteilungen, 2008 (2), 1-8.

Jahnke, Isa (2009). Socio-technical Communities: Form Informal to Formal? In: B. Withworth (Hrsg.), Handbook of Research on Socio-Technical Design and Social Networking Systems. IGI Global Publisher.

Kesselring, Alexander/ Leitner, Michaela (2008). Soziale Innovationen in Unternehmen. Studie, erstellt im Auftrag der Unruhe Stiftung, Wien.

Kieser, Alfred (1996). Moden und Mythen des Organisierens. DBW, 56 (1), 21-39.

Klotz, Ulrich (2008). Mit dem ‚Unternehmen 2.0' zur ‚nächsten Gesellschaft'. Computer und Arbeit, 2008 (8-9), Bund-Verlag GmbH, 7-12.

Koch, Michael/ Richter, Alexander (2009a). Enterprise 2.0. Planung, Einführung und erfolgreicher Einsatz von Social Software in Unternehmen. München: Oldenbourg Verlag (2. aktualisierte Auflage, zuerst 2007).

Koch, Michael/ Richter, Alexander (2009b). Enterprise 2.0 – Gegenwart und Zukunft (im Erscheinen).

Latniak, Erich/ Gerlmaier, Anja (2006). Zwischen Innovation und alltäglichem Kleinkrieg. Zur Belastungssituation von IT-Beschäftigten. Gelsenkirchen: Institut für Arbeit und Technik.

Lazonick, William (2005). The innovative Firm. In: J. Fagerberg/ D. C. Mowery/ R. Nelson (eds.), The Oxford Handbook of Innovation (pp. 29-55). Oxford, New York: Oxford University Press.

McAfee, Andrew (2006). Enterprise 2.0: the dawn of emergent collaboration. MIT.Sloan, Managemtn Rreview, 47 (3), 21-28.

Moulaert, Frank/ Martinelli, Flavia/ Swyngedouw, Erik/ Gonzalez, Sara (2005). Towards Alternative Model(s) of Local Innovation. Urban Studies, 42 (11), 1669 – 1990.

O'Reilly, Tim (2005). What is Web 2.0? Download von: O'Reilly (http://oreilly.com/web2/archive/what-is-web-20.html, Abruf: 01.02.2010)

Piller, Frank T. (2004). Innovation and Value Co-Creation. Habilitationsschrift an der Fakultät für Wirtschaftswissenschaften der Technischen Universität München.

Piller, Frank T. (2008). Vorhabensbeschreibung. INTEGRO (Nicht veröffentlichtes Dokument).

Piller, Frank T./ Freund, Matthias/ Lüttgens, Dirk (2007). Open Innovation, Management – Lehrgang: Innovationsmanagement von der ersten Idee bis zur erfolgreichen Produkteinführung.

Powell, Walter W./ Grodal, Stine (2005). Networks of Innovators. In: J. Fagerberg/ D. C. Mowery/ R. Nelson (eds.), The Oxford Handbook of Innovation (pp.56-85). Oxford, New York: Oxford University Press.

Rammert, Werner (2000). Innovationen – Prozesse, Produkte, Politik. Download von: TU Berlin (http://www.tu-berlin.de/~soziologie/Crew/rammert/articles/Innovationen-PPP.html, Abruf: 01.02.2010)

Reichwald, Ralf/ Piller, Frank T. (2006). Interaktive Wertschöpfung. Open Innovation, Individualisierung und neue Formen der Arbeitsteilung. Wiesbaden: Gabler.

Rode-Schubert, Christina (2006). Innovationsstrategien des Informationszeitalters. In: B. Blättel-Mink (Hrsg.), Kompendium der Innovationsforschung (S. 203-218). Wiesbaden: VS-Verlag.

Rosa, Hartmut (2005). Beschleunigung. Die Veränderung der Zeitstrukturen in der Moderne. Frankfurt a.M.: Suhrkamp.

Sauer, Dieter/ Lang, Christa (Hrsg.) (1999). Paradoxien der Innovation. Perspektiven sozialwissenschaftlicher Innovationsforschung. Frankfurt a.M., New York: Campus.

Schmauder, Martin (2007). Innovation: Arbeitsforschung – ingenieurswissenschaftliche Sichtweise. In: J. Ludwig/ M. Moldaschl/ M. Schmauder/ K. Schmierl (Hrsg.), Arbeitsforschung und Innovationsfähigkeit in Deutschland (S. 21-22). München, Mering: Rainer Hampp Verlag.

Schmidt, Jan (2006). Social Software. Onlinegestütztes Informations-, Identitäts- und Beziehungsmanagement. Forschungsjournal Neue Soziale Bewegungen, 2006 (2), 37-46.

Simon, Hermann (2008). Hidden Champions des 21. Jahrhunderts. Die Erfolgsstrategien unbekannter Weltmarktführer. Frankfurt a.M.: Campus Verlag.

Stock-Homburg, Ruth/ Zacharias, Nicolas (2009). Das richtige Maß für Innovationen. Harvard Business Manager, 31 (7), 14-17.

Tapscott, Don/ Williams, Anthony D. (2009). Wikinomics. Die Revolution im Netz. München: Carl Hanser Verlag.

Ulich, Eberhard (1994). Arbeitspsychologie. Stuttgart: Schäffer-Poeschel.

Volkholz, Volker (2007). Capability for Innovation. In: J. Ludwig/ M. Moldaschl/ M. Schmauder/ K. Schmierl (Hrsg.), Arbeitsforschung und Innovationsfähigkeit in Deutschland (S. 41-50). München und Mering: Rainer Hampp Verlag.

Wohland, Gerhard/ Wiemeyer, Matthias (2006). Denkwerkzeuge für dynamische Märkte. Ein Wörterbuch. Vannerdat, Münster: Edition Okotopus.

Webseiten

Innovare 01/ 07: http://www.tim.rwth-aachen.de/download/press/InnovareL_2007_on_OI_Interview.pdf (Abruf: 03.02.2010)

Beteiligung als soziale Innovation

Helmut Martens

„Lange schien es so, als blieben die Regeln des Denkens und Handelns, innerhalb derer sich Wirtschaft und Gesellschaft entfalten konnte, im 20. Jahrhundert relativ stabil und keiner besonderen Aufmerksamkeit bedürftig. Diese Wahrnehmung hat sich inzwischen dramatisch verändert. Heute scheint nichts stärker in Bewegung geraten zu sei, als gerade jener institutionelle Rahmen, der den Aktionsspielraum der Handelnden in Wirtschaft, Politik und Gesellschaft absteckt. Damit stellt sich – zum ersten Mal wieder seit über hundert Jahren – die Frage nach den Bestimmungsgründen der Entstehung und des Wandels von Institutionen." (Abelshauser 2009: 11 f.)

1. Einleitung

Innovation gilt Vielen als ein Leitbegriff neuerer soziologischer Diskurse zum besseren Verständnis aktueller Modernisierungsprozesse. Ich würde eher von einem Modebegriff sprechen. Im ersten Abschnitt des vorliegenden Aufsatzes geht es daher darum, sich des eigenen Verständnisses dieses Begriffes zu vergewissern, ehe unter dem Innovationsaspekt ein genaueres Verständnis von Beteiligung der ArbeitnehmerInnen in der Wirtschaft erarbeitet und verschiedene Versuche, entsprechende Beteiligungsprozesse im System der industriellen Beziehungen der Bundesrepublik Deutschland zu implementieren, näher analysiert werden sollen. Dabei geht es um konfliktträchtige, häufig auch konfliktbehaftete Prozesse, die in verschiedenen Entwicklungsphasen von unterschiedlichen ‚strategischen' Akteuren in Auseinandersetzung mit gegebenen institutionellen Strukturen betrieben wurden. Wie zu zeigen ist, erwiesen sich Formen direkter Beteiligung der Beschäftigen – von Ansätzen zur Gestaltung ihrer unmittelbaren Arbeitsbedingungen bis hin zur Unterstützung oder Ermöglichung von Einflussnahmen ihrer repräsentativen Interessenvertretungen auf strategische Unternehmensentscheidungen – als Versuche sozialer Innovation, denen gegenüber das Institutionengefüge des korporatistischen deutschen Modells kooperativer Konfliktverarbeitung sich immer wieder als ‚sperrig' erwiesen hat. Dies lässt sich über unterschiedliche Beteiligungskonjunkturen hinweg zeigen. Auch wo die funktionale Seite von Beteiligung schließlich mehr oder weniger unstrittig war, boten ihr dynamisches Potential und ihre immer auch enthaltene demokratische

Dimension immer wieder Anlass zu Widerständen. Der Aufsatz mündet in die These, dass heute angesichts (1) der Subjektivierung, Flexibilisierung und teilweisen Entgrenzung von Arbeit, (2) fortgeschrittener Prozesse der Erosion überkommener institutioneller Strukturen sowie (3) zunehmend krisenhafter ökonomischer Entwicklungen Beteiligungspotentiale und -bereitschaften der Beschäftigten vorhanden sind, die es so in früheren Entwicklungsphasen von industrieller wie Dienstleistungsarbeit noch nicht gegeben hat und deren Nutzung eine wesentliche Voraussetzung zur stabilen Bewältigung gegenwärtiger Umbruchsprozesse sein dürfte.

2. Soziale Innovation und sozialer Konflikt

Innovation ist gegenwärtig zweifellos einer der Modebegriffe, die die sozialwissenschaftliche Diskussion prägen. Er postuliert, im Blick vor allem auf eine systemtheoretisch interpretierte Dynamik von Ökonomie, Wissenschaft und Technik wie auch Politik geradezu paradigmatisch den Imperativ einer „vorbildlosen, zukunftsoffenen, neuerungssüchtigen Moderne" die „ihre Maßstäbe nur aus sich selber schöpfen kann" (Habermas 1988: 55). Moderne Gesellschaften, und insbesondere Unternehmen, seien, so eine entsprechende Argumentation bei Howaldt/ Kopp/ Schwarz (2008), unter dem Vorzeichen der Globalisierung auf Gedeih und Verderb zur permanenten Innovation verdammt. Ausgehend von Schumpeters ‚schöpferischer Zerstörung' wird in dieser Argumentation ferner eine zunehmende Reduktion auf technische Innovationen konstatiert und dann mit der Akzentuierung von ‚sozialer Innovation' geradezu ein Paradigmenwechsel angezielt. Probleme der Plan- und Steuerbarkeit sowie der Folgenunsicherheit von Innovationen werden angesprochen.[1] Verknüpft mit dem Konzept der ‚reflexiven Modernisierung' führt die Argumentation zur These des Erfordernisses fortlaufender Reflexionsprozesse unter Beteiligung von immer mehr Akteuren und in diesem Kontext zur Frage nach der spezifischen Rolle der Sozialwissenschaften bei sozialen Innovationen als „Neukonfiguration sozialer Arrangements" (Howaldt/ Kopp/ Schwarz 2008: 65).

---

1 Vgl. zur Kritik älterer Plan- und Machbarkeitsvorstellungen auch A. Giddens (hier nach Pongs 2000), der ähnlich wie U. Beck die Chancen des Neuen betont. Gegenüber der ‚Optimismuspflicht' im Diskurs von „Unternehmensberatern, Psychologen und Futurologen" (Strasser 2004: 20) akzentuiert Giddens allerdings noch die Ambivalenzen der Entwicklung, wenn er den losgelassenen Prozess der Moderne mit dem der indischen Mythologie entlehnten Bild des zu Tale rasenden Jagannathwagens umschreibt. Man kann auf ihn nur noch aufspringen, wenn man nicht überrollt werden will, auch wenn man nicht weiß, wohin er rollen wird.

Dem alten technikzentrierten Innovationsverständnis der Industriegesellschaft wird die Forderung nach dessen Erweiterung gegenübergestellt, und es wird eine Diskrepanz zwischen diesem „sozialwissenschaftlich aufgeklärten Innovationsverständnis" (Howaldt/ Kopp/ Schwarz 2008: 63) und der Innovations- bzw. innovationspolitischen Praxis konstatiert. Mit W. Zapf (1989) als Referenz wird dann weiter gefragt, ob und wie Innovation aus sozialwissenschaftlicher Sicht neu gefasst werden könne, verbunden mit einem Funktions- und Bedeutungswandel der Disziplin im und für das Innovationsgeschehen. Howaldt/ Kopp/ Schwarz argumentieren, dass „mit der Herausbildung der Wissensgesellschaft (…) die Anforderungen an die Sozialwissenschaften zunehmen" (Howaldt/ Kopp/ Schwarz 2008: 67). Ein Paradigmenwechsel hin zu einem für die Wissens- und Dienstleistungsgesellschaft angemessenen Innovationsverständnis mache es einerseits erforderlich, dem „Bedeutungswandel und -zuwachs von sozialen Innovationen" (Howaldt/ Kopp/ Schwarz 2008: 65) Rechnung zu tragen und stelle die Sozialwissenschaften andererseits vor die Herausforderung, „als gleichbedeutender Innovations*gestalter* neben den Natur- und Ingenieurwissenschaften Anerkennung zu finden und dementsprechend in einschlägigen Förderprogrammen Berücksichtigung zu finden" (Howaldt/ Kopp/ Schwarz 2008: 68). Es gehe um ihre „Neupositionierung als aktiver Innovationstreiber, in dem die potentiellen Anwender/ Kunden nicht als Endstufe eines linearen Entwicklungsprozesses erscheinen" (Howaldt/ Kopp/ Schwarz 2008: 68). Die „Kernkompetenz der Sozialwissenschaften" liege dabei „in der Gestaltung sozialer Kontexte, in denen der Wissensaustausch zwischen Problemlösern, Experten, Key-Usern, Anwendern verschiedener Teilsysteme stattfinden kann und Lernprozesse initiiert werden können" (Howaldt/ Kopp/ Schwarz 2008: 68).

Lässt man die, aus meiner Sicht freilich angezeigte, Reflexion auf ideologieverdächtige Komponenten von Innovation als einem derzeitigen Modebegriff einmal außer Anschlag[2], so kann man sicherlich zustimmen, dass soziale Innovationen in einem weiten Sinne nicht zwingend mit technischen Innovationsprozessen verbunden sein müssen, auch wenn beides oft „so eng miteinander verwoben ist, dass eine eindeutige Zuordnung schwer bis unmöglich wird" (Franz 2009: 2). W. Franz hat zutreffenderweise, unter Rückgriff auf die von Crozier/ Friedberg (1993: 19) gewählte Begrifflichkeit der ,neuen Praxis' auf den intentionalen Charakter der Durchsetzung von Prozessen sozialer Innovation verwiesen, zugleich aber auch darauf, dass solche Prozesse in aller Regel konfliktbehaftet

---

2 Vgl. in diesem Zusammenhang zu einer kritischen Reflexion des Begriffs der Moderne und darin zuletzt zur Karriere des Konzepts der Wissensgesellschaft Martens 2007: 24-48.

sind.[3] Im Anschluss an deren spieltheoretisch fundierten Definitionsvorschlag sozialer Innovation als ‚Prozess kollektiver Schöpfung' neuer „Spielweisen für das soziale Spiel der Zusammenarbeit und des Konflikts, mit einem Wort eine neue Praxis" (Crozier/ Friedberg 1993: 19) definiert Franz soziale Innovation als „die Herausbildung und Durchsetzung neuer Formen und Prozesse von Kooperation und Konflikt, neue soziale Praktiken" (Franz 2009: 3). Hierbei werde der Prozess in den Vordergrund gestellt (Franz 2009: 3), bei dem dann im Weiteren zwischen Inventions-, Diffusions-, Konsolidierungs- und Erosionsphasen zu unterscheiden sei.

Mit dieser Definition ließe sich arbeiten. Allerdings würde ich empfehlen, dabei gegenüber dem eher systemtheoretischen Akzent bei Howaldt/ Kopp/ Schwarz oder dem eher spieltheoretischen bei Crozier/ Friedberg, und daran anschließend Franz, zusätzlich einen institutionentheoretischen Akzent zu setzen, um Widerstände gegen Innovationen schärfer fassen zu können. Im Blick auf den Prozesscharakter von sozialen Innovationen wäre mir schließlich ein sozialphänomenologischer Zugriff auf das Handeln von Akteuren und Akteursgruppen in solchen Prozessen wichtig, um auch einen phänomenologisch geleiteten Akzent zu setzen. Kollektive Handlungsprozesse kann man etwa mit M. Weber auf das innovative Potential sozialer Konflikte befragen, und die Bedeutung der Sozialwissenschaften für deren Simulation kann man im Anschluss daran unter Bezugnahme auf C. v. Ferber (1970) begründen. Der Zusammenhang von sozialem Konflikt und sozialer Innovation (Neuloh 1977) kommt so in den Blick, und sozialphänomenologisch geleitete Untersuchungen zur Konstitution von Konflikthandeln (Pöhler 1970) rücken daran anschließend stärker ins Zentrum der Aufmerksamkeit.[4] In institutionentheoretischer Perspektive kommt man unter Rückgriff auf K.-S. Rehbergs Ausführungen zu „Leitfragen und Grundkategorien zur Theorie und Analyse institutioneller Mechanismen" sehr rasch dazu, die Ergebnisse von Innovationsprozessen[5] immer auch, unter anderem, als selbst konflikthaltige Prozesse der „'Machtnahme' und Machtstabilisierung" zu begreifen (Rehberg 1994: 70). Es geht dann um konfliktbehaftete Prozesse mit verschiedenen „Phasen der institutionellen Verdichtung und Festschreibung von Machtprozessen" (Rehberg 1994: 70), die als Institutionalisierungsprozesse gerade dadurch gekennzeichnet sind, dass „die in ihnen inkorporierten Machtbezie-

---

3 Der Begriff des sozialen Arrangements lege demgegenüber, jedenfalls in einem umgangssprachlichen Verständnis, den Eindruck nahe, „„könnten solche neuen Handlungsweisen von einem übergeordneten ‚Spielleiter' arrangiert werden" (Franz 2009: 3).
4 Im Blick auf Beteiligung und Mitbestimmung vgl. dazu aktuell Martens/ Dechmann 2010.
5 Mit Franz bei Erreichen der Konsolidisierungsphase von Innovationen, mit Howaldt/ Kopp/ Schwarz auf die neukonfigurierten sozialen Arrangements, institutionentheoretisch formuliert, die „Dauer beanspruchenden ‚Ordnungsarrangements'" (Rehberg 1994: 74).

hungen (...) verdeckt bzw. genauer: institutionell umgedeutet werden" (Rehberg 1994: 72).[6]

Aus institutionentheoretischer Perspektive wird man solche institutionell verdichteten Strukturen, wie z. B. das für Deutschland lange Zeit charakteristische korporatistische Modell kooperativer Konfliktverarbeitung, dann nicht einfach als Teil eines nationalen Innovationssystems (NIS) bezeichnen, läge doch der Akzent ganz im Gegenteil gerade auf dem strukturkonservierenden Charakter entsprechender sozialer Ordnungssysteme. Deren umwälzende oder grundlegende Veränderung, die man dann als soziale, sicherlich aber auch politische Innovationen, bezeichnen kann, setzen dann allerdings vorausgegangene Erosionsoder Auflösungsprozesse ebenso voraus, wie Machtentfaltung durch das Zusammenhandeln Vieler[7]. W. Abelshauser würde an dieser Stelle auf die Bedeutung ‚strategischer Akteure' verweisen. Das diesem Aufsatz vorangestellte Zitat aus seiner Matthöfer-Biographie setzt er nämlich wie folgt fort:

„Zwar entfalten Institutionen ihre stabilisierende, innovatorische, wettbewerbsfördernde, kostensenkende oder irenische Wirkung als wirtschaftliche und gesellschaftliche ‚Spielregeln' nur dann, wenn sie fest im kollektiven Bewusstsein verankert sind. Dessen ungeachtet muss jedoch ihr *Ursprung* über die Denk- und Verhaltensweisen ‚strategischer' Akteure erschlossen werden, da *sie* es sind, die durch ihre Entscheidungen den institutionellen Wandel verhindern oder fördern. An dem Beispiel strategischer Akteure lassen sich deshalb *Innovationen* im Denken und Handeln einer Epoche am ehesten nachweisen. Dort, wo diese Neuerungen die Chance erhalten, geschichtsmächtig zu werden, wächst auch die Aussicht, ihren Entstehungsprozess zu analysieren." (Abelshauser 2009: 12, Hervorhebungen im Original)

Im Folgenden wird es vor dem Hintergrund dieser begrifflichen Vorklärungen darum gehen, Beteiligung – und zwar Beteiligung der Beschäftigten selbst, nicht Beteiligung als schwaches Mitbestimmungsrecht ihrer repräsentativen Interessenvertreter – als soziale Innovation näher zu betrachten. Dabei geht es um immer konfliktträchtige, häufig auch konfliktbehaftete Prozesse, die in verschiedenen Entwicklungsphasen der Geschichte der industriellen Beziehungen der Bun-

---

6 Auch Zapf (1989: 178) hebt in seinem Plädoyer für die Bedeutung von Innovationstheorie und -forschung für „die *Gesellschaftstheorie* und die *Sozialwissenschaften als Profession*" gegen lineare Modernisierungs- wie radikale Zusammenbruchstheorien explizit auf diesen Konfliktaspekt ab, wenn er betont, dass es auf Theorien ankomme, „die Entwicklung als einen *inhärent konfliktreichen, ungleichgewichtigen, unsicheren Suchprozess* begreifen". Nur solche Theorien, für die er beispielhaft die Kondratieff'sche Theorie der langen Wellen anführt, könnten „das Muster von Boom und Depression, Wachstumspurts, Stagnation und Erholung begrifflich fassen".
7 Rehberg (1994: 70) spricht von unterschiedlichen „Formen der Selbstmacht" und H. Arendts Konzept der Entfaltung von Macht durch Zusammenhandeln wäre hier anschlussfähig.

desrepublik Deutschland von unterschiedlichen ‚strategischen' Akteuren in Auseinandersetzung mit gegebenen institutionellen Strukturen betrieben wurden. Die
strategischen Akteure agierten dabei einerseits in Auseinandersetzung mit gesellschaftlichen Veränderungen, u. a. auch technologischer Art, andererseits angesichts ganz unterschiedlicher Entwicklungsphasen der ihnen vorgegebenen institutionellen Strukturen.[8]

3. Beschäftigtenbeteiligung als schwierige Herausforderung im System der industriellen Beziehungen der alten ‚Deutschland AG'

Das deutsche System der Industriellen Beziehungen mit Flächentarifverträgen
auf Basis der Tarifautonomie und Mitbestimmung in Betrieb und Unternehmen
als grundlegenden institutionellen Strukturen eines korporatistischen Modells
„kooperativer Konfliktbewältigung" (Weltz 1977) ist nach einem Satz von U.
Borsdorf (1982: 274) im Blick auf die deutsche Besonderheit der Mitbestimmung entstanden als „die isolierte Pragmatisierung einiger Grundgedanken der
Wirtschaftsdemokratie für die Kräftekonstellation der Nachkriegszeit".

In den programmatischen Vorstellungen der Gewerkschaften, der entscheidenden strategischen Akteure dieses Institutionalisierungsprozesses also, spielt
hier Beteiligung als Beteiligung der Beschäftigten selbst von Beginn an eine
Rolle – also Beteiligung nicht im Sinne von schwachen Mitbestimmungsrechten
ihrer Repräsentanten innerhalb der Abstufung von Beteiligung/ Mitwirkung/
Mitbestimmung. Praktisch aber bleibt Beteiligung (zunächst) immer wieder
unentwickelt, weil sie sich nicht nur gegenüber den zunächst noch ausgeprägt
hierarchischen Strukturen in Betrieb und Unternehmen (Hindrichs/ Jürgenhake/
Kleinschmidt/ Kruse/ Lichte/ Martens 2000) als ‚sperrig' erweist, sondern auch
gegenüber den institutionellen Mustern repräsentativer Interessenvertretung.

Beteiligung war zugleich – und ist es immer noch – eine Strategie der Modernisierung von Produktions- und Dienstleistungsarbeit und der Weiterentwicklung der industriellen Beziehungen, oder auch moderner Unternehmensleitbilder,

---

8 O. Neulohs (1977) Analyse der Bedeutung von Friedrich Syrup für die Institutionalisierung und
Ausgestaltung der Arbeitslosenversicherung in der Zeit der Weimarer Republik – entlang seines
Werdegangs vom Gewerbeaufsichtsbeamten im Wilhelminischen Kaiserreich über seine Funktion als
Regierungs- und Gewerberat bei der Einrichtung der Arbeitsausschüsse 1916 bis nach der Verselb-
ständigung und Autonomisierung des Reichsarbeitsamtes zum Reichsarbeitsministerium – in den
1920er Jahren als Präsident der Reichsanstalt für Arbeitsvermittlung kann im Sinne der Hervorhe-
bung eines solchen strategischen Akteurs in einer Phase tiefgreifender gesellschaftlicher Umbrüche
gelesen werden, wie sie Abelshauser heute augenscheinlich wieder als gegeben ansieht. Neuloh
spricht von einem „sozialpolitischen Innovator".

die ein hohes Innovationspotential beinhaltet und die eine Herausforderung ihrer institutionellen Akteure darstellt.

Bei näherer Betrachtung lassen sich, im Blick auf das Institutionengefüge, innerhalb dessen Beteiligung jeweils zu implementieren ist, über verschiedene zyklische Entwicklungen hinweg in bemerkenswertem Umfang vergleichbare Probleme beobachten – in den so genannten goldenen Jahrzehnten des Fordismus ebenso wie heute in den Zeiten neuer, ‚subjektivierter', flexibilisierter und teilweise entgrenzter Arbeit.

Im Blick auf den zeitlichen Verlauf kann man geradezu von unterschiedlichen Beteiligungskonjunkturen sprechen, und die ‚Sperrigkeit' des vorgegebenen Institutionengefüges – mit seinen in den 1950er und frühen 1960er Jahren gerade frisch und sehr erfolgreich institutionalisierten, also auch vermachteten, repräsentativen Strukturen – gegenüber einer ihnen eher fremden Beteiligung der Repräsentierten ist über alle diese wechselnden Konjunkturen hinweg zu beobachten:

- in den 1960er Jahren, als sie im Rahmen betriebsnaher arbeitspolitischer Ansätze von einigen strategischen Akteuren innerhalb der IG Metall als Teil gewerkschaftlicher Mobilisierungskonzepte gedacht wurde – und sich an den gerade erfolgreich implementierten Strukturen repräsentativer Interessenvertretung und korporatistischer Konfliktregulierung brach (Abelshauser 2009: 140-158 und 182-187);
- bei und nach den Bemühungen um die Reform der Betriebsverfassung – im Sinne einer Stärkung und Erweiterung institutionalisierter Mitbestimmung am Ende der ‚Wirtschaftswunder-Zeit' mit dem Ziel der Verstetigung erfolgreicher Entwicklungen –, als das Matthöfer'sche Arbeitsgruppensprecher Konzept keine gewerkschaftliche Unterstützung fand (Abelshauser 2009: 189 ff.)[9] und später ‚mehr Demokratie wagen' auch Bürgerbeteili-

---

9 Abelshauser (2009: 186 f.) resümiert in Bezug auf die damaligen Positionen H. Matthöfers als eines zentralen strategischen Akteurs pointiert und treffend: „Es ging also in der Auseinandersetzung mit dem IG Metall-Vorstand nicht um den Zusammenprall grundsätzlich unterschiedlicher Vorstellungen von der Rolle, die Gewerkschaftern in Wirtschaft und Gesellschaft einnehmen sollten; vielmehr stieß der politisch ambitionierte Angestellte der Vorstandsverwaltung (also Matthöfer, H. M.) auf den Widerstand seiner Vorgesetzten, die nicht bereit waren, die Konsequenzen dieser Strategie der gewerkschaftlichen Gegenmacht für ihre eigene Position konsequent zu Ende zu denken. (...) Gegen eine radikale Umsetzung ihrer eigenen Konzeption sprach auch die normative Macht des Faktischen. (...) auf der Bundesebene der Wirtschaftspolitik passte das Modell der Gegenmacht immer weniger in die Landschaft einer staatlich moderierten 'konzertierten Aktion', die von den Tarifparteien eher Kooperations- denn Konfliktbereitschaft erwartete."

gung hieß und Soziologen eine Weiterentwicklung der Mitbestimmungs-
zur Partizipationsforschung forderten (Pirker 1978);

- zu Zeiten des Aktionsprogramms „Humanisierung des Arbeitslebens" von
der zweiten Hälfte der 1970er Jahre an, als es um eine Weiterentwicklung
industrieller Arbeitsmodelle ging (Pöhler/ Peter 1982; Fricke 2007) – die im
Deutschland der ‚diversifizierten Qualitätsproduktion' nie rein fordistisch
gewesen sind (Abelshauser 2003) – und z. B. neue Gruppenarbeitskonzepte
und Präventionskonzepte (Gesundheitszirkel (von Ferber/ von Ferber
1991)) zu entwickeln versucht wurden. Im Rahmen zahlreicher Projekte des
HdA-Programms spielte Beteiligung eine herausragende Rolle (Fricke/ Fri-
cke/ Schönwälder/ Stiegler 1981; Hoppmann/ Stötzel 1981; Vilmar 1978;
Weltz/ Lullies 1983, Lichte/ Reppel 1988). Konzepte von ‚Gruppenarbeit'
(Ulich 1980, 1994 und 2009) wurden aber gewerkschaftlicherseits zunächst
nur sehr zögerlich gestützt (Kern 1977);

- Beteiligung wurde dann im Zeichen der Japandiskussion der 1990er Jahre
erneut ein bedeutsames Thema, als managerielle Beteiligungskonzepte für
einige Jahre deutliche Konjunktur hatten (Womack/ Jones/ Roos 1991; Ho-
waldt/ Minssen 1993; Müller-Jentsch 1993). Nun ging es um Beteiligung im
Rahmen von Managementstrategien, die im Blick auf das in der Deutschen
Industrie prägende Modell flexibler Qualitätsproduktion innovationsför-
dernd und effizienzsteigernd wirken und dabei zugleich den Interessen der
Arbeitenden an ‚guter Arbeit' Rechnung tragen sollten (Allespach/ Beraus/
Mlynczak 2009). Und nun war bald von der ‚Lähmschicht' des mittleren
Managements die Rede;

- Im Ausgang der Dekade kam die neue Beteiligungseuphorie in den Unternehmen allerdings erkennbar an ihr Ende (Dörre 2002). Selbst unterneh-
mensfinanzierte Beteiligungsprojekte, die deutlich innovatorische und effi-
zienzsteigernde Effekte belegten (Jürgenhake/ Lichte/ Martens/ Sczesny
1999; Martens 2002) vermochten unter diesen Umständen nicht mehr, Impulse für verstärkte Anstrengungen zu setzen. In einer die weiteren Entwicklungen der 1990er Jahre bilanzierenden Untersuchung wird allerdings
konstatiert, dass im Blick auf Beteiligung an der unmittelbaren Organisation
der Arbeit mittlerweile von den Beteiligten selbst eher ambivalent beurteilte
Routinisierungsprozesse zu beobachten seien, wohingegen Beteiligung an
der Arbeitsprozessorganisation im Betrieb insgesamt gewissermaßen ein
neues Experimentierfeld und die Verknüpfung beider Beteiligungsansätze
zur Herausforderung werde (Felger/ Kruse/ Paul-Kohlhoff/ Senft 2003: 209
ff.). Im Zeichen einer gewerkschaftlicherseits allgemein konstatierten ‚Be-
teiligungslücke' im Hinblick auf repräsentative Vertretungsstrukturen (Martens 1997: 37 ff.) kam es zu gewerkschaftlichen Adaptionsversuchen. Doch

Beteiligung zugleich zur Stärkung von Wettbewerbsfähigkeit der Betriebe/ Unternehmen und zur ‚Verlebendigung' repräsentativer Vertretungsstrukturen zu nutzen und verstärkt zu implementieren, erwies sich angesichts eingefahrener institutioneller Muster als schwierig (Frerichs/ Martens 1999; Martens 2002);

- Die ‚Sperrigkeit' des gegebenen, wenn auch inzwischen deutlich erodierenden Institutionengefüges zeigte sich wieder, als die Gewerkschaften im letzten Konjunkturzyklus, nach dem Ende der manageriellen Beteiligungseuphorie, Beteiligungsansätze in ihrer Bedeutung für die Gewinnung von Mitgliedern wie auch für die Durchsetzung sogenannter ‚Besser-Strategien' gegenüber ‚low-cost-Strategien'[10] im Shareholderkapitalismus neu entdeckten. Zwar gelang es einer beachtlichen Zahl von Fällen Beteiligungs- und Gestaltungsansprüche von Betriebsräten zu stärken, aber die unmittelbare Beteiligung der Beschäftigten an solchen Prozessen fiel augenscheinlich schwerer (Nettelstroth 2008; Martens/ Dechmann 2009).

Beteiligung oder Partizipation haben sich also immer wieder als Herausforderung erwiesen, die auf erhebliche institutionell verfestigte Widerstände gestoßen ist. Wenn man vor einer solchen Folie von Entwicklungslinien nun genauer verstehen will, weshalb Beteiligung und Partizipation immer wieder sperriges Innovationspotential und große Herausforderung gewesen sind, dann muss man zunächst einmal versuchen, möglichst genau zu definieren, was unter Beteiligung verstanden werden soll. Ich will dazu an einen Definitionsversuch anschließen, den eine Forschergruppe an der sfs 1999 im Rahmen einer Evaluation von Beteiligungsansätzen in einem Unternehmen der Stahlindustrie unternommen hat (Jürgenhake/ Lichte/ Martens/ Sczesny 1999; Martens 2002). Sie verstand unter Beteiligung „*organisierte Verfahren* für Beschäftigtengruppen, um auf Basis ihrer *Kompetenz und Kreativität* in *realen Kooperationsbezügen* ihre Arbeitsbedingungen und Arbeitsergebnisse mit einem ausreichenden *Maß an Autonomie* zu verändern. (Dabei) besteht (…) immer ein Zusammenhang zu den im Unternehmen/ Betrieb ablaufenden Prozessen der Planung, Entscheidungsfindung, Organisationsentwicklung, alltäglichen Aufgabenbewältigung usw. Beteiligung (hier im Kontext unternehmensseitig initiierter Prozesse) meint Teilhabe der Beschäftigten an einer solchen übergeordneten gemeinsamen Entwicklung; und sie verfolgt immer das Ziel, diesen übergreifenden Prozess zu optimieren, seine

---

10 M. Schumann (2008) spricht ihnen gegenüber von High-Road-Strategien. K. Pickshaus und H.-J. Urban (2009) schlagen demgegenüber die Unterscheidung von drei Idealtypen vor: Neben Innovations- und Wettbewerborientierung und Cost-Cutting sprechen sie noch von einem arbeitskraftzentrierten Ansatz.

Effizienz zu erhöhen – und zwar durch Nutzung vorhandener Kompetenzen"
(Jürgenhake/ Lichte/ Martens/ Sczesny 1999: 6).
Wenn man diese Definition, in der die in Beteiligung immer auch enthaltene
demokratische Dimension nicht entfaltet ist und in der Kategorie der Kooperati-
onsbezüge nur verdeckt auftaucht, auf die zuvor skizzierten Entwicklungsphasen
der industriellen Beziehungen in Deutschland zurück bezieht, ist leicht zu erkennen, dass Beteiligung, so verstanden geeignet ist sowohl:

- für arbeitspolitische Mobilisierungskonzepte wie für
- Konzepte der ‚Humanisierung' und der ‚Optimierung' der Arbeit/ Produktion,
- als Ressource neuer innovationsorientierter Managementstrategien und
  zugleich
- für die ‚Verlebendigung' repräsentativer Vertretungsstrukturen sowie
- (5) als Ressource für die Formulierung und Durchsetzung sogenannter
  ‚Besser-Strategien'
- zur Demokratisierung von betrieblicher Realität (Abbau von Hierarchie;
  Schaffung betriebsöffentlicher Räume).

Zugleich wird leicht einsichtig, dass Beteiligung, in welchen Formen auch immer sie jeweils implementiert wird – etwa im Falle von (2), (3) und (4) zwischen
temporären Qualitätszirkeln oder dauerhaft eingerichteten, selbsttragenden Betei-
ligungsgruppen – eingespielte institutionelle Handlungsmuster von Betriebsräten, Angehörigen des mittleren oder auch höheren Managements – erheblich
berühren und verändern muss.
    Beteiligung passt also nicht so leicht in die eingespielten institutionellen
Strukturen und Handlungsmuster. Darüber hinaus ist regelmäßig schwer kalkulierbar, was denn dabei herauskommt, wenn man die bislang beteiligungsunge-
wohnten Beschäftigten erfolgreich zu aktiv Beteiligten macht – unabhängig
davon, dass definierte Ziele und organisierte Verfahren von Beginn an einen
Rahmen setzen. Wie der ausgefüllt wird, ob es am Ende Bestrebungen geben
mag, ihn zu erweitern, das sind Fragen, die in einem einmal losgelassenen Betei-
ligungsprozess jedenfalls immer wieder neu aufgeworfen werden können.
    Bei Beteiligung im Betrieb, selbst dann noch, wenn sie auf die Stützung/
Fundierung unternehmensbezogener Handlungsansätze der repräsentativen Interessenvertretung zielt (‚Besser-Strategien'), mag man da noch davon ausgehen
können, dass es diesen Rahmen klar definiert gibt – wenngleich es durchaus
schon heikel wird, wenn Beteiligung als Strategie der Steigerung von Effizienz
hier auf Entscheidungsprozesse bezogen wird, die immer noch eindeutig dem
Management vorbehalten sind, einerlei wie stark institutionalisiert die Unter-

nehmensmitbestimmung sein mag. Der Versuch der Durchsetzung von ,Besser-Strategien' zielt jedenfalls auf den Kern unternehmerischen Handelns. Aber ganz prinzipiell sind in Beteiligungsansätzen unabsehbare Dynamiken angelegt, wie das folgende Zitat eines Betriebsrats aus der Montanindustrie über eine Diskussion zu Beginn der 1970er Jahre belegt:

> „Und diese Leute von der Vorstandsspitze erklärten uns: Also wir müssten das mal genau sagen, warum die Meister nicht mehr gebraucht würden. ,Ja Moment, sagt der eine, ,wenn ihr die Meister nicht mehr braucht, dann braucht ihr auch die Betriebsleiter nicht mehr': Da haben wir gesagt: ,Wenn sie uns so fragen, nicht, das stimmt. (...) Genau in den Nachtschichten, wo in der Regel die Betriebschefs nicht da sind, werden alle Rekorde auf dieser Hütte gefahren': Hat der gesagt: Also gut, wenn ihr die nicht mehr braucht, dann kann man ja sagen, dann braucht ihr vielleicht die Vorstände auch nicht mehr'. Haben wir gesagt: ,Wenn sie so fragen....'. Na gut, das war 1970." (Schrade 1994: 27 f.)

Wenn es schließlich um Beteiligung der Mitglieder im Rahmen der Arbeit von Betriebsrat und Gewerkschaft geht, ist das mit den vorgegebenen Grenzen noch einmal grundsätzlich problematischer. Hier bedeutet aktive Beteiligung an der Interessenvertretung immer, dass auch Zielvorstellungen ,jenseits von Beschlusslagen' formuliert oder tarifvertragliche Regelungen in Frage gestellt werden können. Hier werden repräsentative Strukturen in einem Maße ,verlebendigt', das in der Tat unabsehbare Weiterungen für die bisherigen gewählten Repräsentanten nach sich ziehen kann. Die innergewerkschaftlichen Widerstände gegen die betriebsnahen Beteiligungsansätze der 1960er Jahre haben auch hier ihre Wurzeln. Nicht zufällig fand man zu Beginn der letzten Dekade die größte Offenheit für Beteiligung der Beschäftigten bei Betriebsräten der sogenannten New Economy, wo repräsentative Strukturen noch kaum verfestigt, spezifische ,Betriebsratskarrieren' noch kaum ausgebildet waren (Martens 2005: 81-104).

4. Beteiligung als Herausforderung zu sozialer Innovation heute

Beteiligung war, wie oben gezeigt, immer wieder augenscheinlich unverzichtbares Element von Innovation: Im Rahmen des Leitbildes ,dynamisch-differenzieller Arbeitsgestaltung' und für die Förderung und Nutzung ,innovativer Qualifikationen' zu Zeiten des HdA-Programms wie auch im Kontext der auf Innovation zielenden Managementstrategien der 1990er Jahre. Das Institutionengefüge erwies sich in der Vergangenheit aber auch immer wieder als ,sperrig' ihr gegenüber. Die, durchaus anpassungsfähigen, institutionellen Akteure haben sie oft abgeblockt und wenn dann eher vorsichtig, in engen Grenzen, oder in breite-

rem Umfang (Gesundheitszirkel) nur auf einem wohl definierten Terrain, genutzt. Diese Vergangenheit, das sind die mehr als fünf Jahrzehnte, in denen die
mit Gründung der Bundesrepublik institutionalisierten, lange Zeit sehr erfolgreichen Strukturen der Mitbestimmung handlungsprägend waren und blieben –
auch unbeschadet aller Erosionsprozesse der beiden vergangenen Jahrzehnte
(Dörre 2002; Martens/ Dechmann 2010).

Die gewerkschaftlichen Handlungsansätze aus dem vergangenen Konjunkturzyklus stellen in dieser von zyklischen Bewegungen geprägten Entwicklungs-
geschichte allerdings, wie angedeutet, schon etwas Neues dar, etwas Neues, das
auf tief greifende Umbrüche im Zeichen von ‚Subjektivierung', Flexibilisierung
und z. T. Entgrenzung von Arbeit im Rahmen von zunehmend an Shareholder-
Value orientierten Unternehmensstrategien reagiert (Sauer 2005; Scholz/ Glawe/
Martens/ Paust-Lassen/ Peter/ Reitzig/ Wolf 2006).

- Wie in den frühen 1960er Jahren wird Beteiligung dabei als integriertes
  Mobilisierungs- und Gestaltungskonzept angesehen. Es geht um die Durchsetzung von gewerkschaftlichen ‚Besser-Strategien' und zugleich um Mit-
  gliedergewinnung (Nettelstroth 2008).
- Aber erstmals versuchen die Gewerkschaften – gegen den gerade ausgelau-
  fenen Trend managerieller Partizipationskonzepte – Beteiligung in breitem
  Umfang voranzubringen.
- Und erstmals werden solche Beteiligungsansätze in den Kontext konzeptio-
  neller Debatten gestellt, die auf strategisch neue arbeitspolitische Ansätze
  angesichts von sichtbar werdenden Grenzen alter institutioneller Handlungsmuster zielen (Detje/ Pickshaus/ Urban 2005) und so Teil eines neuen
  gewerkschaftlichen Leitbildes (Wetzel/ Weigend/ Niemann-Findeisen/
  Langkau 2008).
- Und immer noch geht es – nun unter den Bedingungen ‚neuer Arbeit' und
  tief greifender gesellschaftlicher Umbrüche – darum, den widersprüchlichen, aber unauflöslichen Zusammenhang von Vertrauenskulturen und Innovationsfähigkeit über Beteiligungsverfahren produktiv zu machen und zu
  kultivieren.

Ein höchst bedeutsamer Gesichtspunkt ist in diesem Zusammenhang der Umstand, dass wir es hier mit einem Formwandel betrieblicher Herrschaftsstruktu-
ren – der überkommenen fordistischen Herrschafts-, Kontroll- und Steuerungsformen, in deren Zentrum der Betrieb und sein Kommandosystem standen, wie
Peters/ Sauer (2006) argumentieren – zu tun haben. Die Unbestimmtheit des
Marktes ist zum neuen Organisationsprinzip von Arbeit geworden (Dörre/ Röttger 2003). Neue Formen ‚indirekter Steuerung' eröffnen den Arbeitenden, nun

verstanden in der Figur des Arbeitskraftunternehmers (Voß/ Pongratz 1998), neue Freiheiten, die bisher nur für die Figur des Unternehmers galten. Sie tun dies aber mit dem Effekt einer erhöhten Selbstunterwerfung der Arbeitenden unter die heteronomen Bedingungen des Marktes. Die in neuen Formen von Abhängigkeit Arbeitenden tragen so selbst aktiv zur Erosion alter institutioneller Strukturen bei. Zugleich erodieren auch jene Unternehmenskulturen, die für das Modell Deutschland prägend waren, oder sie werden im Zuge massiver Umstrukturierungen von Seiten des Managements bewusst zerschlagen (Martens/ Dechmann 2010: 54-62 und 105-116). Folgen solcher Erosionsprozesse werden in einer auf Interviews mit Supervisoren gestützten empirischen Untersuchung der Deutschen Gesellschaft für Supervision mit dem ‚Bild einer tiefen Krise' charakterisiert. In der Zusammenfassung formulieren die Autoren,

> „dass der Druck sachlich, vor allem aber ökonomisch hoch *effizient* sein zu müssen, weithin erheblich zunimmt und die psychologischen Kräfte vieler Beschäftigter verschleißt. Insbesondere ist es die Anforderung, kontinuierlich *innovativ* sein zu müssen, die schnell überfordert. Unter diesen Bedingungen entstehen nur selten nachhaltige Problemlösungen. Oft sind im Gegenteil die *Qualität* und *Professionalität* der Arbeit gefährdet, was sich nicht wenige Beschäftigte als eigenes Versagen zuschreiben. Auffällig ist, dass angesichts des ständigen Wandels ein drängender Bedarf nach *Führung* besteht, betriebliche Vorgesetzte sich dem aber oft nicht gewachsen zeigen. Sie verstehen sich primär als hart arbeitende Change-Agents, die den auf sie einwirkenden ökonomischen Druck nach unten weitergeben und ihre Mitarbeiter/innen mit den Folgen weitgehend alleine lassen" (Haubl/ Voß 2009: 7).

Im Text selbst wird noch schärfer formuliert, wenn es heißt: „Mit der Verantwortungsdiffusion beginnt ein Prozess der Verwahrlosung auf beiden Seiten" (Haubl/ Voß 2009: 5). Die damit angedeuteten massiven Folgeprobleme eines epochalen Umbruchs kann man einerseits als unabgeschlossen, hoch widersprüchlich und konfliktträchtig ansehen (Martens/ Dechmann 2010). Andererseits steht eine Arbeitspolitik im Übergang noch vor großen Schwierigkeiten, die neue Bereitschaft zur Selbstunterwerfung aufzubrechen, bzw. es fällt den Gewerkschaften schwer, Neuansätze einer „eigensinnigen Arbeitspolitik" (Sauer 2005), die in manchen Konflikten gerade auch von Seiten hoch qualifizierter Beschäftigter sichtbar wurden, in ihre überkommenen Politikmuster zu integrieren (Martens 2007: 142-160, Martens/ Dechmann 2010: 146-178). Wie diese Entwicklung im Zeichen von Weltfinanz- und Weltwirtschaftskrise weitergeht, ist eine offene Frage. Sie stellt sich heute für „strategische Akteure" (Abelshauser) wie auch für ‚strategische Wissensallianzen' von Akteuren aus Wissenschaft und Praxis (Martens 2007: 175-184). Bemerkenswert ist, dass in der mit Eintritt der Weltfinanz- und Weltwirtschaftskrise dramatisch veränderten Lage im ge-

werkschaftlichen Diskurs der Begriff der ‚(neuen) Wirtschaftsdemokratie' über-
raschenderweise wieder auftaucht – im Rückbezug auf die institutionalisierte
Mitbestimmung allerdings zunächst als leere Worthülse (IG Metall 2009).[11] Er
verweist aber auf das demokratische Potential von Beteiligung. Gleichzeitig
könnte der seit mindestens einem Jahrzehnt laufende Diskurs über die Krise der
Politik (u. a. Bauman 1999; Heil/ Hetzel 2006; Embacher 2009) bei fortgesetzter
ökonomischer Krisenentwicklung und wachsenden Legitimationsproblemen den
Raum bloß akademischer Debatten überschreiten.[12] Über die Beteiligungsdebatte
hinaus könnten so weitere, oder auch alte, nur scheinbar erledigte, konzeptionelle
Fragen neu ins Zentrum gesellschaftspolitischer Auseinandersetzung rücken.

Die Erfahrungen mit erfolgreich implementierter Beteiligung zeigen durchgängig, dass Beteiligung – der repräsentativen Interessenvertreter wie der Beschäftigten selbst – im Rahmen innovations- und wettbewerbsorientierter Ansätze Effizienz steigernd ist. Eine Begründung dafür ist, dass sie innovativ vorhandene Vertrauenskulturen weiter zu entwickeln hilft. Aber es geht bei Partizipation nie um Effizienz allein. Auch die demokratische Dimension von Beteiligung
ist immer ‚im Spiel'. Und es geht zugleich um eine Wechselbeziehung von Arbeitseffektivität und weitergehender Entfaltung von Beschäftigungsfähigkeit und
innovatorischen Qualifikationen (Fricke 2009).

Vor dem Hintergrund fortgeschrittener gesellschaftlicher Spaltungsprozesse
sowie noch offener Antworten auf Gefahren für das über Jahrzehnte erfolgreiche
exportorientierte deutsche Wirtschaftsmodell, auch angesichts des erst noch vor
uns liegenden Durchschlagens der Wirtschaftskrise auf den Arbeitsmarkt, scheint
die These plausibel, dass stabile Wege aus der gegenwärtigen ökonomischen
Krisenentwicklung heraus – die immer noch auch einiges Potential politischer
Krisenentwicklung in sich birgt – nur mit neuen Ansätzen wirklicher ernsthafter
Beteiligung im Rahmen entsprechender Unternehmensleitbilder zu haben sein
werden (Brinkmann/ Benthin/ Dörre 2008; Autorengruppe 2008; Allespach/
Beraus/ Mlynczak 2009; Pickshaus/ Urban 2009). Für eine neue Beteiligungs-
konjunktur wird es allerdings vor allem darauf ankommen, ob strategische Akteure dazu weiterführende Konzepte entwickeln und praktische Ansatzpunkte
finden und nutzen können – wenn es denn stimmt, dass sich angesichts tiefer, ja

---

11 Zur neueren wissenschaftlichen Debatte vgl. Demirovic 2007; Krätke 2008; Martens 2009.
12 Z. Bauman hat schon 1999, gewissermaßen in der Tradition radikal republikanischer Positionen
einer H. Arendt, gegen den Verfall bürgerlicher Öffentlichkeit argumentiert: „Man muss die Übersetzung des Privaten ins Öffentliche wiederherstellen. Man muss den unterbrochenen Diskurs über das
Gemeinwohl – was individuelle Autonomie sowohl erreichbar als auch erstrebenswert sein lässt –
wieder in Gang bringen (auf der Agora, nicht nur in den Philosophie-Seminaren)." (Bauman 1999:
157)

epochaler Umbrüche[13] wissenschaftlich und praktisch „zum ersten Mal wieder seit über hundert Jahren die Frage nach den Bestimmungsgründen der Entstehung und des Wandels von Institutionen" stellt (Abelshauser 2009: 11 f.). Man hätte es dann aber wohl mit einer stärkeren Betonung der demokratischen Dimension von Beteiligung und letztlich nicht nur mit sozialen, sondern auch mit politischen Innovationen zu tun.

Vor dem Hintergrund der hier angestellten konzeptionellen Überlegungen zu sozialer (und politischer) Innovation und sozialem Konflikt sowie der am Beispiel von Beteiligung skizzierten Entwicklung ist dann allerdings damit zu rechnen, dass neuerliche Beteiligungsansätze einmal mehr konfliktbehaftete Prozesse sein werden. Aber Konflikte sind ja nichts Schlimmes. M. Weber behandelt sie in seinen Ausführungen zum ‚Kampf' ganz allgemein und ohne engen Arbeitsbezug als Kämpfe, deren Analyse erst ein Verständnis von sozialem Wandel ermöglicht. Es geht ihm um die strukturbildende Kraft von Konflikten. Und G. Simmel betont in seiner Schrift „Der Streit", dass soziale Konflikte selbst eine ganz wesentliche Form der Vergesellschaftung von Menschen darstellen. H. Plessner (1982) schließlich bietet für eine Orientierung auf Arbeit und Subjekt mit seiner philosophischen Anthropologie eine Grundlage, mit seinem Konzept der „exzentrischen Positionalität" eines immer schon auf Grenzen und Grenzbewältigung hin angelegten menschlichen Handelns und dem von daher zu verstehenden konfliktbehafteten alltäglichen Bewältigungshandeln der einzelnen Vielen.

Worauf es ankommt, ist, neue Muster kooperativer Konfliktbewältigung zu finden, die den Gegebenheiten subjektivierter und flexibilisierter Arbeit entsprechen und sich in erneuerte Unternehmensleitbilder einfügen lassen. Die viel diskutierte ‚Subjektivierung von Arbeit' ist dabei zweifellos zu berücksichtigen. Sie ist ambivalent. Sie fördert sowohl die Bereitschaft zur Selbstunterwerfung unter ökonomische Zwänge als auch die Fähigkeit zu mehr Selbstbestimmung (Wolf 2001). Es spricht viel dafür, dass wir heute über ein Beteiligungspotential der Arbeitenden verfügen (Fricke 2009), das größer ist als je in der Vergangenheit. Die Frage ist mithin, ob die institutionellen Akteure bereit und in der Lage sind, dieses Potential auch produktiv zu nutzen. Das wird alte institutionelle Handlungsmuster sehr verändern. Aber das wäre aus meiner Sicht eine Zukunftschance. Risiken gibt es genug. Es gilt, die Chancen zu nutzen.

---

13 Vgl. die zahlreichen Beiträge in Scholz/ Glawe/ Martens/ Paust-Lassen/ Peter/ Reitzig/ Wolf (2006: 180-338).

Literatur

Abelshauser, Werner (2003). Kulturkampf: Der deutsche Weg in die neue Wirtschaft und die amerikanische Herausforderung. Berlin: Kadmos.

Abelshauser, Werner (2009). Nach dem Wirtschaftswunder. Der Gewerkschafter, Politiker, Unternehmer Hans Matthöfer. Bonn: Dietz.

Allespach, Martin/ Beraus, Walter/ Mlynczak, Anton (2009). Arbeit gestalten – Fähigkeiten entfalten. Über Entgeltdifferenzierung, Leistungsregulierung, Qualifizierung und Abbau von Belastungen die Arbeitseffektivität und die Beschäftigungsfähigkeit fördern. Marburg: Schüren.

Autorengruppe (2008) (Dechmann, Uwe/ Georg, Arno/ Katenkamp, Olaf/ Meyn, Christina/ Peter, Gerd). Arbeitsorganisatorische Leitbilder: Dortmund.

Bauman, Zigmunt (1999). Die Krise der Politik. Fluch und Chance einer neuen Öffentlichkeit. Hamburg: Hamburger Edition.

Borsdorf, Ulrich (1982). Hans Böckler. Arbeit und Leben eines Gewerkschafters von 1875 bis 1945. Köln: Bund.

Brinkmann, Ulrich/ Benthin, Rainer/ Dörre, Klaus (2008). Culture Club oder demokratische Teilhabe? Unternehmenskultur und Mitbestimmung im neuen Marktkapitalismus. In: R. Benthin/ U. Brinkmann (Hrsg.), Unternehmenskultur und Mitbestimmung. Betriebliche Integration zwischen Konsens und Konflikt (S. 23-72). Frankfurt a.M., New York: Campus.

Crozier, Michael/ Friedberg, Erhard (1979). Macht und Organisation – Die Zwänge kollektiven Handelns. Königstein/ Ts.: Athenäum.

Demirovic, Alex (2007). Demokratie in der Wirtschaft. Positionen – Probleme – Perspektiven. Münster: Westfälisches Dampfboot.

Detje, Richard/ Pickshaus, Klaus/ Urban, Hans-Jürgen (Hrsg.) (2005). Arbeitspolitik kontrovers. Zwischen Abwehrkämpfen und Offensivstrategien. Hamburg: VSA.

Dörre, Klaus (2002). Kampf um Beteiligung. Arbeit, Partizipation und industrielle Beziehungen im flexiblen Kapitalismus. Wiesbaden: Westdeutscher Verlag.

Dörre, Klaus/ Röttger, Bernd (Hrsg.) (2003). Das neue Marktregime. Konturen eines nachfordistischen Produktionsmodells. Hamburg: VSA.

Embacher, Serge (2009). Demokratie! Nein Danke? Demokratieverdruss in Deutschland. Bonn: Dietz.

Felger, Susanne/ Kruse, Wilfried/ Paul-Kohlhoff, Angela/ Senft, Silke (2003). Partizipative Arbeitsorganisation: Beteiligung jenseits von Naivität. Ergebnisse aus dem Part-Art-Projekt. Münster, Hamburg, London: LiT.

Ferber, Christian von (1970). Die Gewalt in der Politik. Auseinandersetzung mit Max Werber. Stuttgart, Berlin, Köln, Mainz: Kohlhammer.

Ferber, Christian von/ Luise von (1991). Gesundheitszirkel – eine Strategie zur Gesundheitsförderung am Arbeitsplatz. In: Sozialer Fortschritt, 40 (12), 293-298.

Franz, Hans-Werner (2009). Qualitäts-Management als soziale Innovation, Manuskript. Dortmund.

Frerichs, Joke/ Martens, Helmut (1999). Projektmanagement und Beteiligung in der Betriebspolitik. Betriebspolitische Innovationen im Rahmen gewerkschaftlicher Organisationsentwicklung. ARBEIT 8 (4), 389-404.

Fricke, Werner (2007). Demokratische Beteiligung – das Fundament einer Unternehmenskultur von unten. Erfahrungen (nicht nur) mit dem Programm „Humanisierung des Arbeitslebens". In: R. Benthin/ U. Brinkmann (Hrsg.), Unternehmenskultur und Mitbestimmung. Betriebliche Integration zwischen Konsens und Konflikt (S. 373-390). Frankfurt a.M.: Campus.

Fricke, Werner (2009). Innovatorische Qualifikationen. Ihre Entfaltung und Anwendung im Prozess des Lernens und Handelns in Arbeitssituationen. In: A. Bolder/ R. Dobischat (Hrsg.), Eigen-Sinn und Widerstand (S. 179-206). Wiesbaden: VS.

Fricke, Else/ Fricke, Werner/ Schönwälder, Manfred/ Stiegler, Barbara (1981). Qualifikation und Beteiligung. Das Peiner Modell zur Humanisierung der Arbeit. Frankfurt a.M., New York: Campus.

Habermas, Jürgen. (1988). Der philosophische Diskurs der Moderne. Zwölf Vorlesungen. Frankfurt a.M.: Suhrkamp.

Haubl, Rolf/ Voß, G. Günter (2009). Psychosoziale Kosten turbulenter Veränderungen. Arbeit und Leben in Organisationen 2008. In: Positionen. Beiträge zur Beratung in der Arbeitswelt (1/2009). Kassel University Press.

Heil, Reinhard/ Hetzel, Andreas (2006). Die unendliche Aufgabe – Perspektiven und Grenzen radikaler Demokratie. In: R. Heil/ A. Hetzel (Hrsg.), Die unendliche Aufgabe. Kritik und Perspektiven der Demokratietheorie (S. 7-23). Bielefeld: transcript.

Hindrichs, Wolfgang/ Jürgenhake, Uwe/ Kleinschmidt, Christian/ Kruse, Wilfried/ Lichte, Rainer/ Martens, Helmut (2000). Der lange Abschied vom Malocher. Sozialer Umbruch in der Stahlindustrie und die Rolle der Betriebsräte von 1960 bis in die neunziger Jahre. Essen: Klartext.

Howaldt, Jürgen/ Kopp, Ralf/ Schwarz, Michael (2008). Innovationen (forschend) gestalten – zur neuen Rolle der Sozialwissenschaften. WSI-Mitteilungen 2/2008, 63-69.

Howaldt, Jürgen/ Minssen, Heiner (Hrsg.) (1993). Lean, leaner...? Die Veränderung des Arbeitsmanagements zwischen Humanisierung und Rationalisierung. Dortmund: Montania.

IG Metall (2009). Aktiv aus der Krise. Gemeinsam für ein gutes Leben. Aktionsplan der IG Metall. März 2009. Frankfurt a.M.

Jürgenhake, Uwe/ Lichte, Rainer/ Martens, Helmut/ Sczesny, Cordula (unter Mitarbeit von Heßling, Andrea) (1999). Bestandsaufnahme der Beteiligungsverfahren bei TKS: Einschätzungen und Meinungen von Führungskräften verschiedener Ebenen und betrieblichen Experten. Dortmund (Forschungsbericht).

Kern, Horst (1977). Vom Unfug der „autonomen Arbeitsgruppe". Der Gewerkschafter 1/1977, 16-18.

Krätke, Michael R. (2008). Eine andere Demokratie für eine andere Wirtschaft. Wirtschaftsdemokratie und Kontrolle der Finanzmärkte. Widerspruch 28 (2), 5-16.

Martens, Helmut (1997). Gewerkschaftszusammenschlüsse und Organisationsreformen. Die Entstehung der IG Bergbau-Chemie-Energie und die Organisationsreform des DGB (sfs-Beiträge aus der Forschung, Bd. 92).

Martens, Helmut (2002). Beteiligung ist aus vielerlei Gründen ein schwieriges Projekt. Beteiligungsansätze in der deutschen Stahlindustrie in den 1990er Jahren. In: H. Martens. Die Zukunft der Mitbestimmung beginnt wieder neu (S. 174- 193). Münster, Hamburg, London: LiT.

Martens, Helmut (2005). Nach dem Ende des Hype. Interessenvertretungs*arbeit* und Arbeits*politik* in der informationalen Ökonomie. Münster: Westfälisches Dampfboot.

Martens, Helmut (2007). Industriesoziologie im Aufbruch? Münster: Westfälisches Dampfboot.

Martens, Helmut (2009). Mitbestimmung und „neue Wirtschaftsdemokratie". Zweite Fortschreibung der Auswertung des FNPA-Workshops „Perspektiven der Mitbestimmung – Demokratisierung der Wirtschaft" am 30./ 31. Januar 2009 in der ver.di-Bildungsstätte Berlin-Wannsee. Download von: Forum Neue Politik der Arbeit (www.FNPA.de, Abruf: Januar 2010).

Martens, Helmut/ Dechmann, Uwe (2010). Am Ende der Deutschland AG: Standortkonflikte im Kontext einer neuen Politik der Arbeit. Münster: Westfälisches Dampfboot.

Müller-Jentsch, Walther (1993). Organisation und Mitbestimmung. Evolution einer diffizilen Synthese. In: W. Müller-Jentsch (Hrsg.), Profitable Ethik, effiziente Kultur. Neue Sinnstiftungen durch das Management? (S. 253-268). München, Mering: Hampp.

Neuloh, Otto (1977) (Hrsg.). Soziale Innovationen und sozialer Konflikt. Göttingen: Vandenhoeck und Ruprecht. Neu veröffentlicht in: A. Georg/ H. Martens/ K. Müller/ G. Peter (Hrsg.), Arbeit und sozialer Konflikt (Beiträge aus der Forschung, Bd. 165) (S. 164-173). sfs-Dortmund (i.E.).

Nettelstroth, Wolfgang (2008). Besser statt Billiger – Arbeit durch Innovation: Gestaltungsmöglichkeiten und Grenzen gewerkschaftlicher Strategien für Standort- und Beschäftigungssicherung. Referat auf dem Workshop „Standortsicherung, Standortschließung und Standortverlagerungen der EU und arbeitspolitische Initiativen", DGB NRW / FNPA, Düsseldorf, 26.06.2008, Download von: Forum Neue Politik der Arbeit (www.FNPA.de, Abruf: Januar 2010).

Peter, Gerd/ Wolf, Frieder Otto (2006). Das Ganze der Arbeit und ihre Subjektivierung – Arbeitsthesen im Hinblick auf eine andere arbeitspolitische Forschung. In: D. Scholz/ H. Glawe/ H. Martens/ P. Paust-Lassen/ G. Peter/ J. Reitzig/ F. O. Wolf (Hrsg.), Turnaround? Strategien für eine neue Politik der Arbeit. Herausforderungen an Gewerkschaften und Wissenschaft (S. 126-142). Münster: Westfälisches Dampfboot.

Peters, Klaus/ Sauer, Dieter (2006). Epochenbruch und Herrschaft – indirekte Steuerung und Dialektik des Übergangs. In: D. Scholz/ H. Glawe/ H. Martens/ P. Paust-Lassen/ G. Peter/ J. Reitzig/ F. O. Wolf (Hrsg.), Turnaround? Strategien für eine neue Politik der Arbeit. Herausforderungen an Gewerkschaften und Wissenschaft (S. 98-125). Münster: Westfälisches Dampfboot.

Pickshaus, Klaus/ Urban, Hans-Jürgen (2009). Gute Arbeit als Strategie – Perspektiven gewerkschaftlicher Arbeitspolitik. In: L. Schröder/ H.-J. Urban (2009) (Hrsg.), Gute Arbeit. Handlungsfelder für Betriebe, Politik und Gewerkschaften (S. 95-112). Köln: Bund.

Pirker, Theo (1978). Von der Mitbestimmungsforschung zur Partizipationsforschung. Einleitung in den Themenbereich Partizipation auf dem Soziologentag 1976. In: K. M. Bolte (Hrsg.), Materialien aus der soziologischen Forschung. Verhandlungen des 18. Deutschen Soziologentages vom 28.9. bis 1.10.1976 in Bielefeld (S. 20-40). Darmstadt, Neuwied: Luchterhand.

Plessner, Helmuth (1982). Mit anderen Augen. Aspekte einer philosophischen Anthropologie. Stuttgart: Reclam.

Pöhler, Willi (1970). Der Soziale Konflikt als Hauptaspekt industriesoziologischer Forschung, Manuskript. Dortmund. Neu veröffentlicht in: A. Georg/ H. Martens/ K. Müller/ G. Peter, G. (Hrsg.), Arbeit und sozialer Konflikt (Beiträge aus der Forschung, Bd. 165) (S. 158-164). sfs-Dortmund (i. E.).

Pöhler, Willi/ Peter, Gerd (1982). Erfahrungen mit dem Humanisierungsprogramm. Von den Möglichkeiten und Grenzen einer sozial orientierten Technologiepolitik. Köln: Bund.

Pongs, Armin (2000). In welcher Gesellschaft leben wir eigentlich? Gesellschaftskonzepte im Vergleich (Bd. 2). München: Dilemma.

Rehberg, Karl-Siegbert (1994). Institutionen als symbolische Ordnungen. Leitfragen und Grundkategorien zur Theorie und Analyse institutioneller Mechanismen. In: G. Göhler (Hrsg.), Die Eigenart politischer Institutionen. Zum Profil politischer Institutionentheorie (S. 47- 84). Baden-Baden: Nomos.

Sauer, Dieter (2005). Arbeit im Übergang. Zeitdiagnosen. Hamburg: VSA.

Scholz, Dieter/ Glawe, Heiko/ Martens, Helmut/ Paust-Lassen, Pia/ Peter, Gerd/ Reitzig, Jörg/ Wolf, Frieder Otto (Hrsg.) (2006). Turnaround? Strategien für eine neue Politik der Arbeit. Herausforderungen an Gewerkschaften und Wissenschaft, Münster: Westfälisches Dampfboot.

Schrade, Kurt (1994). „Die Flucht aus der Verantwortung war ihm ein Greuel". In: K. Krahn/ G. Peter/ R. Skrotzki (Hrsg.), Immer auf den Punkt. Beiträge zur Arbeitsforschung, Arbeitsgestaltung, Arbeitspolitik. Willi Pöhler zum 60. Geburtstag (S. 21-33). Dortmund: Montania.

Schumann, Michael (2008). Kampf um Rationalisierung – Suche nach neuer Übersichtlichkeit. WSI-Mitteilungen 7/2008, 379-386.

Strasser, Johano (2004). Schöne neue Arbeitswelt. In: G. Grass/ D. Dahn/ J. Strasser (Hrsg.), In einem reichen Land. Zeugnisse alltäglichen Leidens an der Gesellschaft (S. 19-32). München, dtv.

Ulich, Eberhard (1980). Bericht über die arbeits- und sozialpsychologische Begleitforschung. In: Bundesminister für Forschung und Technologie (Hrsg.), Aufgabenorientierte Systemgestaltung und Funktionalität (S. 51-66). Stuttgart.

Ulich, Eberhard (1994). Gruppenarbeit damals – Lehren aus dem HdA-Programm. In: K. Krahn/ G. Peter/ R. Skrotzki (Hrsg.), Immer auf den Punkt. Beiträge zur Arbeitsforschung, Arbeitsgestaltung, Arbeitspolitik. Willi Pöhler zum 60. Geburtstag (S. 45-57). Dortmund: Montania.

Ulich, Eberhard (2009). Erfahrungen aus dem VW-Projekt. Zeitschrift für Arbeitswissenschaft 02/2009, 119-122.

Voß, G. Günter/ Pongratz, Hans J. (1998). Der Arbeitskraftunternehmer. Eine neue Grundform der Ware Arbeitskraft. Kölner Zeitschrift für Soziologie und Sozialpsychologie, 50 (1), 131-158.

Weltz, Friedrich (1977). Kooperative Konfliktverarbeitung in Industriebetrieben. Gewerkschaftliche Monatshefte 5/1977 und 8/1977, 291-301 und 489-494.

Wetzel, Detlef/ Weigand, Jörg/ Niemann-Findeisen, Sören/ Lankau, Torsten (2008). Organizing. Die mitgliederorientierte Offensivstrategie für die IG Metall. Acht Thesen zur Erneuerung der Gewerkschaftsarbeit. Frankfurt a.M.

Wolf, Frieder Otto (2001). Selberausbeutung im Übergang wohin? Überlegungen zur ‚Neuen Arbeit‘ im Hinblick auf ihre Gestaltungsmöglichkeiten, in: H. Martens/ G. Peter/ F. O. Wolf (Hrsg.), Zwischen Selbstbestimmung und Selbstausbeutung, gesellschaftlicher Umbruch und neue Arbeit (S. 208-238). Frankfurt a.M., New York: Campus.

Womack, James P./ Jones, Daniel T./ Roos, Daniel (1991). Die zweite Revolution in der Automobilindustrie. Frankfurt a.M., New York: Campus.

Zapf, Wolfgang (1989). Über soziale Innovationen, Soziale Wel, 40 (1-2), 170-183.

AutorInnenverzeichnis

Dr. Jens Aderhold
Projektleiter im SFB 580/TP A4 „Professionalisierung lokaler Eliten"
Institut für Soziologie
Martin-Luther-Universität Halle-Wittenberg
jens.aderhold@soziologie.uni-halle.de

Emanuel Beerheide
Wissenschaftlicher Mitarbeiter im Forschungsbereich 1: Organisationsentwicklung und Beratung in der Netzwerkökonomie
Sozialforschungsstelle Dortmund
Zentrale wissenschaftliche Einrichtung der Technischen Universität Dortmund
beerheide@sfs-dortmund.de

Bernd Bienzeisler
Wissenschaftlicher Angestellter im Geschäftsfeld Dienstleistungs- und Personalmanagement
Fraunhofer-Institut für Arbeitswirtschaft und Organisation
Bernd.Bienzeisler@iao.fraunhofer.de

Dr. Martin Birke
Wissenschaftlicher Mitarbeiter im Forschungsbereich 1: Organisationsentwicklung und Beratung in der Netzwerkökonomie
Sozialforschungsstelle Dortmund
Zentrale wissenschaftliche Einrichtung der Technischen Universität Dortmund
birke@sfs-dortmund.de

Prof. Dr. Birgit Blättel-Mink
Professorin im Fachbereich 03 Gesellschaftswissenschaften
Institut für Politik- und Gesellschaftsanalyse
Industrie- und Organisationssoziologie
Johann Wolfgang Goethe-Universität Frankfurt am Main
b.blaettel-mink@soz.uni-frankfurt.de

Dr. Holger Braun-Thürmann
Postdoc am Centrum für Globalisierung und Governance (CGG) und am Exzellenzcluster
„Integrated Climate System Analysis and Prediction (CliSAP)"
Universität Hamburg
Assoziiertes Mitglied der Forschungsgruppe Wissenschaftspolitik
Wissenschaftszentrum Berlin für Sozialforschung
holger.braun-thuermann@uni-hamburg.de

Prof. Dr. Klaus Fichter
Gründer und Direktor des Borderstep Instituts für Innovation und Nachhaltigkeit
gemeinnützige GmbH, Berlin
Apl. Professor für Innovationsmanagement und Nachhaltigkeit an der
Carl von Ossietzky Universität Oldenburg
fichter@borderstep.de

Dr. Hans-Werner Franz
Mitglied der Geschäftsführung
Sozialforschungsstelle Dortmund
Zentrale wissenschaftliche Einrichtung der Technischen Universität Dortmund
Geschäftsführer der Gesellschaft zur Förderung des Strukturwandels in der
Arbeitsgesellschaft e. V.
franz@sfs-dortmund.de

Walter Ganz

Institutsdirektor am Fraunhofer-Institut für Arbeitswirtschaft und Organisation

Verantwortlich für das Geschäftsfeld Dienstleistungs- und Personalmanagement

Walter.Ganz@iao.fraunhofer.de

Dr. Monika Goldmann

Wissenschaftliche Mitarbeiterin im Forschungsbereich 2: Dienstleistungen im gesellschaftlichen Wandel

Sozialforschungsstelle Dortmund

Zentrale wissenschaftliche Einrichtung der Technischen Universität Dortmund

goldmann@sfs-dortmund.de

Prof. Dr. Rolf G. Heinze

Lehrstuhlinhaber für Allgemeine Soziologie, Arbeit und Wirtschaft

Ruhr-Universität Bochum

rolf.heinze@ruhr-uni-bochum.de

Prof. Dr. Hartmut Hirsch-Kreinsen

Lehrstuhlinhaber für Wirtschafts- und Industriesoziologie

Technische Universität Dortmund

h.hirsch-kreinsen@wiso.uni-dortmund.de

Prof. Dr. Jürgen Howaldt

Direktor der Sozialforschungsstelle Dortmund

Zentrale wissenschaftliche Einrichtung der Technischen Universität Dortmund

Professor für Arbeits- und Organisationssoziologie an der Technischen Universität Dortmund

howaldt@sfs-dortmund.de

PD Dr. Heike Jacobsen
Mitglied der Geschäftsführung
Sozialforschungsstelle Dortmund
Zentrale wissenschaftliche Einrichtung der Technischen Universität Dortmund
jacobsen@sfs-dortmund.de

Dr. René John
Mitarbeiter im Projekt „Signs of Identity" an der Leibniz Universität Hannover
Mitarbeiter am Institut für Sozialinnovation (ISInova) Berlin
john@psychologie.uni-hannover.de
rene.john@isinova.org

Milena Jostmeier
Wissenschaftliche Mitarbeiterin im Forschungsbereich 2: Dienstleistungen im
gesellschaftlichen Wandel
Sozialforschungsstelle Dortmund
Zentrale wissenschaftliche Einrichtung der Technischen Universität Dortmund
jostmeier@sfs-dortmund.de

Dr. Christoph Kaletka
Wissenschaftlicher Mitarbeiter im Forschungsbereich 3: Arbeit und Bildung in
Europa
Sozialforschungsstelle Dortmund
Zentrale wissenschaftliche Einrichtung der Technischen Universität Dortmund
kaletka@sfs-dortmund.de

Prof. Dr. Barbara Klein
Prodekanin des Fachbereichs 4 Soziale Arbeit und Gesundheit
Fachhochschule Frankfurt am Main – University of Applied Sciences
bklein@fb4.fh-frankfurt.de

Michaela Klemisch
Wissenschaftliche Angestellte im Geschäftsfeld Dienstleistungs- und Personalmanagement Fraunhofer-Institut für Arbeitswirtschaft und Organisation
Michaela.Klemisch@iao.fraunhofer.de

Kerstin Köhler
Wissenschaftliche Mitarbeiterin im Forschungsbereich 2: Dienstleistungen im gesellschaftlichen Wandel
Sozialforschungsstelle Dortmund
Zentrale wissenschaftliche Einrichtung der Technischen Universität Dortmund
koehler@sfs-dortmund.de

Dr. Edelgard Kutzner
Wissenschaftliche Mitarbeiterin im Forschungsbereich 2: Dienstleistungen im gesellschaftlichen Wandel
Sozialforschungsstelle Dortmund
Zentrale wissenschaftliche Einrichtung der Technischen Universität Dortmund
Mitarbeiterin an der Universität Bielefeld, Interdisziplinäres Zentrum für Frauen- und Geschlechterforschung
kutzner@sfs-dortmund.de
edelgard.kutzner@uni-bielefeld.de

Prof. Dr. Hellmuth Lange
Langjähriger Sprecher des Forschungszentrums Arbeit-Umwelt-Technik (artec) der Universität Bremen, heute Forschungszentrum Nachhaltigkeit
Langjähriger Sprecher der DGS-Sektion Umweltsoziologie
lange@artec.uni-bremen.de

Dr. Helmut Martens
Wissenschaftlicher Mitarbeiter im Forschungsbereich 4: Arbeitspolitik und Ge-
sundheit
Sozialforschungsstelle Dortmund
Zentrale wissenschaftliche Einrichtung der Technischen Universität Dortmund
martens@sfs-dortmund.de

Prof. Dr. Gerhard Naegele
Lehrstuhlinhaber für Soziale Gerontologie
Technische Universität Dortmund
Direktor des Instituts für Gerontologie
Technische Universität Dortmund
Gerhard.Naegele@fk12.tu-dortmund.de

Dr. Bastian Pelka
Wissenschaftlicher Mitarbeiter im Forschungsbereich 3: Arbeit und Bildung in
Europa
Sozialforschungsstelle Dortmund
Zentrale wissenschaftliche Einrichtung der Technischen Universität Dortmund
pelka@sfs-dortmund.de

Prof. Dr. Werner Rammert
Professor für Techniksoziologie
Institut für Soziologie
Technische Universität Berlin
werner.rammert@tu-berlin.de

Dr. Michael Schwarz
Wissenschaftlicher Mitarbeiter im Forschungsbereich 1: Organisationsentwick-
lung und Beratung in der Netzwerkökonomie
Sozialforschungsstelle Dortmund
Zentrale wissenschaftliche Einrichtung der Technischen Universität Dortmund
schwarz@sfs-dortmund.de